本书由中国社会科学院近代史研究所资助出版

抗争与博弈

Resistance and Game

魏兵兵 —— 著

Chinese Struggle for Rights to
Participate in Municipal Administration of the International
Settlement at Shanghai

上海公共租界华人
参与市政管理的权益之争
1854-1932

社会科学文献出版社
SOCIAL SCIENCES ACADEMIC PRESS (CHINA)

目　录

绪　论 / 1

第一章　共处与排斥：公共租界华人参与市政管理问题的由来 / 26
　一　工部局成立与华人政治权利问题的最初讨论 / 26
　二　"自由市"计划的拟议 / 35
　三　外侨垄断权力之市政体制的确立 / 40

第二章　从吁请到要求：华人争取参与市政管理的早期努力 / 51
　一　报端的零星呼吁 / 51
　二　商民的强烈要求 / 59
　三　华商公议会的筹设与流产 / 66

第三章　未遂的"交易"：扩界交涉与华人参与市政管理问题之发酵 / 72
　一　地方官员抵制租界扩张的策略 / 73
　二　租界当局的"出价" / 78
　三　民初扩界协议及其搁浅 / 83
　四　市政参与思想的传播与发展 / 92

第四章　公道与特权：一战后华人参与市政管理之运动的兴起和挫折 / 97
　一　运动的发起 / 98
　二　总商会的调解尝试 / 106
　三　外侨舆论与领事态度 / 118

四　商总联会提出《土地章程》修改草案 / 127

　　五　工部局决议与朱尔典立场的转变 / 139

　　六　华洋对峙与各方斡旋 / 148

　　七　强制征捐与华人团体之屈服 / 157

第五章　苦涩的"试验"：纳税华人会之成立与顾问委员会的失败 / 173

　　一　纳税华人会之创设 / 173

　　二　顾问委员会就职的波折 / 183

　　三　工部局与顾问委员会的隔阂和矛盾 / 191

　　四　增设华董要求之再起 / 202

第六章　"横决"时刻：五卅运动与工部局改组问题的中外博弈 / 211

　　一　五卅惨案与"工部局投票权案"的提出 / 213

　　二　沪案交涉中之工部局改组问题 / 223

　　三　工部局三华董案与华人团体的妥协 / 236

第七章　"委曲求全"：南京国民政府初期华人参与市政管理的初步实现 / 246

　　一　尴尬的"临时委员会" / 247

　　二　声势空前的抗捐运动 / 251

　　三　增加华董席位要求的提出 / 258

　　四　工部局强制征捐与外交当局的交涉 / 265

　　五　虞洽卿调解与"过渡办法"的达成 / 270

第八章　不安的"共存"：南京国民政府前期华人参与市政管理之实践 / 282

　　一　参与市政管理的机制与代表 / 283

　　二　增加华董席位的曲折 / 291

　　三　为华人争取高级行政职位 / 305

  四　参与日常市政管理事务 / 310
  五　协助政府渐进收回主权 / 321

结　语 / 331

参考文献 / 357

后　记 / 374

绪 论

夕何梦，梦门神，门神言，有叩阍。击我颊，詈申申，称收捐，不容停。住租界，华人们，但纳捐，迟则嗔，选举权，从不闻。尽义务，权不伸，何理由，不分明。望将来，公道存，选举权，华洋均。吾神颇，可止疼，忽然醒，汗涔涔。[①]

这是1919年五四运动爆发前夕，创刊不久的近代上海著名小报《晶报》刊登的一段无题"三字经"。它延续了晚清以来上海公共租界华人居民为争取参政权利而一再公开呼吁的努力。但不同于此前较为严肃的论说，作者以一种通俗易懂的形式和戏谑辛酸的口吻，表达了公共租界华人居民对于自身尽纳税义务却无参与市政管理（下文一般简称"参政"）的权利且经常遭受市政当局蛮横对待的强烈不满，以及对于获得与外侨平等政治地位的热切渴望。

约莫与此同时，在万里之外的巴黎和会上，中国代表团向大会最高理事会提交了一份旨在全面取消列强在华特权、获得平等国际地位的《中国希望条件》说帖，包括七项内容，其中第六项为"归还租界"。说帖称，中国政府"深望各国现有租界者，允将租界归还中国"，并表示：

在实行归还以前，中国政府愿租界内治理之章程，稍加更改，俾中国居民，可得平允之待遇，亦可为最后归还之准备。此项更改之处，与

---

① 无题，《晶报》1919年4月21日，第2版。引文中"选举权"指投票选举上海公共租界工部局董事之权。

有约各国人民之权利，毫无损害，胪举如下：

　　一，中国人民在租界内得购置地亩，与外国人民无异。

　　二，中国人民居住租界者，得有选举工部局董事及被举之权。

　　……①

尽管和会最高理事会以说帖内容超出会议权限为由拒绝予以讨论，但这是中国政府首次在国际会议上向列强提出收回租界的要求，以及在正式收回前给予界内华人参政权利的主张。在各地租界中，上海公共租界的地位最为重要，是中国政府收回的首要目标。说帖中有关租界问题之阐述即多以上海公共租界为例，所提华人参政要求实亦主要针对该租界而言。

巴黎和会结束后不久，上海公共租界华人团体发起反对工部局加捐活动，继而以"不出代议士不纳租税"（No taxation without representation）原则为依据，要求获得参与市政管理事务的权利，形成了颇具声势的华人参政运动。运动初期山东路商号联合会散发该路各商家的一份传单云：

注意！注意！注意！

　　加捐问题，昨二十一日经各路代表偕同律师诣总商会讨论办法，议决请总商会致工部局暂缓两礼拜收捐，必俟要求予我华人选举董事权或市民参预会议权为交换条件，解决目的后方可照办。特请各宝号静候办法，一致照行，勿堕初志为幸！②

传单将获得参政权利作为缴纳加捐的前提条件，反映了华人团体决意抗争的态度和志在必得的预期。其后，华人团体拟就规定华洋居民享受平等政治权利的《土地章程》修改草案，并征集4册华人商家和组织请愿修改章程的签

---

①《附录：中国代表提出希望条件说帖》，中国社会科学院近代史研究所《近代史资料》编辑室主编《秘笈录存》，中国社会科学出版社，1984，第173—176页。

②《山东路商号联合会传单》（1919年8月17日），上海公共租界工部局档案，上海市档案馆藏，档案号：U1-2-783。1919年8月16日为农历七月二十一日。

章（据称共计7800余个），于1919年12月1日由40多位代表乘坐16辆汽车送交外交部驻江苏特派交涉公署，敦促对外交涉。是日，

> 公共租界各马路，西至静安寺路，东至杨树浦路，沿路各华人工厂、商店门前均悬有白布黑字"华人要求市民权，修改洋泾浜章程"，飘扬空际，满目皆是，且有门窗内粘贴"要求市民权"等字者。

车队经过之处，华人商店职员皆挥舞写有"华人要求市民权"的小旗相送。这一"上海开埠以来未有之举"将华人参政运动推向高潮，舆论希望此举"为租界历史开一新纪元"。①

然而，近代上海公共租界的华人参政之路十分漫长而曲折。在租界当局的强硬压制下，初兴的华人参政运动很快遭遇顿挫。此后，经过华人团体的一再抗争和中外各方的反复交涉，其间历经五卅运动的风暴和国民革命的洪流，直至1928年，华人才初步获得参政权利，选举代表加入市政当局，对涉及自身利益的市政事务拥有了一定话语权。此时距离1870年代华人社会最早发出希望获得参政权利的声音，已经过去了半个多世纪。

本书考察晚清至1932年一·二八事变前上海公共租界华人商民争取参政权利的历史过程，论述不同时期中外各方围绕华人参政问题的互动、交涉和博弈，探讨华人参政进程迭经波折延宕的原因及其与中外关系之间的交互影响。

选题缘起

租界的存在几乎贯穿近代中国的百余年历史，对中国经济、政治、社会、文化等的递嬗演进产生了多方面的深远影响，是近代中外关系史研究的重要课题。鸦片战争以降，清政府应列强要求，先后在各通商口岸划设了20

---

① 《华商要求市民权纪》，《申报》1919年12月2日，第10版。

多个租界，作为外侨居住和从事商业活动的区域。① 由于种种原因，最初旨在为外国商民辟设的租界，后来大多演变成华洋杂居的区域，且华人通常占居民人口的绝大多数。晚清时期内忧外患频仍，国势衰颓，列强和外侨巧取豪夺各种特权，租界对中国主权的侵犯日益严重，而中国政府对界内事务的管辖权则逐渐缩小，直至基本丧失发言权。因此，租界历来被形象地喻为"国中之国"，是近代中国半殖民地社会性质最直观的体现之一。与列强在华攫夺的其他特权相比，租界对近代中外关系的影响更为复杂多面。作为各国来华官民聚居活动的主要空间，租界成为列强对中国实施政治、经济和文化侵略的前哨，中外纠纷和华洋矛盾频繁发生，有时酿成重大的外交事件。与此同时，租界也是连接近代中国与外部世界的重要纽带，客观上促进了中外社会文化交往，对中国政治、经济和社会文化等方面的近代转型产生了一定的刺激和促动作用。② 由于其特殊的政治社会结构，租界事务往往既引发中外政府的国际外交，又牵涉华洋居民的群际互动，为我们多层次立体地观察近代中外关系提供了一个独特的窗口。

在各地租界中，上海公共租界的面积、居民人口和经济水平皆首屈一指，国际影响也最大。经过晚清时期数次扩大，上海公共租界的总面积最终达到33500余亩，是上海法租界的两倍多，超过全国其他租界的面积总和。③ 该租界的人口在清末时已达50万，1930年更逾100万大关，远超其他租界。④ 与绝大多数的一国专有租界不同，上海公共租界属于公共居留地性质，

---

① 关于近代中国租界的准确数目，由于研究者的定义标准不同，观点亦相歧异，从18个至43个不等。1980年代以来，一些学者对该问题进行了探讨和辨析。费成康起初提出24个之说，后修正为27个。刘敬坤和邓春阳也认为共计27个，陈明远则持24个之说。费成康：《有关旧中国租界数量等问题的一些研究》，《社会科学》1988年第9期；费成康：《中国租界史》，上海社会科学院出版社，1992，第379—397页；刘敬坤、邓春阳：《关于我国近代租界的几个问题》，《南京大学学报》2000年第2期；陈明远：《百年租界的数目、面积和起讫日期》，《社会科学论坛》2013年第6期。笔者赞成27个之说，即26个清政府划设的租界，以及由原上海英租界和美租界合并而成的上海公共租界。

② 熊月之：《论上海租界的双重影响》，《史林》1987年第3期；吴士英：《论租界对近代中国社会的复杂影响》，《文史哲》1998年第5期。

③ 熊月之：《上海租界与近代中国》，上海交通大学出版社，2019，第11页。

④ 邹依仁：《旧上海人口变迁的研究》，上海人民出版社，1980，第90页。

在界内居住生活的外国侨民来自世界各地数十个国家，其国际性非其他租界可比，甚至有小"国联"之喻。① 同时，上海公共租界也是列强在华商业利益最为集中之地，堪称中外商贸活动之枢纽。据统计，1930年前后，列强在华直接投资近乎一半集中于上海，其中包括英国约73%（一说76%）、美国约65%、日本（不包括在东三省的投资）约50%（一说约66%）和法国约41%的企业投资，而这些投资绝大部分在公共租界内。② 因此，上海公共租界的重要事务往往引起列强的高度关注，对中外关系产生直接或间接的影响。

与其他租界相比，上海公共租界的政治制度也十分特殊。在列强的保护和监督下，符合一定资质的外侨"纳税人"选举代表组成市政管理机构工部局的最高决策机构——工部局董事会（Shanghai Municipal Council），对界内事务实行高度自治。市政当局拥有包括征税、警察在内的广泛权力，且宣称仅向纳税人负责，不受任何政府或列强驻京公使团的绝对管控，故其政治体制比其他租界更具独立性，上海公共租界也因此更近似一个"国中之国"。除选举工部局董事外，外侨纳税人通过出席纳税人会议参政议政，有权参与各项议案的讨论和表决，且可通过工部局向会议提出议案。这种市政体制结合了英国的市政委员会制度和美国新英格兰地区的市政厅公共集会传统。③ 外侨纳税人和工部局董事会的成员来自多个国家，故租界当局历来以其高度国际化和"团结如一"（Omnia Juncta in Uno）的精神自我标榜。

当然，现实中的上海公共租界绝非一个平等、民主的"大同"世界。首先，各国侨民的实际权势差别巨大，政治社会地位也并不平等。公共租界由英、美两国租界合并而来，故英侨和美侨是界内公共事务的主导者，其中尤

---

① Harley Farnsworth MacNair, *China's International Relations & Other Essays* (Shanghai: The Commercial Press, 1926), p. 112; E. W. 彼得斯：《英国巡捕眼中的上海滩》，李开龙译，中国社会科学出版社，2015，第2页。据统计，近代上海外侨国籍最多的时候达58个，主要居住于公共租界，其次为法租界。熊月之等选编《上海的外国人（1843—1949）》，上海古籍出版社，2003，序言，第2页。
② 雷麦：《外人在华投资》，蒋学楷等译，商务印书馆，1959，第72—73、210、295、319页；樋口弘：《日本对华投资》，北京编译社译，商务印书馆，1959，第198—199页。
③ Isabella Jackson, *Shaping Modern Shanghai: Colonialism in China's Global City* (Cambridge: Cambridge University Press, 2017), p. 4.

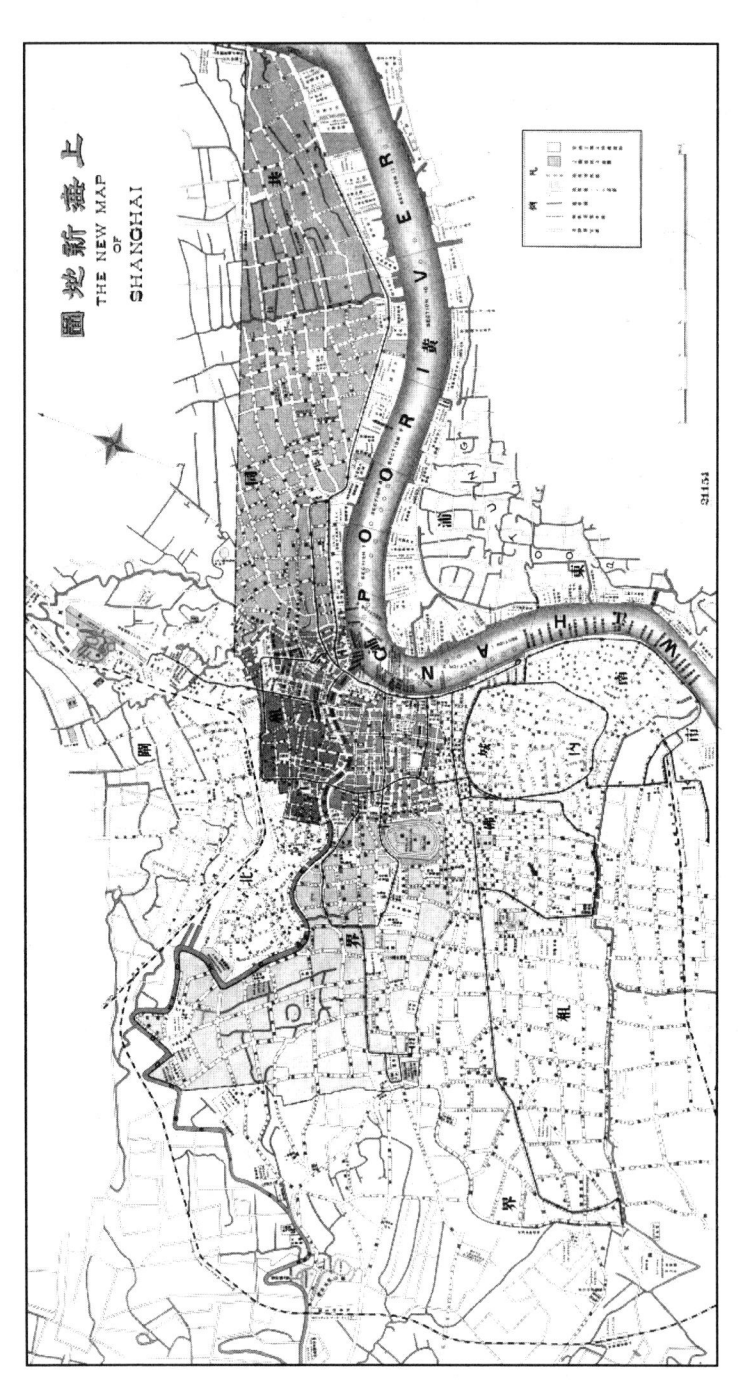

图 0-1 1927年上海地图

说明：图中"共同租界"即公共租界，"佛租界"即法租界。

资料来源：https://www.virtualshanghai.net/Maps/Source? ID=259。

以英侨群体势力最大。由于商业资产远多于他国侨民，英侨不仅在工部局董事会拥有多数席位，而且占据了工部局绝大部分的行政官员职位。因此，上海公共租界虽非英国专有，英侨却近乎实际的统治者，其他列强侨民的地位等而次之，一些小国、弱国的侨民则基本没有势力可言。与之相应，英国政府对上海公共租界事务拥有巨大的影响力，列强在相关问题上通常唯英国马首是瞻，而英国也将该租界视若禁脔，极力维护。其次，公共租界选举制度表面上看似平等、民主，实则是一种建立在很有限的选举权基础之上、由大商业资本家控制的"寡头政治"。公共租界章程对外侨的选举权和被选举权资格规定了较高的资产和纳税标准，真正享有参政权利者其实只占外侨人口的很少一部分，享有被选举权者更是极少数。例如，1920年公共租界外侨总人口为23307人，其中拥有参政权利者1676人，仅占7.19%。[①] 而且，多数外侨对参与市政事务的议决并不热心，出席纳税人会议的人数通常只占纳税人总数的很小一部分；偶尔为商决重要议案而召集的纳税人特别会议，也往往因不足1/3的法定出席人数而无法开议。虽然任何享有被选举权的外侨只要得到两位纳税人的提名，即可参加工部局董事的竞选，但实际上被提名者通常为各大跨国洋行或本地洋行的大班、经理，且往往因提名人数未超过规定的9个董事席位，不存在差额竞选而自动当选。[②] 由于工部局董事会决策过程并不公开，平时董事们与纳税人的沟通也非常有限，加之外侨的参政热情不高，市政权力基本上由极少数的洋行大班所操控。[③]

即便如此，公共租界内的各国外侨理论上仍享有平等的政治权利，可以通过制度化渠道表达对市政事务的意见，维护自身的利益。而占人口绝大多数（通常97%以上）且贡献了租界当局大部分税收的华人居民，却长期被排斥在市政管理事务之外。租界当局向华人居民征收各种捐税，但拒绝给予后

---

① 李东鹏：《上海公共租界纳税人会议代表性研究》，《史林》2015年第5期，第23页。
② 上海市档案馆编《上海租界志》，上海社会科学院出版社，2001，第184—186页；Isabella Jackson, "Who ran the treaty port?" in Robert Bickers and Isabella Jackson, eds., *Treaty Ports in Modern China: Law, Land and Power* (London: Routledge, 2016), pp. 47-48; Jackson, *Shaping Modern Shanghai*, p. 67。
③ 夏晋麟：《上海租界问题》，中国太平洋国际学会，1932，第114—115页。

者任何政治权利。即便是资产和纳税额符合《土地章程》相关规定的华人,也不得参加董事选举投票和纳税人会议,更无被选举资格,对市政当局的财政开支和涉及自身利益的市政事务几乎没有发言权。由于工部局董事会和纳税人会议中没有华人参与商讨和表决,租界当局的许多市政法规和举措或有损华人利益,或有违华人观念风俗,或明显歧视华人,而华人缺乏表达意见、维护权益的有效途径,导致华洋矛盾层出不穷,有时还酿成严重的华洋冲突事件。

列强殖民者政治上的排斥与压迫,引起了华人居民的不满和反抗。19世纪后期,华人社会开始发出渴望有代表参与市政管理事务的声音。清末民初,随着权利意识和民族思想的增强,华人居民的参政诉求愈益强烈,并在第一次世界大战后发起了声势颇大的华人参政运动(有学者也称其为市民权运动)。这使得上海公共租界的华人参政问题(有学者也称华人代表权问题)日益凸显,成为当地政治生活中最重要的问题之一,引起中外各方的高度关注。

华人的参政诉求主要包括两个方面:一是市政当局必须有华人代表,即工部局董事会加入华董;二是华人应享有与外侨平等的工部局董事选举权、被选举权和参加纳税人会议之权。为了获得这些权利,上海公共租界的华人居民进行了反复的呼吁、抗争和交涉,并日益得到中国政府的支持。然而,由于列强外交官、租界当局和外侨社会的漠视、抵制和打压,华人参政问题长期延宕不决。直至1928年租界市政当局正式加入华人代表,华人才初步获得参与市政管理的权利。九一八事变和一·二八事变后,在空前的民族危机之下,上海公共租界华人参政的进程基本停滞,中外各方相关纷争也渐趋消歇。

上海公共租界的华人参政不仅直接关系到界内华人居民的切身利益和市政管理的权力结构,而且与华洋社群的关系和租界行政主权之收还皆有密切的内在关联。数十年间,围绕该租界华人参政问题,中外朝野各方展开了反复的讨论、互动和博弈,其过程跌宕曲折,呈现出当地政治社会和中外关系十分丰富而复杂的历史面相。然而,这段历史长期以来并未引起学者的太多注意,相关研究十分有限。究其原因,可能有以下三个方面。其一,华人参政问题主要发生在上海公共租界内,因此通常被视为一个地方性问题。与一些全国性或区域性的政治问题相比，华人参政问题直接影响所及的地理范围和社会群体都相对有限，不易引起普遍的关注。其二，华人参政的历史过程相对平和，其间未发生大规模的华洋冲突，也基本没有流血事件。与一些更为激烈尤其是造成暴力冲突和人员伤亡的对外抗争活动相比，华人争取参政权利的斗争方式显得较为温和，其过程亦乏惊涛骇浪之历史场景，因此未能吸引一般研究者的目光。其三，华人参政的主要目的是取得对市政管理事务的话语权，打破外侨对市政权力的垄断。相比于民国时期朝野一些直接收回租界的主张和行动，华人参政的斗争精神看起来不够坚决彻底，甚至不无"附骥"列强、与殖民者"合作"之嫌，这或许也是许多研究者对其缺乏探究兴致的原因之一。

但上述三种对于上海公共租界华人参政问题的"印象"有的存在视野局限或认知偏差，有的恰是这一问题值得特别注意之处。以下试做辨析，亦以说明本书选择将其作为研究对象的旨趣。

首先，华人参政问题研究的地方史意义毋庸置疑。晚清以降，上海公共租界华人居民因缺乏参政权利，对市政事务几乎毫无发言权，导致华洋矛盾不断累积和加深。进入20世纪，华人参政日益成为当地政治生活中非常重要但也最难解决的问题。[①] 这一问题既攸关华人居民的切身权益，也直接影响公共租界的政治社会秩序。华人居民为争取参政权利进行了长期的抗争和交涉，其参政思想和要求随着时移势迁而不断发展，租界当局和外侨对华人参政问题的态度也经历多次变化。1928年华人参政的初步实现不仅重塑了市政权力结构和华洋关系格局，进而引起各类市政事务的变革，在某种意义上甚至改变了上海公共租界的政治地位，深刻影响了此后该租界的演进轨迹。通过系统考察华人参政问题的来龙去脉，可以深化对上海公共租界政治社会嬗变的研究。

上海公共租界在近代中国条约口岸体系中的核心地位和巨大的国际影响，使该租界的华人参政具有了超越地方层面的意义。作为列强在华商业利益最集中之地，上海公共租界实为列强在华特权的"最后防线"（last stand）

---

① 郭泰纳夫：《上海公共租界与华人》，朱华译，上海书店出版社，2017，第166、177页。

和"真正大本营"（real citadel）。[1] 华人的参政努力直接针对公共租界的市政管理体制和政治权力结构，旨在改变殖民者垄断市政权力的状况和华洋居民政治上的不平等。这不仅是对该租界半殖民统治秩序的挑战，而且在某种程度上也是对整个列强在华特权体系的冲击。瞿秋白在1926年撰文讨论上海公共租界华人参政运动时，即视之为"中国民族反抗帝国主义的总运动，决不是上海一地方的问题，当然更不是仅仅限于市政问题"。[2] 尽管由于一些特殊原因，个别租界在晚清时期已有华人参与市政管理事务，但上海公共租界是华人参政运动的肇始之地。[3] 而且由于该租界的重要地位，本地华人参政运动的兴起和推进产生明显的辐射作用与示范效应，推动了其他地区租界的华人参政进程。可以说，上海公共租界的华人参政问题不只是地方史的一部分，而是一场在某种意义上具有全国乃至国际影响的政治问题，有待在更宽广的视野下加以审思。

其次，与近代中国租界史上一些华人激烈反抗外人侵凌压迫的事件或运动相比，上海公共租界华人为参政而进行的抗争采取了相对温和的抗争方式。虽然其间华人团体也曾采取抗捐和短期罢市等较为强硬的斗争形式，但大体仍属于"文明排外"或类似"非暴力不合作"的方式，且最终都在租界当局的强横打压下选择了妥协让步，没有与后者发生剧烈冲突。更多时候，华人主要试图通过舆论宣传和交涉谈判等较为平和的方式来实现诉求。之所以如此，原因是多方面的，其客观结果则是华人参政之路历时漫长，过程跌宕。有学者指出，海内外学界对租界的研究虽然成果众多，但除了早期革命

---

[1] Thomas F. Millard, *China: Where It Is Today and Why* (New York: Harcourt, Brace and Company, 1928), p. 249.

[2] 瞿秋白：《再论中国境内之华人参政问题》，《向导》第150期，1926年4月，第1410页。

[3] 1878年，买办罗道生以俄华道胜银行代理人的身份当选天津英租界工部局董事，任期一年，为中国租界史上首位华董。1897年该租界扩大面积时，英人同意新扩大地区内符合财产资格、懂得英语或随带翻译的华人居民可享有扩大区独立的工部局董事会的选举权和被选举权，蔡绍基于1899—1900年连任两届华董。1902年划定的天津奥租界，因起初当地几乎没有奥匈帝国侨民，奥领事指派6名中国理事组成理事会协助处理界内事务，后理事会改为董事会，仍允许华人出任董事。同年清政府主动划设鼓浪屿公共租界，该租界章程规定厦门道台可委任一两位华人加入工部局董事会。费成康：《中国租界史》，第192页。

史观下的侵略与反侵略历史书写，大多从现代化史观出发，关注租界社会经济的现代化发展及其对中国社会的影响，而很少关注日常政治层面租界当局与华人社会的矛盾和冲突，更缺少基于实证研究对殖民主义、帝国主义的重新审视和批判；同时，在探讨近代中国人民的反帝、反殖斗争时，如果只强调较为激烈甚至流血的暴力斗争，忽略或排斥其他形式的斗争，则会严重"简化"原本内容丰富的历史，遮蔽民族共同体形成过程中的多样性。① 笔者认为，相较于一些突发事件引起的华洋激烈对抗和严重冲突，华人争取参政权利的努力和租界当局及外侨群体的因应，或许更能反映上海公共租界半殖民统治下华人居民的日常经验、市政权力的运作机制和华洋关系的真实常态。所以，较为温和的斗争方式不仅不应成为研究者轻视华人参政历史的理由，反而正是其独特研究价值所在。深入探究华人参政历程的曲折原委，当有助于推进对近代中国半殖民地问题的思考。

　　华人参政抗争方式的选择在很大程度上是由参政的主体——租界华商的政治性格决定的。关于近代中国商人的政治参与（此处取其广义），学界已有大量深入研究。② 有学者将商人的政治参与分为两类，一类是公共政治的参与，即对国家层面或具有全国性政治影响的对外和对内政治活动的参与；另一类则是商政参与，包括全国层面对有关商法、商税等事务的参与，和地方层面如捐税的抗争、地方民意机构代表权的争取、商业惯例的维护等。其中，租界的商人参政因"是针对外人要求平等政治参与，且多与其自身利益密切相关"，因此"不能被视作一般的公共政治的参与"，而只能归入商政参与一类。③ 既有商人政治参与的研究偏重于前一类，租界商人争取和实践参政权利的活动则相对较少为人注意。笔者认为，上海公共租界华人参政问题

---

① 胡成：《检疫、种族与租界政治——1910年上海鼠疫病例发现后的华洋冲突》，《近代史研究》2007年第4期，第75—76页。

② 较具代表性的研究成果有李达嘉《商人与政治：以上海为中心的探讨（1895—1914）》，博士学位论文，台湾大学，1995；Joseph Fewsmith, *Party, State, and Local Elites in Republican China: Merchant Organization and Politics in Shanghai, 1890–1930* (Honolulu: University of Hawai'i Press, 1985)；冯筱才《在商言商：政治变局中的江浙商人》，上海社会科学院出版社，2004；虞和平《资产阶级与近代中国政治运动》，中华工商联合出版社，2015。

③ 冯筱才：《在商言商：政治变局中的江浙商人》，第14页。

具有超越地方政治的影响,故华商争取参政权利的活动不仅属于地方层面的商政参与,而且在一定程度上兼具公共政治参与的性质。对之进行全面考察,可以进一步丰富对近代中国商人政治参与的研究。

至于将华人参政运动与直接收回租界的主张和行动做简单对比,认为前者的斗争目标不够彻底甚或有与殖民者"合作"之嫌,则是一种较为主观、片面的看法。华人参政问题形成和演进的背景是近代中国力不如人、主权沦丧,政府不仅无力收回上海公共租界,而且对界内事务的管辖权已被侵蚀殆尽。华人参政不仅有利于维护自身的权益和尊严,也有助于政府增强对租界事务的影响力和部分收回主权,为完全收回租界预备基础。中国政治精英很早就意识到这一点,因此对华人参政的努力予以支持。19世纪末,上海地方官员在对外交涉中已提出给予公共租界华人与外侨平等政治权利的主张。民初,北京政府逐渐确立了将华人参与市政管理作为收回租界之准备步骤的方略。华人参政运动兴起后,政府不仅给予外交上的援助,还向华人参政组织提供了经费支持。1928年后华人参与市政管理的实践也证明,在政府无法立即收回上海公共租界的情况下,华人参政有助于加快收回租界主权的步伐。而且,五卅运动后,华人团体将建立一个由华人主导的租界政治新秩序作为参政运动的目标,在一定程度上即含有收回主权之意旨。这与近代中国历史上一些丧失民族立场、投靠侵略者助纣为虐之汉奸傀儡的"合作"运动有本质区别,不应相提并论。

最后,上海公共租界华人参政运动的兴起和推进有其深刻的国际背景。第一次世界大战引发世界秩序的重构,战后"民族自决"思想盛行一时,推动殖民地和半殖民地的民族运动,华人参政运动亦于此时应势而起。其后,西方列强在华盛顿体系下试图调整对华政策,逐渐放弃以争夺势力范围为主要特征的传统帝国主义政策,转而在"尊重"中国领土和主权完整的前提下,以"门户开放"为原则,通过经济合作协调彼此在华关系。[1] 中国政府

---

[1] Akira Iriye, *After Imperialism: The Search for a New Order in the Far East, 1921 – 1931* (New York: Atheneum, 1973) , pp. 2 – 3.

也相应加快了收回各项被列强侵夺之主权的进程。与关税自主、取消领事裁判权等主要由中外高层外交谈判解决的事务不同，上海公共租界的华人参政问题引发了中外政府、地方外交官员、租界当局和华洋社会群体等多个层面的联动和交涉，面相更为复杂丰富。对之进行全面考察有助于我们多角度、多层次理解民国初期中外关系的历史演变。

此外，华人参政问题还牵涉一个更具全球性和现实性意义的议题——种族关系。近代上海公共租界当局和外侨长期拒绝给予华人参政权利，既是政治上的排斥与压迫，也是种族偏见和歧视的表现。在该租界社会经济的早期演进过程中，虽然华洋居民彼此利益的关联度越来越高，但外侨群体对华人的成见日益加深。关于华人性格、品德和能力的片面看法和偏颇论断被租界当局和外侨作为拒绝给予华人参政权利的重要理由之一，也是公共租界许多明显歧视华人的市政规章背后的思想基础。政治地位不平等是各种社会权利不平等的根源，而种族主义则是影响族群关系的深层文化因素。华人的参政努力不仅旨在改变政治社会生活中所遭受之种种不平等待遇，同时希望促使外侨在文化上承认华人的平等地位，消除对华人的偏见和歧视。华人居民争取参政权利的相对理性、温和的抗争方式，以及华人代表参与市政管理事务的表现，确实在一定程度上改变了外侨对华人的观感和认知。但近代西方殖民者的种族主义思想根深蒂固，尤其在中国内政不靖、国力衰贫、与列强关系严重不平等的情况下，外侨歧视华人观念始终十分普遍。时至今日，世界各地人民之间的交往已极为频繁，联系也空前密切，但种族主义的顽疾依旧难以根除，经常对社会秩序和国际关系产生相当的负面影响。检讨近代上海公共租界外侨种族歧视的思想与话语和华人抗争的效果与局限，或可为我们思考和认识当今世界的种族关系提供一些启示。

总之，上海公共租界的华人参政不只是一个重要的地方问题，还具有全国乃至国际层面的影响和意义。华人居民的参政努力是一段近代中国人民反抗殖民统治和种族歧视的面相，是观察该租界政治社会嬗变和中外关系演进的一个颇为理想的切口，值得进行全面深入的探究。

那么，上海公共租界华人居民为获得参政权利进行了哪些努力？来自不同阶层的华人群体在其中分别有什么表现，彼此关系如何？租界当局和外侨对华人参政问题的态度经历了怎样的转变，其原因何在？中外政府围绕华人参政问题又展开了怎样的博弈和交涉？在英国主导的半殖民统治下的上海公共租界，华人参政的最终实现为什么反而远远晚于英国殖民统治下的印度、新加坡和中国香港等地本地居民获得参政权利的时间？华人获得参政权利后在市政管理事务中有什么作为？华人参政的进程如何影响了当地的市政体制和华洋关系及中国与列强的外交关系？系统考察和深入探讨上述问题，对于推进近代中外关系史、上海史、中国租界史、中国人民反帝斗争史和商人参政史等领域的研究皆有裨益。

先行研究回顾

有关近代中国租界历史的学术研究至少可以追溯至19世纪晚期，一百多年来积累了十分丰硕的成果。[①] 其中，上海公共租界因其在各地租界中的突出地位和巨大影响，最受海内外研究者关注，相关著述尤多。对于该租界华人参政的历史进程，学界亦不乏考察和探讨。先行研究大致可分为民国时期，新中国成立至改革开放前，20世纪八九十年代和20、21世纪之交以来四个阶段进行回顾。

关于上海公共租界华人参政史的研究起步甚早。民国时期，尤其是五卅运动后，上海公共租界的地位和前途问题——即所谓的"上海问题"（The Shanghai Problem）——引起中外学者的关注和讨论，出现了一股租界研究热潮。由于华人参政问题在该租界政治社会生活中的重要性，一些学者对之进行了初步考察。1920年代中期，当华人团体仍在为获得参政权利而呼吁和奋争时，任职于上海公共租界会审公廨的俄国法律学者郭泰纳夫（A. M. Kotenev）就在有关该租界历史的两部著作中，对晚清至1927年有关华人参政问

---

① 麦克莱伦（J. W. Maclellan）1889年出版的《上海故事——从开埠到对外贸易》（*The Story of Shanghai: From the Opening of the Port to Foreign Trade*, Shanghai: North-China Herald Office）一书是目前所见最早的一部学术性较强的英文上海史著作，也极可能是关于中国租界史的第一部研究论著。朗格等：《上海故事》，高俊等译，三联书店，2017，前言，第2页。

题的中外交涉与互动进行了概要述论。① 中国学界最早的研究著述是1930年代中期上海通志馆职员蒯世勋先后发表的《上海公共租界华顾问会的始终》和《上海公共租界华董产生的经过》二文，较为详细地梳理了晚清至1930年华人争取和扩大参政权利的经过。② 郭、蒯二人的研究分别以英文报刊和中文报刊为主要资料，其中前者仅选择性地利用了少量工部局档案，但皆未能揭示中外各方互动交涉的许多重要内情，也没有阐明华人参政运动中一些关键环节的原委。20世纪二三十年代，华人的参政权利仍是上海公共租界的一个现实政治问题，加之郭泰纳夫和蒯世勋各自的身份背景，二人著述都不可避免地带有明显的政治动机或立场，论述内容也各有侧重。前者系主要针对五卅运动期间华人再次提出收回会审公廨和华洋平等参政两项要求而展开的研究，其为工部局辩护的动机至为明显；后者虽为编纂《上海通志》而撰写，但作者对公共租界当局的不满和鲜明的民族立场跃然纸上。美国政治学者小约翰斯通（William C. Johnstone, Jr.）在1937年出版的《上海问题》一书中也对公共租界的华人参政过程有简要述论。作者在参考上海英文报纸的同时，还使用了少量美国外交文件，立论也较为客观，认为1928年华人加入工部局董事会是公共租界历史的转折点，开启了华洋合作管理租界事务的新阶段，此后外侨将公共租界的统治权交还给占人口多数的华人就只是时间问题了。③ 此外，美国学者博格（Dorothy Borg）在其研究美国对中国国民革命政策的专著中指出，五卅运动后上海公共租界的

---

① A. M. Kotenev, *Shanghai: Its Mixed Court and Council* (Shanghai: North-China Daily News & Herald, Limited, 1925), pp. 11 – 15, 35 – 44（中译本郭泰纳夫《上海会审公堂与工部局》，朱华译，上海书店出版社，2016，第12—17、40—49页）; A. M. Kotenev, *Shanghai: Its Municipality and the Chinese* (Shanghai: North-China Daily News & Herald, Limited, 1927), Chapters XII and XIII（中译本郭泰纳夫《上海公共租界与华人》，第十二、十三章）。

② 蒯世勋：《上海公共租界华顾问会的始终》，《上海通志馆期刊》第1卷第4期，1934年3月；蒯世勋：《上海公共租界华董产生的经过》，《上海通志馆期刊》第2卷第4期，1935年3月。两文后收入蒯世勋等编著《上海公共租界史稿》，上海人民出版社，1980，第498—587页。此外，蒯世勋还对1927年华人团体为争取参政权利而发起抗捐活动的始末进行了叙述。上海市地方志办公室、上海市历史博物馆编《民国上海市通志稿》第1册，上海古籍出版社，2013，第437—454页。

③ William Crane Johnstone, Jr., *The Shanghai Problem* (Stanford: Stanford University Press, 1937), pp. 226 – 242.

华人参政和收回会审公廨两问题都开始与中国的修约运动紧密联系在一起，并利用较为丰富的档案史料，论述了这一时期英、美等国政府和外交官员对华人参政问题的态度，以及工部局和外侨的立场。①

中华人民共和国成立至改革开放初期，关于上海公共租界华人参政史的研究相对较为沉寂。在革命史观的主导下，中国学界对租界史的研究聚焦于列强和租界当局侵夺中国主权和利益、压迫中国人民的活动和中国民众较为激烈的反侵略、反压迫斗争活动。华人参政虽是对列强半殖民统治的一种抗争，但其主体为商人群体，斗争形式也相对温和，而且带有与殖民者妥协合作的色彩，故而乏人问津。西方学界亦无专门著述，仅个别学者在关于上海公共租界的研究中有所涉及。汤姆森（John Seabury Thomson）的博士学位论文从政治学角度对上海公共租界工部局展开研究，其中用两章篇幅论述了华人参政的经过。作者以公共租界的英文报刊为主要资料，辅以少量英国议会文件和美国外交文件，同时参考已有英文著述，对晚清至太平洋战争爆发华人参政问题的演变进行了论述，并认为如果不是抗战爆发，华人将由此逐步获得租界的控制权。②

从1980年代起，上海史和租界史重新引起中外学者的关注，上海公共租界华人参政史的相关研究随之明显推进。有学者在考察一战前后上海公共租界政治社会的演变时，对这一时期华人参政运动的兴起和中外相关交涉进行了较为系统的考论，探讨了外侨社会的分裂和中国民族主义的兴起对华人参政运动的影响。③ 傅士卓（Joseph Fewsmith）在关于近代上海商人组织与政治的专著中，对公共租界不同阶层华商在争取参政权利过程中的关系有一定论述。④ 李达嘉在考察五四时期商人的政治参与时也论及上海公共租界华人

---

① Dorothy Borg, *American Policy and the Chinese Revolution* (New York: American Institute of Pacific Relations and The Macmillan Company, 1947), pp. 205 – 216, 278 – 279.
② John Seabury Thomson, "The Government of the International Settlement at Shanghai: A Study in the Politics of an International Area" (Ph. D. diss., Columbia University, 1954), Chapters Ⅳ and Ⅴ.
③ Kathryn Brennan Meyer, "Splitting Apart: The Shanghai Treaty Port in Transition, 1914 – 1921" (Ph. D. diss., Temple University, 1985), Chapters 3 and 6.
④ Fewsmith, *Party, State, and Local Elites in Republican China*, pp. 42, 56 – 61, 135 – 136.

参政运动，认为租界华商在运动中"表现了高度的政治能力"，以较为和平的抗争方式赢得了外侨舆论的同情和支持。①小浜正子在《近代上海的公共性与国家》一书中以"附篇"形式对上海公共租界华人参政运动进行了简要述论，分析了工部局财政问题与华人参政运动之间的关联，认为虽然华人参政运动以市民意识为思想基础，其目标是争取租界市政管理中的平等公共权力，但在中外不平等关系的语境下，这一目标只能通过以反抗民族压迫、建设强大国家为宗旨的民族运动才能实现，因此华人参政运动实质上属于民族主义运动的范畴。②

改革开放后，租界因其在近代以来中国现代化进程和对外经济文化交流中客观上发挥的作用而引起许多学者的兴趣，形成了租界史研究的第二次热潮。其中，绝大多数研究者从现代化史观出发，侧重考察租界市政建设和社会经济的现代化过程及其影响。租界华人的参政活动虽与市政发展和社会变迁都有密切关联，但由于现代化史观中预设的西方中心主义，其影响和意义未能吸引研究者的太多注意。费成康在《中国租界史》一书中概述了各地租界的华人参政情况，对上海公共租界着墨较多，并指出该租界华人参政运动对其他租界的影响，但内容仍较为简略，对不同时期中外各方围绕华人参政问题的交涉过程基本没有展开论述。费氏认为参政运动虽然提高了华人在租界中的权利，但未能改变华人作为被殖民者的地位，也难以从根本上改变租界的半殖民制度。③

与此同时，有的学者重新开始对上海公共租界的华人参政运动展开专门研究。卢汉超于1984年先后发表《上海租界华人参政运动述论》和《论上海租界华人参政运动的爱国性质》二文。卢氏分阶段论析了清末以降上海公

---

① 李达嘉：《五四前后的上海商界》，《中央研究院近代史研究所集刊》第21期，1992年6月，第225—228页。
② 小浜正子：《近代上海的公共性与国家》，葛涛译，上海古籍出版社，2003，第188—208页。
③ 费成康：《中国租界史》，第190—202页。但这一时期问世的其他中国租界通史类著作，如袁继成的《近代中国租界史稿》（中国财政经济出版社，1988）和张洪祥的《近代中国通商口岸和租界》（天津人民出版社，1993），则基本没有涉及华人参政运动。

共租界华人争取参政权的经过，认为其中虽有少数买办大资本家的参与，但主导力量是数量众多的中小民族资产阶级；华人参政运动首次将矛头直指租界的"根本法"《土地章程》，而且对中国政府在租界内行政主权的要求逐渐提高，是上海人民反对租界制度斗争的一部分，其爱国性质应予以肯定。[①] 陈三井也撰文对近代上海租界华人参政运动的时代背景和经过进行了论述，认为运动的主旨是追求平等和正义，其在不同时期的成败与列强在华势力的消长及中国自身国力的强弱息息相关，并强调上层绅商在运动中的领导作用。[②] 卢、陈二人的论文皆为对华人参政运动的整体考察，尽管在资料和史实方面并无明显突破，却标志着上海公共租界华人参政运动已再度引起一些学者的重视。但此后一段时间内并无新的专题研究成果问世。因此，有学者在1999年撰文指出，学界对租界华人参政运动的研究依然非常薄弱。[③]

20、21世纪之交以来，随着上海史、租界史研究的推进和跨国史、日常政治史等新视角的引入，上海公共租界的华人参政史吸引了越来越多学者的注意，相关研究不断拓展和深化。其中不乏综合性的考察，如王丹辉的硕士学位论文以中文报刊为主要史料，梳理了1905—1930年华人争取市民权的经过，将以中下层商人为主体的各马路商界联合会视为运动的中流砥柱。[④] 狄瑞波的硕士学位论文则对1928年工部局加入华董后的市政沿革和华洋关系演进进行了粗略考察，对华董群体做了简要分析，并论及日本因素的影响，认为"华洋共管"的新格局使1930年代公共租界的华洋关系逐渐走出动荡和冲突状态，朝着磨合和协作的良性状态发展。[⑤] 英国学者杰逸（Isabella Jack-

---

[①] 卢汉超：《上海租界华人参政运动述论》，《上海史研究通讯》1984年第1期。该文后收入唐振常、沈恒春主编《上海史研究二编》，学林出版社，1988。卢汉超：《论上海租界华人参政运动的爱国性质》，《社会科学》1984年第4期。

[②] 陈三井：《上海租界华人的参政运动——华董产生及增设之奋斗过程》，"中央研究院"近代史研究所编《近代中国区域史研讨会论文集》，1986。该文后收入陈三井《近代中国变局下的上海》，台北：东大图书公司，1996。

[③] 吴士英：《租界问题尚须深入研究》，《近代史研究》1999年第2期，第299页。

[④] 王丹辉：《近代上海公共租界市民权运动研究（1905—1930）》，硕士学位论文，华中师范大学，2016。

[⑤] 狄瑞波：《上海公共租界内华洋关系之研究（1928—1937）——以"华洋共管"的工部局为考察中心》，硕士学位论文，浙江大学，2007。

son）在其关于上海市政管理体制的专著中，论述了民国时期公共租界华人通过抗捐方式争取参政权利的经过，以及工部局与华人团体关于给予和扩大华人参政权的交涉，并对华董群体及其参政实践进行了一定考察。杰逸认为，华人反对加捐的活动显示了工部局在唤醒华人政治意识方面的作用，但租界当局坚持只与易于妥协的华商精英协商合作，导致华人的抗议活动总是一无所获；工部局董事会在公共租界内的绝对权威，使得该租界的华人参政之路比一般的英国殖民地更曲折。①

一些学者对上海公共租界华人参政运动的重要组织进行了考察。彭南生的一系列论文对马路商界联合会在运动中的活动和作用做了较为细致的论述，认为这一组织的广泛出现反映了五四运动后上海中小商人争国权、商权与维护人权意识的进一步提高，但同时指出中小商人政治上的幼稚性、内部的政治派系和地域之争造成了整体力量的分散和弱化。②严斌林对1921—1925年工部局华人顾问委员会的产生及其活动进行了述评，认为该委员会只是上海公共租界华洋矛盾的临时缓冲器，工部局和华人对其职能的认知和定位存在明显错位，委员会的运行效果令双方都感失望，但作者仍肯定这一机构在沟通华洋意见和维护华人权益方面的成绩。③吴娜琳则以华人参政运动为线索，粗略考察了上海公共租界纳税华人会的组织演变历程，对其活动与作用进行了评介。④

王敏对上海公共租界外侨和列强对华人参政问题的态度进行了较为深入的探讨。她撰文对外侨纳税人会议关于华人参政提案的辩论经过进行了分

---

① Jackson, *Shaping Modern Shanghai*, pp. 47 – 55, 73 – 80, 90 – 95.
② 彭南生：《抗捐与争权：市民权运动与上海马路商界联合会的兴起》，《江汉论坛》2009年第5期；彭南生：《20世纪20年代的上海南京路商界联合会》，《近代史研究》2009年第3期；彭南生：《上海商总联合会的形成、重组及其性质》，《华中师范大学学报》2015年第3期。另见彭南生《中国近代商人团体与经济社会变迁》，华中师范大学出版社，2013；彭南生《街区里的商人社会：上海马路商界联合会（1919—1929）》，北京师范大学出版社，2021。
③ 严斌林：《遗忘的"预备"：上海公共租界华人顾问委员会述评》，《近代中国》第35辑，上海社会科学院出版社，2021。
④ 吴娜琳：《上海公共租界纳税华人会研究——以公共租界华人参政运动为中心》，硕士学位论文，上海师范大学，2022。

析，认为其中虽不乏西方霸权主义话语和明显的文明优越感，但亦隐约可见全球化背景下华洋利益的相互交织和依存关系，以及华洋居民在自由、平等和进步等理念上的共识，这是华人参政案最终得以通过的根本原因。[①] 王敏另文论述了一战后列强有关上海公共租界华人代表权问题的立场、互动及其考量，认为其中的矛盾和竞争及其解决之道反映了上海公共租界兼具高度国际性和地方性，而将二者统一起来的则是上海社会经济发展过程中形成的利益共同体。[②]

此外，一些有关近代其他租界和香港等地区华人参政问题的学术著述，亦可为本书提供比较之参考。[③]

迄今为止，海内外学界对上海公共租界华人参政历史的研究已走过近百年历程，取得了不少成果，但总体而言，考察的广度和深度皆嫌不足，仍有相当大的拓展和深化空间。首先，相关史料的发掘利用尚不充分，史实重建有待完善。先行研究通常以近代上海出版的各大中外文报刊为主要史料，对档案的使用则多限于已整理出版者，且爬梳利用亦难称充分。而中外官方和民间机构的大量相关未刊档案，尤其是研究华人参政史核心史料之一的工部局档案，尚未得到系统发掘和利用。而且，研究者或主要运用中文史料，或偏重征引外文史料，鲜有将两者有机结合进行论述者。由于史料利用方面的限制，前人著述在史实叙述方面存在不少疏漏和舛误，许多重要问题的探讨也未能深入展开。

其次，研究的系统性和全面性都有待提高。纵向而言，既有成果大多侧

---

① 王敏：《从华人代表权问题看近代中国口岸城市的华洋关系——以上海租界纳税人会议华人代表权提案的辩论为中心》，《晋阳学刊》2017年第1期。
② 王敏：《国际性、地方性与利益共同体——以上海公共租界华人代表权问题为线索》，《近代史研究》2021年第2期。
③ 危婷：《天津英租界华人参政问题初探》，硕士学位论文，天津师范大学，2009；韩占领：《1929—1941年天津英租界市政管理研究》，硕士学位论文，天津师范大学，2012；陆烨：《抗捐视角中的上海法租界市民团体（1919—1937）》，《史林》2013年第6期；何立：《华洋共管新格局的开启（1914—1930）——上海法租界公董局华董选举初探》，刘利民主编《首都外语论坛》第5辑，中央编译出版社，2014，第289—296页；John M. Carroll, *Edge of Empires: Chinese Elites and British Colonials in Hong Kong* (Cambridge, MA: Harvard University Press, 2005)。

重考察一战后至1930年华人团体争取参政权利的活动，对此前华人参政问题之缘起和发酵过程的叙述较为粗略，华人初步获得参政权利后参与市政管理事务的具体实践亦乏专门考论，未能较为完整地呈现运动的来龙去脉。横向而言，研究者通常将目光集中于华人团体与工部局之间的斗争和博弈，较少注意双方各自内部的意见分合，对中外政府关于华人参政问题的态度和交涉的论述也相当有限，难以全面勾画出朝野各方之间的关联和互动。

再次，探讨深度亦有待推进。前人著述在史实叙述中往往铺陈各方立场和政策，却较少深入探究其形成经过与变化原委。一些关键历史人物在华人参政问题演进过程中发挥的重要作用——不管是正面的抑或负面的——也未得到充分的揭示和凸显。其结果，华人参政问题许多重要环节的前因后果都有待更明晰和完满的论析。

最后，先行研究通常将华人参政视为一个较为孤立的地方性问题，在当地华洋关系和市政沿革的视野下论述其过程和意义。如前所述，上海公共租界的华人参政问题实具有全国乃至国际性影响，与许多涉外事件存在直接或间接的联系，只有将之置于近代中外关系演变的大背景下进行审视，注意其与其他政治、外交问题的关联，才能更好地理解其曲折演进过程及其与不同时期中外关系之间的交互影响。

要之，中外学界迄今尚无充分利用中外档案史料文献，结合深入的实证研究和宏观的思维视野，全面系统地考察上海公共租界华人参政历史的学术著作，相关史实叙述亟须补充完善，阐析立论亦有待深化和推进。这正是本书的努力方向。

取径、史料与框架

本书考察19世纪中期至1932年一·二八事变前上海公共租界华人参政问题从萌芽、发酵到凸显再到初步解决的历史过程，研究时段跨越70余年。其间，随着中国内政外交情势和当地政治社会语境的变迁，华人争取参政权利的进程历经起伏曲折，中外朝野各方的相关思想和立场迭经转变，互动和交涉纷繁往复，内容十分丰富。

抗争与博弈：上海公共租界华人参与市政管理的权益之争（1854—1932）

　　为了尽可能系统而全面地呈现华人参政的历史过程，本书采取事件史和综合考察相结合的研究方法，以前者为主，后者为辅。对于与华人参政相关的重要事件，主要采用事件史个案研究的方法，对其始末原委进行深入探析和完整叙述，尤其注重对各方立场变化和决策形成过程的考论。对于华人参政进程相对平静的时期，则主要采取综合考察方法，从华人参政相关的不同方面展开探讨。两种研究方法在全书各章穿插运用，有时也在一章之中结合使用。鉴于先行研究对华人参政问题的考察已有一定基础，本书在保持论述系统性和全面性的前提下，尽量"忽人之所谨"而"详人之所略"，以期"异人之所同"，在史事重建和分析论断上有较大推进和深化。

　　华人参政不仅直接关乎上海公共租界的市政体制和华洋关系，而且与中国政府收回租界的外交方略颇有关联，同时还涉及种族关系和文化遭遇等具有跨国性乃至全球性的议题。因此，本书结合自下而上和自上而下的视角，并在具体论述中运用地方史、外交史、跨国史等多领域的研究方法。一方面，注意分析不同时期中外关系格局和上海公共租界政治社会状况与华人参政运动之间的交互影响。同时，重视政府层面的外交折冲与地方层面的华洋交涉之间的关联互动，并关注非国家行为体的利益诉求、身份认同和行动逻辑，探讨其在华人参政问题演进过程中扮演的角色。此外，鉴于前人研究通常偏重中外一方的情况，本书尽量对两方做对称性处理，避免被其中一方的视角所牵引和遮蔽，始终关注相关各方的互动，在动态中呈现华人参政问题演进的轨迹。

　　1980 年代以来，西方人文与社会科学的语言学转向和新文化史的兴起，极大地丰富了外交史研究的向度和内容。除了传统现实主义外交史所强调的权力角逐和利益博弈，人类的情感、偏见、价值观、信仰等文化力量和语言等对国际关系的深刻影响也成为学者关注和探讨的问题。[①] 正如美国著名外交史学家入江昭（Akira Iriye）所说，国际关系中同时存在国家间（inter-

---

[①] 关于 20 世纪西方外交史研究范式变迁的回顾，参见唐启华《全球化下外交史研究的省思》，《兴大历史学报》第 15 期，2004 年 10 月；王立新《试析全球化背景下美国外交史研究的国际化与文化转向》，《美国研究》2008 年第 1 期。

state）关系和文化间（intercultural）关系。① 因此，本书在分析中外朝野各方权力纠葛和利益折冲的同时，也关注上海公共租界华洋居民心理和观念的变化对华人政治权利问题的影响，力求从文化层面对华人参政的历史过程进行反思和探讨。

上述研究取径的选择要求在先行研究的基础上进行史料范围的扩充和史料运用的改进。近代上海中外报刊上有关华人参政问题的大量报道和评论，仍是本书的重要史料来源。除《申报》、《民国日报》、《北华捷报》（The North-China Herald）、《字林西报》（The North-China Daily News）、《密勒氏评论报》（Millard's Review of the Far East）等本地大报外，本书还利用了一些面向小市民阶层的小报及其他地区出版的报刊，以资补充。档案史料方面，除工部局董事会会议录、英国驻沪领事报告、美国对外关系文件集等业已整理出版者外，本书首次较为系统地搜集利用了上海公共租界工部局档案、英国外交部档案、北京政府外交部档案和南京国民政府外交部档案等大量相关未刊史料。此外，笔者还注意搜罗与华人参政问题相关的私人忆述、历史图片及文学作品等，以丰富史料的来源和种类。

与近代上海公共租界华人参政问题相关的史料种类多样，体量相当庞大，仅《申报》中即有数十万字的报道和评论。各类史料皆有其特性和局限，如报刊史料有即时性的特点，但内容多限于各方公开的言论或行动，对于其决策过程和交涉内幕则往往言之不详，且一些报道系风闻或谣传，不无误导性。亲历者的私人回忆往往可以透露一些鲜为人知的内情，但所述大多带有个人主观立场，对史事的追忆也往往不准确。即便是可信度相对较高的档案资料，也常有当事人为邀功、避责或包庇而有意捏造或隐瞒事实的情形。因此，本书在运用各类史料时，注意将官方资料与非官方资料、中文文献与外文文献及多国档案进行比勘考辨，力争去芜存菁，去伪存真，依据相对可靠的史料展开述论。

本书基本按照时间顺序对上海公共租界华人参政的历史过程展开论述，

---

① 入江昭：《我与历史有个约会》，杨博雅译，北京大学出版社，2013，第102页。

正文共分为八章。前三章考察晚清至民初华人参政问题的出现与演变,论述中外各方的相关讨论、分歧和交涉。第一章回溯上海租界早期市政管理体制沿革历程中,列强官民数次提出和最终取消华人参政拟议的经过,着重论析外侨群体态度渐趋消极的过程及其原因,说明华人参政问题之由来。第二章梳理19世纪后期至20世纪初华人参政诉求的早期表达及其不断强化的过程,考察华商团体初次尝试参政的失败始末,并分析这一时期外侨漠视和抵拒华人参政的缘由。第三章论述清末民初中外各方在关于上海公共租界扩界案的交涉和互动中,屡次提出和讨论华人参政问题之原委,及其对华人参政思想传播和发展的影响。

一战后,公共租界华人团体发起参政运动,开始有组织地开展争取参政权利的活动,经过近十年的努力,最终于1928年初步获得参与市政管理事务的权利。其间华人参政进程的步步推进和种种曲折,是本书第四章至第七章的主要内容。第四章关注一战结束后不久华人参政运动的兴起和中外各方围绕华人参政问题的互动与交涉,尤其是租界当局强硬立场的形成经过,由此探究运动在起初颇为有利的情势下最终遭遇挫折的原因所在。第五章考察参政运动受挫后,1920年代前期华人团体选举顾问委员会间接参与市政管理事务的表现和效果,以及华人团体重新提出直接参政要求的过程。第六章聚焦五卅运动前后中外政府、华人团体、租界当局和外侨围绕华人参政问题的博弈和交涉,阐析规模空前的反帝运动与当地华洋关系之间的交互作用。第七章论述南京国民政府初期华人团体和工部局在加捐问题上从激烈对峙到最终达成华人参政"过渡办法"的经过,探讨促使长期悬而不决的华人参政问题得以解决的多方面因素。

华人居民初步获得参政权利后,开始直接参与市政管理事务,同时继续争取更充分的政治权利。第八章考察南京国民政府前期华人参政权利的进一步提高和华人参与市政管理的具体实践,论析这一时期华人参政的实际效果及其与南京国民政府收回租界主权活动之间的关系。

结语部分对近代上海公共租界华人参政历程所呈现的主要历史面相和关涉的重要问题进行总结和讨论,包括华人参政活动的性质、影响与局限,上海公共租界特殊的半殖民主义秩序对华人参政进程的复杂影响，华人参政与近代中外关系根本性矛盾的内在联系，参政主体在政治上和文化上的反殖意义，运动主体在思想和行动方面所受的内外局限，华人参政引发的当地华洋关系深刻变化等。

通过系统考察华人参政漫长而曲折的演进过程，深入探究其间中外朝野各方多元复杂的权益纷争，本书力图呈现一幅上海公共租界政治生活中市政、种族和主权问题纠缠交织的历史图景，冀在丰富对该租界市政体制和华洋关系的研究，深化对近代中国半殖民地问题的认识。

第一章　共处与排斥：公共租界华人参与市政管理问题的由来

晚清时期，上海公共租界历经沿革，逐渐确立了一种外侨高度自治的市政管理体制。在列强的保护和监督下，人数不多的外侨群体掌控租界的市政管理权力，而占人口绝大多数的华人居民履行缴纳捐税的义务，且贡献了租界当局的大部分财政收入，却无权参与市政管理事务，对租界当局的财政开支和涉及自身利益的市政问题都几乎没有发言权。这种华洋居民政治地位严重不平等关系的形成，既是中外不平等条约的间接产物，也与晚清租界市政制度的演进和外侨思想观念的变化有密切关联。

华人参政权利问题是随着19世纪中期上海租界政治制度和社会结构的急剧演变而出现的。在租界政治社会的早期演进过程中，外侨和列强外交官员曾一再提出和讨论华人参与市政管理的问题，先后出现过数种形式的华人参政拟议。但这些拟议的动机并非出于对中国领土主权或华人政治权利的尊重，而是皆在扩大租界当局的市政权力，进一步侵夺中国主权。每当企图失败时，其对华人参政的态度便愈趋消极，主张给予华人的参政权利也越来越少。19世纪后期，随着公共租界高度自治体制的基本确立，外侨和列强外交官员对华人参政问题的态度明显转向消极，几乎未再主动提出相关拟议，华洋居民政治权利严重不平等的关系最终定型。

一　工部局成立与华人政治权利问题的最初讨论

1843年11月，上海依照中英《南京条约》开埠。此后数年间，地方官员应列强所请，陆续划设英、美、法三国租界，为近代中国租界制度之嚆矢。各租界设立之初实行华洋分居制度,禁止中国民众入界居住,外侨自治制度也尚未正式建立,因此不存在华人参政的问题。

上海开埠后,英国首任领事巴富尔(George Balfour)随即与道台宫慕久协商划设了近代中国第一个租界——上海英租界。由于既有中外条约中没有关于租界制度的具体规定,宫慕久在与巴富尔陆续议定相关要点后,于1845年11月汇总颁布《上海土地章程》(以下简称1845年土地章程),作为处理英租界事务的规章依据。根据该章程,英租界为清政府划给英方的一个国际性居留区,英国和其他各国商民可在其中"租地建房,租屋居住,租栈储货,或暂行借住"。外侨向华人地主租地采用"永租制",除非租地人主动退租,否则即拥有土地的永久使用权,且可将地皮权转让他人,实际上等于购买了所租土地。同时,章程禁止华人地主将界内土地或房屋售租给本国商民,也禁止外侨将所建房屋租与华人使用。[1] 中国民众除少数原本即在租界范围内居住者和外侨所雇仆役外,皆不得进入租界居住。晚清政府同意划设租界并采取华洋分居政策,延续了自唐代以来历朝长期秉持的限定外人居留区域、"以不治治之"和"华夷分治"的思想观念,也在一定程度上沿袭了鸦片战争前的广州商馆体制。[2] 华人既原则上禁止入居租界,参政问题当然无从谈起。

而且,租界事务起初主要由领事和地方官员协同管理,外侨仅在市政建设事务方面享有非常有限的自治权力,界内少量华人完全受地方官员管辖,自无参与之权。1845年土地章程赋予了英国领事对英租界大部分事务的行政管理权,同时中国地方官员因负有地方治安和保护外侨之责,对界内事务仍有相当的管辖权。但界内修桥筑路等市政建设事宜,则由租地外侨在领事的主持下集体商决进行,"其各项费用,由各租户呈请领事官劝令会集公同商捐",意即由外侨自行集资筹办。1846年12月,巴富尔召集英租界外侨租地人召开第一次"租地人会议"(Land Renters' Meeting),推选3人组成"道路

---

[1] 1845年土地章程全文,见上海市档案馆编《上海租界志》,第682—684页。
[2] 费成康:《中国租界史》,第12页;王宏斌:《从蕃坊到租界:试探中国近代外侨政策的历史渊源》,《史学月刊》2017年第5期。

码头委员会"(Committee on Roads and Jetties) 主持界内市政建设。会议同时议决租地人会议每年举行一次,听取道路码头委员会的报告,选举产生新的委员会,并讨论与地产有关之事务,遇特殊情况可召开特别会议。1849年,道路码头委员会开始向外侨租地人征收地税、码头捐等捐税,作为市政建设的公共经费。1852年,租地人特别会议赋予每位租地人在会议讨论议案时的投票表决权。至此,上海英租界外侨自治的市政体制初具雏形。界内中国居民并非租地人,且仅向地方官府缴纳捐税,自然没有参与租界市政事务之资格。

1848年初步划设的美租界和1849年正式划定的法租界最初都没有另定章程,而是基本沿用了1845年土地章程,唯因租地外侨人数寥寥,并未形成类似租地人会议的制度,更无华人参政之问题。[①]

但随着19世纪中期上海租界政治社会的急剧演变,华人参政问题开始出现。1853—1854年是上海租界历史的转折点,最重要的转变主要有两个方面:一是租界高度自治体制的初步确立,二是华洋分居格局的打破。

租界高度自治体制的初步确立,是列强领事利用太平天国运动之机,通过擅自修改土地章程、成立三国租界统一的市政管理机构而实现的。这一时期租界市政制度的变革有一定的内部原因。上海租界为国际居留地性质,多国侨民共处,划租国领事的管理权力有时受到他国领事的挑战,引发国际纠纷。随着租界社会经济的发展,最初设立的简单市政机构已不能非常有效地管理市政事务。如英租界的道路码头委员会由于没有强制各国外侨遵守土地章程和缴纳捐税的权力,导致拖欠税款者众多,而且其管理市政建设的能力也受到外侨社群的质疑。[②] 因此,1845年土地章程规定的租界制度弊端渐显,有待革新和完善。

1853年初,太平军连克南京、镇江等军事要地,既让上海租界面临空前的

[①] 法租界划定时,仅由上海道台麟道发布了一份中法双方签字换文的告示,直至1866年7月才颁布《上海法租界公董局组织章程》。美租界则是在1863年划定界址时由中美双方议定《虹口租界章程》。

[②] 朗格等:《上海故事》,第81—82、188页。

安全威胁，也为之提供了改变现状的契机。4月8日，英国领事阿礼国（R. Alcock）和美国副领事金能亨（E. Cunningham）分别召集英、美侨民举行会议，商讨租界防御问题。英侨会议决议组织武装力量"义勇队"（Volunteer Corps，即"万国商团"之前身），会同英国海军保护英租界。① 12日，阿礼国又召集全体在沪外侨举行集会，美、法等多国领事受邀参加。在会上，阿礼国首次提出租界的中立政策，宣称太平军和清军都不得进入租界，同时号召各国侨民在租界防御事务中避免分歧，一致行动，得到法国领事的积极响应。② 列强领事和侨民在中国领土上擅自组织武装力量并宣布中立政策，是对中国主权的严重侵犯，但清朝地方官员无力制止，使租界外侨的独立意识日益滋长。而全体外侨在防御事务上的协调行动，以及由此而增强的认同感，则为三国租界组织统一的市政管理机构预备了一定基础。

6月下旬，阿礼国提议由英、法、美三国领事自行修改土地章程，共同组织新的机构统一管理三国租界市政事务，保护全体外侨的安全和利益。8月，新的章程基本定稿。③ 因上海县城随即爆发小刀会起义，列强领事暂时搁置了此事。1854年7月5日，英、美、法领事奉三国公使之命公布改定的《上海英法美租界租地章程》（以下简称1854年土地章程），7月11日举行的租地人会议通过了新的章程。这一由阿礼国主导制定、并无中方人员参与协商的章程取消了上海道台对租界市政的多项管理权力，同时大幅提高了外侨在市政管理方面的自治权力，尤其是章程第十条赋予了市政机构向界内居民的征税权和警察权。④ 正如马士（H. B. Morse）所说，这两项"一切政府中

---

① "Minutes of Proceedings at a Public Meeting of British Subjects, held at H. M.'s Consulate Shanghae, 8th April, 1853,"*The North-China Herald*, April 16, 1853, p. 146.
② "Minutes of Proceedings at a Public Meeting of Foreign Residents at Shanghae, held at H. B. M.'s Consulate on the 12th April, 1853," *The North-China Herald*, April 16, 1853, p. 147.
③ "Land Regulations," *The North-China Herald*, August 27, 1853, p. 16.
④ 1852年10月，阿礼国为解决英租界市政管理的困境，就曾向英国公使提交《上海土地章程》的修改草案。1854年土地章程即以阿礼国所拟草案为基础，吸收了外侨租地人和法、美两国外交官员的修改意见而制定完成。叶斌：《上海租界的国际化与殖民地化：〈1854年土地章程〉略论》，《史林》2015年第3期。

的最高权力"奠定了上海租界高度自治政治体制的基础。① 尽管新的土地章程承认租界系中国领土，名义上保留了地方官员对租界事务的部分管理权力，但其对中国主权的侵犯不言而喻。章程的修改过程完全没有中方官员参与，列强领事仅在事后将全文抄送知会上海道台，而后者因时局原因只得接受。三国租界的合并管理使上海租界更趋国际化，而外侨自治权力的扩张则导致地方政府对租界事务的管理权急剧削弱，加速了上海租界的殖民地化。②

按照新的土地章程，外侨随即开始组织统一的市政机构。7月11日，租地人会议决定解散各租界原有的道路码头委员会，成立统一的"市政府"（municipality）即工部局，选举7名代表组成"行政委员会"（Executive Committee）——后改称工部局董事会——作为市政事务的最高决策机构。③ 同时，新章程正式确立了租地人会议制度。租地外侨通过租地人会议参与重要市政事务的讨论和表决，并选举产生工部局董事会，全面管理租界市政事务。董事会成员皆为义务性质，定期举行会议，商决重要市政问题，由工部局各职能部门贯彻施行。董事会下设顾问咨询性质的专门委员会，分别负责工务、警务、税务、财务等方面的事项。董事会最初设有秘书（Secretary）一职，处理董事会交办的各项事务，后成立专门的总办处作为工部局行政的中枢机构，总办（General Secretary）为工部局最高专职行政官员，可列席所有董事会会议及各委员会会议，代表董事会主持工部局全部的行政事务。工部局完全独立于中国行政系统之外，严重侵犯中国政府对租界的行政权力。至此，上海租界在形式上组成了一种代议制"政府"，外侨高度自治体制初步建立。

就在列强领事和外侨修改土地章程的过程中，上海租界社会结构也因华洋分居制度的打破而发生根本性变化。1853年9月，上海小刀会发动起义，占领县城，大量中国民众进入租界躲避。中国民众入居租界违背了1845年土

---

① 马士：《中华帝国对外关系史》第1卷，张汇文等译，上海书店出版社，2000，第398页。
② 参见叶斌《上海租界的国际化与殖民地化：〈1854年土地章程〉略论》，《史林》2015年第3期。1854年土地章程的完整内容，见叶斌译注《上海外国租界〈1854年土地章程〉新译》，周武主编《上海学》第2辑，上海人民出版社，2015。
③ "Minutes of a Public Meeting of Foreign Renters of Land, held at Her Britannic Majesty's Consulate, on the 11th day of July, 1854," *The North-China Herald*, July 22, 1854, p. 202.

图 1-1　1856—1857 年的工部局董事会

说明：该届董事会成员仅 3 人，从左至右分别为腊肯（Andrew A. Rankin）、克雷（George G. Gray）和曼（James L. Man）。

资料来源：F. L. Hawks Pott, *A Short History of Shanghai: Being an Account of the Growth and Development of the International Settlement* (Shanghai: Kelly & Walsh, Ltd., 1928), p. 81。

地章程华洋分居的规定，但列强领事起初未予阻止，或是出于人道考虑，期待起义结束后恢复原状。华人的涌入对租界社会秩序产生了一定的负面影响，却让许多外侨看到了商机。他们在所租土地上建造大量简易房屋和廉租公寓出租给华人居住，大获其利。此举违反了1845年土地章程禁止外侨向华人出租房屋之规定，列强领事虽敦促工部局阻止，但遭后者拒绝。围绕华人去留问题，列强领事和外侨几经商讨辩论，最终决定允许华人在界内租地赁屋居住。因此，1854年土地章程中已无禁止华人在租界居住之条款。虽然此后列强领事和地方官员仍希望恢复华洋分居之旧制，以免纠纷，且一度协力驱赶界内华人居民，但因外侨和工部局态度消极，最终只能接受既成事实。1854年底，上海道台与英、法、美三国领事商定《上海华民住居租界内条例》，于次年2月小刀会起义失败后正式颁布。其中规定，中国民众只要领取地方官员的盖印凭据并获得三国领事允准，即可办理在租界内租赁房屋或租地建屋之手续。[①] 事实上，该条例从未严格执行，华人在租界居住之权渐成自然。[②]

从此，原先专门为外侨居住而辟设的租界演变为华洋杂居共处的空间。小刀会起义前，租界内仅有不到 500 名中国居民，至 1854 年底，界内华人居民已多达 2 万。[③] 而当时外侨在沪常住人口仅有约 300 人，故华人实已占据租界人口的绝大多数。这从根本上改变了租界的社会结构和法律性质，有人认为其在租界历史上的重要性甚至超过工部局的成立。[④]

入居租界的华人仍受中国地方官管辖，但同时接受工部局的市政管理。按照《上海华民住居租界内条例》的规定，"遵照新定章程并按例纳税"是华人入居租界后的义务之一。其实在该条例颁布前，工部局已开始对华人居民征收捐税。列强领事和外侨认为，华人的蜂拥而至增加了租界市政管理和防务治安的成本，因此华人居民应与外侨一样缴纳捐税，承担市政当局部分公共开支。1854 年 9 月 21 日，新成立不久的工部局董事会即决定向租赁西人房屋的华人征收房捐。房捐（华人也俗称巡捕捐）是工部局主要财政收入来源之一，其征收数额为当局估算的房租乘以税率。由于房捐征收便利、来源稳定且对市政开支贡献份额较大，工部局后将房捐改为市政捐（General Municipal Rate）。最初，工部局向华人居民征收的房捐税率为 8%，而当时外侨的房捐税率仅为 3%。由于华人居民人口远多于外侨，且税率更高，所纳房捐总额自然超过外侨，甚至高于外侨所纳房捐和地税的总和。[⑤] 此外，工

[①] 伍澄宇编著《收回沪廨章程详论及其关系法规》，国际通讯社，1928，第 175 页。该条例英文版见"Conditions of the Residence of Chinese within the Foreign Limits," *The North-China Herald*, 24 March 1855, p. 136。

[②] F. L. Hawks Pott, *A Short History of Shanghai: Being an Account of the Growth and Development of the International Settlement* (Shanghai: Kelly & Walsh, Ltd., 1928), p. 41.

[③] 朗格等：《上海故事》，第 128 页。

[④] 库寿龄：《上海史》第 2 卷，朱华译，上海书店出版社，2020，第 82 页。

[⑤] 工部局董事会认为华人无须承担码头捐和地税，故所承担的捐税仍远少于外侨。上海市档案馆编《工部局董事会会议录》第 1 册，上海古籍出版社，2001，第 571 页。工部局屡次调整房捐税率，华人税率几乎始终高于外侨，直至 1898 年 3 月才经纳税人会议决议，华洋居民的房捐税率一律为 10%。除房捐外，华人还需向工部局缴纳执照捐、照明捐（1870 年取消）等捐税。关于工部局成立初期的财政状况、捐税种类及其征收依据，参见李东鹏《租地人时期上海工部局财政收入研究》，熊月之主编《上海史国际论丛》第 1 辑，三联书店，2014，第 50—78 页。

部局成立后,随即筹设警察机构巡捕房,估计约需经费1.8万元,因数额巨大,决定由华人居民、外侨租地人和原本负有维护租界治安之责却无力履行的中国地方政府各承担1/3。[①]

尽管华人开始向工部局缴纳捐税,但并未获得参政权利之资格。因为不管是按照1845年还是1854年的土地章程,上海租界内有参政权利者仅限于外侨租地人——即通过"永租制"从华人手中获得土地永久使用权的外侨——其他外侨即使照章纳税,也没有参与市政管理事务的权利,更遑论华人居民。

但工部局成立后不久,部分外侨提出改革参政资格的议案,随之引出了华人参政权利的问题。1854年11月10日举行的外侨租地人会议通过一项决议:除现有投票权资格外,给予每年向工部局缴纳捐税达50元(约合银37.5两)以上的个人和公司在议案表决时的投票权,且此后将租地人会议改称纳税人(Rate-Payers)会议。[②] 若此案付诸实施,则外侨参政条件放宽,参政范围也将相应扩大。与此同时,华人是否应享有相同的参政权利成为一个问题,因为许多华人居民缴纳的捐税都可达到上述标准。

在11月24日举行的另一次外侨租地人会议上,英国领事阿礼国明确表示不支持改变外侨参政资格的议案,并间接表达了对华人居民参政权利问题的立场。尽管阿礼国表示,华人承担创建巡捕房的相关经费,照理应对巡捕事务有发言权,因为租界的安全和秩序对中外居民同样利害攸关,但他并不赞成给予华人参政权利。在解释反对改变外侨参政资格议案的原因时,阿礼国说:

> 公共经费的捐献者应对经费的征收和分配有发言权,不管这一原则

---

① "Minutes of an adjourned Meeting of Landholders within the Foreign Limits, held at the British Consulate the 24th November 1854," *The North-China Herald*, December 9, 1854, p. 74. 根据工部局的预算,1854年的捐税收入总计仅25000元。"Minutes of a Public Meeting of Foreign Renters of Land within the Limits, held at the British Consulate, the 10thday of November, 1854," *The North-China Herald*, November 11, 1854, p. 59. 此处"元"(dollar)指银元,1银元约合0.75两白银。

② "Minutes of a Public Meeting of Foreign Renters of Land within the Limits, held at the British Consulate, the 10th day of November, 1854," *The North-China Herald*, November 11, 1854, p. 59.

多么直白易懂或广受承认，对一个处在东方且包含多个种族之社群的整体利益来说，严格应用该原则未必是合适或审慎的。以当下为例，秉持任何公正、平等的精神施行这一原则，将导致出现数千名华人投票者，他们会使现有的一小群外侨租地人如坠汪洋，而后者目前被毫无争议地赋予了所有权力。

其后，时任工部局总董费龙（C. A. Fearon）代表董事会表达了对外侨参政资格问题的看法，也提及华人参政权利的问题。他认为，"如果纳税50元以上的外侨未来将拥有投票权，那么为了公正起见，纳税数额相似的华人也应享有这一特权"，这会导致现有制度的彻底改变。因此，他主张留待下任董事会再付诸实行。[①] 于是，原已通过的外侨改革参政资格案被搁置，会议对华人参政权利问题亦无更多讨论。

这很可能是近代上海列强领事和租界当局首次公开提到界内华人居民的参政权利问题，虽然只是在讨论外侨参政资格时顺带言及，但似乎预示了华人参政问题将长期困扰列强外交官员和租界当局及外侨群体。阿礼国和费龙都不赞成立即给予华人参政权利，但二人立场略有差别。作为英国职业外交官的阿礼国宣称代议制民主政治的原则不能推广至租界的华人居民，而来自美国的商人费龙并未明确反对华人参政，只是代表工部局董事会表示不希望立即改变现状。阿礼国和董事会都承认，按照西方通行的政治原则，应给予纳税华人与外侨平等的参政权利。但二者也都从现实的角度指出，在华洋居民人口悬殊的情况下，那将使外侨失去在租界事务中的主导地位，从根本上改变市政管理体制的权力结构。他们提出华人参政权利问题，或许都旨在借此阻止改革参政资格案，因为外侨租地人不可能接受华人主导市政权力的结果。此后数年间，上海租界继续实行租地人会议制度，华人参政问题基本无人提及。直至1860年代初，外侨再次谋求改变租界政治地位时，华人参政之

[①] "Minutes of an adjourned Meeting of Landholders within the Foreign limits held at the British Consulate the 24th November 1854," *The North-China Herald*, December 9, 1854, p. 74.

议才重新被提出讨论。

二 "自由市"计划的拟议

1854年工部局成立后,在列强领事支持下全面管理租界市政事务。但因缺乏任何条约和国际法依据,这一独特的机构长期未得到列强政府的承认。由英、美、法三国领事联名公布的1854年土地章程也迟迟未获各国政府正式批准,英国外交部和香港皇家法官都否认工部局的地位具有合法性。1861年的租地人会议提议由各国领事促请本国政府承认土地章程,但除英国外交部于次年表示将予批准外,其他国家几乎没有回应。① 虽然此时的上海租界已开始以"模范租界"(model settlement)自居,其法律地位实际上并未获得列强的认可,仍是一个悬而未决的问题。

因此,当1860年代初太平天国战事再次引发租界社会经济急剧变迁时,外侨提出一个野心勃勃的"自由市"(Free City)计划,企图由此彻底解决上海租界的法律地位问题。1860年太平军第二次解天京之围后,乘胜席卷江南各地,于8月开始进攻上海,但被驻沪英、法军队所败。1862年上半年,太平军再次进逼上海,仍不敌英、法军和洋枪队。这一时期的战事又导致大批中国民众涌入上海租界避难,其中包括许多江浙的富家大户,华洋人口的比例更加悬殊。至1862年底,租界人口据说已达50万。② 人口的激增刺激了租界社会经济的畸形发展,界内地价、房价飙升,"处处充斥着投机",此前租界相对"悠闲的氛围被繁忙的商业和奢侈的生活所取代"。③ 与此同时,人口密度的快速增加也带来了一些社会问题,包括治安和卫生状况恶化、传染病流行、死亡率增加、公共设施滞后等,给工部局的市政管理带来不少难题。

---

① 朗格等:《上海故事》,第129、192—195页;库寿龄:《上海史》第2卷,第62页;上海市档案馆编《工部局董事会会议录》第1册,第641页。
② 上海市档案馆编《上海租界志》,第145页。
③ 朗格等:《上海故事》,第115—117页。

在此背景下，英租界防务委员会（Defence Committee）[①] 于 1862 年 6 月 20 日致函工部局董事会，提出了"自由市"计划。函中列述租界市政之种种问题，认为现有体制已难以有效进行市政管理，必须加以改革，并暗示问题的根源在于市政机构的权威遭到质疑、权力受到过多约束。为此，在贡献若干改善租界市政管理的具体建议后，防务委员会接着提出了一个"影响此租界和城市长远前途"的"重要得多的问题"，即把上海变成一个"自由市"的计划。其基本构想如下：

> 即将该区域置于与该地有密切关系之四大强国保护之下，而许其人民自由选举执政人员，凡界内业主，无论华洋，皆有投票选举之权，如此可得一强有力之政府，其疆域，应包括上海县城全部，及城厢各处，并各该处四周附近之土地，以每岁征收，理治区政，久而久之，将来或成为大清帝国之首要城市，亦未可知也。[②]

这无异于把上海变成一个彻底脱离中国政府管辖、在列强保护和外侨主导下实行完全自治的独立王国，其范围不仅限于租界，还包括华界和周边地区。不难看出，防卫委员会提出"自由市"计划，改良市政管理是次要目标，确立租界的自治地位才是首要意图。

为此，该计划不仅提议给予华人参政权利，而且主张华洋业主（owners of property）拥有平等的投票选举权，共同选举代表管理市政事务。这是上海租界设立后外侨关于华人参政最早的拟议。但"自由市"计划严重侵犯中国领土和行政主权，其华人参政拟议的背后至少有两方面的意图：一是为"自由市"计划寻求合法性，二是剥夺中国地方官员对租界华人市民的管辖权。在清政府因太平天国运动而濒临崩溃，同时上海租界则在列强军队保护下经济畸形繁荣的背景下，"自由市"计划的提出看起来颇似一次政治投机。其

[①] 英租界防务委员会成立于 1862 年 1 月，系为应对太平军进攻上海而设立。

[②] "Correspondence Concerning the Better Government of Shanghai," *The North-China Herald*, August 2, 1862, p. 123. 译文引自夏晋麟《上海租界问题》，第 20 页。

第一章　共处与排斥：公共租界华人参与市政管理问题的由来

对中国主权的肆意践踏，反映了这一时期普遍"头脑发热"的外侨社会对形势过于乐观的判断和"一种海盗似的掠夺精神"。①"自由市"计划不仅可以解决上海租界悬而未决的法律地位问题，而且将扩大市政当局的权力，工部局董事会当然乐见其成，函请英国领事麦华陀（W. H. Medhurst）尽早召开一次租地人特别会议商讨相关事宜。② 不久，当局将防卫委员会的信函公诸报刊，引起外侨社会的热烈讨论。

从报刊舆论看，外侨对"自由市"计划虽不无怀疑声音，但多数持支持立场，对其中的华人参政拟议也表现出积极态度。《北华捷报》刊发社论，认为"自由市"计划是在租界建立一个高效政府的最佳方案，完全赞成华洋业主共同投票选举政府官员的制度。③ 有外侨投书报刊，一方面激烈批评租界市政管理的状况，称防务委员会的提议表达了租界大部分居民的心声，另一方面称赞华人居民"安分守法，爱好和平"，表示华人缴纳捐税却无权参与管理市政事务有失公平，并提议修改土地章程中限制华人成为租地人的规定。但作者反对任何清朝官员加入"自由市"政府，认为清政府无力保护租界华洋居民，事实上已放弃了对租界的领土主权。④ 另一位外侨投书人也表示支持给予符合资质的华人和外侨相同的投票权，而且鉴于外侨人口十分有限且流动性大，呼吁外侨抛弃认为全世界只有西方人具备统治者素养和能力的自大观念，以及认为中国人皆"腐败邪恶"的成见，吸收优秀的华人进入"自由市"政府，使欧洲人的"活力和严谨"与中国人的"勤勉和细致"在市政管理中很好地结合起来。⑤ 就外侨整体舆论而言，"自由市"计划确如防务委员会所说"甚洽舆情"。对于华人参政的拟议，这一时期的外侨至少在表面上展现了相当"开放"的姿态。

---

① 朗格等：《上海故事》，第 130 页。
② 上海市档案馆编《工部局董事会会议录》第 1 册，第 642 页。
③ *The North-China Herald*, August 9, 1862, p. 126.
④ QUID PRO QUO to the Editor of *Daily Shipping and Commercial News*, *The North-China Herald*, August 16, 1862, p. 131.
⑤ COSMOPOLITE to the Editor of *Daily Shipping and Commercial News*, *The North-China Herald*, August 16, 1862, p. 131.

但外侨对一个华洋共治的"自由市"的憧憬很快就破灭了，因为英国领事和公使都不支持该计划。英国领事麦华陀虽应工部局董事会之请准备召集租地人特别会议，但指出租地人其实无权采纳这一计划，因为清政府仅允外侨享受治外法权，并未放弃对其领土和人民的主权。① 麦氏本人则主张由中国皇帝聘用一位经外侨选举产生的外国人士加入工部局董事会并担任领袖，在一批同样受聘于中国皇帝的外籍行政官员的协助下，管理租界各类市政事务。② 这一方案明显模仿1859年设立的海关总税务司制度，试图在工部局不获列强承认的情形下，转而从清政府获得其行政权力的合法性。由清政府聘请和支薪的外籍人士担任租界市政机构的最高官员，既在形式上承认了清政府对租界的领土主权，同时可使工部局取得对租界华人实施行政管理的合法权力。与几乎无视中国主权的"自由市"计划相比，麦华陀的方案较为温和、务实，不易引起清政府与列强的严重外交纠纷。工部局董事会最终做出了理性的选择。在1862年9月8日召开的租地人特别会议上，总董特纳（H. Turner）宣读了工部局董事会就防务委员会6月20日函中所提改良市政问题的备忘录，避而不谈"自由市"计划，而是提出了近似麦华陀方案的设想。特纳称，由于不能指望中国地方官员履行责任，而且列强领事和外侨也都不希望他们干预租界市政事务，唯一能令人满意的解决办法是说服列强公使要求清朝皇帝将管理租界华人之权委托给工部局董事会，使之能合法地管辖所有界内华洋居民。主持会议的麦华陀支持董事会的主张，同时委婉地

---

① "Correspondence Concerning the Better Government of Shanghai," *The North-China Herald*, August 2, 1862, p. 123.
② 1861年6月，麦华陀即向英国驻华公使提出了这一设想。Medhurst to Bruce, June 20, 1861, Robert L. Jarman, ed., *Shanghai: Political & Economic Reports, 1842-1943: British Government Records from the International City*, Vol. 4 (Slough: Archive Editions, 2008), pp. 424-425. 得知"自由市"计划后，麦华陀也将此想法告知工部局。"Correspondence Concerning the Better Government of Shanghai," *The North-China Herald*, August 2, 1862, p. 123. 在关于"自由市"计划的公众讨论中，《北华捷报》于8月中下旬刊登了两篇署名"新中国"（NEW CATHAY）的读者来函，皆提出了相似主张，有可能就是出自麦华陀之手。NEW CATHAY, "Correspondence on the Better Government of Shanghai," *The North-China Herald*, August 16, 1862, p. 130; NEW CATHAY, "The Better Government of Shanghai," *The North-China Herald*, August 30, 1862, p. 138.

第一章　共处与排斥：公共租界华人参与市政管理问题的由来

表示了不赞成"自由市"计划的立场，称租界外侨已拥有属于自己的法律和机构，并有权为所有地方事务自行立法，"自由"程度已经无可复加。在此情势下，租地人会议没有对"自由市"计划展开更多讨论。①

就在租地人特别会议召开的同一天，英国公使布鲁斯（F. W. A. Bruce）致函麦华陀，对"自由市"计划提出了激烈批评。布鲁斯在信中指出，外侨对租界的地位存在严重误解，上海英租界既非让与地，也不是租给英国政府，而仍是中国领土；"自由市"计划将剥夺中国政府对租界内华人及其土地的管理权力，是一种"原则上不能立足之制度"，只会给英国带来"无穷纠纷与责任，中国政府亦决不甘心承诺"。他提醒麦华陀，"中国政府从未正式放弃对于华人之管理权，英国政府亦未曾要求或明白表示若何愿望以取得保护华人之权"；租界的设立只是"为英商谋一安全之营业场所"，英国虽在中国内战时为之提供必要的保护，但无意"干涉华人与其政府之天然关系"。最后，布鲁斯警告麦华陀不要参与任何谋求根本改变租界地位的计划，因为那将影响英中关系全局，并称他相信英国政府更愿意看到租界范围缩小，华人迁出，而不是扩大面积以容纳更多华人。②

由于英国公使和领事的反对，"自由市"计划成为泡影，上海租界华人参政的最初拟议也没有下文。在"自由市"计划的提出和讨论过程中，外侨在华人参政问题上似乎表现出十分"开放"的态度。但这种积极姿态并非出于对华人居民政治权利的尊重，而是旨在推动实施严重侵犯中国主权的"自由市"计划。一方面，通过赋予华人与外侨形式上平等的参政权利，可使"自由市"的政治体制看起来更加公正合理，以争取西方列强的支持和保护。另一方面，给予华人选举权并吸收华人进入市政机构，也有利于使租界华人脱离地方政府的管辖，进而排斥地方官员在租界内行使任何行政权力。当这

---

① "Special Meeting of Land Renters," *The North-China Herald*, September 13, 1862, p. 146.
② Bruce to Medhurst, September 8, 1862, *The North-China Herald*, March 28, 1863, p. 50. 译文参考徐公肃、丘瑾璋《上海公共租界制度》，中国科学公司，1933，第15—16页。据布鲁斯称，他的立场得到英国外交部的完全赞同。"Minutes of a Special Meeting of the Land Renters, Shanghai, held at the British Consular on Tuesday afternoon the 31th March, 1863,"*The North-China Herald*, April 4, 1863, p. 54.

些意图随着"自由市"计划的流产而落空后,外侨对华人参政的态度明显转向消极,未再出现主张华洋平等参政的声音。

三 外侨垄断权力之市政体制的确立

"自由市"计划既不可行,列强领事和外侨遂尝试再次修改土地章程,以确立租界的法律地位和扩大的工部局市政权力。为获得中外当局尤其是列强公使对新章程的认可,他们又数次提出不同形式的华人参政设想,但主张给予华人的参政权利逐渐减少,至1869年新的土地章程最终颁布时,已完全取消了华人参政之议。

或许是因为预料到"自由市"计划的结局,英国领事麦华陀在将之函知公使布鲁斯的同时,向后者呈交了一份由英、美、法三国领事联名提出的对1854年土地章程的修改建议。所提建议共11条,其要旨包括扩大工部局的管辖范围和权限,削弱中国地方官员对租界事务的管理权,加强对华人在租界内购买或租赁土地房屋事宜的管理等,但并无涉及华人参政权利问题之内容。[1]另外,工部局在列强领事支持下,日益排斥中国地方官员介入租界事务,尤其是抵制地方政府向界内华人居民征税的权力。[2]

但上述举措都没获得布鲁斯的支持。由于三国领事所拟土地章程修改建议与布鲁斯对上海租界地位的立场明显相左,布氏不予认可,命麦华陀"重新考虑"。关于上海道台向租界华人居民征税的问题,布鲁斯于1862年11月5日致函麦华陀称,条约没有赋予英国干涉之权,而且只要道台向租界华人所征税率与华界一律,即没有理由反对。但麦华陀在回信中依然认为让地方官员对租界华人行使管辖权是不妥甚至危险的,力谋予以抵制。1863年1月,布鲁斯又致函麦华陀,他再次提醒后者,根据条约英国无权干预华人与

---

[1] 三国领事提交修改建议前并未征询工部局和租地人的意见。在9月8日的租地人特别会议上,麦华陀宣读修改建议并对之进行了简要解释。"Special Meeting of Land Renters," *The North-China Herald*, September 13, 1862, p. 146.

[2] 汤志钧主编《近代上海大事记》,上海辞书出版社,1989,第175页;上海市档案馆编《工部局董事会会议录》第1册,第664—666页。

其政府之间的关系，而且除非中国政府允许，不能强迫租界内的华人缴纳任何捐税。布氏还认为"上海（租界）的整个体制就是错误的"，主张由中国政府而不是外侨负责租界华人的治安管理。①

布鲁斯的坚决态度使麦华陀陷入两难境地，也引起外侨群体的不满。为寻求解决办法，有人提出了华人参与租界市政管理的新方案。1863年3月下旬，麦华陀将布鲁斯上述来函公诸报刊，外侨舆论反响强烈。《北华捷报》刊发社论，认为布鲁斯的信函攸关租界外侨福祉，指责布氏无视对上海繁荣做出重要贡献的英国同胞应得的地位和权力。由于工部局管理华人之权难获列强公使承认，社论主张向中国政府寻求此种权力的合法性，建议工部局高层或董事会中加入一位华人，由其负责管辖界内华人（直接受雇于外侨者除外），以使市政当局取得维持租界良好秩序和公共利益所必需的管理华人居民之权。② 这一设想在很大程度上延续了此前麦华陀和工部局所提方案的基本思路，但也有明显的不同之处，即首次明确提出了工部局高层或董事会加入一位华人的拟议。但社论没有提及该华人由中国政府指派，还是由租界华人抑或全体华洋居民选举产生。

这一建议被英国领事和外侨采纳。1863年3月31日，麦华陀召集租地人特别会议讨论土地章程修改事宜，希望找到一种既能得到英国公使布鲁斯支持又能令外侨满意的两全办法。会议决定任命一个委员会，与条约国领事协商如何修改土地章程，使之取得中外当局的承认。③ 不久，委员会与领事们商定五条原则，作为修改土地章程的指南，其内容与《北华捷报》社论中提出的设想基本一致，具体如下：

一、建立任何区域性政府权力，皆必须经由各国公使从清政府获得直接授权。

---

① Bruce to Medhurst, November 5, 1862; Bruce to Medhurst, January 22, 1863, *The North-China Herald*, March 28, 1863, p. 50.
② *The North-China Herald*, March 28, 1863, p. 50.
③ "Minutes of a Special Meeting of the Land Renters, Shanghae, held at the British Consulate on Tuesday afternoon the 31th March, 1863," *The North-China Herald*, April 4, 1863, p. 54.

二、此种权力，以纯粹市政事务暨道路、警察和市政所需之捐税为限。

三、中国人非实系外国人所雇用者，须完全归中国官管束，与在内地无异。

四、各国领事官仍各自管束其人民；市政当局只能拘捕违犯公安之罪人，移交并控诉于其所属之中国或外国官长。

五、若所有外国租界合并至统一市政体制之下，则该市政体制中须有一位华人，凡一切有关中国居民利益之措施，须先咨询，得其同意。①

这些原则确认了清政府对租界领土和界内华人居民的主权。其中第五条主张给予华人参与租界市政管理之权，由一位华人进入租界市政体制并负责界内华人事务，但仍未说明其具体职位和产生方式，而且规定了一个前提条件，即上海所有外国租界由统一的市政机构进行管理。之所以有此前提，主要是因为法国领事爱棠（B. Edan）已于1862年4月在法租界另设市政机构"大法国筹防公局"（后改称"公董局"），与英、美租界在市政管理上呈分立之势。这种局面不利于租界法律地位的确立和工部局权力的扩大，故英、美领事和外侨都深感不满，试图通过修改土地章程将三国租界重新置于统一的市政机构管理之下。

上述原则得到列强驻京公使的认可。1863年4月，租地人会议任命的委员会成员之一金能亨将五条原则函告美国公使蒲安臣（A. Burlingame），试探列强公使的态度。蒲安臣随即征询了英、俄、法三国公使的意见，各公使皆表示赞成以五条原则作为建立上海租界市政体制的基础。② 以往研究因不明五条原则之产生经过，普遍误认为是列强公使协商拟定，实则系外侨主动提

---

① Burlingame to Seward, May 15, 1863, *Papers Relating to Foreign Affairs,* 1863, Part Ⅱ: China (Washington: Government Printing Office, 1864), p. 934. 译文参考《民国上海市通志稿》第1册，第283页。通志稿中第一条译文语义含糊，第五条译文与原文有较大出入，笔者做了修改。

② Burlingame to Seward, May 15, 1863, *Papers Relating to Foreign Affairs,* 1863, Part Ⅱ: China, pp. 934 - 935.

第一章　共处与排斥：公共租界华人参与市政管理问题的由来

出，后获列强公使之赞成。

然而，当委员会于 1863 年 6 月 12 日正式致函英国公使布鲁斯时，却对上述原则加以修改，删去了第五条，同时删除了第二条对工部局权力仅限于"纯粹市政事务"的规定。此外，新增两条原则：一是新的土地章程将适用于所有外国租界，二是工部局必要时可将租界华人所纳捐税之一部分交付中国政府，后者不再另向租界华人征收其他捐税。① 但英国公使布鲁斯对此不以为然，在 8 月 6 日的复函中明确表示，租界市政体制仍应遵循原拟之五条原则，才可能得到各条约列强的承认。②

由于委员会与布鲁斯在租界市政体制的基本原则上存在分歧，同时可能受到 1864 年太平天国运动失败后大批华人迁出租界的影响，土地章程的修改事宜在此后一段时间内没有实质进展。其间，美租界于 1863 年 10 月正式并入英租界，合称洋泾浜北首外人租界或英美公共租界（1870 年正式改称上海公共租界，下文统称上海公共租界）。法租界继续维持其相对独立的地位，市政管理体制日益健全。但两租界的政治地位依然未得到最终确立。

1865 年，上海公共租界外侨和相关国领事重新着手修改《土地章程》，其间又出现了华人参政的新拟议。在工部局董事会的推动下，4 月 15 日的租地人会议决定特设一个委员会，专门负责土地章程的修改工作。10 月，委员会已完成新章程草案。该草案并未对原章程进行大幅改动，而只是做了一些局部的修订和补充，内容涉及工部局董事会的组织和选举方法、纳税人在市政事务中的发言权等方面。③ 委员会声称将给予所有纳税人投票权，但工部局董事的选举权和被选举权都仅限于外侨，章程草案中没有任何有关华人政

---

① "The Foreign Land Renters at Shanghae to Sir F. Bruce," *The North-China Herald*, July 2, 1863, p. 107.《北华捷报》中误将此函时间印作 1864 年。原函见 Jarman, ed., *Shanghai*, Vol. 5, pp. 87 – 96。

② "Sir F. Bruce to the Foreign Land Renters at Shanghae," *The North-China Herald*, July 2, 1864, p. 107.

③ "Minutes of a Meeting of the Committee appointed at the Land Renters' Meeting of April 15th, 1865, held at the request of the Municipal Council at the Municipal Council Room on Thursday, the 26th October," Jarman, ed., *Shanghai*, Vol. 5, p. 551.

治权利的内容。

对于这种完全排斥华人参与市政事务的做法，列强领事提出了不同意见。1866年3月，英、美领事连续召集数次租地人会议讨论新章程草案。在9日的会议讨论章程中关于外侨选举权资格的规定时，工部局董事之一的英商汉璧礼（T. Hanbury）指出，此前界内华人居民受到非常不公的对待，被课以重税，所得税款多用于市政建设。汉氏此言颇有主张给予华人参政权利之意，只是没有直白表达，也没有引起与会者的讨论。① 在12日的会议上，主持会议的美国领事熙华德（G. F. Seward）针对草案中有关工部局董事选举事宜的第十款指出，虽然董事会的成员不限国籍，占租界人口最大部分的华人却完全没有代表权；他本人并不赞成给予华人投票权或被选举权，但建议工部局邀请一些卓有声望的本地人士，就纯属华人之事务征询其意见，并称这种方法在新加坡、巴达维亚（今雅加达）等地已被证明甚有裨益。② 从会议记录来看，与会者似未对熙华德的建议进行讨论，草案中也没有加入相关内容。7月12日，领事团开会审议草案，英国领事温思达（C. A. Winchester）提出与熙华德相似的动议，得到其他领事支持。会议决议在草案中加入一条款，内容如下：

> 租界中国代表三人组成一部，以便对于捐税、维持秩序等有关华人的事情，为工部局顾问商酌之用。代表由领袖领事于每年三月间正式恳请道台，着华人商会、商帮等团体代表为首人等，集会推举而成。
>
> 凡此种问题进行讨论时，须即通知该代表等；但其职权纯系磋商性质。凡新税之征收、捕房新章之施行，或有关华人社会之卫生条例之颁布，概须先行与该代表等磋商，始生效力。该代表等之意见，应请其用

---

① "Land Renters' Meeting," *The North-China Herald*, March 17, 1866, p.44. 据称，这一时期，汉璧礼曾向工部局董事会提出两项议案：一项是建议不再增加华人的捐税，以免华人居民迁出公共租界；另一项是建议工部局加入两位华董。库寿龄：《上海史》第2卷，第140页。但笔者迄今未发现相关的直接史料。

② "Minutes of a Special Meeting of Land Renters held on 9th, 12th, 13th, and 17th March 1866," Jarman, ed., *Shanghai*, Vol. 5, p.742.

第一章　共处与排斥：公共租界华人参与市政管理问题的由来

书面提出，载入董事会会议录发表之。①

列强领事提出公共租界华人通过成立顾问机构参与市政事务的拟议，或是受到法租界新定章程中类似规定的影响。顾问机构虽可为华人提供表达意见的渠道，且其成员由租界华人团体领袖推举产生，但由于没有参与市政事务之决策权，华人并不能获得真正的参政权利。较之1863年所拟市政体制加入一位华人的原则，这一方案在给予华人的参政权利方面又后退了一步。随后，领事团将修改委员会拟定的新章程草案与领事团的修改意见一并呈交公使团。

然而，或许出乎外侨和领事们的预料，新任英国公使阿礼国延续了其前任布鲁斯的立场，主张给予华人直接参与市政管理的权利。阿礼国在1866年7月16日致温思达的信中提出，为取得清政府对工部局管理租界华人的授权，工部局董事会应加入清政府的代表和纳税华人的代表各一人。② 在收到租地人会议通过的新章程草案和领事团的修改意见后，阿礼国的主张略有调整。在11月15日致温思达的另一封信中，他建议董事会加入一位华人，同时代表清政府的领土主权和租界纳税华人的利益。阿礼国相信此举有多方面的好处，尤有利于彻底解决界内华人的捐税问题。③

在阿礼国的推动下，列强领事和租界当局改变了在华人参政问题上的立场。1866年10月17日，工部局董事会致函温思达，表示赞同阿礼国的主张，并提出了工部局加入华人代表的具体设想。函中称：

> 工部局之容纳华民代表，系属一种创举，容或因此发生意见不同之

---

① "Meeting of Treaty Consuls," *The North-China Herald*, July 21, 1866, p. 115. 译文引自蒯世勋《上海公共租界华顾问会的始终》，《上海通志馆期刊》第1卷第4期，1934年3月，第916—917页。
② "Letter by Sir Rutherford Alcock Regarding Municipal Government in Shanghai," *The North-China Herald*, August 18, 1866, p. 131.
③ "Correspondence Regarding Municipal Council," *The North-China Herald*, January 12, 1867, p. 7.

处,但似不致有不利之结果。倘能增进中外之亲善,所得已多。关系华人之政令,而能知华人之意见如何,此为外人之利。而在华人方面,对于吾国所通行之自由代表制度,以及吾辈所重视之公平司法行政,亦可借此知其价值。如此容可觅得一种方法,以辅助外侨社会,将现有之猜忌与独占制度破除。此种制度,曾将多种实在利益摈弃。倘于西方文化及其结果,能所知较详,则此种利益,自当相随而至。

授与华民代表之职权,应有多少确定之限制,否则将处该代表于万能地位。兹应在事实上令华民社会设一领事,由北京任命,其品位与其他条约国领事相同。其特殊职务,在于保护公共租界华民利益,且为界内华民所受治之唯一长官。①

工部局董事会既已如此表态,英国领事更须遵循公使的指示,他国领事则通常唯英国马首是瞻。至此,公共租界当局和领事团都已同意华人直接参与市政管理事务。但由于新章程草案连同领事团的修改意见此前已经提交公使团,故这一立场并未体现在其中。

新的土地章程草案呈交公使团后,因故迟迟未获批准,直至1869年9月24日才由英、美、法、俄、德五国公使"暂行批准",定名《上海洋泾浜北首租界章程》(以下简称1869年土地章程)。该章程对公共租界的市政管理体制进行了多项重要改革,其中最值得注意的是以下两点。一是将租地人会议扩大为纳税人会议,主要以纳税额而非租地资格确定外侨的选举权。章程规定,凡居住界内的外侨,置有价值超过500两地产且每年所付房捐和地税超过10两者,或租赁年租金500两以上房屋并缴纳捐税者,即有权参加工部局董事选举投票和出席纳税人会议(图1-2)。如前所述,1854年外侨社会即有放宽参政资格的要求,新章程的规定在一定程度上回应了许多外侨的参政

---

① "Letter from Municipal Council to Mr. Consul Winchester, on the Local Government of Shanghai," *The North-China Herald*, December 1, 1866, p.191. 译文引自《费唐法官研究上海公共租界情形报告书》,熊月之主编《稀见上海史志资料丛书》第8册,上海书店出版社,2012,第151页。

第一章　共处与排斥：公共租界华人参与市政管理问题的由来

诉求。但有学者指出，参政资格的放宽主要旨在为公共租界高度自治的政治制度创造更广泛的统治基础，增强其"合法性"，以期获得列强公使的支持。二是大幅扩张了工部局的权力，包括加征捐税和制定《土地章程》附律等，后者尤为重要。因为《土地章程》正文的修订照例须经中国政府和列强公使批准方可生效，而根据新的章程，工部局制定的章程附律只需经外侨纳税人会议通过和领事批准，即在公共租界内具有法律效力。由此，工部局几乎取得了绕开中国政府和列强公使而自行立法的巨大权力。① 此外，章程还规定工部局董事会成员为5—9人，每年于纳税人会议前选举产生，外侨凡在公共租界内每年缴纳房捐和地税满50两者，或租赁房屋且年付租金满1200两并缴纳捐税者，即拥有被选举权。

图1-2　公共租界外侨纳税人会议开会情形

资料来源：《良友》第76期，1933年，第12页。

---

① 1869年后《土地章程》正文条款基本上未再发生较大改动，主要原因之一就是工部局可以直接通过修改或增加附律来达到目的。卢汉超：《"上海土地章程"研究》，谯枢铭等：《上海史研究》，学林出版社，1984，第112—113页。此后，工部局提出的一些有损华人权益的附律，往往成为华人与工部局矛盾激化，进而提出参政要求的导火线。

47

通过上述规定，1869年土地章程大体确立了公共租界外侨在列强保护和监督下实行高度自治的政治体制。此次修改《土地章程》事宜由外侨与领事团协商进行，不仅没有中方官员参与其事，列强公使在批准后亦未提交总理衙门核准，仅由驻沪领事事后知会上海道台。所以，1869年土地章程实际上未获中国政府正式承认。[①] 但该章程对外侨参政权利和工部局市政权力的规定此后一直被沿用，堪称公共租界政治制度之基石。

虽然章程修改过程中外侨和列强外交官员曾一再提出华人参政之议，且领事团曾将组织华人顾问机构之意见呈交公使团，工部局董事会甚至已表示赞成加入华人代表，最终颁布的章程中却没有关于华人参政的任何规定。究其原因，前人多归之于列强公使的人事变动，认为随着比较遵守中外条约的布鲁斯和蒲安臣去职，"与华商感情最恶"的阿礼国出任英国公使，章程修改草案中的华人参政拟议因此遭到公使团否决。[②] 但从上文阿礼国的立场来看，这种推断似难成立。其实，并不是公使团删去了草案中华人参政的条款，而是领事团最终提交其批准的草案（包括领事团修改意见）中本就没有任何关于华人参政的内容。由于1866年提交的土地章程草案迟迟未获批准，工部局董事会于1869年5月提议由租地人会议对草案进行再修改，并提出具体的修改意见，其中并无华人参政的相关内容。5月27、28日，在英国领事麦华陀的主持下，租地人会议对土地章程草案再次进行逐条讨论和修订，完全没有提及工部局设立华人顾问委员会或加入华人代表问题，可见外侨租地人仍拒绝接受华人参政。[③] 7月19日，领事团会议也决定放弃此前关于设立华人顾问机构的建议，理由是"由中国官员代表华人利益就足以解决所有实际问题"。[④] 因此，最终提交公使团的章程草案中实际上已没有任何华人参政的条款。

---

① 徐公肃、丘瑾璋：《上海公共租界制度》，第39页。
② 库寿龄：《上海史》第2卷，第65页；徐公肃、丘瑾璋：《上海公共租界制度》，第40页；蒯世勋：《上海公共租界华顾问会的始终》，《上海通志馆期刊》第1卷第4期，1934年3月，第915页。
③ "Land Renters' Meeting," Jarman, ed., *Shanghai*, Vol. 6, pp. 194-221.
④ "Minutes of an Adjourned Meeting of Consuls, held on the 19th day of July, 1869, at H. M. 's Consulate at Shanghai," *The North-China Herald*, July 24, 1869, p. 49.

第一章　共处与排斥：公共租界华人参与市政管理问题的由来

外侨和领事在华人参政问题上改变立场，很可能与这一时期频繁发生的教案有关。1860年代后期，各地教案此起彼伏，其中1868年8月扬州爆发的民众大规模反教会事件影响巨大。① 中国民众对西方教士传教活动和霸道行径的抵制与反抗，被外侨视为野蛮排外行为，清廷和地方官员对教案的处置也经常引起外侨和列强的不满。越来越多的外侨认为中国人普遍仇视外国人，对华人渐生戒惧和敌视心理，种族歧视思想也随之滋长。② 如1868年12月《北华捷报》的一篇社论即认为中国人的"种族天性"（instinct of race）是"顽固不化"且"逆来顺受"，同时"排斥其他国家"。③ 列强领事和外侨普遍主张采取强硬立场处理教案，以武力迫使中国官民低头臣服，承担保护外侨生命财产安全的责任。④ 在此背景下，外侨和领事放弃此前给予华人一定参政权利的拟议，列强公使也不再坚持华人参与租界市政管理的原则，就都不难理解了。

与1869年土地章程同时获得批准的还有《上海法租界公董局组织章程》。法租界自1862年4月设立市政机构后，起初并未订立章程，公董局董事会在市政管理上拥有较大的自主权力。1865年，新任领事白来尼（Brenier de Montmorant）与董事会在市政管理事务中发生严重冲突，于10月12日宣布解散董事会，并于1866年7月颁布由法国外交部一个特别委员会起草的《上海法租界公董局组织章程》。根据该章程，法国领事在法租界事务中拥有独裁权力，公董局董事会由法国领事、4名法籍董事和另4名外籍董事组成，但只是一个咨询机构，须服从领事的决定。章程没有给予华人居民参政权利，仅有一条形同具文的规定："经总领事会同道台指定的中国士绅或商董一人或数人，如得董事会认为适当时，可以顾问资格出席董事会会议。"⑤

---

① 马士：《中华帝国对外关系史》第2卷，第346—250页。
② 朗格等：《上海故事》，第109页；Pott, *A Short History of Shanghai*, p. 95。
③ "The Chinese Character," *The North-China Herald*, December 12, 1868, p. 611.
④ "Correspondence on the Yangchow Outrage," *The North-China Herald*, April 17, 1869, p. 174; "Lord Clarendon to Sir R. Alcock," *The North-China Herald*, April 17, 1869, p. 176.
⑤ 参见梅朋、傅立德《上海法租界史》，倪静兰译，上海社会科学院出版社，2007，第261—282页。章程中这一规定几乎从未见诸实施，故1914年法租界华人绅商呈文又提出了十分类似的要求。上海市档案馆编《上海租界志》，第180页。

1869年正式批准的公董局组织章程中保留了这一从未见诸实行的规定。

1869年土地章程和《上海法租界公董局组织章程》经列强公使暂代各自政府签署并宣布"具有法律权威，应即严格施行"。至此，上海公共租界高度自治的政治地位基本得以确立，"国中之国"基本成形。而数度被提及的华人参政拟议最终被取消，华人居民仍未获得任何政治权利。

在上海租界早期市政沿革过程中，外侨和列强外交官员的华人参政之议屡起屡息，其消长经过颇耐人寻味。华人参政问题随着1854年外侨自治体制的初步建立和华洋杂居共处局面的形成而出现，但直到1862年外侨才因"自由市"计划而首次提出华洋参政的拟议。这一最早的华人参政之议起点甚高，其后则渐趋保守和消极。从华洋业主平等参政，到一位华人加入市政机构负责管理华人事务，再到由华人组织工部局的顾问性机构，相关拟议主张给予华人的参政权利逐步缩小。究其原因，外侨或领事提出华人参政拟议并非因为尊重中国主权或华人权利，而是谋求租界自治地位的提高和工部局权力的扩大。1869年公共租界外侨高度自治体制基本确立后，外侨和列强外交官员普遍对华人参与市政管理事务采取排斥态度，几乎未再主动提出华人参政的拟议。与此同时，一些华人精英开始公开表达对华人居民仅有纳税义务而无政治权利的不满，主动吁请租界当局给予华人参与市政管理之权，对外侨垄断的市政管理体制发起了初步挑战。

第二章　从吁请到要求：华人争取参与市政管理的早期努力

19世纪后期，随着上海公共租界社会经济的演进，华洋商民之间矛盾日益增多。其间，受到外来事物和学说的影响，华人居民的思想观念逐渐发生变化，一些精英人士的政治权利意识初步觉醒，开始发出呼吁工部局董事会加入华人代表的声音。但租界当局和外侨以租界繁荣的缔造者自居，加之因华洋关系恶化而产生不安全感，普遍漠视华人的参政意愿。20世纪初，华洋矛盾事件更趋频繁，华人居民因政治知识的增加和民族主义思想的萌兴，参政诉求益发强烈，且在社会组织方面亦已具备一定基础。1905年"大闹会审公廨案"发生后，华人商民首次公开提出了工部局须加入华董的要求。为缓和华洋关系，租界当局一度试图与华商精英合作，建议后者组织顾问机构协助工部局处理市政事务，但终因外侨社会的抵拒而未果。

从缺乏参政意识，到语词温和的吁请，再到态度激昂的要求，上海公共租界华人居民对参政权利的渴望渐趋强烈，参政思想也逐步发展，至20世纪初已开始援引西方政治学说作为参政要求的依据。尽管晚清时期争取参政权利的言论和活动皆如昙花一现，几无实际效果，却代表了华人居民改变华洋不平等关系的早期努力，后来兴起的参政运动即滥觞于此。

一　报端的零星呼吁

上海租界的早期华人居民多为躲避战乱而来，其首要关切是身家平安，且多以租界为暂时寄居之地，待烽烟散去即准备迁返家园，加之普遍缺乏近代政治权利意识，几乎不可能有参与市政管理事务之念，因此对自身仅有纳税义务而无参政权利的状况鲜有不满之表示。列强领事和外侨屡次提出华人参政的拟议,华人社会却几乎没有任何公开反应。

但正如1881年《北华捷报》上的一篇社论所言,外侨不仅引进了西方的物质文明,也带来了西方的思想观念,"外来观念正在慢慢渗透最谨慎封闭之华人头脑,对这个国家产生有益影响。这些观念为政治家和商人所了解,随着他们被证明良善而有用,定会越来越受青睐"。① 这其中自然包括政治权利意识和代议制民主思想,而租界外侨的董事选举和纳税人会议制度即是其直观呈现。华人居民长期身处租界,耳濡目染,必然受到影响。而且,19世纪后期,越来越多华人在租界定居,对市政事务的关心程度也自然提高。随着华洋矛盾的增多和思想观念的变化,一些华人精英逐渐萌生参政意识,并开始通过报刊这一现代媒介公开发出希望参与市政事务的呼吁和请求。由于法租界实行领事独裁制,而公共租界则为外侨高度自治体制,且界内华人居民人口远超法租界,因此华人的参政吁求声音基本集中于公共租界,其主要诉求是工部局董事会加入华人代表。

1873年8月27日,《申报》头版刊登了一篇题为《拟上海租界仿照香港延请华绅会议地方应办事宜议》的文章,倡言工部局应加入华人绅董。这是上海租界华人首次公开表达参与市政事务的意愿,具有重要意义,故照录全文如下。

> 《礼》曰:入国而问俗,入境而问禁。因其处于此间国境也久,必能洞悉其情形,深知其利害,故从而问其俗与禁也。是以古人之为政也,必询乡者;其用兵也,必借乡导,职是故也。上海租界之内,华人林立丛居,与西人相较,其数几将百倍,凡倡定治民各条程、理事各制度及征□地□房税、司管巡查捕役等项,皆由西人所设立之工部局督办,而华人一概毫末不与。且□理工部局诸务者,皆西人也,又皆系众西人按期所荐举,谓之为值董者,而华人亦不与其议者也。值董者,取

---

① "The Past, Present and Future of Shanghai," *The North-China Herald*, May 27, 1881, p. 497.

第二章 从吁请到要求：华人争取参与市政管理的早期努力

其值年董事之义也。值董按时聚会叙议，诸事拟毕，遂属令工部局执事头人奉行究办。该值董诸士虽为西商公正殷实之人，通明西国各事务者，然中国各规矩好恶，又岂能洞晓乎？中国语言文字，该值董恐尚未能全行辨识，倘目前忽有一新异之事，其情形尚不洞悉，其利害何由深知乎？吾故曰：工部局诸值董，除举立西人而外，若能再添公正殷实之华绅数人，与西人一并聚叙，则上海租界平日之各事务，中外值董会议而后行，彼此必更大有裨益矣。而且，捐银供给工部局各费，既系华人与西人一例遵行，则会议一事亦当令中外一例，公事互相商办，亦所甚宜者耳。吾阅香港新报，知伊处英宪念及华人寄居香港者实繁有徒，英人不能通其规制、性情，是以特设一法，使中西诸人彼此能以相达其意，遂令诸华人亦按期举立绅士数人，在东华医院聚会议事，于是谒见英国督宪与商政治事宜。且迩来甚有使华绅一二人与西士一并聚叙于会院之议。香港本为英国管属之地，而尚有此等法制，何况上海租界仍为中国之地乎？乃未闻上海租界内之西人举行议事而取议于华人也。吾非曰工部局之办理事务不善也，若夫地方之清洁，道路之坦平，稽察之严密，倘有华人襄赞于其间，其功效当更大矣。是则谋士之中更加谋士，安有不集思广益者哉？即如从前之女堂倌、花鼓戏等事，若有华人先与西人细陈其情形，详言其利害，使萌芽尚未成株而根本已先拔去矣。或遇包探之横行，西仔之放肆，亦可一例而弹压，况其他乎？此亦古人为政必询乡耆，用兵必借乡导之义也。不然，数万里外之人，一旦忽游他国，尚未能辨识其语言文字，又安能详明其情形利害乎？《礼》所以有入国问俗，入境问禁之说也。古人岂欺我哉！①

该文结合"因俗而治""乡绅治理"等中国传统治理思想和朴素的平等观念，阐论工部局董事会应加入华人之理由。作者首先强调公共租界内华人人口几

---

① 《拟上海租界仿照香港延请华绅会议地方应办事宜议》，《申报》1873年8月27日，第1版。

乎是外侨的百倍,但全无参与市政管理事务之权,继而以中外语言、观念差异妨碍治理为由,论析董事会加入华人将"大有裨益"。文中并未直接援引西方有关纳税义务和参政权利关系的政治学说,但主张华人与外侨同样向工部局缴纳捐税,则董事会中也应包含华人,与外籍董事共同商决市政事务。其次,又举港英当局对待华人的态度为例,强调领土主权仍属中国的公共租界更不应该排斥华人参政。最后,作者虽称"非曰工部局之办理事务不善",但所举董事会加入华人后可得改进之市政事务,实际上是对工部局市政管理的委婉批评。

1880年2月,《申报》刊发长文《推广议院延置华人说》,再次呼吁工部局效仿港英当局,接纳华人参与市政管理事务。是年初,伍廷芳成为香港立法局第一位华人议员。作者以此为契机,再次表达上海租界华人参与市政管理之意愿。文章首先指出,"议事之人,必熟悉其事之情形,而后可以酌其事之损益",而西人未必皆熟悉本地情势和适宜措施,继而称赞港督任命伍廷芳为议员之举"不分畛域,不存偏私,直是具胡越一家气度",主张"亟为推广"。作者认为,上海公共租界华人全无参与市政管理之权,关于捐税等涉及华人利益事务的决议皆出自外侨,工部局董事虽然有意在市政管理中"俯顺华人之情",但因"未能细识本原,则虽有顺民之心,而不克见其顺民之政",常引起华人的不满。最后,作者称租界华人中也有像伍廷芳一样"通达治体,深知中外情形"之人,当局"但能留心察视","举而用之",与外侨董事协商管理市政,则"上有所为,下皆以为先得我心,而居上海之华人有不深服西人之灼知民隐、举措咸宜者乎? 故此举若行,则不特有便乎华人,实且有利于西人也"。①

1883年12月,《字林沪报》的一篇社论也力倡"华人可为工部局董事"。作者除强调"中西人情风俗本自不同"和"华人固多于西人十倍"外,更直白地批评租界当局对待华人"一味用强",不顾及市政决策是否损害华人利益,对华人的抗争活动也抱持成见。而且,由于工部局没有华人董

---

① 《推广议院延置华人说》,《申报》1880年2月28日,第1版。

事,"以致中西情欲往往格而不通",市政举措经常难以顺利推行。同时,社论指出"租界华人尽有置产之多可与西商埒,并有驾西商而上之者",建议根据现行章程推举一二人为工部局董事,并反问:"工部局所办多华人之事,而所收房捐亦皆华人之钱,则岂有华人而不可以为董事也哉?"[①]

1893年《新闻报》的社论《工部局宜列华董说》几乎综合了前述三篇文章观点,建议西人"兼请华人于华商之久客申江,家道殷实,名望素著者,秉公挑选二三人或七八人"加入工部局董事会,与西人长短相济,合作管理市政,使"华人可不存苛政猛虎之忧,在西人亦可收令出惟行之效","双佩韦弦,定臻尽善"。[②]

除呼吁给予华人对市政事务的发言权外,华人精英还针对华人在教育、娱乐等社会权利方面遭受的严重不平等待遇,向工部局提出抗议,并因之流露出对缺乏参政权利的不满。[③] 其中,最典型的是公园开放问题。1868年外滩公园建成后,工部局禁止除外侨仆人外的华人入内游玩,引起许多华人商民的怨愤。本地绅商屡次以纳税人身份与工部局方面交涉,指出公园所占土地为中国领土,建设经费来自工部局公共开支,"造之者西人,捐款则大半出自华人",公园亦属于"公家"性质,华人居民理应有权享用这一公共空间。[④] 1885年,多位绅商联名致函工部局董事会请向华人开放公园,董事会复函称将在纳税人会议上设法提出讨论。《申报》为此刊发文章,称华商的要求"理直气壮,无有能非之者",但同时担忧"工部局总议事之期,其与议者皆属西人,而华人不与焉,然则此事又复何人提及乎?"[⑤] 委婉表达了对华人无权参加纳税人会议的不满。

19世纪后期,租界华人居民仍普遍缺乏参政意识,只有个别眼界较为开阔的精英人士公开发出了渴望有华人代表参与市政管理事务的呼声。其参政

---

① 《华人可为工局董事论》,《字林沪报》1883年12月18日,第1版。
② 《工部局宜列华董说》,《新闻报》1893年10月4日,第1版。
③ 有学者对晚清时期华人在上海最重要的英文报刊《北华捷报》上的相关言论进行了专门探讨,参见李珊《晚清时期〈北华捷报〉上的中国声音》,《近代史研究》2015年第5期。
④ 王敏等:《近代上海城市公共空间》,上海辞书出版社,2011,第38—39页。
⑤ 《论华商函致工部局请准华人得共游公家花园事》,《申报》1885年12月8日,第1版。

意识的萌发和参政诉求的表达，既受到西方传入的政治思想和英帝国其他殖民地区经验的影响，也与本地华洋关系的演变密切相关。随着晚清上海租界社会经济的发展和人口的增长，华洋矛盾与日俱增。由于列强领事和工部局的极力排斥与抵制，中国地方官员对租界事务的管理权和话语权被侵夺殆尽。工部局的一些市政规章和举措因没有中方人员参与制定和实施，或有损华人利益，或有违本地风俗，或明显歧视华人，常引发华人商民的反感和抗争，这促使一些精英萌生了希望有华人代表参与市政管理事务的想法。

华人要求政治权利和社会权利的前提是向工部局缴纳了捐税，而捐税也在19世纪后期日益成为引发华人和工部局矛盾的问题。1884年5月，一位署名"一华人"（A Chinese）的读者投书《字林西报》，对工部局对华人征收比外侨更高税率的房捐表示抗议。函中指出华人缴纳更高捐税，不仅经常遭到外国巡捕和水手的欺辱，而且不能享受应有的社会权利。公园、工部局的乐队和图书馆及万国商团等机构，经费或多或少来自华人的捐税，但却把华人完全排斥在外。作者主张，华人既然是租界市民，工部局就应该与外侨平等对待，而不能要求华人缴纳更高的房捐。[1] 1896年底，另一位署名"一华人居民"的读者因听闻工部局计划于次年提高华人房捐，致函《字林西报》提出强烈抗议。该函指出一般华商由于墨西哥银元贬值而损失颇大，苦力更是收入微薄，"这些华人每日所得仅够买得几碗米，从他们身上抽取如此多之捐税，于心何忍！"作者愤然曰："我们为何遭此不公之待遇？"华人所缴税率高于外侨，而华人聚居街道的路况却远远不如外侨聚居区，工部局对此无所作为，华人也被排斥在部分利用华人捐税建造的公家花园和公立学校之外。最后，作者表示，如果工部局提高房捐，其本人将搬出公共租界，并相信很多华人会仿而效之。[2]

工部局任意加捐，不仅招致少数华人精英的口诛笔伐，有时还引发华人

---

[1] A Chinese, "Taxation on Chinese," *The North-China Herald*, May 9, 1884, p. 537. 1864年7月开始，《北华捷报》作为《字林西报》的副刊发行。

[2] A Chinese Resident, "A Tribulations of a Chinaman," *The North-China Herald*, December 31, 1896, p. 1142.

的集体抗争事件。小车（即独轮车）夫的抗捐活动便是一例。1870年7月，工部局开始对小车征收每年2元的执照捐，车夫群体因收入微薄起而抗议，要求降低捐费，但并未奏效。1873年初，工部局以小车日多，损坏道路，且经常发生交通事故为由，计划通过加征执照捐限制小车数量。工部局董事会征询华人行会领袖的意见后，决定暂不加征，但拟酌减执照数量，同时制定相关管理章程。① 有人在《申报》发表评论称："窃思小车夫之类，其在上海甚有裨益众用，西人之所谓不便者，徒执一己之想耳。上海为往来商贸之场，华人较多于西人，岂有因西人而沮华人之理乎？"② 时隔数月后《申报》刊发的第一篇呼吁工部局董事会加入华人的文章虽未直接言及小车加捐案，但有可能即是有感于此而作。此后，工部局又于1877、1888、1897年屡次加征小车执照捐，引起车夫罢业抗议或集体骚乱，且激烈程度越来越高。1897年4月，小车夫抗议时，与外侨和巡捕发生暴力冲突，列强驻沪海军还登陆弹压。③ 对于小车夫的抗争，清朝地方官员和华人群体普遍表示支持。19世纪后期愈演愈烈的小车夫抗捐风潮，颇为典型地反映了华洋矛盾的日益增加。

对于外侨普遍无视华人权益，严重歧视华人，甚至认为应将华人赶出租界的观点，华人精英也通过报刊予以辩驳。中法战争期间，公共租界华人商民担心法军侵扰而欲迁避，有人在《申报》刊文安抚，并呼吁租界当局保护华人居民。文中论述了华人对于租界发展的重要性："华人之居于租界者，大都商贾为多，其余亦多为租界中壮观生色，即下至肩挑贸易与夫扛棒车夫之流，亦皆足以壮洋场之色而衰然成集，倘皆纷纷搬移，则租界中谁与共居？即西人何以获利？"因此，租界当局对华人不应以外人视之，而应与外侨一体保护，"租界苟无华人，则市面不能兴，捐数不能集，虽有西人，断不能成此大埠"。④ 该文明确提出，租界繁荣是华人与外侨共同缔造的，而非外侨单方面的建设成就，华洋居民利益彼此交织，合则两利，分则两伤。前

---

① 上海市档案馆编《工部局董事会会议录》第5册，第607页。
② 《论工部局议小车事》，《申报》1873年5月19日，第1版。
③ 马长林：《19世纪末上海两次小车夫抗捐事件历史考察》，上海市档案馆编《近代城市发展与社会转型——上海档案史料研究》第4辑，上海三联书店，2008。
④ 《西人保护租界华人说》，《申报》1884年8月7日，第1版。

述署名"一华人"者在向《字林西报》的投函中也指出,外侨来沪是为了贸易盈利,"若无华人,则外侨将无从贸易",并认为外侨正是为了获利而"邀请"华人进入租界的,"他们低价购得土地,再高价转售华人,或将土地以极高的租金租与华人,或建造房屋,招徕华人居住","若华人搬出租界,这些生意从何而来,工部局经费又何以维持?"[①] 1885年,针对《字林西报》主笔认为租界内华人戏园等场所任意喧嚣,外侨不堪其扰,甚至有"设法使华人不居租界之议",有人发表《租界不能无华人说》一文进行反驳,指出:"夫租界不过使西人在此通商,既欲通商,则苟无华人将何以获通商之利,且租界中苟无华人,在工部局将何以收如许之捐项,又何以能整顿地方、修理街道,使洋场地面华丽富美至于如此?"作者认为,"西人来华,创立租界,置办产业,招徕生意,好容易而商旅荟萃,轮蹄辐辏,市面日渐兴旺,是固非华人不为功",因此"西人之中,无不愿华人之在租界日增月盛,俾地方日渐繁华热闹,绝无一时之萧索而后快,其不喜华人、不乐热闹者,殆只一字林报馆之主笔西人而已矣"[②]。

然而,华人的参政吁求几乎没有得到列强领事、工部局和外侨社会的任何反馈[③]。西方外交官员和侨民对之态度冷漠,一方面是因为工部局的权力已获列强承认,不再需要通过接纳华人参与市政事务来取得管理界内华人之权的合法性,另一方面是日渐增多的华洋矛盾加重了外侨对华人的戒惧和敌视心理。同时,外侨本地认同和集体认同的增强也是重要原因。租界早期的外侨居民人数稀少,且多将上海视为冒险淘金之地,人口流动性很强。自1860年代后期开始,随着公共租界经济的日益繁荣和市政的不断发展,越来越多外侨来此经商和谋生,许多人定居下来,把上海当成自己的家园[④]。1869年土地章程将参政范围从租地人扩大至纳税人,更多外侨得以参与工部

---

① "Taxation on Chinese," *The North-China Herald*, May 9, 1884, p. 537.
② 《租界不能无华人说》,《申报》1885年10月10日,第1版。
③ 据说英国传教士慕维廉(William Muirhead)曾建议工部局董事会应加入一位华人。《汇录哄闹公堂事》,《申报》1905年12月10日,第2版。该文误称慕维廉为美国传教士。
④ 李志茗:《发现·建设·居留——英美侨民与19世纪的上海》,周武主编《上海学》第3辑,上海人民出版社,2016,第306页。

局董事的选举和重要市政事务的讨论与表决,使他们渐以租界的"主人"和繁荣缔造者自居,扎根于此的英国侨民更是自称"上海人"(Shanghailanders)。正如有学者所说:"这些'上海人'除了上海一无所有。"① 虽然来自不同国家的外侨之间始终存在竞争和矛盾,但在工部局标榜的"团结如一"口号下,各国外侨逐渐形成了一种集体认同感,而日益加剧的华洋矛盾更强化了他们对彼此的认同和对华人的排斥。外侨普遍将华人居民视为受到他们保护的"客人",轻视甚至否认华人对租界社会经济发展的贡献,在社会交往和公共生活中处处表现出对华人的歧视和区隔。面对华人的不满和抗争,外侨无意通过接纳华人参政以缓解矛盾,而是倾向于采取强硬立场予以压制,维护工部局的权威和自身的特权与利益。如 1897 年小车加捐案遭遇车夫的激烈反抗,工部局董事会在领事团的支持下坚持加捐政策,仅同意推迟数月施行,但仍遭到外侨纳税人的强烈反对和严厉责难,最终导致董事会集体辞职。②

尽管如此,华人精英在报刊公开表达的参政意愿,无疑会起到一定的唤醒华人参政意识之效果。需要指出的是,19 世纪后期华人舆论主要从改进租界治理、减少华洋矛盾的角度,建议租界当局给予华人对市政管理事务的发言权,其所主张的参政方法也只是参照香港之例,由工部局董事会加入个别华人绅商精英,尚未援引现代民主政治原理,提出要求参政的权利主张。但不难看出,一些人士已初步认识到华人居民对租界繁荣的贡献和重要性,以及作为纳税人应享有的政治和社会权利。因此,当外侨日益以公共租界主人自居时,华人的主体意识和权利意识也在不断增强。这种思想观念的变化,为 20 世纪初华人商民公开要求参政预备了重要基础。

二 商民的强烈要求

1905 年 12 月 8 日,在公共租界会审公廨参加会审的英国副领事德为门

---

① Robert Bickers, "Shanghailanders: The Formation and Identity of the British Settler Community in Shanghai, 1843 – 1937," *The Past and Present Society*, No. 159 (May, 1998), pp. 161 – 211.
② "The Ratepayers' Meeting," *The North-China Herald*, April 23, 1897, p. 732.

(B. Twyman) 命巡捕强夺华人女嫌犯并殴打主审中方官员和差役，酿成"大闹会审公廨案"。公共租界会审公廨由清政府于1869年根据《上海洋泾浜设官会审章程》设立，受理界内华人或无约国人为被告的民刑案件，主审官（通常称为谳员）由上海道台委任同知一名担任。对于以下数类案件，外国领事或其所派人员可参与会审：①外人为原告，华人为被告的民事案件；②外人为被害人，华人为加害人的刑事案件；③外人所雇用或延请的华人为被告的案件；④华人与无约国人的互控案件。有约国外人为被告的案件，因其享有领事裁判权，归领事法庭审理。由于会审章程没有明确规定外国会审官员的权限，外国会审官员依恃强权，在会审公廨事务中的权力不断扩大，言行也日益跋扈。①

"大闹会审公廨案"中德为门和巡捕的蛮横举动，引起中国官民的强烈义愤。华人商民纷纷集会抗议并筹议对策，提出对外交涉的多项要求。愤于长期以来所受的歧视与压迫，华人商民在集会中首次提出了工部局应加入华董事的要求。12月9日，本地最重要的华商组织商务总会首先举行集会，参加者数千人。会上商定呈请道台禀明清廷，与英国公使交涉撤换德为门，并要求工部局查办涉案巡捕，同时提出"以后工部局且须有一华人为董事"和"捕房亦须明定权限，不能逾越"两项要求。② 此后数日，华人团体又陆续组织了多次集会，参加者通常有数千人，最多一次据说超过万人，且几乎每次会议都有多人发表公开演说。③ 其中，14日公忠演说会举行集会，到场5000余人，演说者再次提出"此后工部局宜增加华董"的主张。15日，潮州会馆邀请各帮各业人士4000余人集会，除要求撤换德为门、将西捕革职治罪、巡捕不再粗暴对待华人、会审公廨华人案件完全归华官审讯并撤去男女西牢外，还提出了更高的华人参政要求："租界中华人产业甚多，以后工部局议

---

① 参见张仲礼主编《近代上海城市研究（1840—1949年）》，上海文艺出版社，2008，第490—493页；陈策《从会审公廨到特区法院——上海公共租界法权变迁研究》，中国社会科学出版社，2015，第23—24、33—34页。
② 《汇录哄闹公堂事》，《申报》1905年12月10日，第2版。
③ 方平：《权势争夺与"文明排外"——1905年哄闹公堂案论析》，《华东师范大学学报》2009年第5期，第30页。

事，须由华人公举二三人参议地方治安事宜。"①

这是公共租界华人首次公开提出参政要求。与19世纪后期少数华人精英在报刊上温和地建议或吁请工部局董事会加入华人不同，此次华人商民是在集体抗议租界当局的活动中激愤地提出了权利主张。其间，以戈朋云为代表的一些社会活动家发挥了关键作用。戈朋云名戈忠，字鹏云，一字朋云，浙江宁波人，早年接受过良好的西学教育，且曾留学哈佛大学，1890年代初归国，20世纪初逐渐成为一位社会活动家，尤善演说。在1905年5月开始的抵制美货运动中，戈朋云联合一些具有较强民族主义思想的知识分子和中小工商业者，组织公忠演说会进行民众动员，表现非常活跃。②"大闹会审公廨案"发生后，公忠演说会成员频频在各种集会上发表演说，正是在他们的鼓吹动员下，华人商民提出了参政要求。③ 其中，戈朋云似为首倡者。商务总会1905年12月9日下午的集会最早提出了工部局加入华董的要求，但报刊并未披露最先动议者。据工部局警务处的报告，在当晚虹口西园的另一场集会上，戈朋云登台发表简短讲话。他首先谈到商务总会的会议和行动，由此可推测戈氏本人应参加了下午该会的集会；随后，戈氏专门指出了工部局中设置一位华董的必要性。此次集会有数人发表演说，有的明确表示"支持戈朋明[云]关于在工部局内设置华董的建议"。④ 在其他集会上，戈朋云也屡次在演讲中提到工部局增设华董问题，主张华人坚持此项要求。⑤ 可见，戈氏主张华人参政最力，极有可能就是首倡之人。⑥ 戈朋云之所以积极鼓动华人参政，至少有两方面的原因。一是由于其特殊的教育背景，戈氏对西方

---

① 《汇录哄闹公堂后商议对付情形》，《申报》1905年12月16日，第3版。
② 王冠华：《寻求正义：1905—1906年的抵制美货运动》，刘甜甜译，江苏人民出版社，2007，第122页。
③ 《汇录哄闹公堂后商议对付情形》，《申报》1905年12月16日，第3版。
④ 《探长阿姆斯特朗给总巡卜司赖根的信（二封信）》，戈鲲化、戈朋云：《鲲鹏集》，戈钟伟编，上海辞书出版社，2018，第577页。
⑤ 《探长阿姆斯特朗给总巡卜司赖根的信（二封信）》《探长阿姆斯特朗给总巡卜司赖根函》，戈鲲化、戈朋云：《鲲鹏集》，第578、582页。
⑥ 据戈朋云后来回忆，1906年他曾致函《字林西报》等本地英文报社、数位有影响的英国侨民和官员及租界当局，"力言上海宜增华董事"。《中外人士对于华董问题之见解》，《申报》1926年4月27日，第13版。

现代政治思想有较多了解，政治权利意识也较强。二是戈氏曾在美国生活，对华人遭受外人歧视虐待"实有切肤之痛"，因此积极参与了抵制美货运动，其倡言华人参政在某种意义上即是此前活动的延续。①

华人公开要求参政虽是受到"大闹会审公廨案"的刺激和一些社会活动家的鼓动，但其深层原因乃是 20 世纪早期上海公共租界华洋矛盾的增多和华人商民思想观念的变化。首先，租界人口的快速增长和利益的复杂纠葛导致华洋矛盾事件越发频仍，"华民之增殖，每五年辄增十万，案件之多，交涉之繁，远非昔比"。② 在发生华洋纠纷时，华人往往遭到巡捕房蛮横对待，加上外国官员在会审公廨审理案件时通常偏向外侨，华人商民大多受辱吃亏，因此越发迫切希望获得政治权利，维护自身尊严和利益。一些华商集会商议办法后，于 1904 年 1 月联名上书南洋大臣、商部商约大臣和江苏巡抚，控诉在与外人发生纠纷时所遭受之不平等待遇。

> 洋商事事占先，华商步步落后，主客情形，相区难以道里计。……近时上海租界工部局恢张权力，薄待华人，有不能已于言者。洋商有事控告华人，可以一纸便函径达，捕房拘人管押，并不候公廨出票传提，无论是非曲直，捕房一宵之押已所不免。甚至以体面商人扭拖发辫，与窃犯同受羁拷屈辱情状，闻者心寒，见者发指。至华人控告洋人，非但不能函请拘拿，而亦鲜有见闻者。履霜坚冰，非一朝一夕之故，充其量不知伊于胡底。

其次，华商们力陈缺乏政治权利之屈辱与不便，表达了改变现状的强烈

---

① 《戈朋云年谱》，戈鲲化、戈朋云：《鲲鹏集》，第 602 页。1890 年代初戈朋云自美归国前后，旅美华人反对排华法案的活动方兴未艾，出现了"华人平等权利联盟"等组织。戈氏很可能受到这些活动的影响，故后来积极参与抵制美货运动。关于 19 世纪后期美国排华运动和在美华人的抗争活动，参见贝丝·廖-威廉姆斯《无处落脚：暴力、排斥和在美异族的形成》，张畅译，社会科学文献出版社，2022；苏思纲《走出帝国：王清福的故事》，卢欣渝译，上海文化出版社，2021。

② 《论华商设立公会事》，《申报》1905 年 12 月 31 日，第 1—2 版。

愿望。

> 窃思租界为我国准各国商人旅居之地,凡各国商人应享之权利,华商固应利益同沾。查西例凡租界内输纳各项捐款之商人,即为租界之主人。工部局捐华商房租十成之一作为租界办事经费,何能反客为主,横加屈辱?各国商人有不便利之事,即可逐函工部局,令其改良,以从商便。华商自有租界以来,向无人争此权利,以至工部局变本加厉,逐步侵占。华商在租界所输捐款百倍于洋商,受屈已久,若在[再]不争回应有之权,几难共立于租界之上。

最后,华商提出了准备采取的行动。

> 兹拟援照各国洋商现行成例,华商有不便利之事,亦准商人径函工部局,令其改良,以从商便,与洋商一体对待,不分畛域。拟先由各业众商公函工部局订立章程,以昭信守,待事有就绪,再行禀报立案。①

呈文中虽未直接提出参与市政管理事务的要求,但已呼之欲出。同时,华商们还指出:"会审公廨历任委员不能力持大体,事柄潜移已非一日,华商之吃亏,工部局之侵凌,未必不由于此,亦应趁此重申旧章,力请整顿。"同年6、7月,新成立的商务总会分别致函领袖领事、工部局和各外国商会,要求中、外双方在商务方面"彼此扶助","华洋一例"待遇,以避免"误会争论之处"。② 8月,该会又致函南洋大臣,要求清政府照会列强公使,声明租界华、洋商人权利一律平等。③ 在"大闹会审公廨案"中,中方官役受辱

---

① 《上海租界华商受屈已久拟照各国洋商成例订立章程至会审公廨亦应重申旧章乞批示由》(1904年1月13日),清外务部档案,"中央研究院"近代史研究所档案馆藏,档案号:02-13-012-02-033。
② 徐鼎新、钱小明:《上海总商会史(1902—1929)》,上海社会科学院出版社,1992,第64页。
③ 汤志钧主编《近代上海大事记》,第584页。

甚至被殴，华人商民越发觉得自身权益缺乏保障，"苟无善策以维持之，租界实有难居之势"，甚至有集体迁出租界之议，可见其对租界当局种种欺辱压迫的强烈愤慨。①

其次，租界华人政治权利意识的进一步觉醒和民族主义思想的兴起，成为其公开提出参政要求的思想基础。受到戊戌变法、地方自治运动等政治运动的推动，近代民主政治学说和国民参政思想在清末各地尤其是通商口岸迅速传播，其中就包括西方代议制民主思想。② 随着政治知识和权利意识的提高，上海公共租界华人精英开始援引西方政治学说作为要求获得参政权利之依据。华人提出参政要求后不久，有人在《申报》刊文阐论华人参政权利问题。文中虽仍以中外语言风俗有别、外侨不谙华人社会情形为由论证华人参政之必要，但开篇即言道：

> 有纳税之义务者，必有参预政事之权利，此东西各国不刊之公理，而莫之能违者也。……国民纳税若干以上，有公民之资格者，于地方市会皆得有选举权及被选举权，此又各国之通例也。……华人之为执业租主者，应与西人享同等之权利，按之公理，征之条约，固无可疑者也。③

作者虽然没有直接援引"不出代议士不纳租税"这一原则，但上述论说皆以西方代议政治思想为依据，明显不同于19世纪后期华人精英建议工部局加入华董时依凭的朴素平等理念，反映了20世纪初华人参政思想的重要转变。④ 同时，随着民族主义思想的迅速传播，中国城市商民的主权观

---

① 《汇录哄闹公堂事》，《申报》1905年12月10日，第3版；《汇录哄闹公堂后商议对付情形》，《申报》1905年12月11日，第2版；《汇录哄闹公堂后商议对付情形》，《申报》1905年12月14日，第2—3版。
② 参见梁景和《清末国民意识与参政意识研究》，湖南教育出版社，1999，第127—144页；张朋园《议会思想之进入中国》，《华东师范大学学报》2004年第6期。
③ 《论华商设立公会事》，《申报》1905年12月31日，第1—2版。
④ 此文发表的次年，梁启超首次将"不出代议士不纳租税"一语译为中文，并称之为人民维护自身权利的"唯一正当之武器"。饮冰：《申论种族革命与政治革命之得失》，《新民丛报》第4卷第4期，1906年，第61—62页。

念和抗争精神不断增强,日益积极地组织和参与以反对列强侵凌和收回利权等为主旨的民众运动,对外立场渐趋激进。[①] 这也是公共租界华人商民公开提出参政要求的重要语境。

此外,新型商会组织上海商务总会(即上海总商会的前身)的出现,使租界华人社会拥有了名义上可以代表全体华人商民利益的团体,为提出参政要求准备了一定的组织条件。1902年开始在上海等地举行的中外商约谈判催生了上海商业会议公所。该组织打破了此前会馆、行会等传统商业组织的地域和行业界限,是中国第一个近代商会团体,也是上海总商会的雏形。1903年,清政府设立商部,颁布了中国最早的商会组织法规《商会简明章程》。次年5月,上海商业会议公所正式改组为上海商务总会,组织和职能都更趋完备。上海商务总会采取议董集体领导、总协理全权负责的单一领导体制,成员几乎包括了上海所有的商业精英。他们大多捐有不同级别的官衔,兼具"绅"与"商"的双重身份,构成了一个特殊的"绅商"阶层,成为地方社会的领导力量。虽然上海商务总会的主要职能是经济性的,尤以调处华洋商事纠葛事件为要务,但其会务活动常常延伸到政治、教育、地方自治、理案、社会公益等诸多方面。[②] 上海商务总会成立后,上海华商群体拥有了代表其利益的统一组织,开始形成一股举足轻重的政治力量。在1905年5月爆发的抵制美货运动中,该会就扮演了重要角色。上海商务总会的主体是公共租界华商,自然成为维护界内华商权益、与中外当局交涉的领导组织。"大闹会审公廨案"发生的次日下午,上海商务总会率先组织了数千人参加的抗议集会,也正是在这次集会上,华人商民第一次提出了"以后工部局且须有一华人为董事"的要求。[③]

可以说,20世纪初上海公共租界华人社会已初步具备了参与市政管理事务的思想和组织基础。与此同时,上海华界方兴未艾的地方自治运动,对租

[①] 参见白吉尔《中国资产阶级的黄金时代(1922—1937年)》,张富强、许世芬译,上海人民出版社,1994,第51—52页;王冠华《寻求正义:1905—1906年的抵制美货运动》,第72—74页。

[②] 参见徐鼎新、钱小明《上海总商会史(1902—1929)》,第37—65页。

[③] 《汇录哄闹公堂事》,《申报》1905年12月10日,第2版。

界华人要求参政也具有一定的激励和示范作用。上海地方自治运动萌发于19世纪末，1897年和1900年先后设立了南市马路工程善后局和闸北工程总局。1905年，地方绅商领袖呈请道台袁树勋开办上海县自治，得到袁的支持。是年10月成立的上海城厢内外总工程局成为华界实际的市政管理机构。该局在中国传统城市行政管理方式的基础上，参考公共租界市政体制，设议事会和参事会，前者为议政和决策机关，议董由本地绅士和城厢内外各行商董选举产生，后者为执行机关，具体管辖城厢内外市政和治安等事宜。[①] 在地方绅商精英的主持下，总工程局在市政建设和社会治理方面取得了十分可观的成绩。[②] 华界精英参与并主导市政管理事务的实践，很可能是推动公共租界华人商民要求工部局加入华董的一个重要因素。

三　华商公议会的筹设与流产

华人商民公开提出参政要求后，尚未与各方展开交涉，"大闹会审公廨案"引起的华人抗议活动就演变为全面罢市，并最终导致严重的华洋暴力冲突。1905年12月18日，示威民众聚集在南京路老闸捕房周围和工部局市政厅门前，要求工部局惩办肇事巡捕。部分示威民众冲入老闸捕房，有人纵火，致使捕房部分建筑被焚毁。市政厅门口的民众也试图攻入，守卫巡捕开枪射击，当场打死11人，华人则以砖石还击。其后，工部局出动巡捕和万国商团，英国海军也登陆协助，才将抗议者驱散。冲突共造成15名（一说18名）华人丧生，伤数十人，巡捕数人受伤。这是自华人入居公共租界以来，与工部局发生的最激烈的一次冲突（图2-1）。19日，公共租界大部分华人商店继续罢市，以示抗议，个别地方再次发生华人与巡捕的小规模冲突。上海道台袁树勋随即发出安民布告，并于20日与会审公廨谳员关絅之亲赴街

---

① 参见周松青《上海地方自治研究（1905—1927）》，上海社会科学院出版社，2005，第38—47页。
② Mark Elvin, "The Administration of Shanghai, 1905 – 1914," in Mark Elvin and G. William Skinner, eds., *The Chinese Cities between Two Worlds* (Stanford: Stanford University Press, 1974), pp. 239 – 262.

市，劝导华人商店开业，罢市才告结束。

图 2-1 "大闹会审公廨案"引发的华人街头抗议活动

资料来源：马长林《1905 年大闹会审公堂案始末》，《档案春秋》2007 年第 4 期，第 47 页。

空前严重的华洋冲突反映了华人对公共租界当局的强烈不满，为了争取华人绅商的合作以缓和矛盾，工部局董事会开始考虑给予绅商精英对市政事务一定的发言权。华人开市当天，总董安徒生（F. Anderson）约见商务总会议董虞洽卿和 2 位同乡会馆的代表，提议由华商精英组织一个能代表租界大多数华人意见的咨询委员会，与工部局一个委员会定期举行会议，以便市政当局及时了解华人对所有重要事务的意见。① 这是自 1866 年 7 月列强领事提出由华人组织一个顾问性质机构后，时隔近 40 年后租界当局重新提出类似拟议。安徒生此举很可能是因为不愿接受华人加入董事会，故提出顾问委员会作为替代方案，以安抚华人。董事会其他成员都赞成这一"明智之举"，唯主张华人顾问委员会应由商人和士绅组成，不能包括中国官员。②

对暴力冲突心有余悸的华人绅商没有坚持工部局加入华董的要求，而是接受了安徒生的提议，由各业会馆代表 48 人组成顾问性质的"商政公会"，后定名为"华商公议会"，其成员皆称董事。有学者指出，这些董事"基本上是当时上海商务总会一套班子，仅少数人有所调整"，因此华商公议会几乎完全处于商务总会的领导和支配之下，实为华商精英借以参与租界市政事务的一个特设组织。③ 1906 年 2 月，48 位董事选举虞洽卿、吴少卿、郁屏

---

① 上海市档案馆编《工部局董事会会议录》第 16 册，第 612—613 页。
② 上海市档案馆编《工部局董事会会议录》第 16 册，第 613 页。
③ 徐鼎新、钱小明：《上海总商会史（1902—1929）》，第 133 页。

翰、谢纶辉、周晋镳、朱葆三、陈辉庭等7人为"办事董事"。得票最多的虞洽卿以"每因事离沪,不能常川办事"为由请辞总董之职,由瑞记洋行总买办兼丝业会馆董事吴少卿担任,虞氏本人仍为办事董事之一。会后,虞洽卿即将华商公议会董事和办事董事名单抄送工部局。① 工部局董事会对此表示欢迎,相信该会"必能克全租界之利益,使中西愈益安辑,免致有所误会"。② 董事会随即任命警备委员会和总董组成一个小组委员会,准备尽快与华商公议会方面举行会晤,确定双方会议程序和后者职能。

华商公议会所定章程宣称"以维持公益,保护治安,筹华民之利便,期与租界西人一律享受优待为唯一之宗旨",但对自身的责权表述模糊,没有明确说明其与工部局董事会的关系。③ 因此,中外人士对其职能并无共识。工部局以纯粹的顾问机构视之,认为其"作用只能限于发表华人的意见供董事会参考和向导"④。但许多华人商民对该会抱有更高的期待。《申报》一篇文章称,若华商公议会的职能"仅仅是调查华人不便之处,以请工部局改良",则不必设立,因为"人人可以一己之意志请求于工部局";而且商务总会本就负有维护商民利益之责,更"无庸为此骈枝"。作者表示:

> 公正之华商所求于工部局者,固非欲仅为此掩耳盗铃之举,欺饰众人……工部局公平之西董既有俯采华商舆论之意,以期共保租界之治安,未必固执成见,不肯以执业地主之议事权分与华商,添设华董,以昭其公允也。⑤

意即希望华商公议会与工部局交涉加入华董。外侨舆论也有怀疑该会的成立包含"暗中目的"的声音。为消除误会,安徒生建议华商公议会以函件形式

---

① 《译虞洽卿致工部局董函》,《申报》1906年2月18日,第4版。
② 《译工部局复华商公议会函》,《申报》1906年2月18日,第4—5版。
③ 《上海租界华商公议会章程》,《申报》1906年3月4日,第4版;《上海租界华商公议会章程(续昨稿)》,《申报》1906年3月5日,第4版。
④ 上海市档案馆编《工部局董事会会议录》第16册,第625页。
⑤ 《论华商设立公会事》,《申报》1905年12月31日,第1—2版。

第二章 从吁请到要求：华人争取参与市政管理的早期努力

说明其职权性质。该会于2月28日致函工部局声明：

> 本会之职权，纯系代表华商，贡献意见，以为增进租界福利之计。各商业会馆且希望，工部局如欲修改现行章程，或增订有关华人利益之附律，于其实行之前，本会得有与工部局磋商之机会。吾华商一方并无奢望以要求任何参与租界治理之权，或采取任何足以抵触纳税人代表［工部局董事会］职权之步骤。①

依照安徒生的建议，华商公议会还将7位办事董事组成的"执行委员会"（Executive Committee）更名为"代表委员会"（Representative Committee）。

尽管如此，外侨舆论仍普遍反对设立华商公议会。"大闹会审公廨案"引发的华洋激烈冲突严重恶化了公共租界华洋关系，加剧了外侨的不安全感和对华人的敌视心理。外侨常将华人的抗议活动与义和团运动相提并论，贴上"野蛮""排外"的标签。②抗议期间华人的一些举动使外侨觉得受到侮辱，对华人十分仇视。一位外侨投函报刊称，外滩专为外侨预备的座位"近日已被华人占据，他们懒洋洋地躺在上面，肆意嘲笑过往的外侨……这看起来是件小事，但作为老居民，我们丢不起这人"。因此，他主张工部局采取严厉措施对待华人的抗议活动，"宽容对他们没有吸引力"，"他们会视之为软弱"。③这种观点在外侨中十分普遍。

虽然安徒生相信华商公议会将在增进全体居民福祉和改善华洋关系方面发挥积极作用，但外侨舆论大多不以为然。一位外侨在报刊宣称："我敢肯定纳税人极其反感（设立华人顾问）委员会的主意。据我所听闻的意见，我确信纳税人如果有机会，必会推翻这个方案。"④《北华捷报》的一篇社论也

---

① 吴少卿致工部局函，1906年2月28日，转引自蒯世勋《上海公共租界华顾问会的始终》，《上海通志馆期刊》第1卷第4期，1934年3月，第922页。
② A Chinese Patriot, "A Chinese View on the Situation," *The North-China Herald*, December 22, 1905, p. 670.
③ Monitor, "The Misuse of Clemency," *The North-China Herald*, December 22, 1905, p. 670.
④ C. E. Darwent, "The Consultative Committee," *The North-China Herald*, March 9, 1906, p. 534.

表示，正式承认华商公议会可能严重威胁外侨的利益。社论承认华洋利益彼此关联，也肯定华人对租界繁荣和进步的贡献，但仍然反对"成立任何即使在表面上会削弱外人对专门为其划设地区之控制权"的组织。① 就在1906年外侨纳税人会议召开前夕，近代中国人创办的第一份英文报刊《南方报》(*South China Daily Journal*) 发表社论称：

> 当然，华人接受组织顾问委员会的妥协方案，绝不意味着就此放弃在上海政府机构（指工部局董事会）中拥有代表权的要求。不言而喻，待时机成熟，华人将要求获得比仅仅一个顾问委员会更有实际裨益之权利。②

这段文字进一步引起外侨对华商公议会的猜忌和防范，《北华捷报》称其证明了一些外侨反对承认华商公议会是完全有道理的。

在1906年3月13日的纳税人会议上，有外侨以"按照《土地章程》，董事会无权承认名为'代表委员会'之华人委员会的章程"为由，提议对董事会的相关行动不予批准。尽管提案人并不能指出董事会违反了《土地章程》中的何种条款，称自己"只是说《土地章程》中并无关于这样一个委员会的规定"，但在当时的舆论环境下，会议经过短暂讨论，竟以近乎全票通过了该提案。③ 据此，新一任工部局董事会明确表示不承认前任董事会与华商公议会达成的协议。④ 于是，上海租界华人的第一个顾问性参政机构终因外侨的抵拒而流产，华人参政的初步尝试遂告无果。

晚清时期，华人居民对自身参政权利的态度经历了从最初的无意识和不关心，到吁请工部局加入华人董事，再到公开提出参政要求的过程。由于列

---

① "The Consultative Committee," *The North-China Herald*, March 9, 1906, p. 505.
② 转引自"The Consultative Committee," *The North-China Herald*, March 16, 1906, p. 577。
③ "The Ratepayers' Meeting," *The North-China Herald*, March 16, 1906, Supplement. 1906年纳税人会议的投票总数为687票，仅有10票反对该提案。
④ 蒯世勋：《上海公共租界华顾问会的始终》，《上海通志馆期刊》第1卷第4期，1934年3月，第923页。

强领事和租界当局极力抵制地方官员介入租界事务并不断侵夺中国主权,租界华人事实上脱离了地方官员的管辖和保护,同时又没有参与租界市政事务的权利,在渐趋频繁的华洋矛盾中缺乏维护自身权益的渠道,对工部局和列强的不满与日俱增,加之西方政治思想的影响,因而萌生参政之意愿。与此同时,租界华人的"主人"意识也日益提高。一方面,华人逐渐告别早期"寄居租界"的心理,认识到自身对租界繁荣的巨大贡献甚至超过外侨,理应享有相应的政治和社会权利。另一方面,随着世纪之交中国朝野民族主义思想和主权意识的增强,华人逐渐认识到租界的领土主权属于中国,反对列强和租界当局进一步侵犯中国主权。"大闹会审公廨案"发生后,华人商民即认为西人"有夺我主权之意",赞赏谳员关䌹之"力争主权"的立场,并称"租界主权之所以逐渐失去,皆由从前各谳员唯唯诺诺之所致也"。[1] 抗议过程中,商民主张"争回"会审公廨看押女犯之权,"租界华官自有权保卫华民,万不可任外人侵夺"。[2] 时人评论称,此前"各国商人因中国各省欲收回路矿等事",即担心"华人侵夺其利权势力",会审公廨一事,外侨舆论也认为"华人有意攘夺其权力","其实华人并无侵夺外人利权之意,只欲自保其未失之利权耳"。[3] 1905年华人参政要求的公开提出和华洋严重冲突的发生,实为租界华人政治权利意识和民族主义思想合流的结果。自此,华人的参政权利日益成为影响上海公共租界市政管理和华洋关系的一个重要问题。

---

[1] 《汇录哄闹公堂事》,《申报》1905年12月10日,第3版。
[2] 《汇录哄闹公堂后商议对付情形》,《申报》1905年12月11日,第2版;《汇录哄闹公堂后商议对付情形》,《申报》1905年12月14日,第2—3版。
[3] 《论西人宜知公堂闹事之由于误会》,《申报》1905年12月14日,第1—2版。

第三章　未遂的"交易"：扩界交涉与华人参与市政管理问题之发酵

上海租界划设后，列强领事和租界当局以各种理由，一再要求公使团与中国政府交涉扩大租界面积，其根本目的在于扩大租界当局的行政管理范围，增加财政收入，同时拓展外侨的商业利益。① 19世纪中后期，由于清政府主观上对租界扩张问题重视程度不足，地方官员虽试图抵制，但迫于外人压力，最终往往不得不妥协让步，故上海租界的范围几度得以较大规模扩张。1848年，刚刚划定仅三年的英租界就从1080亩扩张至2820亩。1861年，原本面积为986亩的法租界扩大近130亩。1863年英租界和美租界合并为公共租界后，美国总领事于1873年提出将原美租界大幅扩大的要求，并单方面划出新界线，地方官员一再拒绝承认，但最终于1893年批准，原美租界的面积一举扩张至7856亩，公共租界的总面积随之扩大至10676亩。上海租界的早期扩界交涉皆以清政府最后让步而结束，列强和租界当局几乎没有付出任何代价。

甲午战争后，列强争相在通商口岸设立租界，上海租界也开始谋求进一步扩张。但随着中国朝野主权意识的觉醒和国际知识的增进，不少有识之士日益认识到租界侵犯中国利权的严重性和非法性。清政府不再轻允列强新设租界和扩大已有租界范围的要求，而是想方设法予以抵制。同时，清末地方自治运动兴起后，地方精英也极力反对租界对华界的侵占吞蚀。因此，清末民初上海公共租界进一步扩大范围的要求，一再遭到中国政府和地方绅商的强烈抵制。即便地方官员迫于列强压力而不得不做出让步，也提出各种要

---

① 费成康：《中国租界史》，第57页。

求,作为折冲策略或交换条件,其中就包括给予租界华人居民参政权利。领事团和工部局为达到扩界之目的,也一度主动提议给予华人一定参政权利。但由于种种原因,这种以牺牲中国主权为代价换取公共租界华人参政权利的"交易"最终皆未达成。进入20世纪后,公共租界的面积基本没有进一步扩大。

在清末民初上海公共租界扩张的交涉过程中,中外各方围绕华人参政权利问题的互动和博弈,使中国政府日益意识到华人参与租界市政管理对于挽回利权的重要意义,开始明确支持华人的参政要求,并初步确立了将华人参政作为收回租界重要步骤的外交方略。列强领事和租界当局则逐渐形成了一种思维定式,认为只有在中国政府应允扩张租界的前提下,才能给予华人一定参政权利,即拒绝无条件接受华人参政。这一时期,各方相关交涉和讨论推动了参政思想在华人社会中的传播和发展,进一步普及和增强了华人的参政意识。

一 地方官员抵制租界扩张的策略

最早提出以华人参政权利作为扩大公共租界条件之一的是清朝地方官员,其起因是1895年工部局提出的扩界案。1893年原美租界大幅扩大后,仅仅过去两年,工部局又以公共租界内人口和工厂迅速增加,"现有界址以内可供应用之地位,势非纷挤不堪,决不足与此种扩张以相当之适应",以及邻近公共租界区域华人众多,外侨与之"贴邻相处,复足危及其健康"等为由,要求领事团支持工部局"获得地位足供此种发展之界址之推广"。[①] 领事团将扩界案及地图提交公使团后,后者于1896年2月25日照会总理衙门,列述公共租界必须扩大之理由,请予同意。

总理衙门未回复,意即不允扩界。从1897年初署两江总督、湖广总督张

---

① *S. M. C.'s Annual Report, 1895*, pp. 249–250. 转引自《民国上海市通志稿》第1册,第330页。

之洞的一份奏折中，我们不难理解清廷拒绝进一步扩大公共租界的原因。张之洞在奏折中称：

> 窃维上海为中国第一口岸……欲振兴中国商务，必自上海始。……今日急务则莫如限制洋人于租界外占地一事为要。若不亟筹堵截之法，将日辟日多，上海县城及宝山县滨海地方皆成洋界，流弊无穷，不堪设想。……各国本有之界已属极宽，洋商无几，近二十年任意侵占，已逾原有租界甚远，乃又欲假租界之名，尽收沪上华民之利，漏厘捐，扰政权，实属关系大局。今日为我计，惟有坚持定见，断不许其再行扩充租界，并须力筹杜渐防微之法。

为此，张之洞除训令上海道台转饬上海知县外，还"请旨敕下总理衙门，与各国公使议明，转行上海各领事知照"。①

工部局不仅没有就此放弃扩界计划，反而以拟扩大地区的中国官绅"绝少或毫无反对，华地主阶级对之尤表好意"为由，于1897年9月提出了更大面积的扩界要求，并得到上海外商的联合组织"和明商会"（Shanghai General Chamber of Commerce）和领事团的支持。② 新的扩界计划拟将公共租界的西界扩至梵王渡，东界扩至周家嘴角，南面囊括浦东，北面则直达宝山县境内。公使团因1896年的照会未得总理衙门的回应，遂训令上海领事团尝试先获得上海道台对扩界计划的同意，以便重新向总理衙门提出交涉。1898年2月，领事团致函道台蔡钧，请与商议扩界事。蔡钧复函拒绝所请，称上海面积狭小，"实难于租界之外，通融一尺一寸之地，另立租界"，且外侨实际已

---

① 《署江督张之洞奏严禁租界以外洋人任意侵占以收地利而维政权折》（光绪二十三年正月二十五日），王彦威、王亮辑编《清季外交史料》（5），李育民等点校整理，湖南师范大学出版社，2015，第2455—2457页。

② 《民国上海市通志稿》第1册，第331页。和明商会亦译作"上海洋商总会""上海西商总会""上海外国人商会""上海外商总会""万国商会"等，其前身为1847年成立之英商公会（Shanghai British Chamber of Commerce），1863年改组，吸收其他国家商人加入，更名和明商会。参见胡宝芳《"和明"商会考略》，上海三山会馆管理处编《上海会馆史研究论丛》第1辑，上海社会科学院出版社，2011，第200—208页。

第三章　未遂的"交易":扩界交涉与华人参与市政管理问题之发酵

可在界外自由居住,故租界面积无须扩大,"最好维持现状"。① 其后,公使团令领事团直接致函两江总督刘坤一交涉,刘氏亦回复不赞同扩界计划,称清政府已将毗邻公共租界之吴淞自行开埠,并修筑道路、警局和其他维持秩序和安全所需之设施,若因公共租界人口不断增多,外侨可到吴淞自由居住和经商。② 但外侨和列强领事仍未就此罢休,和明商会6月12日举行公开集会商讨后,请英国代理总领事白利南(Byron Brenan)致函英国公使窦讷乐(Claude Maxwell MacDonald),转达外商对扩界案的坚决支持态度,并敦请各国公使据此立即分别向总理衙门交涉。白利南也向窦讷乐表示,通过领事团与地方官员交涉实现扩界已然无望。③ 当时在公共租界拥有最大利益的英、美、德三国公使遂分别训令各自领事,不经领事团而直接与上海道台进行交涉。

就在扩大公共租界的交涉进展迟缓之时,上海法租界发生第二次四明公所事件,法国乘机逼迫清政府同意扩大法租界,使公共租界扩界案的交涉出现了新局面。1896年3月,公使团商讨向总理衙门交涉公共租界扩界案时,法国公使乘机提出扩大法租界的要求,获得公使团的支持。但和公共租界扩界案一样,法租界扩界案起初也遭总理衙门拒绝。1898年7月,法租界当局在未与中国官民协商妥定的情况下,强行拆除四明公所义冢,引起以旅沪甬人为主的各界人士的示威和抗议,法军和巡捕悍然枪杀17人、打伤24人。血案发生后,法方不仅把事件责任推给中方,还借机强硬要求扩大法租界面积,并以武力相威胁。为尽快平息事态,两江总督刘坤一于10月原则上同意了扩大法租界的要求。④ 在此情势下,刘坤一难以继续拒绝公共租界的扩界要求,只得亦表示原则上之同意。⑤

在此后的交涉中,地方官员在据理力争的同时,也利用两租界在扩界问

---

① 《民国上海市通志稿》第1册,第332—333页。
② Viceroy at Nanking to Senior Consul at Shanghai, June 12, 1898, Jarman, ed., *Shanghai*, Vol. 10, p. 476.
③ Brenan to MacDonald, June 28, 1898, Jarman, ed., *Shanghai*, Vol. 10, pp. 461-464.
④ 参见葛夫平《第二次四明公所案与上海法租界的扩张》,《历史研究》2017年第1期。
⑤ Brenan to MacDonald, October 18, 1898, Jarman, ed., *Shanghai*, Vol. 10, pp. 547-550.

题上的矛盾，互为牵制，以尽可能减少扩界的面积，并采取拖延策略，取得了一定效果。① 道台蔡钧与英、美、德三国领事经过反复协商，于1899年1月底大致商定了公共租界的扩大范围，随即赴南京呈请刘坤一允准。2月初返回上海后，蔡钧称扩界案已获得江督允准，但并未随即与外方继续交涉，经三国领事的一再催促，才于3月6日与各领事进行会晤。蔡钧在会谈中强调扩界范围绝不能超出上海县辖区而进入并非通商口岸之宝山县境内，同时向三国领事提交了一份据说包含江督刘坤一意见的备忘录。② 备忘录列举了中方同意扩界的七项条件，包括中国官府在不涉及外侨利益时可自行在租界内拘拿嫌犯而无须经领袖领事签批，扩大地区的中国官府房屋和官员保持原状，外人此后不能再要求扩大租界范围，扩大地区一切捐税政策在施行前须提交中国官府斟酌、租界当局撤回所有界外警力等。而此七项条件中的第一项即是给予华人居民平等参政权利。

> 此次推广公共租界后，界内华人居民应在所有方面享有与外侨同样的权利和特权，并得选举和被选举为工部局董事。③

就笔者所见史料，这应是中国政府首次正式表示对公共租界华人参政问题的态度，而且直接提出了华洋完全享受平等政治权利的要求。与19世纪后期华人精英的工部局加入华董之议相比，此项条件无疑更不可能被领事团和外侨所接受。英国总领事白利南在向窦讷乐汇报时称：

> 如果接受这一条款，则工部局董事会将全部由华人组成，现有外国租界将置于中国人的统治之下。④

---

① 参见傅亮《刘坤一与第二次四明公所事件交涉》，《近代中国》第24辑，上海社会科学院出版社，2014。
② Brenan to MacDonald, March 11, 1899, Jarman, ed., *Shanghai*, Vol. 10, pp. 703 – 710.
③ "Proposed Regulations for Settlement Extension," March 6, 1899, Jarman, ed., *Shanghai*, Vol. 10, pp. 745 – 748.
④ Brenan to MacDonald, March 17, 1899, Jarman, ed., *Shanghai*, Vol. 10, pp. 738 – 739.

第三章　未遂的"交易"：扩界交涉与华人参与市政管理问题之发酵

对于其他条件，三国领事也多不愿承认，因此认定备忘录整体上不可接受，蔡钧此举系有意拖延扩界案之解决，遂中止了谈判，并致电刘坤一要求另派全权官员重新协商。尽管此后蔡钧表示可做更多让步，但三国领事拒绝继续与之交涉。① 刘坤一只得将蔡钧撤换，继任上海道台李光久在谈判中未再提出此前蔡钧备忘录中所提的多项要求，唯坚持宝山并非通商口岸，绝不能在扩大范围之内的立场。

随着相关列强在两租界扩界问题上达成妥协，总理衙门在英、美、德公使的共同施压下，于1899年4月训令两江总督刘坤一同意公共租界扩界案。三国公使和租界当局虽然觊觎宝山县人口稠密的地区，但为避免交涉继续延宕，决定暂时放弃，留作将来扩张的方向。② 即便如此，公共租界仍实现了历史上最大规模的一次扩张，从10676亩一举扩张到33503亩，扩展区域面积竟达原有区域的两倍以上。由于地方官员在后期交涉中未再坚持华人参政要求，公共租界的此次大幅扩张最终没有给界内华人带来任何政治权利。

清政府地方官员提出给予租界华人平等参政权利的要求，主要是作为抵制公共租界扩大的一种策略。领事团提出扩界要求后，地方官员起初皆明确反对，其后不得不应付英、美、德领事的单独交涉。道台蔡钧在和三国领事大体商定扩界的范围后，提出华洋平等参政这一不可能被外方所接受的要求，且将之作为中方各项条件的第一条，列于各项涉及主权问题的要求之前，以凸显其重要性。在此之前，上海地方官员从未为租界华人争取过参政权利。此次突然如此郑重其事地直接提出华洋平等参政的要求，若不是将之作为抵制之策略，实在让人难以理解。英国代理总领事白利南就认为，蔡钧提出备忘录的唯一目的就是使扩大租界的交涉陷入僵局，而其中最无法接受的一项条件就是华人享受平等参政权利。③ 蔡钧深受江督刘坤一赏识，由后者保举担任上海道台，其备忘录是在赴南京请示刘坤一后提出的。因此，基

---

① Brenan to MacDonald, March 11, 1899, Jarman, ed., *Shanghai*, Vol. 10, pp. 703–710.
② Brenan to Bax-Ironside, May 10, 1899, Jarman, ed., *Shanghai*, Vol. 10, pp. 766–767.
③ "Proposed Regulations for Settlement Extension," March 6, 1899, Jarman, ed., *Shanghai*, Vol. 10, pp. 737–738.

本可以断言，蔡钧提出华人参政要求并非擅自主张，即便不是出自刘坤一的授意，至少也得到了刘的首肯。但在列强的压力下，地方官员最终完全放弃了华人参政的要求，这一抵制公共租界扩张的策略遂告失败。

尽管如此，19世纪末清朝地方官员在对外交涉中提出华人参政要求，具有十分重要的意义。这是近代以来中国政府首次对公共租界华人参政明确表示赞成的态度，说明地方官员已认识到华人参政不仅有利于维护租界华人权益，而且对于维护中国利权亦有裨益。如果公共租界华人获得参政权利，在市政事务中拥有发言权甚至占据主导地位，则租界当局类似扩界等损害中国主权的要求必然会减少；同时，地方官员可以通过华人参政的渠道对租界市政事务施加影响，也可以加强对界内华人社会的管治，逐步收回一些被列强和租界当局侵夺的权力。上述积极作用正是地方官员提出华人参政要求的原因所在。此后，地方官员对公共租界华人的参政诉求基本持支持态度。如戈朋云称，1905年"大闹会审公廨案"后华人商民提出工部局加入华董的要求，即"有新署道署（指袁树勋）相助"。[①] 可以说，至20世纪初，华人参政已成为公共租界华人精英和中国地方政府的共同愿望。或许正因为此，清末租界当局主动尝试以加入华董为条件，谋求再度扩大公共租界。

二 租界当局的"出价"

1899年公共租界面积实现空前扩张后，租界当局仍不满足，在清朝末年又谋划进一步扩张。为此，工部局董事会试图给予华人一定参政权利，作为扩界的交换条件，但由于华人商民的反对，加之外侨舆论的冷淡及辛亥革命的爆发等内外因素的影响，最终未遂。

1908年5月，工部局董事会以外商已在宝山县境内购置多处地产和闸北警察与租界巡捕时有冲突等为借口，要求将租界北界与沪宁铁路之间的大片区域划归公共租界（图3-1）。领事团和公使团先后向地方官员和外务部交

[①] 《中外人士对于华董问题之见解》，《申报》1926年4月27日，第13版。

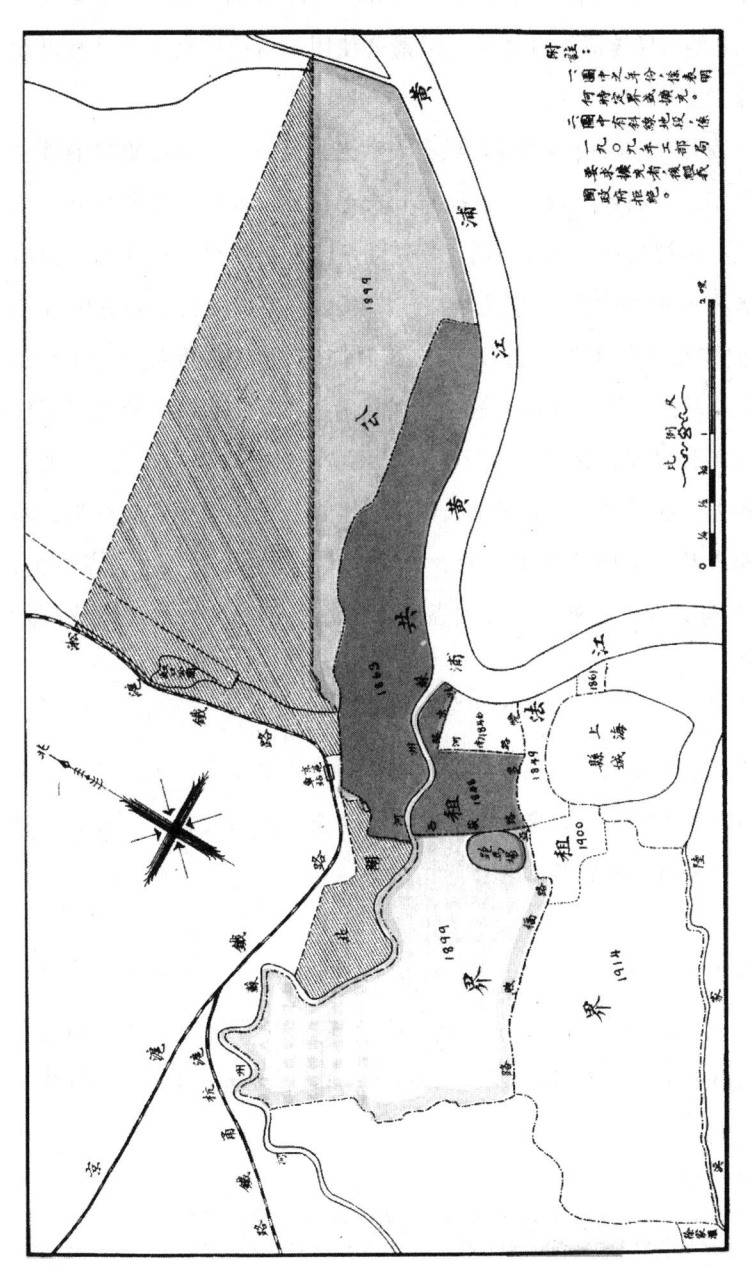

第三章 未遂的"交易"：扩界交涉与华人参与市政管理问题之发酵

图 3-1 上海公共租界历次扩界范围

说明：包括公共租界的前身英租界和美租界。
资料来源：徐公肃、丘瑾璋《上海公共租界制度》，第 47 页。

涉，两江总督、南洋大臣端方和外务部皆力辩扩界要求之牵强无理，明确表示拒绝。但1909年3月纳税人会议上，工部局仍将该案提交表决，获得几乎一致通过。① 租界当局遂请领事团再次呈请公使团与清政府交涉，且有以加入2位华董作为交换条件之意向。

但上海绅商和民众对公共租界扩界案表示强烈反对，明确拒绝以牺牲主权的代价换取工部局加入华董。《申报》刊文评论称，外侨"欲望之奢，有足以蹂躏主权，蔑视公理，违反条约，重伤睦谊"。② 4月11日，上海、宝山两县绅民及各省旅沪绅商集会筹议对策，认为工部局扩大公共租界之理由"不足信"，欲扩大的范围"漫无限制，尤骇听闻"；至于据传英国公使有工部局加入2位华董之许诺，则认为是"甘言相诱，外人惯技"，"所谓议董权利云者，不过哄我之虚言，即令实行，而以大易小，亦殊得不偿失"，因为若租界扩张得逞，逼近沪宁线火车站，则不仅上海、宝山两地利益受损，而且影响江苏全省乃至全国之重大利权，"租界所及，主权尽失，利害攸关，不容坐视"。③ 与会者担心外务部被列强所"摇惑"而让步，故决议致电外务部。电文称：

> 工部局董事之权，实操纵于西人之手，虽少数华董，无补万一。而目前所议推广之地，当沪宁铁路之起点，为全省主权关系，亦为全国利害关系，非坚持到底，后患甚巨。④

外务部遂以华人商民强烈反对为由，再次拒绝扩界。领事团和工部局虽不愿罢休，前者继续与两江总督端方交涉，后者则请英商组织"中华社会"（China Association）和"美华协会"（American Association of China）等本地

---

① "The Ratepayers' Meeting," *The North-China Herald*, March 27, 1909, p. 797.
② 《论本埠西人赞成推广租界事》，《申报》1909年3月26日，第2—3版。
③ 《绅商集议对付推广租界事》，《申报》1909年4月12日，第19版。
④ 《电请阻止推广租界》，《申报》1909年4月13日，第18版；王揖唐：《上海租界问题》上篇，商务印书馆，1924，第27—29页。

第三章 未遂的"交易":扩界交涉与华人参与市政管理问题之发酵

重要外侨团体分别呈请本国政府支持扩界案,但亦无进展。① 租界当局进一步扩张公共租界的计划遭遇挫折。

辛亥革命前夕,工部局董事会曾计划正式提出以加入华董为条件要求扩大公共租界的拟议。该拟议的形成,既有华人继续要求参政权利声音的影响,也与工部局市政体制的改革问题有关。1910 年上海暴发鼠疫,公共租界华人商民抵制工部局带有明显种族歧视色彩的检疫措施。在与当局协商谈判后,自主对华人进行检疫和救治,工作井然有序,成效十分显著,令向来批评嘲讽华人缺乏卫生意识的外侨刮目相看。② 华人商民也因此增强了自信,开始重新出现渴望获得参与市政管理权利的声音。如《时报》1910 年 11 月的一篇评论称:

> 有纳税之义务,即有代议之权利。今者无论何国何地方,均持此议。租界华人与西人同一纳税,断无不能与议之理。此皆我华人自放弃其权利之故,我愿嗣后租界上凡有所兴革,我租界居住之华人,皆宜举代表列席,不独检查鼠疫一事而已也。③

该报 12 月的另一篇评论也表示:

> 向来租界上公共之事,悉由外人掌握,华人全不关意。自华人自办查疫医院,而今又有华人学校联合之事,于是租界上之华人,渐有自治之基,试再进而能与各国商人共列工部局议事之列,自后华人之幸福,当不止此。④

---

① 《民国上海市通志稿》第 1 册,第 331—332 页。中华社会(也常译作中国协会)1889 年成立于伦敦,其成员以英国国会议员和在华英商为主体,在上海、天津和香港设有分会,对英国对华政策极具影响力。
② 参见胡成《检疫、种族与租界政治——1910 年上海鼠疫病例发现后的华洋冲突》,《近代史研究》2007 年第 4 期。
③ 《时评三》,《时报》1910 年 11 月 14 日,第 4 版。
④ 《时评三》,《时报》1910 年 12 月 14 日,第 4 版。

1911年初，本地中文报刊上仍不时有要求给予华人参政权利的呼声。

另外，20世纪初，工部局的市政管理日益遭到租界内外的批评。由于工部局董事会事务繁杂，而董事系义务性质，外侨精英多不愿竞选，更视总董一职为畏途，导致市政决策机构的效能下降，进而影响日常市政管理事务的顺利开展。1911年初，曾任工部局总董并提议设立华人顾问机构的安徒生投函报刊，讨论公共租界市政管理问题，建议工部局董事会增加附属委员会的数量，以分担董事会的市政管理工作。同时，他主张邀请一两位华人居民加入卫生委员会。安徒生认为，增加附属委员会无须更改土地章程，同时可以向华人打开合作之门，并称："如果我们的治理才能无法使温顺的华人居民感到满意，那我们就必须寻求他们的合作。"[①]

安徒生的主张很快获得了时任工部局总董兰代尔（D. Landale）的回应。1911年3月，已连任三届总董的兰代尔在纳税人会议上发表卸职演说，进一步提出了工部局董事会应加入华人代表的建议，认为华人遵循"无代表只纳税"（Taxation without Representation）的原则甘心接受外侨统治的时代已一去不返。值得注意的是，兰氏正是1909年3月纳税人会议上扩界议案的提案人。《字林西报》随即发表社论，也认为若要真正在市政管理方面施行有实质意义的华洋合作，工部局董事会应加入华人代表，随即又提议以工部局增设2名华董为条件换取公共租界范围的扩大，认为这是一个"公平交易"（a fair exchange）且中外双方都可获益。但社论也担心这一交易的代价可能太高，因为加入华董需修改土地章程，而清政府可能乘机要求租界制度实行更剧烈的变革，甚至完全取消外人对租界的控制权。[②]

在上述舆论的影响下，租界当局准备以华人参政为代价，换取扩界计划的实现。总董德格雷（H. De Gray）于1911年8月18日致函领事团，指责后者在扩大公共租界问题上交涉不力，称领事团其实知道外侨愿意为实现1909年3月纳税人会议通过的扩界案而付出的代价。虽然函中未直接道出这一代

[①] "Municipal Administration," *The North-China Herald*, February 17, 1911, p. 342.

[②] "Chinese and the Council," *The North-China Herald*, April 1, 1911, p. 10.

价为何，但9月23日《字林西报》社论指出，其实德格雷之意是工部局董事会可加入数位华人董事。对于租界当局的这一立场，社论不无微词，称1909年纳税人会议虽支持工部局提出的扩界案，但后者没有提及任何"代价"，委婉批评租界当局此次表态前并未征询纳税人意见，同时要求对华董的职权、人选和席位予以限制。①

1911年9月27日，工部局董事会会议对此进行了讨论，德格雷主张在没有出现反对意见的情况下，可将董事会加入华人的方案具体化，以备作为扩大租界的交换条件。他提议在适当限制下，增选3名华人董事，其中1人代表宁波籍商民，1人代表广东籍商民。但由于该方案将根本改变租界市政权力的结构，德格雷担心可能不会获得外侨的赞同。② 外侨群体对以增设华董换取租界扩大的拟议虽基本没有公开的反对声音，但总体上反应冷淡。《字林西报》9月23日的社论在外侨中反响甚微，仅收到两封读者来函，且基本没有提出任何实质性的意见。10月7日，该报再次发表社论，认为在外侨对此问题展开公开讨论，并对舆情进行评估前，工部局董事会无权采取实际行动或做出任何承诺。③ 三天后，武昌起义爆发，不久清朝覆灭，民国肇建。工部局董事会以华人参政换取租界扩界的拟议未及正式提出，便在政权鼎革前后的动荡时局中没有了下文。

三 民初扩界协议及其搁浅

民国建立后，工部局董事会和列强外交官员仍未放弃扩大公共租界的企图，继续推进1909年的扩张计划。中国官民在抵制和交涉的过程中都提出了华人参与市政管理的要求。列强和租界当局为实现扩界的目的，也同意工部局加入数位华董。虽然地方外交当局和领事团商定了扩界协议草案，但北京政府态度消极，设法拖延，加之中国参加一战后对外关系的变化，外交当局

---

① "Chinese on the Council," *The North-China Herald*, September 23, 1911, p. 737.
② 上海市档案馆编《工部局董事会会议录》第18册，第562页。
③ "Chinese on the Council," *The North-China Herald*, October 7, 1911, p. 9.

最终没有批准协议，华人参政问题亦未得解决。

清末公共租界向闸北扩张的计划因遭到中国官民的反对而未能得逞，工部局只能通过界外筑路的方式蚕食闸北土地，逐步侵夺筑路区的利权，以待正式并入之时机。上海光复后，由于新成立的革命政府立足未稳，工部局董事会一致认为"在闸北无论何处均有机可乘，实为扩充租界的大好良机"，①工部局警务处遂越界在闸北江桥附近黑狮路一带添设捕房，派捕巡逻，并编订房屋门牌，侵犯中国在该区域的警权，企图造成既成事实。1912年3月，又在闸北的北四川路设立捕房。4月，工部局派巡捕闯入闸北，以在租界行凶的罪名强行逮捕中国警察1人。7月，工部局巡捕又逮捕在北四川路地带加订门牌的闸北税务员，称该区域属于公共租界范围。此后，工部局与闸北当局的管辖权矛盾日益激化，引起北京政府的注意。在特派交涉员陈贻范的一再请求下，外交部于9月6日照会公使团，要求后者训令领事团与交涉员协商确定公共租界的管辖边界，以免纠纷。②

租界当局则试图乘机推动扩界计划。1912年8月，工部局董事会准备了一份回顾此前十年间公共租界扩张历史、阐述扩界之理由和必要性的备忘录，呈交公使团和领事团参考。总董德格雷称，此举主要是为了获得一些国家公使对进一步扩界计划的支持。③ 11月4日，公共租界西捕又闯入闸北，干涉店铺营业，擅自罚款并殴打商人，被闸北警务所"送归该营捕房自办"。总巡捕房随即派武装巡捕70余人侵入闸北，直闯警务所，强行进入该所的拘留所检查，并在华界借故逮捕木匠2人，送会审公廨判处监禁三周。④ 租界巡捕的蛮横行径引起闸北官民的强烈抗议。

随着公共租界当局扩界企图日益明显，中国官民团体在预筹抵制应付之方的同时，开始重新提出华人参政的要求。1913年初，闸北市政当局请交涉员陈贻范对外交涉，力争公共租界华人享有与外侨平等的权利，取消加诸华

---

① 上海市档案馆编《工部局董事会会议录》第18册，第574页。
② "Report by Mr. Barton on Shanghai Question," Jarman, ed., *Shanghai*, Vol. 12, p. 17.
③ 上海市档案馆编《工部局董事会会议录》第18册，第619页。
④ 汤志钧主编《近代上海大事记》，第741页。

第三章　未遂的"交易"：扩界交涉与华人参与市政管理问题之发酵

人的种种不公政策。① 此处所指的平等权利首先是指参政权利。闸北市政当局之所以有此主张，一方面或许是期待公共租界华人获得参政权利后，可以对租界当局的无理要求和强横态度有所约束；另一方面也可能是表示对租界华人参政诉求的支持，以期后者赞助闸北当局抵制租界扩张的努力。同时，不能排除闸北当局此举很可能和1899年地方官员提出华洋平等参政主张一样，也是抵制租界扩张的一种策略。2月，闸北市民公会、市政厅等机构先后向外交部呈文，请"一面拒绝外人要求，一面派员来沪勘定界限，资借遵守，乞念国权防务所关，勿以一市视闸北，当以全局视闸北"。②

为了预筹勘定公共租界与闸北界线之办法，以备与领事团交涉，陈贻范于3月召集本地官绅领袖进行会商，并将各界提交的意见书抄录寄呈外交部。其中，上海总商会代表认为华界和租界的界线有案可稽，不难勘定，但同时提出，万一列强依恃国力强求扩大公共租界，政府无法坚拒，则在尽量限制扩张范围的同时，可乘机提出三项要求，其第一项即为从华人居民中"择名望素孚、熟悉外交者，公举董事若干人"加入工部局董事会，与外籍董事协商处理市政事务。③ 总商会实际上即是建议外交当局以华人参政作为同意扩界的首要条件。

公共租界当局则另有打算。领事团建议工部局董事会与中国政府先行讨论扩界事宜，董事会准备向中方支付一笔钱款，名义上是对闸北当局修筑马路及购买闸北电灯公司的补偿，实则即是扩界的"代价"。但得知中方要求为闸北地区的设施支付150万两银子后，租界当局觉得没有希望立即解决这一问题。④ 其后，领事团开始与交涉员展开预备性交涉，亦无进展。

1913年7月"二次革命"的爆发，使公共租界扩界问题出现了"转机"。陈其美率革命党人在上海发动武装讨袁，攻打江南制造局不利，退而以闸北为大本营。闸北一些华商致函工部局董事会，请求保护，后者遂令巡

---

① Fraser to Jordan, January 23, 1913, Jarman, ed., *Shanghai*, Vol. 11, p. 720.
② 《请求拒绝推广租界》，《申报》1913年2月20日，第7版。
③ 《抄送各界对于闸北勘界之意见书由》（1913年3月31日），北洋政府外交部档案，"中央研究院"近代史研究所档案馆藏，档案号：03-16-038-01-001。
④ 上海市档案馆编《工部局董事会会议录》第18册，第646、647页。

抗争与博弈：上海公共租界华人参与市政管理的权益之争（1854—1932）

捕和万国商团进驻闸北，逼迫革命党人撤离。虽然华商们声明请求保护与租界扩界问题无关，但有的工部局董事提议将万国商团留在闸北，"直到租界界限的修改获得明确的保证"。租界当局随即致函领事团，敦促后者呈请公使团与北京政府进行交涉，但领事团认为形势对扩大租界有利，不宜催促公使团。① 不久，公共租界的武装力量从闸北撤回。

1913年底，北京政府开始与列强交涉上海公共租界相关问题，后者乘机要求扩大租界，前者则首次提出了给予界内华人居民参政权利的要求。11月，外交部照会时任领袖公使的英国公使朱尔典（J. Jordan），正式要求驻沪领事团交还乘辛亥革命之机攫夺的公共租界会审公廨控制权和土地交易管理权。列强乘机再次提出扩界要求，作为交换条件。袁世凯对此基本表示同意，委派秘书曹汝霖赴上海调查研究，朱尔典则派遣英使馆参赞、曾任英国驻沪副领事多年的巴尔敦（S. Barton）同行。据朱尔典称，袁世凯强调了北京政府的一个要求，即工部局董事会加入华人代表。朱氏在向英国外交部的报告中建议，如果公共租界顺利扩张，则英方可在增设华董问题上让步，唯其实行需要修改土地章程并征得其他列强同意。② 袁世凯之所以应允扩大公共租界，除了列强的压力，也有自身利益的考量。一方面，北京政府刚刚获得列强承认，袁世凯可借此对外示好，赢得列强对其更有力的支持；另一方面，二次革命后，鉴于革命党人多以租界为活动据点，袁氏希望通过同意扩大公共租界，换取列强和租界当局配合其镇压革命党人的活动。1913年12月，外交部先后照会公使团和致函朱尔典，要求转饬上海领事团认真查禁潜匿租界的"匪徒"，设法驱逐或解交华官。③

作为中华民国总统的袁世凯向列强着重提出工部局增设华董的要求，反映了成立不久的北京政府对公共租界华人参政问题已十分重视。北京政府支持华人参政，首要考量应是希望加强对界内事务的影响力。在政府获得英、

---

① 上海市档案馆编《工部局董事会会议录》第18册，第647、676、679页；《民国上海市通志稿》第1册，第341页。
② Jordan to Grey, January 17, 1914, Jarman, ed., *Shanghai*, Vol. 12, pp. 3 – 4.
③ 《英国公使朱尔典关于推广上海租界事致外交部照会》（1914年2月15日），中国第二历史档案馆编《中华民国史档案资料汇编》第3辑·外交，江苏古籍出版社，1991，第69页。

第三章 未遂的"交易":扩界交涉与华人参与市政管理问题之发酵

法等国承认后,袁世凯委派自己的得力助手、外交经验丰富的杨晟(字少川)担任外交部驻江苏特派交涉员。很可能就是在杨晟的建议下,袁氏才向朱尔典专门提出了华人参政问题。朱尔典认为袁世凯和北京政府有意通过解决上海公共租界相关问题取得列强的好感,训令驻沪总领事法磊斯(E. D. Fraser)把握良机,力促达成相关协议。①

图 3-2 杨晟

资料来源:《海上名人传》编辑部编《海上名人传》,上海文明书局,1930,第74页。

杨晟就任交涉员后,即与领事团和租界当局展开非正式的交涉。1913年12月,杨晟向外交部报告称,由于列强尤其是英国对公共租界扩界案极为重视,不断施压,加之因清末民初地方官员的失误而造成之种种既成事实和外交隐患,实施扩界势不可免,所能争取者只有扩大的范围和交换条件,以及商定周密办法,以期"一定百定,永断葛藤"。杨晟私下向领事团方面提出的条件中即包括工部局加入华董一项,而且是指扩大后的整个公共租界而

---

① Jordan to Fraser, January 14, 1914, Jarman, ed., *Shanghai*, Vol. 12, p. 7.

言。但工部局总董庇亚士（E. C. Pearce）在与杨晟非正式交换意见的过程中，则仅主张"推广之各地有华人帮同本局共预管理"。①

闸北当局仍极力抵制公共租界的扩张计划，同时继续倡言给予公共租界内华人参政权利。1914年2月，闸北市政厅厅长钱允利和沈镛向外交部和各级地方官员呈寄长文，请抵制租界扩张以保领土主权。呈文一方面驳斥工部局扩界之种种借口，说明闸北地区之利害，另一方面主张工部局增设华董数人，并要求在华界居住的外侨向市政当局缴纳捐税，以昭公允。② 此外，钱允利还另上书国务院，陈述闸北地区并入租界对于水陆国防的严重影响和地方自治情形，其中亦提出了工部局加入华董的主张。③

公共租界扩界案交涉开始后，法租界又乘机提出拓展要求，地方官绅集会筹议，"均不赞成"，且亦要求公董局"须扩充华董名额"。④ 但地方官绅的反对并未能阻止法租界的扩张。1914年4月，中法达成法租界扩大协议，法方对中方的多项要求做了让步，其中包括交涉员与法国总领事"商选华绅两员，与法工部局（指公董局）办理有关法租界华人之各问题"。⑤ 9月14日，公董局两位"华董"——上海县前知事吴畹九和华商电灯公司经理陆伯鸿正式履职，其办公经费和助理俸给等由省库每月拨款400元津贴。⑥ 但如前所述，公董局董事会因受法国领事直接督管，实际权力远不及工部局董事会，故华人参与其中的重要性亦不可等量齐观。而且，吴、陆二人虽名义为"华董"，实际上仍是顾问性质，并无参与公董局董事会议事表决之权。⑦

公共租界扩界案的交涉无果而终。经过英国公使馆参赞麻克类（J. W.

---

① 《上海租界与工部局总理英人皮阿士私人商谈推广事》（1913年12月15日），北洋政府外交部档案，"中央研究院"近代史研究所档案馆藏，档案号：03-16-038-02-011。
② 《抵制推广租界之呈文》，《申报》1914年2月14—18日，均在第10版。
③ 《抄送上海闸北市政厅总董钱允利呈为闸北开放租界有碍水陆国防敬陈管见事》（1914年3月5日），北洋政府外交部档案，"中央研究院"近代史研究所档案馆藏，档案号：03-16-038-03-006。
④ 《官绅对于推广租界之意见》，《申报》1914年2月20日，第10版。
⑤ 《宣布推广法租界合同》，《申报》1914年7月15日，第10版。协议中文版见中国第二历史档案馆编《中华民国史档案资料汇编》第3辑·外交，第74—75页。
⑥ 《规定法租界华董公费》，《申报》1914年12月18日，第10版。
⑦ 费成康：《中国租界史》，第194页。

R. Macleay）与杨晟的多次协商和反复讨论，至1914年7月，中英双方已拟定一份协议草案，作为进一步谈判的基础。根据该草案，北京政府同意公共租界向闸北和宝山区域的扩大要求，但提出若干条件，其中之一即为华人参政权利。草案第三条和第四条规定了华人参政的原则和方案。

> 第三条　中政府以为工部局在理论上应有华董数人，会办关于全租界华人之事，但知工部局现在地皮章程不许华人参入议董之列，故允暂时依照第四条所开办法组织华人顾问部以代议董，直至华人得为议董时而后止。
>
> 第四条　上条所提之华人顾问部以宁波会馆、广东会馆各举二人，及交涉使或上海最高级华员所举之一人组织之。惟领事团有否认顾问员之权。顾问部之职务如下：（甲）应工部局之请，商议关于全租界华人利益之事，（乙）得向工部局提议关于全租界华人利益之事。顾问员于向工部局发表意见及提议事件时，必须全体一致进行，不得单独行动。[①]

在法磊斯的建议下，工部局董事会对协议草案提出若干意见。其中，对于华人参政权利问题，董事会表示不赞成扩大协议中所规定的华人顾问部职权。[②]

1914年8月第一次世界大战的爆发，并没有使列强外交官员和工部局放弃扩大公共租界的图谋。是月，北京政府外交部代表抵沪调查扩界事宜，闸北地区绅商再次集体上书反对。1915年初地方交涉正式开始后，杨晟向领事团表示，中国政府希望将相关交涉推迟至大战结束后再进行。在列强的压力下，杨晟被迫重开谈判，但提出了其与闸北居民商定的一系列要求，作为同意扩大公共租界的条件。这些要求包括中方保留扩大区域交通系统的控制权，工部局董事会加入5位华董，以及工部局将界外筑路的警察权全部交还中方，同时要求中国军队和民间婚丧礼仪队伍都可以穿过租界，中国警察向

[①] Jordan to Grey, July 9, 1914, Jarman, ed., *Shanghai*, Vol. 12, pp. 47-48. 此处条款的中文表述采自《推广租界草议之披露》，《申报》1915年3月5日，第10版。

[②] 上海市档案馆编《工部局董事会会议录》第19册，第553页。

巡捕出示书面通知后即可进入租界追捕罪犯。①

在领事团和租界当局看来，上述要求大多难以接受，杨晟提出这些要求有故意拖延交涉之嫌。英国总领事法磊斯对此大为不满。关于加入5位华董的要求，他认为华董将由杨晟和总商会以非常武断的方式推选产生，不具有代表性；即便只允许华董参加涉及华人利益事务的议决，也只会引起更多有损租界当局权威的争议。当时的工部局董事会由英侨代表7人、美侨代表1人和德侨代表1人组成。虽然美国总领事萨蒙斯（T. Sammons）同情华人的参政要求，但英、德两国领事强烈反对工部局董事会加入华人。② 在法磊斯的施压下，杨晟被迫收回此前的要求。几经交涉，杨晟与领事团于1915年3月初大致商定新的协议草案，其中第三条和第四条关于华人参政的内容与1914年7月的协议草案基本相同。③

闸北商民虽知公共租界扩张势难阻止，仍试图尽量减少主权沦失并力争市民权利，对协议草案的内容提出了异议。闸北市民公会致电外交部，要求中外开议时，允许市民公举代表携带详细地图入京参议，同时对草案逐条加以研究，提出意见，呈请交涉员杨晟转呈外交部参考。其中对于第三条和第四条意见分别如下：

> 第三条　租界之工部局即租界之自治机关，既许华董加入，以谋一部份之利益，何必先以顾问部代之？且所称俟中国代表可以在工部局实行时再议云云，更涉游移，其所谓代表者系何资格？其所谓可以者系何标准，实行者系何时间？
>
> 第四条　华董加入之时，以民选、官派二制并行为善。上海五方杂处之地，租界内居住华人不仅宁、广两帮，选举时不应以宁、广为限。④

---

① Fraser to Peking, January 11, 1915, FO 671/367, 转引自 Meyer, "Splitting Apart," pp. 92 – 93.
② Meyer, "Splitting Apart," pp. 93 – 94.
③ 《推广租界草议之披露》，《申报》1915年3月5日，第10版；《推广上海英租界之草合同（中文）》（1915年4月14日），中国第二历史档案馆编《中华民国史档案资料汇编》第3辑·外交，第70—71页。
④ 《市经董对于推广租界之意见》，《申报》1915年3月14日，第10版。

第三章 未遂的"交易":扩界交涉与华人参与市政管理问题之发酵

不难看出,由于清末民初闸北地区长期施行地方自治——尽管袁世凯已于1914年初下令取消——民众的参政思想十分普及,对协议草案中未给予华人直接的参政权利和参政代表的不合理选举办法皆提出了异议。

公共租界外侨社会在工部局董事会的说服下接受了协议草案。1915年3月23日,工部局董事会将草案提交纳税人会议表决,总董庇亚士因恐外侨反对其中关于华人参政之条款,特别予以说明称:

> 草约中有一款,鄙人必须提及,即对于华人舆论之让步,而组织所拟之顾问会是也。每当市政有重要出入并涉及华人居民利益之时,本局经求觅探知该居民领袖意见之方法,但不知可从何处而得知此种意见,为本局屡见不一见之困难。鄙人以为,所拟之顾问会,将使一种华人代表团体立于负责地位,正符本局之需要。此非为华人干涉公共租界行政,实系一种教育华人,使其认识公民权利之办法。且因其如此,故此项办法,应得吾侨之竭诚赞助。①

可见,租界当局虽然为了实现扩界目的而同意华人参政的原则,但其实并不愿给予华人实质性的参与市政管理权利。在工部局董事会的引导下,外侨纳税人会议一致通过了扩界协议草案。

但由于列强之间的矛盾,公使团并未立即批准协议。一战时期,欧洲列强惨烈厮杀,不可避免地影响了相关国家驻华使领之间的关系,使他们在中国事务上经常出现分歧和矛盾。由英国主导推动的公共租界扩界协议草案提交公使团后,奥匈帝国公使即借故阻挠,拒绝签署。交涉员杨晟乘机提议对草案进行修改,内容包括租界当局向地方政府引渡罪犯和华人顾问委员会公开选举等此前未被领事团接受的条款。同时,俄国和美国公使也提出了各自的要求。在上海领事团内,德国领事和比利时领事薛福德(D. Siffert)因各

---

① 《费唐法官研究上海公共租界情形报告书》,熊月之主编《稀见上海史志资料丛书》第8册,第164页。

自的民族主义情绪而常相龃龉。在此情形下,法磊斯曾私下向朱尔典提议,将扩大公共租界的谈判推迟至战争结束后再继续举行。① 在朱尔典的建议下,英国参赞巴尔敦与领袖领事薛福德一起会晤杨晟,说服后者共同推动协议的最终签署。最终,在加入引渡政治犯的条款后,公使团批准了协议草案。

北京政府虽迫于列强压力而原则上同意了扩大公共租界,对签署协议草案仍态度消极。外交总长陆征祥表示同意协议内容,但又称由于上海镇守使郑汝成于1915年10月在公共租界外白渡桥被革命党人刺杀,舆论哗然,尚非实施扩界的合适时机,因此拒绝批准。② 据朱尔典分析,外交部不愿批准协议是因为北京政府始终将扩大租界与交还会审公廨两个问题紧密联系在一起,在后一问题获得最终解决前,北京政府不太可能批准扩界协议。③ 由于有关收回会审公廨的中外交涉迟迟没有结果,扩大计划亦无进展。1917年8月中国参战加入协约国集团后,英、美等国更不便催迫中方同意扩界。北京政府则继续要求列强归还会审公廨,但避而不提扩界案,亦不获列强应允。因此,直到一战结束,北京政府仍未批准扩界协议,列强和租界当局的企图终未得逞。

四 市政参与思想的传播与发展

20世纪初关于扩大上海公共租界的一系列中外交涉皆告无果,其间一再被提出的华人参政问题也没有取得任何实质性进展,但各方的相关互动和协商使这一问题日益发酵。在此过程中,北京政府、列强外交官员、租界当局和外侨都形成了对华人参政问题的基本立场,而参政思想也在当地华人社会中进一步传播和发展。凡此种种,皆对一战后华人参政运动的兴起和演进轨迹影响深远。

---

① Kathryn Brennan Meyer, "Splitting Apart: The Shanghai Treaty Port in Transition, 1914 – 1921," pp. 99 – 100.
② Macleay to Curzon, June 29, 1923, Jarman, ed., *Shanghai*, Vol. 13, pp. 549 – 550.
③ Jordan to Grey, December 21, 1915, Jarman, ed., *Shanghai*, Vol. 12, pp. 258 – 260.

第三章　未遂的"交易"：扩界交涉与华人参与市政管理问题之发酵

公共租界扩界交涉促使中外政府和租界当局对华人参政问题日益重视，并形成了各自的基本方针。从19世纪末地方官员首次将华人享受平等参政权利作为扩大租界的条件之一，到民初袁世凯以总统身份向列强提出工部局增设华董的要求，再到将华人参政权利正式写入扩界协议草案，中国政府对华人参政问题的关注程度逐步提高，日益认识到华人参与租界市政管理在维护华人权益和收回租界主权方面的积极作用，明确表示支持立场。一战结束后，作为战胜国之一的中国希望利用国际秩序重建之机取消列强在华特权，争取平等的国际地位，在巴黎和会上向列强提出了包括归还租界在内的一系列要求。鉴于归还租界无法立即实现，遂同时要求"中国人民居住租界者，得有选举工部局董事及被举之权"，作为"最后归还之准备"之一。① 至此，中国外交当局基本形成了以华人参政作为收回租界过渡步骤的方略。②

与此同时，列强外交官员、租界当局和外侨在华人参政问题上的态度也发生明显变化。19世纪后期，列强官民几乎完全抵拒华人的参政诉求，而在20世纪初扩大公共租界的交涉过程中，外侨舆论和租界当局一度主动提出加入华董之议，列强外交官员和外侨纳税人会议也对华人参政表示了赞成态度。但和上海租界早期外人历次提出的华人参政拟议相似，清末民初列强官民对华人参政再次表现出看似"积极"的态度，并非出于对华人政治权利的承认，而是为了换取中国政府在主权和利益上的退让。他们将扩大租界作为接纳华人参政的前提条件，并将后者视为为了实现前者而付出的"代价"。赞成有条件的华人参政，成为这一时期列强外交官员、租界当局和外侨十分普遍的立场。最终，扩大租界的"交易"未遂，华人自然未被给予任何参政权利。1919年2月新一届工部局董事会选举时，租界当局虽知华人居民常以

---

① 《附录：中国代表提出希望条件说帖》，《秘笈录存》，第176页。
② 中国代表团在讨论租界问题时，顾维钧提出："收回租界办法应分为四大时期：第一时期，中国在租界之商民应有市政厅之选举权。第二时期，租界自治制度应由中国政府特许。第三时期，租界内市政厅选举权完全操之中国。第四时期，取消租界。"《中国代表团会议录：第三十一至四十次会议录》，北洋政府外交部档案，"中央研究院"近代史研究所档案馆藏，档案号：03-37-011-03-004。

"无选举权为恨"①，但宁可继续让敌国德国的侨民拥有投票权，仍拒绝接受盟国中国的居民参与选举。②

另外，扩大公共租界的中外交涉促进了参政思想在华人社会中的迅速传播和进一步发展。由于扩大公共租界事关重大，往往引起中国朝野各界人士的关注。其间，中外各方屡次提出以华人参政作为扩界的条件之一，相关主张或协议草案载诸报刊，自然使更多租界华人商民开始意识到参政权利的重要性。同时，由扩界案直接或间接引发的中外人士关于华人参政问题的讨论，不仅推动了参政思想的流播，而且使之渐趋成熟。

1914年2月《申报》连载了闸北市政当局为反对公共租界扩界案致外交当局及地方重要官员的长篇呈文，文中指出"华人之居住租界者，均有纳税之义务，无应享之权利；而外人之居住华界者，只有应享之权利，而无纳税之义务"，进而提出工部局加入华董的要求。

> 查工部局设立董事局，向由各国在租界居民选举英、美、德三国有声望者为董事，吾华居民寓居租界者何止千倍，并无董事位置，则在从前坐失权利，现应商于就地居民内择民望素孚、熟谙外交者，公举董事若干人，凡遇提议事件，得列席预议，发表意见，则该局一切设施，俾可交通声气；遇有华人不平之事，随时纠正，以免隔阂，而昭公允。③

如前章所述，1905年底华人商民首次提出增设华董要求后，有人在发表评论文章时，已开始援引西方代议制民主思想中关于纳税义务和参政权利对等的政治学说，作为华人要求参政权利的依据。1915年，有人撰文对租界华人居民的权利与义务问题进行了更深入的阐述。作者认为，租界华人居民捐

---

① 《英人掬诚之宣言》，《申报》1919年6月15日，第12版。
② 上海市档案馆编《工部局董事会会议录》第20册，第737—738页。
③ 《抵制推广租界之呈文（三续）》，《申报》1914年2月17日，第10版。这段文字是在1913年初总商会呈送交涉员关于勘定华界与租界边界的意见书中相关内容略加修改而成，见《抄送各界对于闸北勘界之意见书由》（1913年3月31日），北洋政府外交部档案，"中央研究院"近代史研究所档案馆藏，档案号：03-16-038-01-001。

第三章 未遂的"交易"：扩界交涉与华人参与市政管理问题之发酵

税"负担之重，实为天下所罕闻"，"至于权利，枝枝节节无甚关系之信教自由、信书秘密，尚得享有，而最可痛者，参政之权无丝毫所得"。文中言道：

> 试问参政权者，非神圣不可侵犯之权乎？非主宰万能之权乎？欲左则左，欲右则右，权将谁属？属于握参政权者。财产生命之所系，得之则生，弗得则死也。记者以为，我租界同胞，宜公举绅董，向工部局正式交涉，既许吾人住居租界，并须吾人担负义务，则理应享有之参政权，不可或靳。而今而后，选举董事，以参加之。吾知素崇不出代议士不纳租税之文明国人，必能不欲人之加诸我者，吾亦欲无加诸人焉。非然者，征我重税，靳我公权，天下不平之事，孰有过于此？①

这番言论措辞十分激烈，不仅极力强调参政权利之重要性，而且直接引用"不出代议士不纳租税"这一西方资产阶级代议制政治民主原则，以彼之矛攻彼之盾，标志着租界华人参政思想渐臻成熟。该文虽未直接提及扩大公共租界案，但发表时间正是中外协议草案公布前后，有可能即是针对扩界案中的华人参政权利问题而撰写的。

截至五四运动前夕，参政思想在公共租界华人社会中已传播至中下层民众，其标志之一是都市小报上出现的相关通俗文学作品。如1919年4月的《晶报》登载了本书绪论开头所引的无题"三字经"，表达了对租界当局向华人征收捐税却不给予政治权利的强烈不满。该报同一期还刊有两首打油词。一首题为《纳税苦》，词云：

> [俳体西江月　悲国弱也]
> 督尔终朝奔走，为谁抵死追呼？道声警局要捐输，破费家家阿堵。
> 纳税不妨多许，公权从没些须。宵来好梦忒模糊，说甚先生选举。

---

① 李卓民：《论租界之性质及租界居民应享之权利应尽之义务》，《正志》第1期，1915年，第4—5页。

另一首题为《选举权》，词云：

> [调寄夜行船　悲华民也]
>
> 借问东风谁是主？认红扉，自家门户。客燕侨莺，税花租柳，仿佛在人乡土。
>
> 养花天有催花雨。过秋千，乱红无数。榆夹堆墙，圆荷贴水，应是选钱难举。①

和无题"三字经"类似，这两首打油词也以戏谑自嘲的笔调表达了公共租界华人居民承担纳税义务而无参政权利，身在本国领土却遭受不公待遇的屈苦感受。这些词句浅显俚俗的大众文学作品刊载于面向普通市民的小报之上，反映了参政意识在公共租界华人社会中的渐趋普及。

北京政府对华人参政诉求明确的支持态度，和参政思想在当地社会的传播与发展，为一战结束后华人参政运动的兴起预备了重要基础。而随着公共租界华人商民开始主动发起有组织的力争参政权利的活动，列强和租界当局便难以再将华人参政作为进一步侵夺中国主权的交换条件了。

---

① 老孙：《纳税苦》《选举权》，《晶报》1919年4月12日，第2版。

第四章　公道与特权：一战后华人参与市政管理之运动的兴起和挫折

1919年7、8月，上海公共租界中小华商反对工部局加捐案无果，转而正式提出了参政要求，并在"不出代议士不纳租税"的口号下，试图通过集体抗捐争取参政权利，由此拉开了华人参政运动的序幕。华人参政运动的兴起是上海公共租界政治社会演进过程中具有里程碑意义的事件。它对该租界长期以来的市政权力结构和华洋不平等关系形成了空前的冲击，引起租界当局和外侨社会的高度重视；华人为取得参政权利而发起的抗捐活动更是直接挑战了工部局市政管理的权威，被认为是上海"开埠以来出现的最严重问题"。[①] 华人舆论也将参政权利问题视为"上海最重要之问题"，[②] 期待颇具声势的参政运动"为租界历史开一新纪元"[③]。

上海公共租界华人参政运动的兴起，是一战前后国际政治潮流递嬗、中外关系格局转变和当地华洋关系演进等多重因素综合作用的结果。华人团体的参政诉求起初得到中外多方的同情与支持，外侨主流舆论原则上亦表赞同。中小华商群体在参政运动中表现出相当高的积极性和组织性，提出了旨在从立法上根本解决华人参政权利问题的《土地章程》修改草案，并表示不达目的不止之决心。然而，华人团体几经抗争和交涉，最终屈服妥协，并未取得实质的参政权利。

华人参政运动在看似十分有利的形势下遭遇阻挫，是由多方面原因造成

[①] "Hsinshunpao, 1920.1.10,"上海公共租界工部局档案，上海市档案馆藏，档案号：U1-2-784。

[②] 峙冰：《附评市民权问题》，《民心周报》第7期，1920年，第121页。

[③] 《华商要求市民权纪》，《申报》1919年12月2日，第10版。

的。华人团体的组织缺陷、立场参差和策略失当,以及北京政府外交支持之无力,乃至其间租界当局和列强领事的人事变动,都是不可忽视的因素。但究其根本原因,实是英商群体及其主导的租界当局面对中国朝野日益高涨的收回主权诉求,唯恐华人参政引发连锁效应,致使外侨失去更多特权,损及在华商业利益,故而坚决反对给予华人任何直接的参政权利,只接受设立一个无权参与市政管理事务的华人顾问委员会。在领事团的默许下,工部局采取强制手段镇压华人的抗捐活动,以维护其市政权威。由于一战后英国政府迫切需要重振对华商务,公使朱尔典个人虽同情华人的参政要求,最后还是迁就了上海英商群体的立场。工部局董事会则利用一套迎合多数外侨观念和心理的说辞,引导外侨纳税人会议通过设立华人顾问委员会的决议,同时否决了增设华董案。孤立无援的中小华商团体最终无奈接受这一结果,兴起不久的华人参政运动遂告中挫。

一 运动的发起

一战后华人参政运动的导火线是1919年工部局加捐案。是年,工部局财政出现赤字,又逢一战告终,为表彰此前回国参战的协约国籍雇员,决定向每人补发一半薪金。[①] 为此,工部局董事会提出加捐议案,即自是年7月1日起将房捐税率由12%上调至14%,另征收一年的"特别捐",捐额为房租的1%。4月9日,外侨纳税人会议通过加捐案,中外报刊有关会议的报道对该案均有简要述及。为预防有的华人商民不愿缴纳新增捐税,工部局方面印制了专门的中文传单,准备在华人拒付时散发。此后不久,五四运动爆发,上海商界为支持学生的爱国行动,于6月5日开始举行了为期一周的全面罢市。由于中国各界民气激昂,工部局担心加捐案引起华人的舆论风

---

① 1914年一战爆发后,上海公共租界外侨返回本国参战者以英侨最多,共计110人,其中多数来自工部局巡捕房和其他部门,少数来自私人洋行。Robert Bickers, *Getting Stuck in for Shanghai: Putting the Kibosh on the Kaiser from the Bund* (Melbourne: Penguin Group, 2014), pp. 35 – 36.

第四章 公道与特权：一战后华人参与市政管理之运动的兴起和挫折

潮和有组织的反对，因此没有通过在报刊上发布通告或其他方式将之提前告知华人商家。①

工部局的担忧很快就成了现实。7月初，工部局开始征捐，中小华人商家以事先未收到通知为由，普遍拒付新增捐税，许多较大的华人商家随后也停止缴纳，致使征收工作陷入停顿。② 一些店主集会商讨应对之策，决议坚持拒付加捐，并散发暂缓付捐的传单，有的传单甚至直接指工部局加捐为"非法"。③ 随后，中小华商纷纷以马路为单位拟具呈文，列述反对加捐之理由，送交工部局、领事团、特派交涉员、上海总商会、会审公廨等中外机构和官员，要求取消加捐案。各路商家的呈文内容大同小异，有的甚至基本雷同。商家们主要强调经济状况的恶劣和负担之重，称"自欧战以来，金融窘迫，物价步涨，租界各华商大半经济竭绌"，加之"内讧外患不息，以致商货停滞，百业凋零"，商店各项"开支之浩繁已达极点"，且现有房捐税率已高，"如果再事加征，商民实已无力应付"。同时，一些华商也将列强在巴黎和会上对中国的不公对待作为反对加捐的理由之一，认为"和会签约各国均得无上之荣誉胜利，工部局既欲酬劳从戎西人，给予年俸，似应另行筹款，不能摊派未得丝毫利益之华人"。④ 有的华商则在呈文中表示，对中国的外交失败深感痛惜，为此发动的罢市虽损失颇重，但并不后悔这一爱国行动，要求列强以公正态度对待华人商民。⑤ 还有一些商家乘机表达了对租界市政管理的不满，如浙江路330家商店的呈文称，"公共租界近来劫盗日多，破获

---

① 上海市档案馆编《工部局董事会会议录》第20册，第771—772页。
② Superintendent of Revenue to the Secretary, July 5, 1919，上海公共租界工部局档案，上海市档案馆藏，档案号：U1-2-783。
③ Extract from Police Daily Report, July 5, 1919; Extract from Police Daily Report dated July 7, 1919; Translation of a handbill founded by a special agent on Foochow Road on 9 July, 1919，上海公共租界工部局档案，上海市档案馆藏，档案号：U1-2-783。
④ 《商店吁恳免加房捐三志》，《申报》1919年7月14日，第10版；Rough translation of petition from shop-keepers in Nanking-Honan Road to the Council, July 8, 1919，上海公共租界工部局档案，上海市档案馆藏，档案号：U1-2-783。
⑤ Rough Translation of petitions (made in similar forma) from shop-keepers and residents in the Fokien and Shanse Roads to the Council, July 7, 1919，上海公共租界工部局档案，上海市档案馆藏，档案号：U1-2-783。

者不过十居一二",若不对界内警务"严加整顿而骤然加捐,其何以服众商乎?"①

这是上海公共租界历史上空前严重的一次抗捐风潮,也是华人参与程度最为广泛的一次。19世纪后期该租界虽发生过若干华人抗捐事件,有的甚至导致与租界当局的暴力冲突,但华人反对的仅为某些特别的捐种(如执照捐),参与者也多为某个行业的民众(如小车夫)。而此次华人反对的是工部局最主要财政收入来源之一的房捐(即市政捐),而且各路华人商家普遍参与其中,其影响不可同日而语。中小华商反对加捐的活动自始就表现出很强的组织性,多以马路为单位共同行动,彼此之间也不乏联络协调。从各路呈文中不难看出,中小华商最初抗争的主要诉求是取消加捐,虽然乘机表达了对列强对华政策和租界市政管理的不满,但并未提出有关参政权利的要求。

中小商人反对加捐的活动得到了上海总商会和外交部特派交涉员的支持。7月8日收到南京路和河南路商家的援助请求后,总商会随即安排沈仲礼、宋汉章和祝兰舫三位会董办理与工部局交涉事宜。10日,三人与租界当局代表会晤,"再四商量",工部局方面仍表示加捐案经纳税人会议议决,"万难取消"。②最后,沈仲礼等表示如果工部局同意将1%的特别捐推迟至10月再征收,则他们能够说服反对加捐的商家立即照付14%的房捐,得到工部局首肯。③12日,总商会方面与各路代表磋商良久,但并未能说服后者,最后决定共同商请交涉署出面交涉。14日,37位各路商家代表齐聚总商会,推举6人与沈仲礼、祝兰舫同谒交涉员杨晟,请与外方"函商通融办法"。④杨晟随即致函领事团,并派交涉署交际科长陈世光拜访领袖领事薛福德,陈述华人反对加捐的理由,请"转饬工部局衡情查酌办理"。⑤17日,杨晟致

---

① Rough translation of note from 330 shops in the Chekiang Road to the Council, July 14, 1919, 上海公共租界工部局档案,上海市档案馆藏,档案号:U1-2-783。
② 上海市工商业联合会编《上海总商会议事录》(三),上海古籍出版社,2006,第1206页。
③ 上海市档案馆编《工部局董事会会议录》第20册,第511页。
④ Extract from Police Daily Report dated July 15, 1919, 上海公共租界工部局档案,上海市档案馆藏,档案号:U1-2-783;《商店吁恳免加房捐四志》,《申报》1919年7月15日,第11版。
⑤ 《商店吁恳免加房捐五志》,《申报》1919年7月17日,第10版。

函北京政府外交部和内务部，报告华人居民反对工部局加捐情形，并称商民已议决"不得所请，罢市继之"，认为"此举于商民生计利害攸关，当竭力维护，积极进行，坚持到底"。①

但各方交涉并无进展。领事团没有回应交涉员的要求，工部局拒绝取消加捐，仅愿意在征收方式上有所变通。7月19日，工部局方面向总商会表示，如果华人不再反对加捐，原本一次性收缴的特别捐可考虑分期征收。②此举显然无法满足华人的诉求。25日，各路商家推举的16名代表再次至交涉公署请愿，"详言不能负担之理由，请交涉员力为交涉"。③ 27日，数十位各路商店代表齐聚总商会，与该会会董讨论应对加捐事宜，仍无结果。由于不满总商会所聘英籍律师马斯特（R. F. C. Master）与工部局的交涉结果，24条马路商家的代表决议聘请美籍律师佑尼干（T. R. Jernigan）为总代表，请总商会予以支持。④ 佑氏1894—1897年任美国驻上海总领事，后在沪执律师业，是当地著名的外籍律师之一。五四运动期间，上海美侨舆论对中国民众的民族主义情感和诉求颇表同情，佑尼干受聘担任上海学生联合会的义务法律顾问，对该会活动"关护之处甚多"，⑤ 华商们期待他能够比马斯特对工部局施加更大的影响。

7月28日，25位各路商家代表拜访佑尼干，聘其为总代表，继续与工部局交涉。但佑氏认为加捐势在必行，华商恐难达目的。各路代表意识到取消加捐无望，遂请佑尼干向工部局提出，若不取消加捐，则"华商与各国侨商予以平等优待，华商方面亦应添列选举华董之权，以示公道"，佑氏允为转达。⑥

---

① 《函陈公共租界商民因工部局欲增收房租将行罢市已向领团交涉由》（1919年7月17日），北洋政府外交部档案，"中央研究院"近代史研究所档案馆藏，档案号：03-19-119-01-001。
② 上海市档案馆编《工部局董事会会议录》第20册，第515—516页。
③ 《商界吁免加捐之昨讯》，《申报》1919年7月26日，第10版。
④ 《商店吁免房捐之会议》，《申报》1919年7月28日，第10版。
⑤ 李玉阶：《上海学生响应五四爱国运动的经过》，中国人民政治协商会议全国委员会文史资料委员会编《五四运动亲历记》，中国文史出版社，1999，第169页。
⑥ 《租界加捐问题之商榷》，《新闻报》1919年7月29日，第3张第1版。

抗争与博弈：上海公共租界华人参与市政管理的权益之争（1854—1932）

  这是中小华商自反对加捐以来首次提出参政权利的要求，标志着其抗争目标从取消加捐的经济利益诉求转向参与市政管理的政治权利主张。关于参政权利，各路代表提出了两项要求：一是工部局加入华董，二是华商享有与外侨平等的选举权。而且不难看出，代表们的立场是将获得参政权利作为同意加捐的前提条件。不同于此前在报章上零星的呼吁或议论、抗议集会上临时提出的要求和在中外交涉扩大租界案过程中表达的诉求，此次各路代表联合向租界当局正式提出参政要求，并首次在现实中将之与纳税问题直接联系在一起，准备通过集体行动争取参与市政管理的权利，由此拉开了华人参政运动的序幕。

  各路商家代表在取消加捐无望的情况下提出参政要求，很有可能受到外部因素的启发和促动。一是中国代表团在巴黎和会上提交的《中国希望条件》说帖中有关租界华人参政的要求。就在华人群起反对加捐时，7月5日的《北华捷报》披露了《中国希望条件》说帖的主要内容，包括要求给予租界华人选举权和在市政当局的代表权。[1] 华人商民有可能由此得知外交当局的立场，遂趁交涉加捐之机向租界当局提出了参政要求。二是美侨所办《密勒氏评论报》7月12日社论中提出的工部局董事会加入华人代表的主张。社论认为，事实证明与华人合作越紧密的外国在华企业就越成功，因此建议工部局董事会也加强与华人的合作，请约占公共租界人口95%且缴纳了70%—80%捐税的华人居民推选一位或少数几位代表加入董事会，称此举将有助于市政当局解决管理华人居民时遇到的多数困难，使之在面临类似五四运动的危机时拥有一个"安全阀"。[2] 各路商家代表不久后提出参政要求，并聘请美国律师向工部局交涉，或许都是受到美侨报刊此番言论的鼓舞和启示。

  当然，一战后上海公共租界华人商民发起有组织的参政运动，更深层的原因是当地政治社会的演进。除前一章所述清末民初华人参政思想的传播和发展外，华人参政运动的兴起与一战前后世界秩序、中外关系和当地政治社

---

[1] "China's Claims at Versailles," *The North-China Herald*, July 5, 1919, p. 13.

[2] "Editorial Paragraphs," *Millard's Review of the Far East*, July 12, 1919, pp. 209–210.

会的嬗变皆有深刻关联。对此，前人著述不无涉及，但尚欠系统全面，笔者试做进一步论析，以阐明运动发生之内外语境。

一战是人类历史上首次世界规模的战争，引发了国际政治秩序的急剧演变。列强间你死我活的厮杀造成自身国力的消耗和国际地位的沉浮，原有的国际关系随之重组。面对大战造成的空前浩劫，世界各地的人们普遍期待战后出现一个更公正、更平等的国际新秩序，以消弭战祸，久保和平。"威尔逊主义"于一战后期应运而生，很快风靡全球，其所倡导的"民族自决"原则尤受弱小国家欢迎，推动了殖民地和半殖民地的民族运动。① 战后初期，"公理战胜强权"的口号传布全球，盛行一时，为弱国伸张国际正义、维护自身权益提供了重要的精神动力。民初上海是一个高度国际化的城市，发达的报刊媒介使一般市民也能够及时便捷地了解国际政治风云，当地政治生活和社会观念因此往往受到国际情势与潮流的较大影响。公共租界华人参政运动的兴起就与一战前后世界秩序的重构颇有关系。当时英国驻华外交官员认为，华人提出参政要求乃是受到了"民族自决"等战后全球各地"新精神"（new spirit）的影响，与同一时期埃及、印度等殖民地人民提出在地方自治中享有更多权利的要求十分相似。②

就中外关系而言，一战时期也堪称近代中国外交史上的一个转折时期。其间，北京政府的总体外交方略从晚清以来的消极应对转向积极进取，试图通过主动参与国际事务，实现逐步收回利权、提高国际地位之目的，而1917年参加一战即是这一转向的起点。③ 与之相应，北京政府对待列强租界的政策发生明显转变。清末民初，中国政府虽日益认识到租界对主权和利益的严

---

① 参见 Erez Manela, "Dawn of a New Era: The 'Wilsonian Moment' in Colonial Contexts and the Transformation of World Order," in Sebastian Conrad and Dominic Sachsenmaier, eds., *Competing Visions of World Order: Global Moments and Movements, 1880－1930* (New York: Palgrave MacMillan, 2007)；马建标《塑造救世主："一战"后期"威尔逊主义"在中国的传播》，《学术月刊》2017年第6期。

② Jamieson to Jordan, August 12, 1919, FO 671/447/536, The National Archives (TNA); Jordan to Jamieson, August 16, 1919, FO 671/447/539, TNA; Jordan to Fraser, January 23, 1920, Jarman, ed., *Shanghai*, Vol. 12, p. 684.

③ 参见王建朗《北京政府参战问题再考察》，《近代史研究》2005年第4期。

抗争与博弈：上海公共租界华人参与市政管理的权益之争（1854—1932）

重侵害，但所谋对策基本限于拒绝增设新租界和抵制已有租界扩张等方面。北京政府参战后，随即收回德、奥两敌国的三个租界，开中国主动收回租界之端，此后在租界扩大和界外筑路等问题上立场也日趋强硬。① 战后，中国以战胜国身份参加巴黎和会，并向大会提交了要求全面取消列强在华特权的《中国希望条件》说帖。正是在一战时期中国外交转向的大背景下，上海公共租界华人参政运动顺势兴起。

一战时期上海公共租界政治社会的嬗变，是华人参政运动兴起的地方语境。由于该租界的高度国际性，世界大战对当地政治生态和经济生活都影响深巨，进而引起本地华洋关系的变化。一方面，敌国外侨之间的对立和仇视，使租界当局历来标榜的"团结如一"口号难以为继。而且，各国商人的民族主义情绪在战争期间被激发和强化，在本国政府的鼓励和支持下，彼此贸易竞争日益加剧。为在对华贸易中占得先机，英美等国商人群体都有意识地，加强与华商精英的联络和交际，鼓励外籍职员学习中文乃至上海方言，华洋社群之间严重隔阂的局面有所松动。② 其中，在一战中对华贸易迅速增长的美国商人与华商关系发展尤快，这也是美侨舆论同情五四运动乃至倡言给予华人参政权利的主要原因。另一方面，一战为中国民族工商业提供了难得的发展机遇，上海是中国现代工商业的中心，本地华商群体的经济实力迅速壮大。他们的产业大多在公共租界内，与外商既有竞争也有合作，其事业发展在一定程度上受惠于租界的环境。但新兴的华商群体大多具有现代政治意识和较强的民族主义思想，对华洋严重不平等关系日益不满。外侨群体的内部分裂和华洋商界的实力消长，无疑会增强他们起而要求改变现状、争取权利和尊严的底气。

五四运动引起的本地政治社会变迁对华人参政运动的兴起产生了多方面

---

① 如前章所述，1917 年后，北京政府基本不再接受列强扩大租界的要求。1918 年 1 月 31 日，江苏特派交涉员致函领事团，反对工部局行使《土地章程》第六条所规定的界外筑路之权。夏晋麟认为，该函"为中国当局对于外人向来所享之权利之关系上开一新纪元"。夏晋麟：《上海租界问题》，第 95 页。
② 关于一战时期上海公共租界各国外侨关系的演变，参见 Meyer, "Splitting Apart," Chapters 4 & 5。

第四章　公道与特权：一战后华人参与市政管理之运动的兴起和挫折

的直接影响。运动期间，上海公共租界华人商民的政治热情和民族情绪空前高涨，参与租界市政事务的意愿随之更趋迫切。各地的示威抗议浪潮最终迫使北京政府释放被捕学生并罢免章、陆、曹三人，以租界华商为主体的上海商界发起的罢市斗争在此过程中发挥了十分关键的作用。本地社会舆论因此产生一种较为乐观的心理，认为通过和平抗议的民众运动向当局表达"民意"是实现政治诉求的有效途径。① 在罢市斗争中表现积极的中小商人群体，不仅政治自觉大为提升，组织性也明显增强，开始酝酿组建独立于被商界精英垄断之上海总商会的商人团体；同时，一种以马路街区为单位、以中小商人为主体的新型组织——商界联合会开始出现。② 因此，不久后一般中小商人起而反对工部局加捐时，多以马路为单位向中外各方递交呈文或散发传单，其中有的即署名某路商界联合会。

工部局和外侨在五四运动时期的表现进一步激起了华人商民的参政渴望。工部局以维持治安和秩序为由，不仅粗暴干涉和镇压华商的罢市抗议活动，而且提出旨在强化对报刊和书籍审查管控权的"印刷附律"议案，规定在界内从事印刷、发行出版物的活动皆须事先向工部局申领执照，并制定了严苛的执照条款和处罚方法，试图借此钳制中外舆论，尤其是打压华人的爱国言论和进步书刊。③ 议案遭到租界华人社会和部分外侨的强烈反对，但在工部局董事会的鼓动下，7月11日的外侨纳税人特别会议仍以269票赞成195票反对通过该案。其中，由于五四时期反日舆论激昂，出席会议的138名日侨纳税人全部投了赞成票。④ 尽管"印刷附律"最终因未获领事团批准

---

① 如时人有谓"此次之救国行为，实为真正民主主义之始基。……本此精神以发挥，在国内之纷乱无不可求解决于是"，另有人称运动的结果"足见国民权威，大莫与量，无论强权暴力，如何鸱张，而一与民意相抗，民意终占最后之胜利也"。海上闲人编《上海罢市实录》卷上，公义社，1919，第26—27页。
② 《组织平民商会之酝酿》，《申报》1919年6月24日，第10版；彭南生：《五四运动与上海马路商界联合会的兴起》，《华中师范大学学报》2009年第3期。
③ 工部局最早提出"印刷附律"议案是在1903年"苏报案"发生后，但不获公使团支持。民国初期，工部局又数次将该案提交外侨纳税人会议表决，始终未获通过。"印刷附律"议案和印刷品执照条例的具体内容，见《民国上海市通志稿》第1册，第407—408页。
④ 参见马光仁《上海人民反对印刷附律的斗争》，《新闻研究资料》1989年第2期。

而流产，但此案使华人商民越发感觉到无权参与市政事务之不公和不利。不管是英国公使朱尔典还是美侨所办的《密勒氏评论报》，都认为华人发起参政运动在很大程度上是工部局对待五四运动的态度和固执推动"印刷附律"议案的结果，"实咎由自取也"。①

此外，五四运动前后上海各界曾数次提出通过集体拒缴捐税实现政治诉求的主张，也是租界华人商民乘工部局加捐之机发起参政运动的重要背景。1919年3月，旅沪商帮协会曾提议停止缴纳税款以促成南北议和。② 五四运动期间，上海各界先后数次提出以停止纳税作为向北京政府抗议施压的"最后之对付"办法。③ 就在公共租界华人商民起而反对加捐前夕，上海各界7万余人于6月29日召开第二次国民大会，通过了请求江苏省督军李纯和淞沪护军使卢永祥与北京政府脱离关系、停止纳税等议案。④ 相关提议或议案虽未付诸实施，但反映了当地社会尤其是作为纳税中坚力量的商界日益形成一种试图通过抗捐实现政治的新政治文化。正是在此语境中，公共租界华人商民在意识到反对加捐无望时，决心通过拒缴加捐为自身争取政治权利。

可见，一战后上海公共租界华人参政运动的兴起有其深刻的时代背景和广泛的社会基础。正因如此，华人参政运动一经发动便形成了较大的声势，参政诉求也得到中外多方的同情和支持。中小华商群体自始即表现出十分强硬的立场，普遍拒绝在华人参政权利问题获得解决之前缴纳新增捐税。但工部局董事会坚持将加捐案与华人参政问题分开处理，随着征捐工作重新开始，华人商民与租界当局很快形成僵持局面。

二 总商会的调解尝试

各路商家代表提出参政要求后，工部局方面很快通过报刊获悉此事，但

---

① Jordan to Jamieson, August 16, 1919, FO 671/447/539, TNA；《西报反对加捐之言论》，上海《民国日报》1919年8月21日，第3张第10版。
② 任建树主编《现代上海大事记》，上海辞书出版社，1996，第7页。
③ 海上闲人编《上海罢市实录》卷下，第144、160、193页。
④ 任建树主编《现代上海大事记》，第26页。

最初未予理会。彼时工部局董事会共9人组成，其中英侨6人、美侨2人、日侨1人。英籍总董庇亚士因事离沪，由副总董怀德（Ed. White）暂代其职。7月30日董事会会议商讨后决定，继续执行既定加捐政策，并采取强制措施向拒缴的华人商家征收。① 8月初，工部局在中外报纸上刊登布告，并印制成传单送交一些华人同业公会、上海总商会等，详细说明加捐原因和征收办法，警告若仍拒绝缴纳，"当绳以法律"。② 对于华人的参政要求，布告和传单则只字未提。

但中小华商普遍坚持以解决参政权利问题为缴纳加捐之条件，且态度日益坚定。反对加捐活动开始后，一些马路的商家陆续成立商界联合会（以下简称商联会），以期协调立场和行动，更有力地维护自身权益。③ 商联会成员多为中小工商业者，也包括一些知识分子。7月28日提出参政要求后，一些马路商联会联名致函总商会，表示"工部局于预算不敷之时，凡欲加捐于华人者，须华人有列席于纳税人会议后，始可承认，今华人既未予议，自难遽予遵从"，明确将实现华人参政作为承认加捐之前提。④ 8月10日，各路商家代表集会商讨应对工部局征捐办法，决议"今次加捐，非俟租界当局承认华人市民权，准许公选董事代表发言不可，并谓如有人因此受累，大众公同担负"。⑤ 此时，各路代表立场似已略有调整，即只要求工部局董事会承诺给予华人选举代表参与市政管理事务之权，无须立即施行，便可承认加捐。但

---

① 在7月30日的董事会例行会议上，董事们传阅了7月29日《新闻报》有关各路代表拜访佑尼干报道的英译稿。上海市档案馆编《工部局董事会会议录》第20册，第519页。工部局档案中存有该译稿，其中有关华人参政要求的译文为"The Chinese representatives then said that if their aims could not be attained he (Mr. Jernigan) should ask for equal treatment of Chinese with foreign ratepayers, viz. that the Chinese should have the right of suffrage and a Chinese should be elected to membership of the Municipal Council.""Sinwanpao, 29/9/1919,"上海公共租界工部局档案，上海市档案馆藏，档案号：U1-2-783。译文中称华商仅要求加入1位华董，但《新闻报》原报道中并未提及华董具体名额。

② 《工部局布告：为房捐事》，《申报》1919年8月2日，第1版；Jamieson to Jordan, August 12, 1919, FO 671/447/536, TNA。

③ 彭南生：《抗捐与争权：市民权运动与上海马路商界联合会的兴起》，《江汉论坛》2009年第5期。

④ 《商界联合会求免加捐》，上海《民国日报》1919年8月5日，第3张第10版。

⑤ 《各马路代表会议加捐》，上海《民国日报》1919年8月11日，第3张第10版。

代表们仍将参政问题与加捐案直接联系在一起,且决心团结一致应对工部局的强制措施。除佑尼干外,各路代表们决定再添聘外籍律师,协助与工部局方面交涉。

在此期间,特派交涉员杨晟开始与领事团交涉华人参政问题,试图通过外交途径推动解决。如前章所述,1913年杨晟首次就任特派江苏交涉员时,在与领事团交涉扩大公共租界事宜过程中,就曾以华人参政作为条件之一,并一度提出工部局加入5位华董的要求。① 杨晟自称因对占该租界人口十之七八的华商"有纳税之义务而无选举之利权"的状况甚感不平,此后"数年来抱此宗旨,必期达到目的"。② 因此,各路商家代表提出参政要求后,他不仅予以支持,而且再次向领事团提出了华董人数的具体建议。8月4日,杨晟致函领事团称:

> 公共租界工部局事务殷繁,管辖范围极广,各国商人均得选为该局董事,原以群策群力,其于无事不举,乃本国商人独付缺如。……现聚五洲为一家,中外久已融洽,譬如宾主,洋商远来,华商当地,一室皆有来宾,何可不见主人?矧以工部局事权之大,管理之繁,万不可无华董选入其间。……现欲联络中外感情,去尽办事障碍,非设华董五六人入局办事不可。③

至此,继中小华商向工部局提出参政要求后,地方外交当局也向领事团正式提出了华人参政的动议。但交涉员杨晟此函与各路商家代表的立场存在三点明显的差异。首先,前者系向领事团协商"提议",而后者则是严正"要

---

① 杨晟1913年10月首任外交部特派江苏交涉员一职,1915年调任他职,1916年1月复任江苏交涉员,1917年2月被免职,1919年3月三任江苏交涉员。东莞市石龙镇博物馆编《石龙历史人物录》,2012,第23—25页。
② 《工部局议添设华董事已向领袖比领提议并照录本署交涉科主任陈世光等报告呈请鉴核由》(1919年8月19日),北洋政府外交部档案,"中央研究院"近代史研究所档案馆藏,档案号:03-16-041-01-011。
③ 《租界华董问题之往复公文》,《申报》1919年9月5日,第10版。

求",不仅语气不同,性质也有别。其次,各路代表所要求之参政权利包括华董和选举权两方面,而交涉员函中则仅提到增设华董,未涉及华人选举权问题。最后,函中仅从华洋主客身份和市政管理两方面阐述工部局应加入华董之理由,完全未提及加捐问题,而各路代表则将参政权利与加捐案直接联系在一起。上述差异在某种程度上预示了地方外交当局支持中小华商参政要求的限度。

向领事团发出公函后,杨晟又派员陆续赴各领事馆磋商,陈述工部局加入华董有俾公共租界之理由。据交涉署职员汇报,各国领事口头答复,大多表示个人赞成增设华董,唯英国领事费理伯(H. Phillips)未明确表态,仅强调"勿与此次加增房捐案相提并论"。领袖领事薛福德称,"个人意见甚表同情,惟兹事体大",须经外侨纳税人会议通过并修改《土地章程》,建议交涉署呈报北京外交部与公使团协商。美国总领事萨蒙斯也"甚表赞成",并答应立即报告美国公使,但"亦谓勿与此次加捐案相混"。意大利、法国、西班牙、葡萄牙等国领事对华人的参政诉求皆表同情,且允竭力襄助。① 或许因为对公共租界事务最有发言权的英国领事没有明确表态,工部局的态度也尚不明朗,领事团暂时没有正式回复交涉员的公函。

8月11日,工部局重新开始对华人商家征捐。由于未得到工部局和领事团对于参政要求的正式回应,华人仍普遍拒绝缴纳新增捐税。前两日所征得的税款不及正常时期的1/4,结果"极其令人不满";至13日,征捐工作实际上再度陷入停顿。②

中小华商与工部局出现僵持局面,总商会再次试图从中斡旋。作为当地最具影响力的华人社会组织,总商会历来在公共租界政治社会生活中扮演着双重的重要角色。一方面,该会是租界华人社会的领袖和代言人,经常为涉及华人

---

① 《工部局议添设华董事已向领袖比领提议并照录本署交涉科主任陈世光等报告呈请鉴核由》(1919年8月19日),北洋政府外交部档案,"中央研究院"近代史研究所档案馆藏,档案号:03-16-041-01-011。
② Liddell to the Finance Committee and Members of Council, August 12, 1919; Superintendent of Revenue to the Secretary, August 13, 1919,上海公共租界工部局档案,上海市档案馆藏,档案号:U1-2-783。

抗争与博弈：上海公共租界华人参与市政管理的权益之争（1854—1932）

权益的事务与工部局进行交涉协商。另一方面，总商会成员多为工商界精英，与外商有各种合作关系，与会董租界当局往来密切，因此总商会又往往扮演华洋矛盾调解者的角色，甚至在某种意义上已构成公共租界行政体系中非正式的一部分，在协助工部局管理华人社会方面具有重要作用。这种双重角色使总商会长期左右逢源，既在华人社会中受到尊崇，又为租界当局所重视。但五四运动期间，总商会因在罢市问题上态度暧昧，且发表主张中日直接交涉山东问题的"佳电"，招致各方声讨，声誉重挫。加之"佳电"引发正、副会长请辞风波，内部又有旧式买办绅商和新兴工商企业家之间的权势之争，组织混乱松散，更削弱了总商会在华人社会中的威信。[1] 此前调解中小华商反对加捐活动的失败，就在一定程度上反映了其地位的衰落。

对于中小华商提出的参政要求，总商会自然乐见其成。华商精英对参政权利渴望已久，新兴的工商企业家群体尤其渴望。但或许是因为顾忌与外商和租界当局的关系，1906年组织华商公议会的尝试失败后，华商精英群体一直没有正式提出参政要求，只是偶尔在一些非公开场合间接或委婉地向外人表达参政意愿。1919年7月10日总商会代表为加捐案首次与工部局方面交涉后，该会律师马斯特很快又代表总商会先后访问了代理总董怀德和总办。马氏在谈话中透露，华人反对加捐的深层动机之一是"不出代议士不纳租税"，即要求参政权利，建议工部局就此问题与总商会代表进行协商。[2] 当时中小华商正竭力反对加捐，尚未表达任何参政诉求，马斯特很可能是在总商会方面授意下发表上述言论的。不久，在一次华洋名流的餐会上，总商会成员张笏云和其他华人社会中的"负责任"人士都表示谴责各路商家对抗租界当局的倾向，并建议"若纳税华人被允许在工部局董事会中享有一些代表权，则可有力抵制这一倾向"。[3] 这两件事反映了华商精英原本就有借中小华商反对加捐风潮推动华人参政的意图。

各路代表正式提出参政要求后，总商会表示支持，但也倾向于将之与加

---

[1] 徐鼎新、钱小明：《上海总商会史（1902—1929）》，第231—243页。
[2] 上海市档案馆编《工部局董事会会议录》第20册，第511页。
[3] 上海市档案馆编《工部局董事会会议录》第20册，第519页。

第四章　公道与特权：一战后华人参与市政管理之运动的兴起和挫折

捐问题分开解决，而无意以强硬态度力争。8月12日，因工部局重新开始征捐，一些马路的商家代表赴总商会商询应对办法，出面接待者是此前作为总商会代表之一与工部局交涉取消加捐事宜的祝兰舫。祝氏称，关于是否缴付加捐问题，总商会将于近期召集各路商家代表开会商讨，当众表决；关于增设华董之要求，则建议各路商联会请佑尼干律师致函美国商会寻求支持，请美商会"会同总商会向工部局商恳照法租界章程办理，公举华董，俾议事时可列席参议，以成公道"。① 显然，总商会方面拟先解决加捐问题，再进行华董问题的交涉。祝氏所言法租界章程系指1914年4月特派交涉员杨晟与法国总领事签订扩大法租界协议，其中包括推选2名华人绅董，与公董局会同办理关系华人利益的公共事务。但公董局华董并非由华人选举产生，且不能出席公董局董事会的日常会议，加之法租界实行领事独裁制，公董局仅为顾问性质机构，所以华人实际所获参政权利微乎其微。总商会以此为参照，且准备在美商援助下向工部局"商恳"而非"要求"参政权利，可见其对外姿态之低。

为解决加捐问题，总商会方面立即与工部局进行了沟通。8月12日晚，祝兰舫拜访了工部局代理总董怀德，转述中小华商以添举华董为缴纳加捐之前提的立场，但怀德称工部局董事会无权承认这一要求，增设华董问题需由中国政府与列强协商解决。② 祝氏后提出，若工部局董事会向他本人发一公函，承诺将来若再提高税率，会事先与一个由6位华人组成的顾问委员会进行协商，则他可确保房捐于一周内缴纳。③ 祝兰舫无疑是代表总商会做此表态的，其提出的顾问委员会与各路代表的参政要求相去甚远。至于祝氏提议租界当局致函其个人而非总商会，或不无自抬身价之私心，但也可能是总商会有意不以该会名义出面，预留进退之余地。

关于如何回应祝兰舫的建议，租界当局内部出现了分歧。在8月13日工部

---

① 《总商会劝华商照付加捐》，《新闻报》1919年8月13日，第3张第1版。各路商家代表提出参政要求后，曾函请总商会向"素持正谊"的本地美国商会寻求支持。《商界联合会求免加捐》，上海《民国日报》1919年8月5日，第3张第10版。
② "General Municipal Rate," *The Shanghai Times*, August 20, 1919, p. 7.
③ 上海市档案馆编《工部局董事会会议录》第20册，第526—527页。

111

抗争与博弈：上海公共租界华人参与市政管理的权益之争（1854—1932）

局董事会的特别会议上，一些董事主张接受祝氏建议，以平息华人抗捐风潮，解财政燃眉之急。① 代理总董怀德即持此立场。会前，他与英国代理领事杰弥逊（J. W. Jamieson，也译作哲美逊）和特派交涉员杨晟讨论了此事，后两者建议工部局积极回应。怀德因此强烈建议董事会致函祝兰舫，以打破僵局。董事白罗克－史密斯（A. Brooke-Smith）赞成做出回应，但主张致函总商会而非祝兰舫个人。工部局警务处督察长也认为应致函总商会，唯须避免妥协性措辞。另一种意见则反对致函祝兰舫或总商会，主张采取强制措施征捐，以维护工部局的权威。总办李台尔（N. O. Liddell，也译作利德尔或李德尔）对此坚持甚力。作为工部局最重要的行政官员，李台尔虽表示服从董事会决议，但强调致函祝兰舫是示弱之举，反将招致华人更多要求，加剧征捐的困难。他因此竭力主张保持强硬立场，拒绝与华人对话，通过向会审公廨起诉拒缴商家实行强制征收，而将华人代表权作为一项完全独立的问题另行处理。李台尔的意见得到董事美里门（W. L. Merriman）的支持。其他数位董事对凡影响华人特殊利益之事务应与华人协商的原则表示同情，但对于是否致函华人则犹疑不决。② 怀德坚持认为致函祝兰舫并非一种妥协，在重新征询了杰弥逊的意见后，他当天即致函祝氏，除重申董事会无权应允增设华董之要求外，表示将来考虑加捐议案时，"当欢迎一华人代表委员会之表示意见与磋商"。③

租界当局内部关于祝兰舫建议的分歧，反映了对待华人参政要求的不同态度。怀德和白罗克－史密斯此前就曾对华人的参政诉求表现出一定程度的同情，而李台尔表面上虽主张将华人参政问题另案处理，实则持反对态度。前者或可称为"对话派"，后者则属"强硬派"，董事会其余成员最初似未明确表态。早在7月中旬总商会律师马斯特透露华人反对加捐的原因之一是希望获得参政权利，并建议当局与总商会进行协商时，怀德就有意与华人进行

---

① 此时工部局受到来自银行的压力，必须征得捐税，否则将导致严重的财政危机。Jamieson to Jordan, August 12, 1919, FO 671/447/536, TNA.
② 上海市档案馆编《工部局董事会会议录》第20册，第527页。
③ "General Municipal Rate," *The Shanghai Times*, August 20, 1919, p. 7. 函件译文转自蒯世勋《上海公共租界华顾问会的始终》，《上海通志馆期刊》第1卷第4期，1934年3月，第929页。

第四章　公道与特权：一战后华人参与市政管理之运动的兴起和挫折

对话，认为这是"首先应采取的最好办法"。但李台尔以华人惯于"得寸进尺"为由，提议由他本人先会见总商会代表，尝试以分期征收特别捐的方案平息风潮。董事会经过讨论，最终采纳了李台尔的建议，但并未奏效。① 在7月30日的董事会会议上，李台尔报告华人拒缴房捐情况时，明知各路华商代表已请律师佑尼干代为提出参政要求，却避而不谈。白罗克-史密斯随后谈到一些华商精英向外商委婉表达参政愿望时，不无同情之意。怀德提醒董事们，往届董事会曾考虑过设立华人咨询委员会或顾问团体的问题，并指示李台尔将相关文件提供给董事们传阅参考。② 正是基于对华人参政诉求相对开放的态度，怀德和白罗克-史密斯主张与华人进行对话，协商解决征捐问题。

总办李台尔对华人的参政要求持强烈抵制立场。在接受《上海泰晤士报》记者采访时，李台尔称工部局强制店主付捐"实无转圜办法"，华商从反对加捐忽而变为要求参政权利"实属节外生枝"，旨在"转移人之视线"，"实不可容忍"，并指华商受到外界势力的利用，"其中含有政治之势力，且有分子简直可以称为过激党"。针对华人的参政要求，李台尔表示1915年交涉员杨晟曾建议组织华人顾问部"商办租界事务"，但那是作为扩大公共租界的条件之一，而"今华人所欲者非顾问部而已，且不问推广租界与否，竟欲直接参与租界行政矣"。③ 其言外之意，华人不仅无权要求正式参政权利，即便是要求成立顾问组织，也需以扩大公共租界为交换条件。而就在数月之前，北京政府刚刚以地方商民反对为由再次拒绝了英国公使朱尔典提出的扩大公共租界要求。

李台尔为何如此抵制华人的参政要求？与每年换届且为义务性质的董事会成员不同，作为工部局最重要行政官员的总办通常由一人长期专职担任，且领取薪酬。工部局董事多为洋行大班或律师，其利益关系主要在于本职工作，而总办的利益则几乎完全系于工部局。因此，在扩大租界面积等涉及工

---

① 上海市档案馆编《工部局董事会会议录》第20册，第773页。
② 上海市档案馆编《工部局董事会会议录》第20册，第519页。
③ 《西报对于加捐问题之纪载》，《申报》1919年8月15日，第10版。

抗争与博弈：上海公共租界华人参与市政管理的权益之争（1854—1932）

部局特权和利益的问题上，总办的立场往往比一般董事更为激进，在与中方的交涉中也表现出更加强硬的态度。由于工部局董事会的市政决策都需经总办施行和落实，而且总办任期具有连续性，对各项章程政策和具体市政事务的了解程度通常超过一般董事。因此，有学者所指出，总办在工部局行政制度中占据非常重要的地位，其意见往往会直接影响董事会的决策。[①]

早在1918年11月一战停战前后，当时尚是副总办的李台尔撰写了一份题为《中国之前途与上海之前途》的备忘录，准备提交董事会。其中虽赞成依照1915年中外扩界协议草案设立一个华人顾问委员会，但同时提出了一系列严重损害中国主权的主张，包括大面积扩大公共租界和进一步扩大外侨的自治权力等。更有甚者，李台尔以中国南北谈判失败为由，主张战后协约国尽快采取行动结束中国内乱，"建立一个良好的政府"，以保证开发中国资源的环境，"帮助协约国人民弥补大战的损耗"；同时以中国人民缺乏爱国心理、各级官员只知徇私"榨取"本国资源为由，主张仿照海关、盐务和邮政系统，由列强"督导"中国政府的各个部门，断言"外国督导下的政府是中国唯一的希望"。此外，他还提议将上海置于国际联盟和列强保护之下，并探询法租界方面是否有意愿与公共租界合并等。[②] 该备忘录初稿撰写完成不久，英商团体"中华社会"上海分会因重新商讨扩大公共租界问题征询李台尔的意见，李台尔遂以备忘录的主要观点相告，希望该会与租界当局采取相同立场。随后，由于中国代表团在巴黎和会上向列强提出了归还租界和取消势力范围等要求，接着五四运动爆发，列强提出扩界要求和扩大工部局权力等要求显然不合时宜，李台尔的意见遂被英商团体暂时搁置，其备忘录也没有提交给董事会。[③] 该备忘录可见李台尔扩大工部局特权的野心和对华人参政问题的基本态度。

[①] Robert Bickers, *Britain in China: Community, Culture and Colonialism, 1900–1949* (Manchester and New York: Manchester University Press, 1999), p. 127.

[②] "China's Future and the Future of Shanghai," written on November 7, 1918, revised on December 9, 1918, 上海公共租界工部局档案，上海市档案馆藏，档案号：U1-2-784。

[③] "Settlement Extension and Chinese Representation on the Council," September 9, 1919, 上海公共租界工部局档案，上海市档案馆藏，档案号：U1-2-783。

第四章　公道与特权：一战后华人参与市政管理之运动的兴起和挫折

祝兰舫收到工部局董事会来函后，总商会方面遂试图劝说各路商家缴纳房捐，但仍未成功。8月16日，祝兰舫会同总商会会长朱葆三、副会长沈联芳和公聘的外籍律师，邀集50余位各路商家代表举行茶话会。各路商家的总代表为陈则民（字惠农）。陈则民早年东渡日本学习法律，民初先后当选上海律师公会会长、众议院候补议员和国民会议代表，后曾任袁世凯大总统府顾问，1917年发起自治研究会，次年递补当选广东护法国会议员，南下参加孙中山领导的护法运动，政治派别上属政学系。①尽管陈则民并非严格意义上的商界人士，但因其有法律知识和从政经验，且口才出众，被各路商家代表的核心人物、南京路荣昌祥呢绒西服店店主王才运所推重，设法援引加入参政运动，并迅速成为运动的领导者。②8月10日，因工部局将重新开始向华人征捐，各路商家代表27人集会商讨应对办法，陈则民即被推举为两位总代表之一。③在其主导和协调下，各路商家代表行动的组织性和立场的一致性进一步增强。就在总商会召开茶话会的前一天，20多位马路商家代表在陈则民的主持下举行会议，"一致主张先付旧额，俾纾租界行政之困难，新加之捐非得律师满意答复，不能缴付，议决由各代表归告各商店一致进行"。④

在16日的茶话会上，总商会方面和外籍律师都以工部局董事会来函为据，劝说各路商家先缴纳房捐，再交涉解决华董问题。总商会会董、新兴工商企业家的代表人物聂云台提议，联合各华人团体组织"租界华人纳税会，推举代表与各领事交涉"。几位外籍律师均表示对华人的参政诉求"极表同情"，许诺将予以"相当援助"。但各路代表对此并不满意，陈则民称外籍律师的承诺"无确实可信之凭证"，无法据以劝告商家付捐。最后，在陈则民的主导下，各路代表议决三项办法：①由总商会致函工部局，要求推迟征捐，"俾可以此期间另举议董共商解决"；②各路代表与总商会联合向政府请

---

① 李峰主编《苏州通史·人物卷·下：中华民国至中华人民共和国时期》，苏州大学出版社，2019，第80页。
② 上海市工商业联合会、复旦大学历史系编《上海总商会组织史料汇编》（下），上海古籍出版社，2014，第934页。
③ 《各马路商店代表开会纪》，《申报》1919年8月11日，第10版。
④ 《关于工部局加捐之所闻》，《申报》1919年8月16日，第10版。

图 4-1 陈则民

资料来源：《市民公报》第1期，1921年，相片栏。

愿修改《土地章程》；③筹组租界纳税华人会，推举代表对外交涉华董问题。总商会会长朱葆三表示同意，遂由副会长沈联芳拟就总商会致工部局函，经各路代表一致通过，随即发出。函中称，总商会已将工部局来函转知华商，

> 旋据各代表来会表示不能满意，因华商并非拒绝普通房捐，实欲要求贵工部局查照各国商人在上海所尽之义务，享受固有之权利，今我华商反不能与各国享受同等权利，不能不提出意见，即华商要求选举贵局董事之选举权。今本会以商会名义地位，函致贵局，拟于下星期内遴选会董数人，赴贵局当面磋商最公允之办法，请贵局先定日期见复，俾可逐步进行，达双方完善之结束。再闻贵局拟下星期二即十九号收取房捐，今各代表尚难允许，用特具函知照贵局，请迟缓二星期，以便得此时间，可由敝会向贵局磋商也。①

在此，总商会改变了之前将加捐案与参政问题分开解决的立场，基本赞同各

---

① 《讨论加捐问题之茶话会》，《申报》1919年8月17日，第10版。

路商家代表的主张，期望在缴纳加捐前与工部局方面就华人参政问题商定"最公允之办法"。

总商会的立场变化使各路商家代表更加坚定了立场。会后，一些马路商联会散发传单，请各商家坚持立场，一致暂勿付捐，以促使工部局接受参政要求。

有的商联会甚至组织人尾随工部局收捐人员，"高声大呼，劝人勿缴"。①

总商会信函及其在华商中产生的效应引起租界当局强烈不满，强硬态度在工部局董事会内迅速占据上风。因董事会处于夏季休会期，总办李台尔于8月18日致函全体董事，认为致函祝兰舫导致了严重结果，即华人方面提出"在董事会拥有代表权的明确要求，且总商会宣布在确认该要求获得满足之前拒不纳捐"。他极力主张董事会拒绝会晤总商会代表，尽快通过司法途径解决征捐问题，首先起诉南京路拒缴的大商家。② 19日，英国领事费理伯代表代理总领事杰弥逊，携工部局代理总董怀德拜访交涉员杨晟，表示华人纳捐日期"业经格外通融，碍难再延，明日倘仍不遵，只得法律解决"，同时称杰弥逊和怀德对于工部局添设华董之要求都"深为赞成并允极力相助"，但须另案解决，不能与加捐案相提并论，且"务须和平办理，切不可操切从事"。③ 当日，怀德以颇具威胁性的口吻复函总商会，称后者支持抗捐，与工部局对立，必将失去外侨对华人参政诉求的同情，而工部局将不得不采取"断然之手段"强制征捐。④ 此时工部局方面已没有耐心继续与华人交涉加捐问题，拒绝接见任何华人代表，亦不停止征收，且不愿考虑任何调停办法。⑤

面对租界当局的强硬姿态，交涉员杨晟和总商会都倾向于妥协，避免强

---

① 《字林报纪增收房捐事》，《申报》1919年8月17日，第10版。
② Liddell to Members of Council, August 18, 1919, 上海公共租界工部局档案，上海市档案馆藏，档案号：U1-2-783。
③ 《加捐问题之昨讯》，《申报》1919年8月20日，第10版。
④ White to the Chairman & Vice-Chairman, Chinese General Chamber of Commerce, August 19, 1919, 上海公共租界工部局档案，上海市档案馆藏，档案号：U1-2-783。
⑤ 《加捐问题之昨讯》，《申报》1919年8月20日，第10版。

制征捐引起华洋冲突。杨晟于19日致函总商会,告知与英国领事和怀德交涉情形,并派员赴该会面达其意,认为新捐缴纳已不能再拖延。① 同日上午,朱葆三派人向工部局方面解释称总商会既不同意也不支持抗捐活动,只是为了防止中小华商加入与该会对立的商业公团联合会,才不得不表态。他请求工部局再推迟两天征捐,并声称可以说服各路商家缴纳。② 下午,总商会再次邀请各路商家代表会商。聂云台首先发言,主张"尊重纳税人议决成案及工部局、领事团之意思,先行照付"加捐,同时组织纳税华人会专办参政权利的交涉问题。但各路代表"一体拒绝"聂的建议,并一度"至楼下另行会议"。由于意见无法调和,总商会会董沈仲礼提议,此次暂缴新增房捐,若三月后工部局对华人参政问题仍无解决办法,则新旧捐一律不缴。朱葆三也表达相似意见,称工部局征收下季度房捐时,"苟华人仍不得市政权,则吾人大小商店居户新旧捐款一体拒纳"。总商会方面既如此表态,各路代表经陈则民劝导后勉强同意。一些代表请总商会将上述立场印成传单或登报声明,以便劝说各商店纳捐,但朱葆三始终拒绝。代表们因此认为总商会"不负此宣言之责任,吾人惟有另求良法"。③ 至此,总商会的调解尝试宣告失败。在朱葆三的建议下,各路代表决定和总商会代表一道拜访英国代理总领事杰弥逊,与之商谈后再决定是否缴纳加捐。

三 外侨舆论与领事态度

一战时期世界政治潮流和本地政治社会的演变推动了华人参政运动的兴起,也改变了许多外侨和列强外交官员对华人参政问题的态度。各路代表正式提出参政要求后,得到外侨主流舆论的同情和多数列强领事的支持。虽然相关言论和表态大多主张将之与加捐问题分别处理,但华人参政的前景显得

---

① Extract from Police Daily Report dated August 20, 1919,上海公共租界工部局档案,上海市档案馆藏,档案号:U1-2-783。
② Liddell to Members of Council, August 18, 1919,上海公共租界工部局档案,上海市档案馆藏,档案号:U1-2-783。
③ 《加捐问题之昨讯》,《申报》1919年8月20日,第10版。

颇可乐观。

7月底各路代表提出参政要求并将之作为缴纳加捐的前提条件后，华人参政问题日益引起外侨的议论。外侨舆论大致可分为三种立场。一种以美侨所办《密勒氏评论报》为代表，支持华人以抗捐为手段争取参政权利。如前所述，早在华人反对加捐风潮初起之时，该报社论就已有工部局增设华董之议。华人提出参政要求后，该报刊发数篇相关社论，认为华人"诚有充分之理由"要求在缴纳新增捐税前获得某种形式的代表权，美国人民就是依据"不出代议士不纳租税"的信条取得了国家独立；虽然华人获得完全合法的参政权利须经过烦琐程序，但"工部局尽可予以一种非正式之代议权或先承诺不久即施行正式手续"。该报还指出，如果英、美、法或任何国家人"处同一之境地，亦必为同一之举动"，且"风潮之剧烈将远过于华人所为"；华人抗争是工部局此前种种压迫华人举措的结果，"实咎由自取"，劝告当局"勿以不智手段企图压迫或肆行恐吓"。在声援华人的同时，《密勒氏评论报》严厉抨击公共租界过时的税收制度和寡头政体，甚至直言"上海需要一新政府"。① 这些言论主要反映了一战后上海美侨中一些不认同传统欧洲殖民者心态和生活方式，以较为同情和积极的态度对待中国人及其民族主义思想，且努力与本地华人精英建立广泛联系的"世界主义者"（cosmopolitans）的立场，其代表人物之一就是《密勒氏评论报》主编鲍威尔（J. B. Powell）。② 部分美侨声援华人参政运动，既是出于对华人的同情和赢得华人好感的动机，也有不满英国主导租界事务和担心日本在工部局势力扩张的因素。③

第二种观点则是完全抵拒华人的参政要求，典型地反映了部分外侨极力

---

① 《西报对于加捐问题之纪载》，《申报》1919年8月15日，第10版；"Editorial Paragraphs," *Millard's Review of the Far East*, Vol. 9, No. 11 (Aug., 1919)；《西报反对加捐之言论》，上海《民国日报》1919年8月21日，第3张第10版；《密勒报对于加捐之言论》，《申报》1919年8月21日，第10版。

② 何振模：《上海的美国人：社区形成与对革命的反应》，张笑川等译，上海辞书出版社，2014，第49—54页。

③ 《西报反对加捐之言论》，上海《民国日报》1919年8月21日，第3张第10版；《工部局选举问题》，《申报》1919年12月6日，第10版。

维护自身特权和歧视华人的思想。英侨控制的《上海泰晤士报》(The Shanghai Times)即持这种立场。该报一篇社论认为，多数华人店主根本不知道反对加捐的理由，而只是盲从，他们反对工部局的根本原因是后者在此前学生运动中受到了"藐视"，如果工部局自始即以强力手段压制学潮，则华人店主就不敢公开对抗当局的政令了。社论还认为，店主们自身不敢有反对特别捐之举，背后必有操纵机构，店主们只是他们与工部局所进行的角力游戏中的马前卒而已。① 言下之意，华人的参政要求并无民意基础，不值得认真对待。有的外侨则认为华人缺乏参与市政管理之能力和素质，不能使之加入工部局董事会。一位外侨投函《字林西报》称，"工部局议董所必需之资格有二，一为诚实，一为行政知识"，而中国自上而下各级官员营私舞弊成风，公共机构"无诚实可言"，华界市政落后即可证明华人无办理市政之知识，"有此议董，何益之有？"一旦华人主持行政，则其亲戚故旧必然充斥各市政机关，"则任贤用能定成空话，上海不知所届矣"，因此工部局若因少数激烈华人之鼓噪和一二外人之臆说而"竟许华人势力及于市政"，不会得到外侨的支持。而且公共租界"原系荒地，租与外人，非华人权力所及"，"今租界发达，华人乃争市政权"，毫无依据。②

外侨舆论中更主流的一种观点是同情华人的参政诉求，但认为纳捐和参政是两个不同的问题，反对华人以工部局同意加入华董为纳捐的前提条件，并认为工部局无权同意加入华董，华人应通过"正当"渠道取得参政权利。8月上、中旬，《北华捷报》发数篇相关社论，称"上海有思想、有势力之外人愿采纳上海行政加入华人代表之观念者，今颇多其人，殆非昔比"，但如果华人坚持以参政权为纳捐之条件，则是"直同抗捐"的"不智"之举，"外人之为其友者将不能有以赞助之"；且工部局自身无权许诺加入华董，必待修《土地章程》，交外侨纳税人会议通过，并得各政府之同意，"然后始可为之也"，希望华人商民不要轻易受"轻躁煽惑家之利用"，拒付合理之捐税

---

① "Shanghai's Rates," *The Shanghai Times*, August 16, 1919, p. 7.
② 《西报所载华人市政权问题》，《申报》1919年8月22日，第10版。

第四章　公道与特权：一战后华人参与市政管理之运动的兴起和挫折

只会扰乱公共治安，导致自身"志愿之失败"。①《字林西报》社论不认同华人将"不出代议士不纳租税"作为抗捐的理由，认为"华人在外人议董治权之下生活安适"，虽对市政开支没有发言权，"然市政之良，人所共睹"，不应有何不满。但社论也表示："许多有势力外人对于华人之希望表示同情，愿设法使之满意。"同时，仍强调房捐与代表权"截然为两个问题，不可于此混而为一"，华人所持"苟无代表加入议董则不缴捐之态度，简直是执手枪加诸工部局之头，而要求非工部局有权所可准许之事也"，参政问题"必出以正当方法而由正当当局为之"。②《大陆报》（The Press）充分地肯定了华人要求的正当性，称公共租界大半捐税皆出自华人，"凡从前不以代表权予华人者，识见之短无可讳言，既已铸成大错，则宜从速校正"，但也认为这与缴纳房捐"绝不相涉"，建议华人就参政问题"向公众及领事团提出要求，然捐税则仍当缴纳者，苟或抗拒，则徒召与各方面皆有害之结果而已"。③

如前所述，主要列强领事非正式答复交涉公署时表示了与外侨主流舆论基本一致的立场。但领事团并未正式复函交涉员，其主要原因可能是英国总领事尚未明确表态。各路商家代表和总商会在工部局拒绝继续对话的情况下，决定共同拜访英国代理总领事杰弥逊，旨在通过直接与对公共租界事务最有影响力的英国总领事交涉打开僵局，而杰氏刚刚通过领事费理伯表示了对华人参政诉求"深为赞成并允极力相助"的态度，华人方面自然对其寄予希望。

杰弥逊自1909年起任英国驻广州总领事，1919年6月驻沪总领事法磊斯因事回国，杰氏被调沪暂代其职。7月华人反对加捐风潮乍起，继而提出参政要求，为避免在代理期间发生严重的华洋冲突，杰弥逊尽量推动租界当

---

① "Chinese and the rates,"*The North-China Herald*, August 9, 1919, p. 323; "The Rates Dispute,"*The North-China Herald*, August 16, 1919, p. 395; "Rates and Reason,"*The North-China Herald*, August 16, 1919, p. 393（该文首刊于《字林西报》，译文参考《字林报论华人对付加捐事》，《申报》1919年8月13日，第10版）。
② 《字林报论华人对付加捐事》，《申报》1919年8月13日，第10版。
③ 《西报对于加捐问题之纪载》，《申报》1919年8月15日，第10版。

121

局与华人方面沟通协商，以期达成妥协。在 8 月 12 日致英国公使朱尔典函中，杰氏称工部局加捐遭到华人反对后，他就建议当局谨慎从事，展期 10 日征捐，向华人广发传单并详加解释，其本人则力图通过中文报刊说明缴纳加捐与参政要求必须完全分开处理。与此同时，杰弥逊对工部局未提前布告加捐和草率的征捐方法等不无微词，担心强制征捐措施可能引发严重骚乱。[①] 13 日，工部局董事会内部对于是否致函祝兰舫问题产生分歧，杰弥逊当天即邀集代理总董怀德和总办李台尔等在领事馆举行会议。会上，杰弥逊直言批评了李台尔在预告加捐事宜上的失职和对华人极端强硬的态度，认为时移势易，工部局不能再沿用传统方法来解决问题；李台尔年纪尚轻且在华经验仅限于上海公共租界，董事会在处理加捐事务时不应被总办、捐务官员等行政人员所左右，因为他们不了解整个中国的情况，也不懂得顺应时势。杰弥逊同时称，华商反对加捐活动背后有中国捣乱分子和日本人的操弄，其目的在于浑水摸鱼，乘机获利，一味强硬处置很可能引起骚乱，导致难以预料的后果，不仅危及英侨的生命和财产安全，而且正中试图搅乱局势的日本人之下怀。因此，他主张租界当局对华人适度妥协，而致函祝兰舫承诺将来加捐之前与一个华人委员会进行协商，可起到安抚华人情绪的作用。[②] 正是在杰弥逊的支持下，董事会最终决定致函祝兰舫。

其实，杰弥逊本人起初对华人的参政要求并不甚同情。如前所述，8 月上、中旬交涉署职员赴各国领事馆商询对华人参政要求的态度时，英领馆是唯一未明确表示支持者。杰弥逊最初向朱尔典报告时，虽意识到战后国际政治潮流对华人参政运动的影响，但认为运动并非华商自发，其背后有政界人物的煽动。在杰氏看来，工部局在征捐时间和方式上做出让步后，华人仍持反对立场继而提出以参政为条件是"不可理喻"的，他甚至表示对当时没有足够强大的英国海军力量驻扎上海以威慑华人表示遗憾。[③]

[①] Jamieson to Jordan, August 12, 1919, FO 671/447/536, TNA.

[②] Notes of a Meeting held at H. M. Consulate-General, Shanghai, on Wednesday, August 13, 1919, FO 671/447/6566/19, TNA.

[③] Jamieson to Jordan, August 12, 1919, FO 671/447/536, TNA.

第四章　公道与特权：一战后华人参与市政管理之运动的兴起和挫折

但在朱尔典的影响下，杰弥逊对华人参政问题的态度很快发生转变。8月16日，朱尔典在回复杰弥逊的函中直言，他对公共租界华人发起参政运动并不感到惊讶，认为这是迟早会发生的事，其中虽有政客之作用，但根本原因在于大战造成的思想变革。至于工部局，朱氏则认为早已"不合时宜"（anachronism），其治理方式不符合世界潮流。关于杰弥逊提到的以武力威慑协助工部局征捐，朱尔典表示在当时环境下不可行，可选择的方案是设立一个华人顾问委员会或者承诺给予华人在董事会的代表权。① 得知朱尔典的立场后，杰弥逊随即于19日表现出对华人参政问题较为积极的态度。

杰弥逊的态度转变为其与华人代表的会晤奠定了基调。8月20日下午，杰弥逊携领事费理伯和会审公廨陪审官琼斯（P. G. Jones），在英国总领事馆与来访的总商会和各路商联会代表进行了约一个半小时的会谈。总商会代表为会长朱葆三，会董聂云台、宋汉章、祝兰舫和秘书张籁云，各路商联会4位代表为陈则民、王才运、金馥生和张鳣堂。兼任会议翻译的张籁云首先发言，称前一日总商会与各路代表已达成共识，一致认为应缴付加捐，同时有权要求工部局加入华董，总商会相信杰弥逊支持华人的参政要求，希望其提供一份——即使是非正式的——表示支持态度的"书面保证"（written assurance）。对此，杰弥逊没有应允，而是重申了对华人参政诉求的同情，称自己和其他一些领事认为华人参与市政管理的时机已到。但他表示，此事非领事团或工部局所能决定，须由相关列强政府协商处理，而且由于公共租界的国际性质，费时可能长达数月乃至数年，因此，他已建议工部局首先设立一个财政事务的华人顾问委员会，以展现华洋双方的友好姿态和协商精神。接着，杰弥逊对华人代表提出了两点建议。第一，组建一个财政顾问委员会，以备将来与工部局协商捐税问题，并作为华人直接参与市政管理的过渡机关，其人员构成可依照数年前中外交涉扩大公共租界案时所提办法，即广肇公所和四明公所各2名代表、交涉署1名代表。第二，呈请北京政府与列强公使交涉华人参政问题。此外，他还提醒华人代表审慎筹虑选

---

① Jordan to Jamieson, August 16, 1919, FO 671/447, 539, TNA.

举华董的办法。①

其后,华人代表们提出了一些希望和意见,杰氏一一予以回应。陈则民表示华人商家将缴纳加捐,但希望参政问题能在3个月内得到解决,但杰弥逊对此不以为然。聂云台称华人对现状的不满不仅限于捐税和参政权利两个问题,还包括多种被剥夺的公共权利,如禁入公园等。他指出,英国纳税人如果没有代表权就不会纳税,故希望英国人本其信奉的自由理念和宪法精神,赞助承担租界大部分捐税的华人的参政要求,增进合作。杰弥逊表示完全支持任何能促进中英民众情感和关系的事情,但随即又表达了外侨中流行的一种观点,即租界最初是因中国人对待外侨极不友善,中国政府才专门划出供后者居住的地区,华人如不满现状尽可迁出,而且大量涌入的华人已严重挤压了外侨的生存空间。与会的华人代表仍希望确认杰弥逊对华人参政要求的同情立场,并建议杰氏亲自处理这一问题。杰弥逊称自己只是暂代总领事之职,会尽其所能予以推动,并相信总领事法磊斯返沪后也会以相似态度处理华人参政问题。最后,华人代表们基本接受了杰弥逊的建议。朱葆三要求工部局再推迟数日征捐,以便有足够时间通知所有华商,避免误会,获杰弥逊首肯。②

据杰弥逊称,翌日他"花了相当长时间"才说服工部局总董和总办推迟采取强制征捐措施,因为租界当局强烈认为这是对华人的示弱。③ 各路商联会于同一天发表通告,称"原期必得租界当道承认华人市民权然后照缴(加捐),但变更租界章程手续繁重,非短少时间所能奏功他,若坚持两事同时解决,则租界行政将成无米为炊之势",且"英领对于吾人要求极表赞助,并提议先组织华人顾问部,为华人直接参与市政之过渡机关",因此请各商

---

① Enclosure 2: Minutes of a Meeting held at H. M. Consulate-General, Shanghai on Wednesday, August 20, 1919, FO 671/447/542, TNA;《各代表为加捐事谒英领纪》,《申报》1919 年 8 月 21 日,第 10 版。

② Enclosure 2: Minutes of a Meeting held at H. M. Consulate-General, Shanghai on Wednesday, August 20, 1919, FO 671/447/542, TNA;《各代表为加捐事谒英领纪》,《申报》1919 年 8 月 21 日,第 10 版。

③ Jamieson to Jordan, August 21, 1919, FO 671/447/542, TNA.

第四章　公道与特权：一战后华人参与市政管理之运动的兴起和挫折

家于25日开始暂行照付加捐，"以敬候顾问部之组织与市民权之解决"。① 至此，华商与工部局之间的僵局暂告打破。

杰弥逊随即将会晤华商情形函告公使朱尔典，得到后者的赞赏和支持。在复函中，朱尔典再次表示了对华人参政的态度，认为这是解决公共租界华人因捐税和其他事务而对英国日益敌视的唯一适当而合理的办法，在占人口大多数的华人获得参政权利之前，公共租界将"不得安宁"。②

或许是因为执公共租界事务牛耳的英国总领事已表明态度，领事团在8月20日当天正式回复交涉员杨晟8月4日的公函。复函称，各领事对于工部局应有华人代表的原则均表同意，但认为租界系为西人而设，入居之华人完全了解必须服从外人管理这一条件及其裨益，故不赞成杨晟所提加入五六位华董的建议，而是主张只加入华董2人。同时，一些领事提议由华人方面每年编制纳税人名册，从中选举若干代表，再由这些代表每年年底推定其中二人担任工部局董事。如前所述，交涉员函中并无给予纳税华人选举权之要求，领事团主动提出华董产生办法，可能意在防止地方政府通过任命华董而干预租界市政管理。函中再次强调，解决华人代表权问题须修改《土地章程》，而此事需中外政府商定，因此他建议杨晟和华人团体首先呈请政府与列强公使交涉，然后再探明外侨之态度，方可最终实现一项能满足公共租界所有居民意愿和权利的行政改革。③

领事团此函与杰弥逊会晤华商时的谈话都表示同情华人参政之原则，但具体主张不无差异。领事团函中没有任何关于华人顾问委员会的内容，而是明确提出工部局加入2名华董的主张，并且提议由纳税华人选举产生。可见，各国领事在华人参政问题上并非完全唯英领马首是瞻，亦步亦趋。这可能与杰弥逊只是代理英国总领事不无关系，同时反映了一战时期其他列强领事日益不满英国在公共租界事务上独断专横的态度。领袖领事薛福德8月20

---

① 《各路商界联合会通告》，《申报》1919年8月22日，第10版。
② Jordan to Jamieson, August 27, 1919, FO 671/447/545, TNA.
③ Siffort to Yang Tcheng, August 20, 1919, FO 671/447/546, TNA. 此函中文版见《租界华董问题之往复公文》（《申报》1919年9月5日，第10版），其中若干语句与原文意思有较大出入，且有含糊不通之处。

日拟就信函后，并未立即寄送交涉员杨晟，交涉公署直到9月初才收到。

不管是杰弥逊还是领事团，都建议华人官民首先呈请北京政府与公使团进行交涉。其实早在8月19日杰弥逊表示对华人参政要求的同情态度后，杨晟即致函北京政府外交部，呈述地方交涉经过，称华人参政已得各领事"一致赞成"，请外交部转商公使团"速饬办理，以祛隔阂而谋发达"。① 24日，杨晟再次致函外交部，报告其安抚各路商家代表、缓解华洋关系紧张形势的经过和华人代表与杰弥逊会晤的结果，称"商人无不满意"。②

9月初，交涉公署收到领事团的复函，随即电告在京的杨晟，以便后者"就近面呈外交部核示"。外交部遂于6日照会领袖公使朱尔典，提议工部局增设华董数人，请朱氏转达各国公使同意，并分别饬令驻沪领事遵照办理。③ 公使团对照会进行了讨论后，决定先确认领事团的意见，再决定如何回复。④

至此，关于华人参政问题的交涉暂告一段落。可以说，中小华商提出参政要求后，得到了中外多方的支持与同情。地方和中央外交当局先后展开对外交涉，总商会与各路商联会基本统一了立场，领事团已正式表态赞成工部局加入华董，列强之中对公共租界事务最有发言权的英国公使和代理总领事及美国总领事都表示了支持态度，而且工部局董事会内部也不乏同情声音。可以说，华人参政的前景似乎十分可期。在此有利形势下，中小华商团体试图推动中外当局修改《土地章程》，以期从立法上根本解决华人参政权利问题。

---

① 关于华人参政要求的提出，杨晟在报告中自称"数年来抱此宗旨"，因华商反对工部局加捐，"晟以机会已得，即致函领袖比领正式提议"，完全未提中小华商首倡之事。《上海公共租界工部局议设华董请转商外交团办理由》（1919年8月19日）、《工部局议添设华董事已向领袖比领提议并照录本署交际科主任陈世光等报告呈请鉴核由》（1919年8月19日），北洋政府外交部档案，"中央研究院"近代史研究所档案馆藏，档案号：03-16-041-01-010；03-16-041-01-011。
② 《上海公共租界工部局加收捐费并添设华董由》（1919年8月24日），北洋政府外交部档案，"中央研究院"近代史研究所档案馆藏，档案号：03-19-119-01-003。
③ 《工部局华董问题之昨讯》，《申报》1919年9月4日，第10版；《照录外交部致领衔大臣来文》（1919年9月6日），FO 671/447/550，TNA。
④ Jordan to Siffort, September 22, 1919, FO 671/447/551, TNA.

四 商总联会提出《土地章程》修改草案

在与特派交涉员和华人团体的交涉过程中,租界当局和领事团反复强调修改《土地章程》是工部局增设华董的必经程序,并以此为由劝说中国官民从长计议。各路商联会代表为推动华人参政问题尽快解决,在同意缴纳加捐后,即开始商讨推动修改《土地章程》事宜,并草拟了一份修改草案。该草案规定华洋居民享受完全平等的参政权利,工部局增设6名华董,同时包含若干有利于中国政府限制租界扩张和收回主权的条款。中小华商团体大张旗鼓地将修改草案呈送地方外交当局,请据之向领事团交涉修改章程事宜,将这一时期的华人参政运动推向高潮。

在华商方面草拟《土地章程》修改方案的过程中,陈则民扮演了核心角色,美籍律师林百克(P. M. W. Linebarger)也发挥了重要作用。和陈则民一样,林百克具有法律界和政界的双重背景。林氏1901—1907年在菲律宾担任法官,后因同情中国革命党,辞职追随孙中山,1912年起长期担任孙的法律顾问,1918年开始在公共租界会审公廨和美国领事法庭执律师业。[①] 各路商家代表提出参政要求后,林百克随即被添聘为律师代表之一,但在早期交涉中并无突出表现。1919年8月底,林氏开始较为积极地参与中小华商争取参政权利的活动,这或许与美国总领事馆向华人代表的表态不无关系。8月下旬,此前拜访杰弥逊的华人代表又赴美国总领事馆询问对于工部局增设华董的意见,"由正领事延入,告以美总领署对于此事当予以同情之赞助"。[②] 29日,应中小华商之咨询,林百克致函各路商联会,就解决华人参政问题提出两点建议。其一,因工部局方面已表示将来再拟加捐时欢迎一个华人顾问委员会与之协商,各路商联会应联合其他华人团体立即着手此事,声明在正式增设华董前暂时接受顾问委员会之办法,"凡租界行政与华人有关者"皆应

---

① 上海市档案馆编《上海租界志》,第633页。
② 《美领赞助工部局加入华董》,《申报》1919年8月28日,第10版。

与委员会"商榷",该会由各路华商、总商会和在租界有地产之华人各推举1人组成。其二,各路代表应联合华人各界和其他团体,"用坚确性质之请愿书"要求修改《土地章程》,请工部局在下届纳税人会议上提出修改议案。至于具体修改事宜,林氏建议由华人团体、领事团和工部局各推出3人组成委员会进行会商,以确保讨论结果为中外当局所接受。①

各路商联会方面很快对林百克的建议做出了反应。8月31日晚,各路商联会的实际领导者陈则民和王才运邀请张东荪、戴季陶、孙棣三、邵力子、李次山、沈卓吾诸人,研究讨论组织华人顾问委员会和修改《土地章程》事宜。受邀者或富有政治和法律学识,或熟悉公共租界情形,且皆为政界人士或社会活动家。② 与此同时,各路商联会代表开始筹备成立统一的组织,以统一和增强中小商人的力量,加快争取参政权利的进程。

9月初,在陈则民的主导下,各路商联会代表开始集会商讨组织顾问委员会、修改《土地章程》和成立统一组织事宜。2日,各路代表召开会议,陈则民被推为主席,林百克与会。会议首先讨论工部局顾问机关的组织问题,陈则民称经过与林百克磋商,仍建议由各路商联会、总商会和在华人业主各推选1人组成,唯华人业主之推选办法"现无标准可循,尚须加以研究"。关于顾问机关的职权,陈则民认为"非要求操有实权,则仍等于虚设",因此提出三点主张:"(一)对于工部局增加华人负担,顾问部须有同意权;(二)对工部局内,顾问部须有提案权;(三)对于工部局会议,顾问部须有出席权。"③

接着讨论租界章程修改事宜。陈则民称既有章程"较之现势大有不相符合之处",而工部局的权力也早已逾越章程,"际此时机,亟应加以修正",故拟定了对现行《土地章程》即1899年生效之《增订上海洋泾浜北首租界章程》的五条修改意见,其大旨如下:

---

① 《华人要求代表权办法》,《新闻报》1919年8月30日,第3张第1版。
② 《要求市政权之进行》,上海《民国日报》1919年9月2日,第3张第10版。
③ 《各路商业联合会开会纪》,《新闻报》1919年9月4日,第3张第1版。

第四章 公道与特权：一战后华人参与市政管理之运动的兴起和挫折

一、租界界线问题：沿租界四周已有马路的外侧修筑界路，防止租界范围进一步扩张。

二、地产权：华人在租界应有购置地产之权，道契无需洋商挂号和领事团登记。

三、警察权：工部局权力漫无限制，且攘夺会审公廨之司法权，应厘订和划定其警察和司法权限。

四、选举权：租界华洋居民均应依照纳税额之多寡确定选举权，"庶于华洋待遇不致偏颇"。

五、工程问题：因属专门之学，未经详加研究之前，应暂存其旧。

其中与华人参政直接相关的是第二条和第四条。第二条旨在扩大华人参政的基础。由于《土地章程》中没有明确规定华人有在界内购置地产之权，加之种种历史和现实因素，导致公共租界华人业主大多将地产挂于洋商名下。[①] 外侨的参政资格与其名下产业之多寡有直接关系，若华人享受平等参政权利且同时获得购置地产之权，则可大大增加有选举权和被选举权的人数。第四条即是要求华人享有与外侨完全平等的政治权利。值得一提的是，这两条要求在巴黎和会上中国代表团所提希望条件说帖中即已提出，内容基本相似。各路代表对于陈则民所提各条"均无异议"。其后，陈氏提出了拟成立之统一组织"上海各路商业联合总会"的章程，经各路代表"次第讨论，逐条通过"。[②]

不管是对于华人顾问委员会权力还是土地章程修改事宜，陈则民的立场都比林百克激进得多。其主张之顾问委员会权力远远高于林氏提议的"商榷"权，已非通常意义上的"顾问"性质，而与董事权力相去不远。林百克

[①] 徐公肃、丘瑾璋：《上海公共租界制度》，第173—177页。事实上，在工部局的默许下，公共租界内不乏中国人以公司或个人名义在公共租界内置产领契者。《华人在租界内有置产权之辩护》，《申报》1914年5月21日，第10版。

[②] 《各路商业联合会开会纪》，《新闻报》1919年9月4日，第3张第1版；"Chinese Street Associations: Representation on the Council not Enough," *The Peking Leader*, September 11, 1919, p. 6。

建议华人向租界当局递交要求修改《土地章程》的请愿书，由华人团体、工部局和领事团三方代表组成的委员会商讨具体修改事宜，其所指当主要为华人参政权利问题。但陈则民所提《土地章程》五条修改意见则大大超出华人参政权利的范畴。其中第一条和第四条与当时中外反复交涉的扩大公共租界和交还会审公廨问题直接相关。第五点公共工程也是经常引发中外利权纠纷的问题。陈氏的主张很可能吸收了张东荪、戴季陶等社会政治活动家的意见，其在争取华人参政权利的同时力争收回中国部分主权的意图显而易见。

9月3日交涉员杨晟收到领事团赞成华人参政的复函后，随即抄送各路商联会，更加激发了陈则民和各路代表推动修改《土地章程》的热情。各路商联会表示与领事团持相同立场，主张先修改《土地章程》，请交涉公署照会领事团磋商相关事宜，同时开始商拟修改草案。① 在陈则民的主持下，各路代表经过数次开会讨论，至10月已初步拟定草案。

修改草案共计26款，其中与华人参政权利最直接相关的是第五款"董事之预选与决选"。该款实际上规定工部局增设6位华董，并明确赋予了华人和外侨完全平等的参政权利。现行章程规定工部局董事会成员为5—9人，自19世纪后期以来，董事会一直由9名外侨代表组成。修改草案将董事会成员增至15人，实即要求增设6位华人董事之意，而之所以将华董人数定为6个，应是意在取得与英籍董事相等的席位。② 草案同时规定，所有董事由华洋纳税人每年定期共同选举产生，华人纳税人享有与外侨完全平等的选举权、议政权（即参加纳税人会议投票表决之权）和被选举权。关于华洋居民享受上述参政权利的资格，草案规定如下：

> 住居租界华人或外人，具左列资格之一者，均有选举权及议事权：（甲）所执不动产价满五百两以上者；（乙）每年所付房、地捐项照市会（即工部局）估算满十两以上者，但各执照费不再内；（丙）赁住房屋照

---

① 《租界华董问题之往复公文》，《申报》1919年9月5日，第10版。
② 1915年以前，工部局董事会中英人占据6—7席。1916—1919年，英籍董事始终为6人。

第四章 公道与特权：一战后华人参与市政管理之运动的兴起和挫折

市会估算每年租金在五百两以上而付捐者。

住居租界华人或外人，具左列资格之一者，有被选举为董事之权：（甲）每年所付房、地各捐照市会估算满五十两者；（乙）赁租房屋每年租金照市会估算满一千二百两者。①

其中，被选举权资格直接采用了现行章程的规定，选举权和议政权资格则与现行章程有明显差异。现行章程第19款规定，在租界居住且照章纳税的外侨，凡名下拥有价值不低于500两之地产且每年缴纳房捐或地税或两项总计达10两以上者，或者系租赁房屋而年租金达500两以上且付捐者，可享有选举权和议政权。②该款列出了两种资格，前者系针对拥有地产者而言，后一标准则是针对租户的要求（被选举权的两种资格亦然）。但修改草案把原本由（甲）（乙）两点要求共同组成的第一项资格分列为两项资格，使选举权和议政权的可选资格增至三项。各路商家代表在准备修改草案时，仅希望实现华洋享受平等参政权利，并未见有改变既定参政资格之议，故上述草案与现行章程的表述出入应是误解英文原意所致。

修改草案原拟直接采用现行章程中的选举权和议政权资格，但由于译述的错误，两者的规定存在重要差异：一是草案的（甲）项直接赋予了拥有价值满500两不动产（现行章程原文为地产）的居民以选举权和议政权，无任何纳税要求，二是草案新增了（乙）项资格，但其表述十分含糊，并未明确其适用对象是有地产者还是租户。笔者推测，在草案拟定者的设想中，（乙）项应是针对拥有一定不动产但其价值不足500两者所规定的参政资格。因为

---

① 《拟请修正上海洋泾浜北首租界章程草案（续）》，《申报》1919年11月19日，第11版。
② 《中英合载上海洋泾浜北首租界章程（后附规例）》，商务印书馆，1926，第16页。英文章程中关于投票权资格的表述为：Every foreigner, either individually or as a member of a firm, residing in the Settlement, having paid all taxes due, and being an owner of land of not less than five hundreds taels in value, whose annual payment of assessment on land or houses or both, exclusive of all payments in respect of licences, shall amount to the sum of ten taels and upwards, or who shall be a householder paying on an assessed rental of not less than five hundred taels per annum and upwards, shall be entitled to vote in the election of the said Members of the Council and at the public meetings. 见该书英文部分第19页。

若该项条件同时适用于无须缴纳地税的租户，则只要每年缴纳房捐10两以上即有选举权和议政权，这不仅将极大地降低参政的门槛，而且实际上与（丙）项提出了两种差距甚大的纳税标准。（丙）项要求租赁房屋年租金在500两以上，即便按照加捐前12%的税率计算，每年所纳房捐也达60两以上，远远超出年付房捐10两的标准，两者显然不应是并列之条件选项。因此，从逻辑上讲，（乙）项规定不应适用于租户，而是适用于拥有一定不动产、需要同时缴纳地税和房捐的居民。

修改草案中选举权和议政权资格的含糊表述，反映了华人团体对租界政治体制缺乏足够了解，商拟草案的过程也欠严谨，这对参政运动产生了一定的不利影响。由于（乙）项资格没有明确适用对象，容易使人误解为同时适用于有产业者和租户。就租户而言，按14%的新房捐税率计算，每年房租达到约72两（每月约6两）者所纳房捐已超过10两。在"几与世界最大都会之房租在统一水平线上"的上海公共租界，一般中产家庭所纳房捐远远超过这一标准。[①] 当时界内华人总人口为70多万，若（乙）项标准适用于租户，则拥有参政权利的华人总数无疑将相当庞大。由于华洋人口的悬殊差距，这意味着华人将成为董事选举和纳税人会议中的绝对多数，从而根本动摇外侨在市政权力中的主导地位。虽然这并非（乙）项规定之本意，但其模糊表述使列强领事、租界当局和外侨产生了巨大的危机感，因而强烈抵制修改草案（见下文）。

此外，草案还对现行章程进行了若干重要修改。第一款规定在租界与华界毗连之处建筑界路，由双方警察共同管理，苏州河则由中国水警管理。第二款对工部局和纳税人会议的权责做了明确规定，以防僭越，同时要求租界当局承担公共教育和社会救济等更多的社会责任。第三款对工部局董事的权限做了新的规定，尤其值得注意的是取消了现行章程第十一款赋予董事们的

[①] 一战结束后，上海公共租界房租上涨迅速。至1921年，一般华人中产家庭每月的租房费用需20—30银元（约合14—21两），商铺房屋的租金当然更高。义农：《上海房租腾贵之原因及其根本救济策》，《银行周报》第5卷第39期，1921年，第18页；端六：《上海房租问题》，《东方杂志》第18卷第5期，1921年，第4页。

"随时另行酌定规例①之权"，使租界当局不再拥有变相的立法权。第十三款规定控告工部局的案件不再向领事法庭起诉，改由各国领事与中国审判官会同组织的特别法庭受理。第十四款赋予华人在租界内自行购地之权（西人名义上仅有永租权），该款及第十五款和第十六款规定华人业主购置、典押和转让地产皆向上海道台注册。第十八款规定华人业主向中国地方官厅缴纳每年每亩一元五角大洋的地税。第二十一条规定会审公廨仅受理违背《土地章程》之案件，且列强领事只能核办对本国人之判罚，界内其他民刑案件皆归上海地方法院办理。②

显然，修改草案不仅旨在为华人争取平等的参政权利，而且试图遏制公共租界面积的扩大和市政当局权力的进一步扩张，避免中国主权再遭侵损，并使政府可以收回部分主权，加强对租界事务的管辖权力。但如此一系列急剧改变现状的主张，无疑是列强和外侨难以接受的。

拟定《土地章程》修改草案后，22个马路商联会于10月26日借总商会礼堂举行盛大典礼，成立统一的组织"各路商界联合总会"，随即改名"各路商界总联合会"（以下简称商总联会）。各路商联会会员和各界来宾共千人左右参加，除本地社会团体代表外，还有天津、湖北等外地社会团体代表和本地外文报社的代表出席。32位各路商联会代表皆自然成为商总联会董事，此前一日当选的总董陈则民和副总董金馥生、俞国珍正式就职。陈则民在就职宣言中表示"务期勉达所希望事"。商总联会发表成立宣言，解释其组织缘起曰：

> 二十世纪，民族自决主义发轫之时代也。我国民族以四千余年历史之关系，多倚赖心，少自动力……上海租界商人，平时以不谙外情，暨为旧章所束缚，不得受同等之待遇者垂七十年。……我各路商界外顺世界之潮流，内悟散沙之非计，结合团体，先后组成商界联合会者有二十

---

① 即《土地章程》的附律（By-laws）。
② 修改草案全文见《申报》1919年11月18—21日连载之《拟请修正上海洋泾浜北首租界章程草案》，均在第11版。

余路之多，又惧其各自为政，漫无统系也，于是有各路商界联合总会之组织。

宣言同时呼吁各界支持《土地章程》修改草案，称"兹事体大，非合群策群力，断难相与有成"。戴季陶、聂云台等十多位中外来宾先后发表演说。① 此后，不少尚无组织的马路陆续成立商联会，加入商总联会。

11月，商总联会将《土地章程》修改草案公诸报刊，另排印1000份，并制作盖印格式纸，请总商会分送入会各会员和团体审阅，赞成者在所制表格上加盖印章。因有会董认为"盖印格式纸手续殊欠完备"，总商会最后决议将修改草案分送会员和团体研究，盖印表格则送还，由商总联会另行安排征集签章。而总商会作为最有影响的华人团体，最终没有加盖印章以示赞成。②

12月1日，商总联会董事及顾问等44人在各马路商家店员的欢送下，将华商请愿修改《土地章程》之呈文和修改草案以及四册"全体华商签盖之图记"（据称盖印7800余个③）送交特派交涉员杨晟（图4-2）。总董陈则民"详述租界全体华商公道之要求及其不达目的不止之志愿"，并将"要求修改洋泾浜章程各节择要说明"。④ 是日大张旗鼓、众志成城之情形，本书绪论已有描述，不再赘言。当晚，商总联会分别致电北京政府外交和农商两部、江苏督军李纯和省长齐燮元，报告此事，请予支持。电文称，华商"万众一心，不达目的不止"，"事关拥护领土主权，争回市民人格，公意所在，义无反顾"。⑤ 其后，交涉员杨晟也将修改草案呈送外交部，以备与公使团交涉。

---

① 《商界联合总会成立纪盛》，《申报》1919年10月27日，第10版。
② 上海市工商业联合会编《上海总商会议事录》（三），第1234页；《总商会函送拟请修改租界章程草案》，《申报》1919年11月17日，第10版；《总商会与华顾问》，《申报》1920年6月6日，第10版。
③ 《本会成立前后之经过情形》，《市民公报》1921年第1期，第6页。《市民公报》由上海公共租界纳税华人会书记处编辑出版。
④ 《华商要求市民权纪》，《申报》1919年12月2日，第10版。
⑤ 《商界要求市民权续志》，《申报》1919年12月3日，第10版。

第四章　公道与特权：一战后华人参与市政管理之运动的兴起和挫折

图 4-2　1919 年 12 月 1 日商总联会代表向交涉公署送交《土地章程》修改草案前合影

说明：前排中间执帽者为陈则民，其右为王才运。
资料来源：《市民公报》第 2 期，1921 年，相片栏。

从提出参政要求到单方面拟定《土地章程》修改草案，中小华商代表保持了十分强硬的对外立场，而且表现出空前的组织性，成为早期华人参政运动的主要力量。在此过程中，政界人士的影响不容忽视，而陈则民的作用尤为关键。中小商人为扩大自身组织的影响力和提高参政运动的声势，十分注意争取政界人士的参与和援助，而对之提供赞助者多为在野之政治活动家，且其中不少是国民党人，对外主张往往较为激进。作为各路商联会代表的领导人物之一，陈则民因其政治资源、法律知识、组织才干和表达能力，受到各路中小华商的倚重。在其主持下，各路代表频繁集会议事且通常能取得共识，在与各方交涉中也基本保持一致立场，不仅讨论拟定了《土地章程》修改草案，而且成立了统一的组织商总联会。陈则民当选商总联会总董，即是各路代表对其领导作用的承认。陈氏在为中小华商争取权益的同时，也不无为自己积累政治资本的意图。第一，华人参政运动中，公共租界中小华商日益形成一股不容小觑的政治力量，甚至可与总商会和工部局分庭抗礼。从政多年的陈则民自然希望将之转化为自己的政治资源，这应是他积极参与和领导各路商联会活动、推动成立统一组织的原因之一。① 第二，随着华人商民提出参政要求和中外交涉的展开，公共租界华人参政运动很快引起各方广泛关注，作为运动领导者的陈则民因此"大出风头"，成为其日后在政坛发展的重要资本。② 在华人顾问委员会权限和《土地章程》修改事宜等问题上，陈则民的主张都相当激进，虽符合中国政府和租界华人的利益，但其一举实现华洋平等参政且同时解决公共租界其他重要问题的意图，也似有急于求成以捞取政治资本之嫌。商总联会成立前后，陈则民代表各路商联会赴京拜访外交次长陈箓，就公共租界华人参政问题"陈述意见，请政府予以赞助"，表示"不达目的不止，否则将拒绝纳捐"；返沪后，陈氏则动员商总联会董事"振作精神，尽力国事"。③ 各路代表因政治经验和法律知识相对不足，思想和立场不可避免地受到陈则民的影响。

当然，中小商人在参政运动中的表现和强硬立场并不只是陈则民引导的结果，更深层的原因在于其与租界当局的关系。与所谓"高等华人"的华商精英相比，中小华商与外商的直接利益关联和社会交集较少，在租界政治权力结构中处于相对边缘的位置，其权益为租界当局所忽视，在平时政治社会生活中遭受外人歧视和欺压的情况更为严重，对租界当局的不满情绪也更加强烈。④ 因此，中小华商比上层华商更迫切地希望改变华洋不平等关系的现状，在争取参政权利的活动中表现得更为积极和强硬，这是陈则民提出的许多激进主张能够得到各路代表赞同的原因。五四运动激发了的中小华商的政治参与热情，在华人参政运动中进一步提升。他们之中涌现了不少参政运动的积极分子，如南京路荣昌祥呢绒店主王才运、天潼路蔡仁茂玻璃店俞国珍、爱而近路德润里的张慕曾、汉口路勒威药房店主

---

① 陈则民后来曾直接或间接利用商总联会名义发表有利于其本人或政学系的通电，因此遭到一些马路商联会的批评和弹劾，引发商总联会的内部矛盾和分裂。《上海总商会组织史料汇编》（下），第935—953、984页。
② 《陈则民得官内幕》，《京报》1923年1月26日，第3版。
③ 《商界总联合会董事会记》，《申报》1919年10月29日，第10版；《公廨收回与租界推广问题》，《申报》1919年11月14日，第10版。
④ 《上海总商会组织史料汇编》（下），第933页。

第四章　公道与特权：一战后华人参与市政管理之运动的兴起和挫折

吕静斋、北四川路陆兴鸿商号张鱣堂、虹口同丰裕绸缎洋货局副经理唐继寅、嘉兴路和康当执事金锦源、山东路新民书局郑鹧鸪、河南路洋杂货店经理金馥生、四川路联益贸易公司经理陆文中、海宁路张茂成商号宋诚彰等。① 这些被称为争取参政权利"原动者"或"有力者"的中小华商都是各路商联会的骨干分子，其中多人当选商总联会的董事。总商会会董聂云台后来接受记者关于华人参政问题之采访时称："殊不知关系全局如此重大之问题，非可仅以委之于各商店者也。吾国人向不肯作事，果有一二人肯作事者，则余人皆欲拱手仰成。"② 聂氏此言显系批评中小华商完全被动依赖陈则民，其实低估了前者的政治热情，带有华商精英对中小华商的偏见。但毋庸讳言的是，作为一股新兴的政治力量，中小华商在与各方的交涉互动过程中确有不成熟的一面，特别是由于缺乏与租界当局直接打交道的经验，有的主张和要求在当时的历史条件下显得过于理想化，不可能实现，甚至会产生相反的效果。

各路商联会不仅未接受聂云台所提组织纳税华人会的建议，而且基本没有邀请其他华人团体尤其是总商会共同研究《土地章程》修改事宜，而是单独拟定并提出了修改草案。自反对加捐活动开始后，各路代表曾多次向总商会协商或求助，在准备《土地章程》修改草案过程中却几乎没有与总商会进行任何商讨，而是基本拟定草案后才征求后者的意见。其后，商总联会又请总商会协助向各商号分发草案并征集签章，但最终呈送交涉员时，也没有总商会的代表参与其事。③ 商总联会之所以单方面提出修改草案，既是因为不满华商精英控制的总商会长期排斥中小商人加入且屡有向租界当局妥协之倾向——同时可能也有陈则民"贪功"的因素——更主要的原因是各路代表希

---

① 《争回市民权之原动者》，《市民公报》第 1 期，1921 年，相片栏；《争市民权时之原动者》，《市民公报》第 4 期，1921 年，相片栏；《争市民权时之原动者》，《市民公报》第 5 期，1921 年，相片栏；《争市民权之原动者》，《市民公报》第 5 期，1921 年；相片栏；《要求市民权时之有力者》，《市民公报》第 7、8 期合刊，1921 年，相片栏。
② 记者：《关于上海市民权问题与聂云台君之谈话》，《民心周报》第 8 期，1920 年，第 141 页。
③ 上海市工商业联合会编《上海总商会议事录》（三），第 1225、1234 页。

望通过推动解决华人参政和其他租界重要问题，提高中小华商的政治地位，"取得与工部局对话的一席之地"，改变上层华商将他们视为"马路政客"的心理。① 各路代表不愿立即组织纳税华人会，而是成立自身的统一组织商总联会作为争取参政权利的主要机构，也是为了避免参政运动被华商精英所主导，自身依旧处于从属地位。②

商总联会在参政运动中的表现反映了中小华商较为坚决的斗争精神和日益提高的政治自觉，但在一定程度上分散了华人的抗争力量。其实，总商会虽与各路代表在争取参政权利的方式和步骤上存在意见分歧，却具有共同的参政诉求，并应后者所请承担了协助办理参政问题之外籍律师的费用。③ 不少新兴的工商界精英对于参政运动颇为热心，如与美商联系较为密切的聂云台不仅首倡组织纳税华人会，而且赴京期间拜访了英国公使朱尔典，争取到后者赞成华人参政之表态。④ 由于各路商联会未与总商会和其他团体充分沟通，单方面拟定《土地章程》修改草案，以聂云台为代表的不少态度积极、活动能量较大且富有与租界当局交涉经验的华商精英颇感不满，对参政运动的态度渐趋消极，"商会及其他团体乃不复过问"，⑤ 总商会最终甚至拒绝在支持修改草案的表格上加盖印章。结果，商总联会提出的修改草案未能充分吸收其他团体的意见，华人团体之间的隔阂也削弱了自身与租界当局抗争的力量。

---

① 《上海总商会组织史料汇编》（下），第933、934页。
② 聂云台主张由总商会发起组织纳税华人会，交涉公署9月初收到领事团复函后，亦致函总商会加快组织纳税华人会、筹备选举手续，而商总联会成立后，"此议遂以打消"。记者：《关于上海市民权问题与聂云台君之谈话》，《民心周报》第8期，1920年，第141页；《上海工部局添设华董事准领袖比领事函称各节呈请鉴核办理由》（1919年9月），北洋政府外交部档案，"中央研究院"近代史研究所档案馆藏，档案号：03-16-041-01-014。
③ 上海市工商业联合会编《上海总商会议事录》（三），第1225、1233页。
④ 《各路商界联合会董事会纪》，《申报》1919年10月31日，第10版。1915年4月，中华游美实业团应美商之请赴美考察，聂云台任副团长。1919年2月，聂云台与孔祥熙、陈光甫等创办中美贸易公司，自任董事长，聘美商为经理。
⑤ 记者：《关于上海市民权问题与聂云台君之谈话》，《民心周报》第8期，1920年，第141页。1916年起，聂云台因捐献地皮供工部局修建华童中学而被任命为华人教育委员会2名华人委员之一（另有3名西人委员）。1920年8月，聂当选总商会会长。

第四章　公道与特权：一战后华人参与市政管理之运动的兴起和挫折

五　工部局决议与朱尔典立场的转变

就在各路商联合会商讨拟定《土地章程》修改草案期间，工部局董事会做出了反对加入华董、仅赞成设立华人顾问委员会的决议。租界当局的这一决议拒绝给予华人实质性的参政权利，直接改变了此后华人参政运动的演进轨迹。总董庇亚士和总办李台尔在工部局决策过程中扮演了十分关键的角色。在一战后中国朝野积极收回主权、扩大租界希望渺茫的背景下，上海英商精英及其主导的工部局董事会认为增设华董将导致华人提出进一步的要求，危及外侨的既有特权，不利于维护和扩大在华商业利益，因此必须坚决予以抵制。由于战后英国政府迫切依赖英商重建和扩大在华商业势力，英使朱尔典在11月访问上海后，也改变了同情华人参政要求的态度，转而赞成工部局的立场，华人的参政要求随之基本失去了公使团的支持。

8月下旬华人照缴房捐后，各路商联会没有继续寻求与工部局方面协商参政问题，而是期待外交当局与列强交涉解决。工部局董事会因处于夏季休会期，亦未就华人参政问题进行集体商讨并确定方针。9月，随着各路商联会代表着手准备《土地章程》修改草案并提出多项新主张，且北京政府开始与公使团进行交涉，加之总董庇亚士返回上海，租界当局明确了在华人参政问题上的立场。庇亚士此前已连续当选六届工部局总董，历经民初中外为扩大公共租界案进行的反复交涉。如前章所述，1913年在与交涉员杨晟私下交换意见时，庇亚士曾有赞成工部局加入华董之表示，但仅限于新扩大地区，次年董事会又决议不赞成增加扩界协议草案中规定的华人顾问委员会的职权，可见庇氏对华人参政问题的基本立场。因此，当庇亚士得知华人团体所拟《土地章程》修改草案要求华人与外侨享有完全平等的参政权利并企图限制公共租界进一步扩张时，其态度不难想见。①

---

① 9月6日《北华捷报》报道了各路商联会代表开会商讨《土地章程》修改事宜之事，包括会议通过的陈则民所提五条修改意见。"Chinese Street Associations: Extensive List of New Demands," *The North-China Herald*, September 6, 1919, p.613.

工部局总办李台尔原本就极力反对加入华董,其观点虽受到杰弥逊的批评,但他并没有接受这位代理总领事的奉劝而改变立场。在9月上旬赴日本度假期间,李台尔撰写了一份题为《租界扩大与华人在工部局董事会的代表权》的长篇备忘录。备忘录称,北京政府自1917年参加一战后,即致力于收回各项主权,使工部局董事会多年以来勉力取得的公共租界半独立地位受到严重威胁;战后中国代表团在巴黎和会上提出废除租界、势力范围和领事裁判权的要求,获得上海、北京及其他城市中文报刊的舆论支持;与之相应,上海地方官员数年来空前积极地想方设法给工部局董事会"使绊儿",以期收回公共租界的主权。李台尔认为,工部局加入华董后,华董将承受来自中国官员的压力,或者自觉地为中方官员提供协助,尽其所能地争回他们认为外侨从中国政府和民众手中攫夺的权利,而这些权利有的是条约和法律赋予外侨的,有的则是外侨为自保或因中国政府无力履行职责而"被迫"获取和行使的;而且,一旦允许华人加入工部局董事会,他们将进一步要求获得选举权、参加纳税人会议的权利和董事会的多数席位,工部局将很难抵制这些要求,因为中国人在离间列强关系方面拥有"非凡的天赋和诡诈"。因此,李台尔建议董事会采取如下政策:首先表示接受设立一个华人顾问委员会,但坚决反对加入华董;如果反对无效,则以其1918年11月所撰备忘录《中国之前途与上海之前途》中提出的扩大公共租界和增加工部局权力作为加入华董的交换条件。[1]

在工部局董事会确定立场前,总董庇亚士先推动公共租界最重要的英商团体"中华社会"上海分会表明了反对工部局加入华董的态度。早在8月初得知华人提出增设华董的要求后,"中华社会"上海分会委员会即十分关注,认为该会应公开表明立场。但因租界当局尚在考虑此事,委员会决议先由委员们各自进行研究,待工部局方面做好准备后,再与各英籍董事进行商讨。[2] 9月29

---

[1] "Settlement Extension and Chinese Representation on the Council," September 9, 1919,上海公共租界工部局档案,上海市档案馆藏,档案号:U1-2-783。

[2] Minutes of Committee Meeting held on Thursday, August, 7th 1919 at the Office of the North China Insurance Company Ltd., at 5.15 p.m., CHAS/MCP/25, SOAS Library, University of London.

日，曾经担任"中华社会"上海分会主席的庇亚士受邀参加该会的委员会会议。现任委员会主席西姆斯（H. G. Simms）宣读了庇氏提供的一份关于华人参政问题的备忘录。庇亚士称这一问题很快将凸显，故敦促委员会明确立场，以备在不久后公使朱尔典访沪时向其表达意见。备忘录的具体内容不详——很有可能是李台尔备忘录或在其基础上修改而成①——但主旨无疑是反对加入华董，因为在其后的讨论过程中，庇亚士声称若工部局董事会加入华人代表，则华人将进一步提出特派交涉员加入领事团、华人参加纳税人会议和获得选举权等一系列要求。既是"中华社会"上海分会委员会成员同时是工部局董事之一的白罗克-史密斯遂提议委员会支持立即组织一个华人顾问委员会，借此避免或延迟华人提出直接加入华董的要求。尽管有与会者指出公使朱尔典对华人参政持同情态度，庇亚士称领袖领事也建议工部局加入两位华董，但委员会经过商讨，最终做出了只支持设立华人顾问委员会的决议，并计划在朱尔典不久后访沪时与之非正式地讨论这一问题。②

推动英商团体表明立场后，庇亚士随即在10月1日的董事会议上提出了华人参政问题。会前，李台尔将《租界扩大与华人在工部局董事会的代表权》备忘录送交董事们参阅，同时附上1918年11月所撰《中国之前途与上海之前途》备忘录。会上，庇亚士建议下次会议对两份备忘录进行研究，并称赞同工部局加入华董必定将导致华人得寸进尺提出新的要求。在庇亚士和李台尔的主导下，会议虽然没有做出决议，但董事们已普遍倾向于反对加入华董，而赞同设立华人顾问委员会。③

10月7日，工部局董事会召开扩大会议，邀请多位前任董事专门商讨是否给予华人代表权这一"至为重要，关系到租界的前途"的问题。与会者回

---

① "中华社会"上海分会1919—1920年度报告在解释对华人参政问题的政策时，认为工部局加入华董可能引起中国人一系列的要求，其要点与李台尔1919年9月备忘录中的观点十分相似。"1919-1920 Annual Report,"CHAS/MCP/25, SOAS Library, University of London.

② Committee Meeting held at 5. 15 p. m. on Monday 29th September, 1919, at the Office of the North China Insurance, Co. Ld., CHAS/MCP/25, SOAS Library, University of London.

③ 上海市档案馆编《工部局董事会会议录》第20册，第785页。

顾了1905年拟设"华商公议会"未果和1915年扩大租界协议流产的经过，庇亚士再次强调承认华人代表权可能牵涉的诸多问题。有的前任董事建议以设立华人顾问委员会或加入华董作为条件，要求中国政府同意扩大租界并售予工部局两块用地建设城市花园，甚至主张为此可同意加入3位华董（但须由工部局董事会提名），以免将来迫于形势加入华董而没有任何讨价还价的余地。① 但经过讨论，与会者表决一致反对工部局增设华董，而且在任何情况下都不予考虑。同时，会议基本赞成设立一个华人顾问委员会，由华人每年推举5人组成，但对该会做了一系列规定：委员会成员须在租界居住5年以上并照章纳税，且不在中国政府担任官职；领事团对提名拥有否决权；委员会按照1915年扩界协议草案的规定行使职权，即仅限于备工部局咨询对于所有涉及华人利益事务之意见，以及关于此类事务向工部局提出建议，且其成员须一致行动。一些与会者原本有意以中国政府批准1915年扩界协议草案作为设立华人顾问委员会的条件，但经过商讨最终放弃了这一要求。10月22日的董事会会议对提名人的资格进行了补充规定，要求租住房屋的年租金达到1200两以上，与工部局董事被选举权的资格相同。②

10月24日，庇亚士致函领事团，告知工部局董事会扩大会议的表决结果，并称准备将之提交下一届纳税人会议，征求纳税人意见。该函解释租界当局反对加入华董的原因称：

> 与会者无法不由华人要求在工部局董事会拥有代表权而联想到过去数年间尤其是停战协议签订后华人废除领事裁判权、租界和势力范围的尝试。我们必须面对并抵制这些尝试，直至中国通过建立良好政府和采取符合各开通国家共同标准的进步与发展政策，证明其确已适于完全收回上述权利。此等权利，华人误以为系外人强行攫取，然按诸事实，乃

---

① 这些建议主要是克拉克（E. E. Clarke）提出的，克氏因故无法出席会议，以书面形式发表了意见。Clarke to Liddell, October 4, 1919, 上海公共租界工部局档案，上海市档案馆藏，档案号：U1-2-784。
② 上海市档案馆编《工部局董事会会议录》第20册，第785—786、789页。

第四章　公道与特权：一战后华人参与市政管理之运动的兴起和挫折

外人依照条约所应享有，或出于自我保护之动机或因中国政府无力保障华洋居民利益，不得已而自行取得并运用之。①

这些表述基本引自李台尔的备忘录，可见李氏作为总办对董事会决策的影响。

租界当局明确表态反对加入华董，与领事团方面的立场截然不同，使后者陷入尴尬境地。因此，领事团并未立即予以回应。对于工部局董事会的决议，正在商讨《土地章程》修改草案的商联会代表完全不知情。各路代表于10月初议决，照付1919年最后一季度的房捐和第一期特别捐。②

11月上旬，即将卸任英国驻华公使的朱尔典抵达上海，参加英商公会联合会议（Conference of British Chambers of Commerce）。一战时期，列强在华商业竞争日趋激烈，各通商口岸的英国商人纷纷成立商会，以增强商业活动的组织性和竞争力。其中，上海英商公会1915年5月成立后，成为除"中华社会"上海分会外的另一英商组织，一些英商同时是两个团体的核心成员。③战后，"外人挟全力以经营远东商务"，④ 在中国拥有最大商业利益但战时对华商务急剧下滑的英国自然不甘人后。为重振国内制造业并解决严重的失业问题，英国迫切需要维护和拓展其商品的海外市场，而幅员辽阔、人口众多的中国依然被视为一个富有潜力的市场。⑤ 1919年11月5—8日，各地英商公会在上海举行首次联合会议，讨论商业活动中亟待解决的重要问题，并就拓展在华商务向英国政府建言献策。朱尔典作为特邀嘉宾出席会议，以示对英商组织的支持，并将商界意见反馈给英国政府。

如前所述，朱尔典此前在给杰弥逊的函电和与聂云台的会谈中，曾不止

---

① "Municipal Council and Chinese Representation: Important Correspondence Made Public To-day," *The Shanghai Gazette*, January 8, 1920, p. 1.
② 蒯世勋：《上海公共租界华顾问会的始终》，《上海通志馆期刊》第1卷第4期，1934年3月，第935页。按照工部局8月2日刊发的布告，特别捐自1919年10月起，分三期缴纳。《工部局布告：为房捐事》，《申报》1919年8月2日，第9版。
③ 陈谦平：《民国对外关系史论（1927—1949）》，三联书店，2013，第191—204页。
④ 穆藕初：《上海总商会近事之谈片》，《申报》1919年7月31日，第11版。
⑤ Phoebe Chow, *Britain's Imperial Retreat from China, 1900–1931* (London and New York: Routledge, Taylor & Francis Group, 2017), p. 149.

一次表达对公共租界华人参政要求的同情之意。在英商公会联合会议开幕式的演讲中，朱尔典阐述了对中国形势十分积极的看法，认为外人对中国内乱频仍妨碍商务深感不满，但事实上中国的贸易额却空前增长，多数内战只停留在纸面上，其对人民的生活和商贸活动的影响比通常料想的要小，并称"中政府虽有破产之象，但中国之信用在基础上尚为稳固，所依据者即为中国土地与人民，此二者皆坚实要素也"。朱氏相信"目前骚扰不过暂时"，"中国不久将入大实业国之阶级"，故英商应"会同华人提倡发育中国之实业"。① 这些观点不同于多数外侨和公共租界当局对中国政治社会现状的苛刻批评，意在敦劝英商以更平等、开放的态度对待华人。

华洋双方都希望利用朱尔典访沪之机，争取其对己方在华人参政问题上所持立场的支持。11月7日，"中华社会"上海分会委员会设宴欢迎朱尔典，英国代理总领事杰弥逊和领事费理伯等亦参加。② 宴会规模较小且为非正式性质，席间交谈的具体内容不得而知，但几乎可以肯定的是，英商领袖们按照计划与朱尔典讨论了华人参政问题，并阐述了反对工部局加入华董的立场及其原因。朱尔典有可能当场表示了支持态度。因为根据委员会向伦敦"中华社会"总部的报告，朱氏在交谈中表现出对上海英商的高度信任，使后者备感殊荣。③

商总联会原拟派代表访晤朱尔典，但未能实现。11月9日，该会与商业公团联合会联名致函朱尔典，称"值此公理战胜强权之后，中外舆论金谓国际间一切不平等之待遇断不适用于今日之世界"，华人参政要求已"蒙领袖总领事暨纳捐西人顾顺舆情，予以同意"，各路商联会遂"爰集界内全体纳税华人"商讨拟定《土地章程》修改草案，并表示"事关全体纳税商民之公意，根据正谊之要求，不达目的不止"。函中提及朱氏此前曾向聂云台表态同情华人参政要求并允支持，请其"笃念邦交，主持公道，对于修改旧章予以充分之援助，

---

① 《英商会联合会开幕纪》，《申报》1919年11月6日，第10版；"British Chambers of Commerce," *The North-China Herald*, November 8, 1919, p. 362。
② "Sir John Jordan Guest of Chinese Chamber of Commerce," *The Shanghai Gazette*, November 7, 1919, p. 5.
③ Letter from the Shanghai Branch, China Association, Shanghai, December 13, 1919, CHAS/MCP/25/271, SOAS Library, University of London.

第四章　公道与特权：一战后华人参与市政管理之运动的兴起和挫折

使界内华人获享同等之权利"。①

　　华商精英虽亦渴望参政权利，但在与朱尔典的交际中并没有专门提出华人参政问题，而是较为笼统地表达了对中外不平等关系和公共租界华洋居民不平等地位的不满。11月6日下午，上海总商会招待朱尔典，秘书张祭云代表会长朱葆三致欢迎辞，表示希望朱尔典敦促英人尊重华人的方式和思想，以公道和互谅精神对待华人，以利于两国人民友谊之增进和英国对华贸易地位之维持。②10日，江苏省教育会、基督教青年会、纱厂联合会和欧美同学会等15个华人团体——值得注意的是，商总联会并不在其中——联合举行欢迎朱尔典的活动，聂云台代表各团体发表英文演说，其中表达了对列强不以平等和公道对待中国人民的不满。

　　　　今日国家如个人然，咸奋争平等与公道，努力进取甚于往昔，少年新中国已知此义矣。……国也，人也，以巧术或强力固能暂时剥削一部份人民天赋之平等与公道，但为时未久，横被羁勒之一部份人民定将打破樊笼，脱离束缚，而为伤及全体之大祸矣。……少年新中国且希望所有不公道事件前加诸中国人民者应一律废除一旦。③

聂氏这些颇为激烈的言辞反映了新兴的华商精英迫切希望改变公共租界华洋不平等关系，而且此前他曾就华人参政问题与朱尔典进行过交流并得到后者的积极回应，但其在演说中完全没有提及这一问题。上层华商的"沉默"或许有不满中小华商单方面准备《土地章程》修改草案故而态度消极的因素，同时可能是已经了解到租界当局和英商团体的立场，因此避免在公开场合提出针锋相对的主张。朱尔典在答词中表示"聂君所言事，鄙人极表赞成"，但随即将话题转移到中国的军阀混战和国家统一问题，并称此次会谈"譬之

---

① 《各路商界联合会董事会纪》，《申报》1919年10月31日，第10版；《上海商界致朱英使函》，《申报》1919年11月10日，第10版。
② "Sir John Jordan: Guest of Chinese Chamber of Commerce," *The Shanghai Gazette*, November 7, 1919, p. 5.
③ 《十五团体欢迎朱英使纪盛》，《申报》1919年11月11日，第10版。

家庭恳亲会,原不必涉及政治"。① 得知英商团体在华人参政问题上立场的朱尔典似有意回避了对聂云台所提的中外"平等"和"公道"问题做出明确表态。

上海之行使朱尔典在很大程度上改变了对华人参政问题的态度。虽然朱氏本人仍十分同情华人的参政要求,而且对租界当局和外侨的顽固思想不以为然,但他已倾向于支持英商群体和工部局的立场。返回北京后,朱尔典在致英国外交部的报告中称,攸关公共租界居民生命财产安全的规章制度需要极为谨慎地加以维护,"接受华人在工部局董事会拥有直接代表权可能为时尚早",即便他主张立即为给予华人实质性代表权做一些准备。② 1919年12月,为了推动陷于停顿的交还会审公廨和扩大公共租界交涉,美国使馆代办丁家立(Charles D. Tenney)按照华盛顿的训令向朱尔典建议,将会审公廨无条件交还中国,同时以扩大租界为条件接受华人加入工部局董事会。但朱尔典不表赞成,认为列强从原有立场退让是危险的,上海虽有部分外侨舆论赞成给予华人直接参政的权利,但其主要鼓吹者怀有现实的政治目的。③ 其实,朱尔典拒绝美方提议的真正原因是他认为在当时情形下,交还会审公廨和工部局增设华董都会危及英国在公共租界的巨大利益,必须谨慎行事,希望找到一个既能满足华人合理期待又能充分维护外侨利益的切实办法。④ 1920年初,在得知华人为争取参政权利而再次发起抗捐且工部局决心强制征收后,朱氏更加明确地表示了支持租界当局的立场。他专门就华人参政问题致函英国外交部发表意见,一方面肯定华人渴望获得参与市政事务的权利是华人利益不断增长的自然结果,值得高度重视,为了避免市政当局与华人发生冲突,有必要做出一些渐进性的改变,同时还批评租界当局历来轻视华人的舆论,愤恨华人对其特权(prerogatives)的任何"侵犯";但另一方面,朱尔典表示赞成工部局董事会的决议,认为"在未来许多年内维持外国人对

---

① 《十五团体欢迎朱英使纪盛》,《申报》1919年11月11日,第10版。
② Jordan to Curzon, November 22, 1919, Jarman, ed., *Shanghai*, Vol. 12, p. 634.
③ Jordan to Tenney (Draft), December 22, 1919, FO 671/447/565, TNA.
④ Jordan to Curzon, January 5, 1920, FO 671/447/565, TNA.

第四章 公道与特权：一战后华人参与市政管理之运动的兴起和挫折

（公共租界）的管理模式是极为重要的"，而加入华董则会产生诸多弊端，不仅难以确定合适的席数，而且华董会因其同胞的压力而不断提出反对意见，从而削弱董事会的团结，因此朱氏相信先设立一个华人顾问委员会是明智之举。①

朱尔典对华人参政问题的态度存在明显的自相矛盾之处，而他之所以决定支持租界当局，至少有以下两方面的原因。第一，作为英国驻华公使，朱尔典长期以来秉持尽量避免干涉公共租界事务的方针，主张由英国总领事和英商群体自主处理，即将卸任的他无意改弦更张。在批评租界当局的同时，朱尔典高度赞赏以英商为主体的工部局董事会的市政管理成就，认为"无论如何褒奖都不为过"。② 第二，也是更根本的原因，朱尔典为了英国在华商业利益而选择支持英商的立场。在致伦敦外交部的报告中，朱氏盛赞英商的爱国和敬业精神，称这些"英国在华商业的开拓者们是帝国名副其实的代表，他们正务实而坚定地承担起战后发展的重任"，为此英商群体会要求获得外交官员的大力支持，"但他们值得给予一切赞助"。③ 维持以英商为核心的外侨对公共租界的统治权及治外法权等特权，至少在短时间内有利于战后英国在华商务的恢复和拓展，尤其可使英商在与华商的商业竞争中继续保有巨大优势；反之，如果工部局加入华董，不仅会使外侨失去对市政权力的垄断，而且可能引起连锁反应，危及外侨享有的其他特权，致使英商在商业活动中失去原有的许多优势。因此，工部局董事会和"中华社会"都坚决反对给予华人实质的参政权利。1919年11月的英商公会联合会议虽然讨论了采取切实措施逐步放弃治外法权、增进与华人的合作等旨在改善华洋关系的议题，但会议最终通过的相关决议中只有呈请英国政府资助推进中国的亲英教育、

---

① 朱尔典建议在设立华人顾问委员会的同时，安排该委员会成员加入工部局附属各委员会，使其有机会接受市政管理权责方面的"教育"。Jordan to Curzon, January 9, 1920, FO 671/447/566, TNA.

② Jordan to Curzon, January 9, 1920, FO 671/447/566, TNA.

③ Jordan to Curzon, November 22, 1919, Jarman, ed., *Shanghai*, Vol. 12, p. 634.

劝告各英人商行向雇员提供学习中文的便利等完全不损及英商特权的内容。[①]为了表示英国政府对战后英商在华商业活动的支持，朱尔典最终放弃原有主张，迁就了英商群体的立场。

就在朱尔典访沪期间，上海美国商会通过了赞成工部局董事会加入华董的决议，成为第一个公开表态支持华人参政的外侨社团。[②] 这是一战后美商群体为赢得中国朝野好感以推进对华贸易所做的又一努力，不久后美国政府也主张有条件地接受华人加入工部局董事会。但由于真正主导公共租界事务的是英国，英商组织的态度具有决定性影响。而随着朱尔典转变立场，华人参政运动实际上已难以得到公使团的支持。

六　华洋对峙与各方斡旋

租界当局决议坚决反对加入华董，而中小华商则要求华洋平等参政并决心坚持到底，双方立场针锋相对。1919年底，中小华商因参政问题没有实质进展，再次试图通过抗捐推动相关交涉。工部局董事会不顾华人强烈的参政意愿，准备采取强制手段征捐。为了避免双方爆发严重冲突，一些外交官员、社会团体和个人都试图从中斡旋，促使华洋双方达成妥协。商总联会对其立场进行了大幅调整，但由于工部局拒绝做任何让步，双方并未达成共识。

1919年12月初，交涉员杨晟收到商总联会请愿修改《土地章程》的呈文和所拟草案后，随即函告领事团，请开议相关事宜。[③] 面对租界当局的决议和华人团体的要求，领事团陷入左右为难的境地。《土地章程》修改草案中所提华洋完全平等参政的主张，领事团自然无法接受。但即便是坚持加入2位华董的原有主张，领事团也势必与租界当局产生分歧。若放弃此前立场，

---

① Jordan to Curzon, November 22, 1919, Jarman, ed., *Shanghai*, Vol. 12, p. 633;《英商会联合会通过之议案》，《申报》1919年11月8日，第10版。
② 《美商赞成工部局加入华董》，《申报》1919年11月10日，第10版。此前，上海美国商会执行委员会已于10月15日开会讨论华人参政问题，并一致赞成。《美商赞成租界华人参政权》，《申报》1919年10月16日，第10版。
③ Yangtcheng to Siffert, December 4, 1919, FO 671/447/555, TNA.

第四章　公道与特权：一战后华人参与市政管理之运动的兴起和挫折

转而支持工部局的决议，则不仅有失领事团颜面，而且可能引起华人团体的抗议风潮。因此，领事团收到交涉员的公函后，并未立即回复。

由于领事团对修改《土地章程》问题迟迟没有回应，而工部局即将开征春季房捐和第二期特别捐，且董事会改选为期不远，中小华商决定再次发起抗捐，以推动华人参政问题之解决。12月24日，商总联会召开紧急会议，与会众人认为："若至民国九年工部局仍无华董列席者，本会不特无疑对我商界同胞，且半年来奔走呼号所谓者何事？"各路代表因此一致议决，在修改《土地章程》问题未得圆满解决之前，所有春季新旧各捐一律暂停缴纳。①商总联会随即将决议函告交涉公署，称"世界文明各国断无有不获权利而尽义务者，今同人所要求之各项权利均未达到目的，欲再尽纳税之义务，不特于势有难能，抑且于理已有所不合"，"本年秋冬两季捐款，虽经本会劝告各商如数完纳，然多数心理已属勉强，今交涉业经开始，希望尚属渺茫，揆之不出代议士不纳租税之公例，势难再强已有觉悟之商人纳此无名之捐税"。商总联会同时致函总商会，请各业公团一致行动。②总商会会长朱葆三在8月劝告中小华商暂行缴纳增捐时曾有与商总联会决议意思基本相同之提议，但该会在复函中仅称已致函交涉员催促交涉，并未应允配合抗捐。③12月29日，交涉员杨晟再次致函领事团，转告商总联会之决议及其理由，并温和地表达了赞同之意。④但领事团方面仍无回音。31日，商总联会总董陈则民请各路商联会领袖转告所有商家暂勿纳税，并将决议刊诸报纸，广而告之。⑤次日，商总联会在公共体育场召开规模盛大的新年大会。据工部局警务处情报，约有3000名华人店主参加，中文报刊的报道则称出席的各界代表共计18000人。集会以宣誓永远抵制日货为主旨，但无疑也是商总联会在抗捐前的一次集体动员。据工部局警务处报告，应邀在集会上发表演说的江苏教育

---

① 《商界总联合会开会纪事》，《申报》1919年12月25日，第10版。
② 《各路商界总联合会之要函》，《申报》1919年12月27日，第10版。
③ 《商会对催促修改章程之同意》，《申报》1919年12月31日，第10版。
④ Yangtcheng to Siffert, December 29, 1919, FO 671/447/556, TNA.
⑤ Extracts from Police Intelligence Reports, January 1, 1920, FO 671/447/557, TNA; Extracts from "China Times", December 31, 1919, FO 671/447/559, TNA.

会代表蒋梦麟号召公共租界华人在获得参政权利前拒纳捐税,有人甚至倡言不惜牺牲生命以贯彻商总联会的决议。①

面对华人团体的抗捐决议,工部局董事会完全没有妥协之意,准备照常开征,并对拒缴者采取强制措施。董事会11月得知商总联会提出的《土地章程》修改草案的内容后,一方面以未通过官方途径收到草案为由不予正式回应,另一方面以便函形式提请领事团注意草案对原章程的重要修改之处,特别强调其中每年缴纳房捐和地税总计超过10两者即可拥有投票权和议政权的规定(如前所述,此非华人团体之本意,乃是误译现行章程相关条款且表述含糊而造成的误解)"将不可避免地把公共租界变为华人的,他们有权选举一个清一色的本国国籍的董事会"。② 12月3日,交涉员杨晟与总董庇亚士就修改章程问题进行了非正式讨论。杨晟保证华人团体不会制造骚乱,但称如果不能很快得到满意答复,华商可能拒缴下一季度的房捐,故建议庇亚士协助其发表一份声明,以安抚商家,但庇氏不允。③ 在29日的董事会会议上,庇亚士宣称,商总联会威胁将发起全面罢市。会议讨论了应对罢市的办法,如公共租界武装力量的全面动员和武器装备的补充提升、弹压示威群众的方法、生活物资供应的保障、戒严法之实施等。其后,租界当局又议定了处置华商抗捐的措施,包括请法租界当局查封位于两租界交界线爱多亚路(今延安东路)上的商总联会总部并逮捕其领导人、由会审公廨传唤拒绝缴纳的华人大商家、不向抗捐商家提供治安保护等。④ 1920年1月2日和5日,

---

① 《元旦公共体育场商界集会纪》,《申报》1920年1月3日,第10版;Extracts from Police intelligence reports, January 2, 1920, FO 671/447/558, TNA;上海市档案馆编《工部局董事会会议录》第21册,第534页。
② 上海市档案馆编《工部局董事会会议录》第20册,第795—796页。
③ 上海市档案馆编《工部局董事会会议录》第20册,第797页。
④ 关于庇亚士所称商总联会已发出罢市之威胁,笔者未见直接史料,故庇氏此说或不无危言耸听之嫌。不过,从1919年11月下旬起,租界当局就认为,鉴于带有半政治色彩的华人社团的出现、抵制日货运动的发展、劳工骚乱、布尔什维克主义的传播及银根奇紧等多方面的因素,接下来数月工部局将面临非常危险的情势,有必要增强警力维护治安。上海市档案馆编《工部局董事会会议录》第20册,第796、797、802—805页。12月30日,庇亚士访问法国总领事,后者同意如果商总联会发起罢市,将查封该总会总部并逮捕其领导人。上海市档案馆编《工部局董事会会议录》第21册,第534—535页。商总联会为公共租界华商团体,但其总部设在爱多亚路的法租界一侧,应是为了避免工部局的行政干扰。

董事会又接连召开特别会议,确定了强制征收办法和出现全面罢市或罢工的紧急措施,如遇华人商家普遍拒缴捐税,即向会审公廨起诉,商家如不出庭则予以逮捕,若 24 小时内仍不缴纳,则扣押财物充抵。①

租界当局之所以姿态如此强硬,除了贯彻既有决议和维护自身统治权威,也与外侨对华人参政问题的态度转变有关。自华人团体提出《土地章程》修改草案后,其激进主张引起许多外侨的"极大愤慨"。②"中华社会"上海分会致电伦敦总部,请向英国外交部极力强调修改草案中各项"极端而全面"的变革将对公共租界的外人利益造成"灾难性影响",尽一切所能劝说英国政府维持上海的"现状"。③一些原本同情华人的外侨也因无法接受草案中的激进主张而发生心理变化,据美国总领事克宁瀚(E. Cunningham)了解,即便是此前坚定支持华人参政的美侨群体,其立场也有所弱化。④

尽管如此,为避免华洋关系的恶化,一些外侨仍尝试推动华人参政问题之解决。交涉员杨晟称,1919 年 12 月下旬,数十名英美纳税人向领事团提议尊重华人意愿,修改《土地章程》以便工部局加入数名华董。⑤ 1920 年初,曾经担任工部局董事的英商李德立(E. S. Little,图 4-3)直接向董事会提议增设华董,并积极推动各方交涉。⑥ 1 月 3 日上午,李德立拜访庇亚士,向后者提交了一份书面备忘录,极力主张工部局加入 3 名华董。李氏首先强调,外人必须意识到"今日之中国已非数年前之中国,华人之心理已经大变更",尤其不能漠视华人日渐发达的"粘力与爱国心",否则"必铸大错,而将自遭其反动之祸";直接拒绝华人的参政要求将破坏华洋人士之间的感情,而且可能因不实消息传播至全国各地而"使外人威信一败堕地"。同时,李德立认为华人参政要求"实极合情理,完全与盎格鲁撒逊族之政治

---

① 上海市档案馆编《工部局董事会会议录》第 21 册,533—535 页。
② 郭泰纳夫:《上海会审公堂与工部局》,第 47 页。
③ Letter from the Shanghai Branch, China Association, Shanghai, December 13, 1919, CHAS/MCP/25/271, SOAS Library, University of London.
④ Meyer, "Splitting Apart," pp. 213, 222.
⑤ 《要求市民权之好消息》,《申报》1919 年 12 月 28 日,第 10 版。
⑥ 李德立 1886 年来华,为上海卜内门公司创办人,1904—1906 年任工部局董事,曾参加 1911 年清政府与革命党的南北和谈及 1919 年北京政府与南方军政府的南北议和。

图 4-3　李德立

资料来源：Don Fitch, *The Immortal Part: The Story of Edward Little, the Australia's First Trade Commissioner in China* (Melbourne: Australian Scholarly Publishing Pty, Limited, 2001), p.56。

发展相符，不出代议士不纳租税确是至理"，且华人参政并无损外人对租界的管理权，也不会使界内行政滋生腐败，故工部局承认华人的参政要求乃势所必然，所需考虑的只是实施办法而已。为此，他提出了具体建议：由工部局完全按照编制外侨选举人名册的办法编制华人选举人名册，华洋纳税人的资格和规定一律相同；尽早请华人推选合格之纳税人3名组织一顾问委员会，就涉及华人利益的一切事务向董事会提供建议；宣布立即着手修改《土地章程》，将董事会人数由9人增加至12人，其中3人为华董，由华人选举产生；董事会与华人顾问委员会商定参加纳税人会议的华人名额，参会者亦由华人选举产生。李德立还进一步列举了工部局加入华董的诸多裨益。

1、华洋种种冲突和误解的原因"纵不能尽泯，亦必消除不少"。

2、使华人熟悉外侨民主选举方法，进而对全国政治产生良好影响。

3、使华董得以直接观察现代市政管理方法，从而广泛影响各地华人的市政管理。

4、展现公平对待华人之姿态，赢得其他地区华人对外人的好感和优待。

5、华董之协助有利于顺利解决推广租界和各类涉及界线调整之问题。

6、使华人感觉与外侨为一共同体，彼此融洽合作，增进全国华洋人士之间的关系。

7、使华人切实认识到外侨提倡"亲善"和渴望合作之诚意。

最后，李德立断言允许华人参政"有百利而无一害"，外侨群体将予以赞成，并指出英国殖民统治下的香港、新加坡等多地皆已给予本地人民一定参政权利，"屡经试验而已告成功"。[①] 与工部局方面沟通后，李德立于当日下午会晤华人团体领袖，表示极愿为各方"疏通隔阂"，并提议和华人代表一道拜访英国代理总领事杰弥逊。[②]

和朱尔典一样，杰弥逊此时对华人参政问题的立场也已不复如前。得知商总联会提出《土地章程》修改草案后，杰氏曾向总商会方面表示，中外交涉正在进行，华人"不能操切叫嚣，徒滋误会"，其态度可见一斑。[③] 但鉴于华人抗捐风潮可能再起，即将结束代理总领事职务的杰弥逊为避免华洋冲突，主动邀请华人团体代表举行非正式会谈。1月5日上午，李德立与多位华人代表共同访问英国总领事馆。华人代表包括商总联会总董陈则民、副总董俞国珍和金馨生、顾问余日章，总商会会董聂云台和宋汉章、秘书张筊云，以及商业公团联合会代表汤节之。杰弥逊首先单独会见了李德立，然后与华人代表进行了长时间会谈。[④] 杰氏称商总联会的抗捐告示不会得到外侨的同情，华人参政问题需中国政府与列强政府协商，工部局董事会或领事团无权决定，并将参政问题没有进展的责任归诸华人未接受其此前的建议，即先组织一顾问委员会与工部局协商财政事务。对于华人所提《土地章程》修改草案，杰弥逊认为其内容等同于要求外侨放弃其坚守之权利，他作为英国

---

① 上海市档案馆编《工部局董事会会议录》第21册，第535页。中文版见《要求市民权问题》，《申报》1920年1月8日，第10版。

② 《要求市民权消息》，《申报》1920年1月4日，第10版；上海市档案馆编《工部局董事会会议录》第21册，第536页。

③ 上海市工商业联合会编《上海总商会议事录》（三），第1238页。

④ 李德立原希望参加杰弥逊与华人代表的会谈，但未获杰氏同意。上海市档案馆编《工部局董事会会议录》第21册，第536页。

总领事绝不能接受,若华人以抗捐方式发出"最后通牒"(ultimatum),他将不惜"宣战"(declare war)。关于华人应采取之行动步骤,杰氏建议首先应确定选举华董办法并编制投票人名册,其次组织一顾问委员会协助工部局处理华人相关事务,然后选派代表与董事会协商增设华董和修改章程事宜,再将商定的方案提交外侨纳税人会议表决,获得通过后由领事团和交涉员分别呈交公使团和北京政府批准。从会议记录看,华人方面基本由陈则民代表发言,聂云台等似未直接发表意见。陈则民解释称,根据《土地章程》的规定,修改建议应由地方官员和领事团协商提出,华人团体呼吁各方启动修改事宜无果,故依据领事团复函而向中外当局提交修改草案以供参考,并无强加之意。但杰弥逊表示增设华董和修改土地章程都必须与工部局董事会协商,且相关方案必须经外侨纳税人会议通过,才能请领事团呈交公使团批准,而外交官员通常都会"顺从民意",予以支持。陈则民对此颇感困惑,表示不确定华人团体应该向租界当局、领事团还是特派交涉员提出修改章程之议。[①] 显然,陈则民仅仅从章程规定上理解领事团与工部局的关系,杰弥逊则道出了公共租界政治权力的实际运作模式,其复杂微妙之处显然是陈氏和中小华商不甚了解的。

由于杰弥逊所提建议与华人要求"距离太远",华人团体会后"颇多不满"。但鉴于杰氏的强硬态度,代表们意识到难以通过抗捐达到立即解决参政问题的目的,遂劝告众人大体接受杰氏的建议。1月6日,华人代表再次拜访杰弥逊。陈则民表示华人团体计划首先组织一个协助工部局的6人顾问委员会,所有涉及华人的事务都需征得该委员会的同意;其后,华人团体将与租界当局选派相同人数的代表会商修改《土地章程》事宜,商讨范围包括整个章程,而不仅限于华董选举办法问题。华人团体希望得到杰弥逊的支持,在后者离开上海前与租界当局达成协议。杰弥逊一方面再次警告华人抗捐将导致严重后果,另一方面表示将尽力予以协助,但认为租界当局和外侨

---

① Meeting of Representatives of Street Unions with Consul-General on 1920.1.5, FO 671/447/568, TNA.

第四章 公道与特权：一战后华人参与市政管理之运动的兴起和挫折

纳税人会议甚至领事团都不可能接受华人团体的上述要求。他答应向工部局提议设立华人顾问委员会，不过该委员会只能提供建议，而不能有任何强制性权力。即便如此，他仍无法保证租界当局会接受其提议。①

在安抚华人代表的同时，杰弥逊也试图劝说工部局调整姿态。1月5日，杰氏接见工部局总董庇亚士、董事白罗克-史密斯和总办李台尔，提议由华人选派一个3人委员会与董事会3名成员协商制定一份华人参政方案以便提交纳税人会议，而且鉴于华人经其劝告已准备停止抗捐，因此强烈主张工部局推迟一星期征捐。同时，杰弥逊告知庇亚士等领事团此前已正式致函交涉员表示赞成华人参政的原则，建议工部局加入2位华董，并以函件副本相示。在当天的董事会会议上，董事们对领事团未征求董事会意见便如此行事非常不满，个别董事甚至认为无须重视杰弥逊的意见。最终，众人决议再次召开扩大会议，以决定是否改变原先的立场。同时，董事会以没有收到中国官民的正式抗议为由，拒绝接受杰氏推迟征捐的建议。②

1月6日，工部局董事会再度邀请一些前任董事举行会议，与会者一致认为应坚持此前的决议。他们称工部局不应容忍一些"误入歧途"的领事采取分割公共租界权益的政策，"华人在租界内的地位很像在旅店里居住的旅客，只要付钱，就欢迎他们，甚至欢迎他们提意见，但不能容许他们反客为主"；领袖领事和英国代理总领事等人的"坏主意"助长了华人要求参政的声势，但大多数商店并不拥护抗捐决议，而只是受了各路商联会头目的胁，只要工部局显示出强硬力量，就会很快扭转局势。会议决定立即召集纳税人特别会议，谴责领事团的做法，阐明董事会的立场，请纳税人授权工部局全权处置。③

但次日租界当局收到华人团体来函后，随即决定不再召集纳税人特别会议。与杰弥逊二次会谈并征询李德立的意见后，朱葆三和陈则民于1月7日联名致函工部局董事会称，"为目前问题谋和平及满意方法"并为纳税华人

---

① Minutes of a Meeting between Consul-General and representatives of the Chinese Street Unions and others at H. M. Consulate-General on Tuesday 1920. 1. 6, FO 671/447/568, TNA;《要求市民权问题》,《申报》1920年1月8日，第10版。
② 上海市档案馆编《工部局董事会会议录》第21册，第536页。
③ 上海市档案馆《工部局董事会会议录》第21册，第537—538页。

抗争与博弈：上海公共租界华人参与市政管理的权益之争（1854—1932）

"谋公道之待遇"起见，总商会和商总联会提出一"暂行办法"，请董事会同意由两团体推举6人组成华人顾问委员会，就所有市政事务尤其是关乎华人利益的事务向工部局建言献策，所提建议应受到"尊重"。华人团体希望顾问委员会尽快就职，同时将继续致力于探寻实现尽纳税义务即享代议权利这一基本原则的途径。① 函中完全没有提及房捐、华董或《土地章程》修改草案，说明商总联会准备放弃此前的立场，而只要求立即组织华人顾问委员会。工部局董事会认为此函态度相当温和，华人团体似已妥协，故无必要召集纳税人特别会议。尽管如此，董事会不愿表示丝毫退让，复函称仍秉持致领事团函中的立场，即顾问委员会由5人组成，领事团对其人选有否决权，委员会职权限于对涉及华人利益的事务提供建议，且须集体行动。② 至此，华人团体方得知董事会早已做出反对加入华董、仅同意设立华人顾问委员会的决议。一些华商颇感义愤，有罢市之议。

同日，李德立将此前呈交工部局董事会的备忘录公诸报刊。由于华人与工部局的关系正处于紧张状态，而该文堪称外侨赞成华人参政最力、论述也最为系统的一篇文字，因此一经发表，立即引起中外舆论的热议。中文报刊皆表赞赏，认为是外侨发出的公允之论。《大陆报》也表示"完全同意"。《字林西报》则发表态度强硬的社论，认为少数华人"鼓噪家"组织"威吓工部局之机关"，其不断提高之要求并不代多数华人民意，故主张工部局"宜采坚决态度，虽付暂时若干公共不便之代价，亦无所恤"，"与之一决雌雄，使鼓噪者自知不为重要，事不宜迟，愈速愈佳"。③ 该报另一篇社论称李德立的文章堪称杰作，但忽略了"目前风潮中最重要之点"，即工部局的市政权威遭到了不可容忍的挑战。工部局应坚持只有华人团体保证不拒缴捐税后，才能讨论华人参政问题，否则不仅将"失颜"，而且"无异承认上海有一权力存在"，"随时可因事与工部局为难也"。④

---

① 《要求市民权问题》，《申报》1920年1月8日，第10版。
② 1月8日，工部局将相关信函交报刊登载。"Municipal Council and Chinese Representation: Important Correspondence Made Public To-day," *The Shanghai Gazette*, January 8, 1920, p. 1.
③ 《要求市民权问题》，《申报》1920年1月8日，第10版。
④ 《要求市民权之昨讯》，《申报》1920年1月9日，第10版。

第四章　公道与特权：一战后华人参与市政管理之运动的兴起和挫折

七　强制征捐与华人团体之屈服

在华洋双方未达成共识、舆论存在严重分歧的情况下，工部局于1月8日开始征捐，遭到华人商家的普遍抵制，且有华人商店决定罢市抗议之消息传出。① 商总联会连日召开"严重之会议"，众董事认为工部局复函"不得要领，意殊怏怏"，决定劝告各商家暂勿缴纳捐税，但无论如何不得发生暴动，若被会审公堂传讯，则"宁愿入狱"。② 工部局根据既定方针，向会审公廨起诉河南路和福建路拒绝纳捐的19家较大的华商，会审公廨于10日向被控商家发出传票。当天下午，各路代表数十人谒见交涉员杨晟，以"传单上会审官并无签字，且春季捐现届满期尚有八十日"等质疑传票的合法性，视之为"凌辱举动"，请交涉员"尽力设法撤回传单"。众人"词气激昂"，声明"如传单不取消，则愿闭门停业"，同时表示"全体华商所凭者公道与正义，全以和平手段出之，今工部局不谅，逼而出此，苟欲候审，当全体赴之，非仅十九家之私事也"，并书就"不出代议士不纳租税"的布条，以备出庭时悬举横幅。③ 据《字林西报》报道，11日各路代表集会商讨应对办法时，大约半数与会者主张停止抗捐，参政问题留待将来解决，但另一半代表"则主张极端计划"，意即举行罢市抗议。④

华商与工部局剑拔弩张之际，总商会和交涉员杨晟都极力疏通调解，以免事态升级。他们一方面安抚华商情绪，另一方面与工部局董事会交涉，希望后者暂缓强制征捐并答应尽快设立华人顾问委员会。商总联会原本不准备再与工部局交涉，仍请外交当局交涉解决参政问题，但陈则民还是于10日

---

① 《上海参政运动之形式重大》，《晨报》1920年1月9日，第2版。
② 《要求市民权之昨讯》，《申报》1920年1月9日，第10版；《要求市民权问题》，《申报》1920年1月10日，第10版；Extract from Police Daily Report dated January 10, 1920, 上海公共租界工部局档案，上海市档案馆藏，档案号：U1-2-785。
③ 《要求市民权之昨讯》，《申报》1920年1月11日，第10版；《要求市民权之昨闻》，《申报》1920年1月12日，第1版。
④ 《字林报纪要求市民权问题》，《申报》1920年1月13日，第10版。

抗争与博弈：上海公共租界华人参与市政管理的权益之争（1854—1932）

再次和朱葆三联名致函租界当局，表示顾问委员会可由5人组成，但领事团不得否决其人选，委员会职责也不仅限于涉及华人利益之事务，其任期至《土地章程》修改后获得批准及正式华董选举产生为止。有的外文报刊将该函视为华人团体的"哀的美敦书"，担心若工部局拒绝，华人将举行罢市。①

但工部局方面坚持在华人纳捐之前拒绝讨论华人参政问题，总办李台尔尤其反对因华人的"恐吓和威胁"而做任何让步，并认为总商会是迫于压力而支持商总联会。代理警务处处长希尔顿-约翰逊（A. H. Hilton-Johnson）甚至称据调查90%的华商都愿意缴纳捐税，有的董事则相信华人代表要求工部局做出让步只是出于赢得声望等个人私欲。尽管在宋汉章、聂云台的恳请下，董事会回复了华人团体10日的信函，但并未同意华人的要求，也没有承诺设立华人顾问委员会，仅表示将在纳税人会议上提出相关议案。②

1月12日，会审公廨传讯19家被控华商。各路商联会代表原计划集体出庭抗议，总商会因担心爆发骚乱而极力劝阻，遂改由已加入商总联会的林百克一人作为19家华商的代理律师出庭。由于彼时被控商家已有51户，故此案审理备受关注，公廨"附近一带，有华人成群结队，伫立以待，公廨之内，亦觉人满"。租界当局也严阵以待，"捕房预派中印各捕，均荷枪分站公廨门首，尚有西捕数名，亦携带手枪，内外查察"。林百克称总商会尚在调停征捐问题、华人舆情汹涌且其本人刚刚接手案件，申请展期十日开审，以免华人发生暴动，但遭陪审之英国副领事拒绝。林氏又指出按照英美各国法律，对不纳捐税者不能以刑事起诉，并认为华商"所求者乃公道耳"，审判官不应因种族歧视而使之成为"怨毒事件"。英国副领事不仅不以为然，而且以林氏"威吓公堂"为由停止其以律师出庭之资格。最终，在被告商家或其代表缺席的情况下，会审公堂根据原告工部局代理律师的陈述，判决19家华商必须缴纳捐税并承担诉讼费用。③

---

① 《要求市民权之昨讯》，《申报》1920年1月11日，第10版；《要求市民权之昨闻》，《申报》1920年1月12日，第1版。
② 上海市档案馆编《工部局董事会会议录》第21册，第540—541页。
③ 《要求市民权之昨日波澜》，《申报》1920年1月13日，第10版。

第四章 公道与特权：一战后华人参与市政管理之运动的兴起和挫折

会审公廨宣判后，租界当局几乎没有给华商群体商筹应对的时间，随即采取了强制措施。12日下午，工部局捐务股收税员带领中、西、印武装巡捕，先赴福建路被控各商家追缴捐税。各店铺以主人不在或须等商联会通知为由拒付，征捐人员和巡捕遂自行入店，按照捐税和诉讼费金额强行取走现金或大约等值之财物。据新闻报道和商总联会报告，征税人员"每至一家收捐，以印捕守门，阻止营业，有一时之久"，各商家"有被西捕入店，自行动手，将洋箱用刀撬开者；有将价值贵重之金表洋钱等，自行开橱携去者；有被西捕以手枪对准头部，强迫缴洋者"。其中，志成号桂圆店不仅被从钱箱内取走110洋元，店主房内的衣箱、书箱、铺盖等也遭"任意乱翻"；同芳居食品店则被取走各类食品20余种，以充抵税款和诉讼费。由于征收人员不仅强取税款，而且毁坏物件，妨碍经营，"附近各店铺，大生惊恐，至六时纷纷闭市"，河南路等其他许多马路的商家闻讯也都相继关门。租界当局为预防骚乱，命令中西探目和巡捕"携带枪械，分往各要隘防卫"。① 本地英文报刊的报道则称巡捕采取了"谨慎态度"，表现得十分克制，全程没有发生任何"不幸事件"。② 其间，汉口路商联会副会长、商总联会董事之一顾砚卿因见工部局实施强制征捐措施，"踯躅街衢，大声疾呼"，要求给予华人"文明公道之对待"，同时力图"维持治安秩序"，"卒因奔走劳神，百感交集，愤闷填胸，至第二日气塞痰拥而死"，据称"临没犹勉强呼市民权不达目的不止"。顾氏后被华人商民誉为"为争市民权而牺牲者"和"为国事牺牲"，可能也是唯一直接因参政运动而死的华商。③

---

① 《要求市民权之昨日波澜》，《申报》1920年1月13日，第10版；《要求市民权问题之昨闻》，《申报》1920年1月14日，第10版。
② "Chinese Ratepayers and the Municipal Council," *The Shanghai Gazette*, January 13, 1920, p. 1. 《民国日报》报道称有两家华商因"拒绝过烈"而被巡捕拘留，《北华捷报》则断言绝无此事。《市民权问题突形严重》，上海《民国日报》1920年1月13日，第3张第10版；"Shanghai News: Payment of Rates Refused," *The North-China Herald*, January 17, 1920, p. 156。
③ 《为争市民权而牺牲者》，《市民公报》第2期，1920年，相片栏；《身殉市民权之商人》，上海《民国日报》1920年1月20日，第3张第10版；平君：《争市民权之牺牲者》，《上海三日画报》第17期，1925年。

对于工部局强横粗暴的行为,许多商家感到激愤不已,主张罢市抗议。① 一些个人和团体以书面形式向租界当局发出了威胁。12日,有人投书工部局,称中国人不是印度人,将采取抵货和罢市行动以反抗压迫。② 同日,另有"除暴百人团"之组织致函中央捕房和字林西报社等机构,宣称"凡具强权而无公理者,同人等愿以流血主义推翻之",若三日内得不到关于华人参政权利的满意答复,将号召华人巡捕和水电等公用设施的华人雇员举行总罢工,而且"定再以激烈之手段对付尔辈","虽造成不可收拾之局势,亦所快心"。③

但地方外交当局和总商会都主张暂行缴纳捐税,中小华商在陈则民的主导下也逐渐倾向于妥协。12日强制征捐事件发生后,交涉员杨晟立即派员与领袖领事薛福德交涉,双方商定由被控华商将应缴捐税连同诉讼费用汇交交涉公署,由后者转交会审公廨;工部局强制征捐问题,则由领事因另案办理。薛福德当即致电话庇亚士,要求工部局停止强制征捐。当晚,陈则民劝说各路商家照常营业,不要"徒然罢市",称"洋泾浜章程,如工部局违犯之,可以照法律解决","吾人一方照常营业,一方于市民权仍力求进行,岂不甚好?"据报道,各路代表"均表同意"。④ 次日,商总联会和总商会分别在报刊发布紧急通告,劝说商家正常营业,"切勿稍有意外举动"。商总联会请交涉公署将19家商店捐税连同诉讼费用共计洋1400余元送交会审公廨暂存,要求"俟我人权利问题,得有结果后,再行照交工部局收捐处",并另请交涉员与领事团交涉,由后者饬令工部局发还各店被强行取走之财物。商总联会和总商会在劝告商家继续营业的同时,并未明确表示是否继续抵制征捐,但事实上已基本放弃抗争,默认各商家可自行决定是否照付。据报道,次日工部局在一些马路征捐时"毫未遇到困难"。⑤

---

① 《英租界华商罢市风潮》,《中外新报》1920年1月13日,第3张第2版。
② "Read," January 12, 1920, 上海公共租界工部局档案, 上海市档案馆藏, 档案号:U1-2-785。
③ "Translation of a Circular sent by post anonymously to the Central Police Station," January 12, 1920, 上海公共租界工部局档案, 上海市档案馆藏, 档案号:U1-2-785;《要求市民权问题告一段落》,《申报》1920年1月15日,第10版。
④ 《要求市民权之昨日波澜》,《申报》1920年1月13日,第10版。
⑤ 《要求市民权问题之昨闻》,《申报》1920年1月14日,第10版。

第四章 公道与特权：一战后华人参与市政管理之运动的兴起和挫折

强制征捐取得效果后，工部局董事会继续保持强硬姿态，既不理会薛福德停止强制措施的要求，也拒绝了总商会提出的推迟三日征捐的请求。1月12日英国驻沪总领事法磊斯的归来，使得租界当局更加恃无恐。与暂时代理的杰弥逊不同，法磊斯已连续担任英国驻沪总领事近20年，在领事团中极为强势，对公共租界事务常常独断专行。① 法氏回任后不久，即表示坚决反对工部局增设华董，认为这只是把华洋完全平等参政的要求略微推迟了一点而已，将使英国陷入非常被动的地位；他甚至对无条件地设立华人顾问委员会也持保留态度，称此举是"导向革命的第一步"。法磊斯还指责交涉使杨晟为图私利而煽动华人商民，一些外侨则试图出卖租界固有的权利以换取华人的支持。② 在其庇护下，工部局继续向会审公廨控告不愿缴纳捐税的华人商家。英国副领事则以捐税应由工部局捐务股征收为由，拒绝接受交涉署转交的商家补缴税款。此外，工部局起诉了《新闻报》等几家对强征事件发表"错误的煽动性言论"的中文报纸。③ 有的外文报刊还预料，工部局可能会发布告示，禁止华人聚众示威、召集会议、干涉他人行使职务、发表或传播扰乱治安的不实消息和煽动性文字、悬挂旗帜等。④

对于工部局肆意采取的强制措施，外交当局无力制止，领事团则采取默许态度。1月10日，交涉使杨晟向外交部汇报工部局强制征捐情形，称各路请愿代表"情词异常愤激，意在罢市意图抵制"，请立即与公使团商定《土地章程》修改事宜并尽快付诸施行，"以慰众望而免事端"。⑤ 但外交部以

---

① Minutes by Waterlow, June 23, 1925, FO 371/10943/F 2452, TNA; Bickers, *Getting Stuck in for Shanghai*, p. 34.
② Fraser to Jordan, January 19, 1920, Jarman, ed., *Shanghai*, Vol. 12, pp. 682–683. 朱尔典对法磊斯的立场不以为然，表示赞成设立华人顾问会。Jordan to Fraser, January 23, 1920, Jarman, ed., *Shanghai*, Vol. 12, p. 684.
③ 被起诉的中文报刊被迫发表道歉信，其中《民国日报》主笔叶公超被罚款300元。对于明确支持华人抗捐活动、激烈批评租界当局政策的英文《大陆报》，董事会决定请美国领事注意该报"挑起对公共租界合法当局的对抗情绪和煽动扰乱治安"的行为。上海市档案馆编《工部局董事会会议录》第21册，第543、545页。
④ 《美报载工部局将取缔华人》，《申报》1920年1月14日，第10版。
⑤ 《公共租界添设华董事》（1920年1月12日），北京政府外交部档案，"中央研究院"近代史研究所档案馆藏，档案号：03-16-041-02-002。

《土地章程》原由地方官员与领事团订立为由，仍命交涉员先与领事团交换意见，再筹应对方法。① 而领事团在法磊斯的主导下，实际上已完全站在工部局一边，基本未再干预强制征捐活动，而且在与交涉员的交涉中姿态转向强硬。

官方交涉既无法制止工部局强制征捐，总商会又明确表示不支持继续抗捐或罢市，孤立无援的中小华商只得忍辱退让。1月14日上午，总商联会代表陈则民、俞国珍、王才运及顾问汤节之，和总商会会董聂云台一道拜访交涉员杨晟，磋商拟采取之办法。下午，商总联会在总商会大楼召开全体会员紧急会议，各路商家近千人与会，杨晟和总商会数位代表亦参加，朱葆三和陈则民二人担任主席。首先由陈则民详述商总联会应对征捐之经过，杨晟随后报告外交情形，称工部局加入华董之要求已获驻沪14国领事赞成，"语极诚挚"地劝说众华商"要求市民权为一事，纳捐又为一事"，"市民权应奋勉进行，而纳捐尚望照缴"。其后由聂云台"详述友邦人士接洽之情形，并解释要求市民权进行之程序"，表示其个人也主张"暂行先付"捐税。此时，奉杨晟之命访晤领袖领事薛福德的交涉公署交际科长陈世光携薛氏复交涉员函至会场，由陈则民当众宣读。薛氏在函中未再明确表示赞成工部局增设华董，仅称已将该案转报公使团，一俟收到回复即函告交涉员。尽管如此，陈则民仍劝说各路商家称，"我人此前决议，乃为督促起见，今既有此复函，而上海各友邦之领事，有皆认我人要求为正当，且予我人之同情"，意即不必再坚持抗争立场。随后会议依次做出三项决议：①各商店所受损失问题，由交涉员对外交涉，同时向领事公堂起诉工部局，要求赔偿；②华董及华人

---

① 《上海修改洋泾滨章程事仍应由该员向领团切商由》，北京政府外交部档案，"中央研究院"近代史研究所档案馆藏，档案号：03-16-041-02-003。外交部之所以未继续向公使团交涉华人参政问题，可能与北京政府需要后者协助向租界华人征收印花税有关。1919年11月，北京政府财政部全盘接受公使团的意见后，颁布《租界内华人实行贴用印花办法》，其中规定委托租界当局检查华人是否贴用印花税票，并由外国领事代收罚金。租界华人印花税原定于1920年1月1日开征，因遭到上海公共租界当局和界内华商的抵制而未能按时实施，但北京政府并未就此放弃征收之企图。参见彭南生《租界华商与"五四"后的北京政府及西方列强——20世纪20年代初上海租界华人拒贴印花税票研究》，《史学月刊》2018年第7期。

第四章　公道与特权：一战后华人参与市政管理之运动的兴起和挫折

顾问委员会问题，一面由华人商民积极推进，一面督促外交迅速解决；③春季捐税问题，鉴于"外交当局既苦时间太促，即再退让一次"，同意照付，但要求列强在春季完成对工部局加入华董一事的外交承认。在陈则民、杨晟、聂云台等的极力劝说下，多数与会者最终同意缴纳春季捐税。商总联会遂发表紧急通告，请各商家暂行照付春季捐税。该会还致函交涉员谴责"除暴百人团"以信件"恐吓"工部局的行为，称其违背了华人商民"以和平方法，本公道要求"争取市民权之志愿，请查明函件来源。至此，商总联会通过抗捐推动解决参政问题的斗争已告失败，这也标志着华人参政运动"告一段落"。①

商总联会最终向工部局妥协，是内外多重因素作用的结果。外部而言，交涉员和总商会为维持地方社会经济秩序和对外关系，极力避免华人与工部局发生正面冲突，故自始即不主张以抗捐或罢市等激烈手段争取参政权利，而试图通过与领事团和工部局交涉协商解决。得不到外交当局的支持，尤其是没有总商会的号令和统筹，全面的抗捐或罢市都几乎不可能发起和持续，而部分中小华商的抗争难以对租界当局形成足够压力，只会使商家蒙受损失。内部而言，虽然此前各路商联会代表总体上对外立场比较强硬，但不少商家在抗捐活动中可能只是"搭便车"，并无与租界当局抗争到底之决心。而且成立不久的商总联会组织并不严密，经费亦十分拮据，实际上无力确保全体成员共同分担或弥补抗捐商家遭受的损失。② 因此，一旦租界当局采取强制措施，部分商家即有意妥协，其内部已经难以坚持一致立场。此外，陈则民的个人因素也不能忽视。如前所述，陈氏领导华人参政运动并提出不少

---

① 《要求市民权问题告一段落》，《申报》1920年1月15日，第10版。
② 商总联会成立伊始就面临经费"不敷甚巨"的问题，董事会决议为此发起"特别捐"以补不足，由各路商联会和董事自由认捐，最终捐款总计仅295元。《商界总联合会董事会记》，《申报》1919年10月29日，第10版。关于1月12日强制征捐中各商家的损失，交涉员杨晟于1月13日函请领事团饬令工部局发还扣押财物，但因华人团体要求各商家补缴之税款需待参政问题有结果后方交予工部局，领事团认为这一要求不尊重会审公廨的独立性和权威性且违背判决，拒不所请。Siffert to Yangtcheng, February 13, 1920, FO 671/447/597, TNA. 会审公廨拒绝接受交涉公署转交的税款，工部局后将扣押物品拍卖充抵，各店所受额外损失未获补偿。商总联会1月14日曾决议就"捣毁商店问题"起诉工部局征捐人员，亦无下文。

激进主张，不无政治投机之意图。在赢得中小华商推崇和倚重的同时，其言行也日益引起租界当局的注意。工部局董事会在预筹应对华人抗捐的办法时，就有查封商总联会总部和逮捕陈则民等人之计划。征捐遭遇抵制后，工部局即商请法国总领事查封商总联会总部，并准备以煽动抗捐的罪名对陈提起公诉。① 作为一个精明的政客和律师，陈则民自然不愿见其领导的商总联会被封，也不希望自己此后在公共租界无法立足，故其极力劝阻商人罢市很可能也含有个人前途和利益的考量。②

抗捐风潮平息后，地方外交当局和华人团体并未停止争取参政权利的努力。1月16日，杨晟再次致函领事团，提议开始协商《土地章程》修改事宜。③ 领事团于26日召开会议商讨如何复函，法磊斯力主采取强硬姿态，不仅称华人在抵制日货运动中不负责任的表现证明他们不宜在工部局董事会拥有代表，而且试图以增设华人顾问委员会一事胁迫中方重新开议扩大租界问题。但其他国家领事担心刺激华人情绪，不主张表现过于强硬的姿态。④ 英国公使朱尔典虽已不再支持增设华董，也对法磊斯的顽固立场不以为然。他指出华人对公共租界的持续繁荣至关重要，应增进华洋合作，认为一个组织得当的华人顾问委员会将加强而非弱化工部局处理涉及华人利益的复杂问题的能力，并提及天津英租界和鼓浪屿公共租界的市政当局中、香港地区和新加坡的立法委员会中都已有华人代表。朱氏建议法磊斯不要干预租界当局的

---

① Hilton-Johnson to Liddell, January 9, 1920, 上海公共租界工部局档案, 上海市档案馆藏, 档案号：U1-2-785；上海市档案馆编《工部局董事会会议录》第 21 册, 第 541 页。据工部局警务处情报, 1920 年 1 月 11 日交涉员杨晟曾要求总商会会长朱葆三签署一份文件, 承诺必要时给予陈则民保护, 但朱并未签署。Headquarter, SMP, FO 671/447, 567, TNA. 或许由于商总联会没有宣布罢市, 法国总领事并未对该会总部采取行动, 引起工部局代理警务处处长希尔顿-约翰逊的不满。希尔顿-约翰逊认为, 若法租界查封商总联会总部, 中国官员肯定不会允许其设于华界, 那么如果商总联会总部不解散, 就只能移入公共租界, 届时工部局将易于监控其活动。Hilton-Johnson to Liddell, January 17, 1920, 上海公共租界工部局档案, 上海市档案馆藏, 档案号：U1-2-785。

② 后来, 有马路商联会在回顾参政运动受挫过程时即称, "不幸中途为陈某所欺, 只得不伦不类之五顾问", 似即是对陈则民对外妥协立场的不满。《商界注意纳税华人会改选》,《申报》1924 年 6 月 2 日, 第 13 版。

③ Yangtcheng to Siffert, January 16, 1920, FO 671/447/573, TNA.

④ Meyer, "Splitting Apart," p. 223.

第四章　公道与特权：一战后华人参与市政管理之运动的兴起和挫折

立场和行动，由纳税人会议最终决定是否设立华人顾问委员会。① 3月3日，领事团正式复函交涉员。该函由英、美、比三国领事组成的委员会拟定，称领事团此前虽表示同情华人参政之原则，但未料及华人此后采取的"不明智行动"；函中明确宣布支持工部局的设立华人顾问委员会方案，认为该委员会将满足租界大部分华人的期待，仅在最后表示希望将来有朝一日华人可获得更大的参政权利。② 至此，通过外交途径解决华人参政问题的尝试基本已陷入停顿。放弃抗捐的华人团体继续在宣传和组织上做参政之预备工作，同时仍寄希望于外交协商。3月中旬，商总联会因夏季征捐在即，函询交涉员修改《土地章程》一事的进展，得知交涉停滞后，无奈之下只得仍通告商家照付新一季捐税。此后，商总联会退而求其次，以工部局加入华董作为努力目标，争取外侨的同情与赞成。

华人商家停止抗捐后，外侨社会即有主张工部局增设华董的声音，有的外侨还向华人团体提供了直接协助。原本就支持华人参政的美侨《大陆报》发表社论称："华人在权利上，应有此顾问部，且应可为工部局议董。"③《字林西报》此前虽极力赞成工部局强制征捐以维护当局权威，但同时声明"非反对华人加入议董，吾人以为此举较任何顾问委员会之办法为尤善，盖顾问会虽善，然犹系半饥半饱之办法也"。④ 华人照付春捐后，该报认为"工部局不得不满意者，今已得满意，权力现既证明，磋商即可开始"，且主张接受华人团体所提领事团不得否决顾问委员会人选的要求，以免"有伤华人自尊之心"。⑤ 尽管工部局已表示坚决反对增设华董，商总联会仍试图争取外侨纳税人会议的支持，得到李德立和林百克等人的帮助。在2月下旬商总联会核心人物之一王才运招待多位中外名流的一次宴会上，李德立称相信多数外侨同情华人的参政要求；不久，李氏决定在纳税人会议上提出增设3名华

---

① Jordan to Fraser, January 23, 1920, Jarman, ed., *Shanghai*, Vol. 12, p. 684.
② Siffert to Yangtcheng, March 3, 1920, FO 671/447/598, TNA.
③ 《要求市民权问题告一段落》，《申报》1920年1月15日，第10版。
④ 《要求市民权问题》，《申报》1920年1月10日，第10版。
⑤ 《要求市民权问题告一段落》，《申报》1920年1月15日，第10版。

董的议案。① 林百克则替华人草拟了致外侨纳税人会议的请愿书，并邀请各路代表集议办法。② 4月外侨纳税人会议召开前夕，《字林西报》社论再次呼吁工部局无条件加入华董，指出增设华董的要求并非少数煽动者的叫嚣，而是华人居民真实且普遍的意愿。社论认为，租界当局即将在纳税人会议上提出的设立华人顾问委员会案是一个累赘而不切实际的办法，极易引起华洋双方的不满，委员会与董事会出现意见分歧时更会形成类似两个政府对立的局面，而且董事会加诸委员会人选的限制也会引发争议，导致事与愿违的效应，因此社论主张"一不做二不休"（go the whole hog），纳税人会议应决议呈请领事团着手修改《土地章程》，使工部局加入2位华董。同时，社论建议通过明确规定华人只能选举华董，确保外侨的选举权不受影响，并通过对华董被选举权做出一定限制以防止"令人厌烦"者当选。③ 随后，曾担任工部局董事的英国犹太商人、《大陆报》的拥有者爱资拉（E. I. Ezra）也公开宣称将联署附议李德立的增设三华董案，认为加入华董无损于外侨权利，且有助于增进华洋社会之间的了解与感情，而华人顾问委员会"不独事实上不可运用且足偾事，尤恐激成中外人民间之恶感"。④ 商总联会鉴于上述部分外侨之舆论，决议向外侨纳税人会议提出请愿书，并请李德立和爱资拉为代表发言人，争取与会外侨对增设华董案的支持。⑤ 少数外侨的呼吁和支持虽不无效果，但增设华董案仍未得到多数外侨纳税人的赞同。《字林西报》的主张引起一些外侨投书该报讨论，但其中仅有一人表示赞成增设华董，其余都

---

① "Mr. E. S. Little and Dr. C. T. Wang, Guests of Street Union," *The Shanghai Gazette*, February 25, 1920, p. 6；《李德立提出工部局华董议案》，《申报》1920年3月26日，第10版。
② 《关于华董问题之两消息》，《申报》1920年3月31日，第10版。外侨纳税人会议前夕，《申报》刊载了一封各路代表呈请商总联会向外侨纳税人会议请愿的信函，其内容包括华人要求增设华董之理由，及其对于减少华洋矛盾、改良租界市政和增进商业繁荣的裨益，很可能即是林百克所拟请愿书。《租界纳税华人之意见》，《申报》1920年4月7日，第10版。
③ "Chinese and Council," *The North-China Herald*, April 3, 1920, p. 6.
④ 《爱资拉述租界宜加华董理由》，《申报》1920年4月3日，第10版。
⑤ 《商界总联合会董事会纪》，《申报》1920年4月6日，第10版；《纳税会中之华人代表》，《申报》1920年4月7日，第10版。

第四章 公道与特权：一战后华人参与市政管理之运动的兴起和挫折

"反对甚力"。①

4月7日，因华人参政问题而备受华洋各界关注的外侨纳税人会议召开。② 工部局总董庇亚士在提请会议通过第四项提案即工部局1919年度报告和财政报告时，就提及华人参政问题，称1919年公共租界政潮汹涌，"部分受惑之华人"反对加捐继而提出参政要求，"有别具目的者从中鼓吹罢捐风潮，以侮视工部局权力，而造成不宁之状态"，而且工部局有确凿证据证明支持抗捐者"并非出于自愿，但系威迫之结果"。③ 会议进行至第八项议案时，庇亚士和李德立先后提出设立华人顾问委员会案和增设三华董案。两案都是关于华人参政权利问题，李德立原拟将后者作为前者的修正案提出，但经庇亚士事先与担任会议主席的英国高等法院按察使苏墨立志（Havilland de Sausmarez）协商，苏氏以增设华董案超出工部局权力范围、需中外政府交涉解决为由，将之与顾问委员会案作为两案分别进行讨论表决。④ 在提出顾问委员会案时，庇亚士宣称会议将见证"本租界历史上最伟大之时刻"。⑤ 为了说服与会者支持提案，抵制李德立即将提出的增设华董案，庇亚士着重阐述了其认为华人无权要求参与市政管理的多项理由，包括租界原为外侨而划设，华人无权居住，只是"作为外侨社会的客人"才被允许安居于此；华人所纳捐税仅供维持租界所需的开支，而租界发展所需的开支每一分钱都出自外侨，租界从一片荒芜沼泽发展为一个繁荣大都市也完全得益于外侨的进取和奋斗；华人所缴房捐总额虽多于外侨，但人均仅有1.75两，而外侨则为27两，⑥ 故华人自然无权享有专属于外侨的许多特权。至于租界当局主张设立华人顾问委员会的理由，庇亚士反而解释得较为简要，称工部局希望更切

---

① 《英报对反对加入华董之驳论》，《申报》1920年4月7日，第10版。
② 会前李德立向租界当局提出允许一位中国记者入场的请求，但遭拒绝。上海市档案馆编《工部局董事会会议录》第21册，第565页。
③ 《公共租界纳捐人年会纪事》，《申报》1920年4月8日，第10版。
④ 上海市档案馆编《工部局董事会会议录》第21册，第564—565页。
⑤ "Report of the Annual Meeting of Ratepayers held in the Town Hall on April 7, 1920," The Municipal Gazette, April 9, 1920, p. 152.
⑥ 据工部局方面的统计，1920年度华洋人均缴纳房捐约为1.66两和37.33两。郭泰纳夫：《上海公共租界与华人》，第176—177页注释［1］。

167

抗争与博弈：上海公共租界华人参与市政管理的权益之争（1854—1932）

实地了解华人对市政事务的观点，此前主要向总商会征询意见，但该会因遭到其他华人团体的挑战已无法再代表全体华人社会，故最佳办法是设立一个顾问委员会，而对该委员会成员资格和职权的限制则是必要的"保护措施"。工部局董事、英商领袖之一白罗克-史密斯附议庇氏提案，并做简要说明。会议主席遂将该案付诸表决，结果获得与会者"一致赞成"。①

随后李德立提请大会命工部局董事会推动修改《土地章程》，将董事人数从9人增至12人，加入3位华董。为争取与会者的支持，李德立发表了长篇演说。他首先强调，华人要求参政权利是不可阻遏的政治潮流和华人思想教育进步的结果，并不只是受煽动所致，外侨对之应取欢迎态度。其后，李德立对外侨舆论中反对和赞成增设华董的主要理由一一加以辨析阐论，并宣读了商总联会致纳税人会议的请愿书。

> 吾等下署八千签名者，代表公共租界内六十万以上之华人居民及纳税人，敬请贵纳税人年会允准华人代表参加工部局董事会。吾等不欲多多置辩，只请注意华人输纳工部局每岁收入之相当部分，对税收或其他市政事务却毫无发言权。诸君来自西方，教吾人日纳税而无代表权有违诸君信仰。吾等因觉，所求当能邀诸君之同情。诚祈贵会慨允此请为祷。②

这封请愿书内容简短，姿态甚低，其措辞实际上承认了外侨纳税人会议有权"允准"（grant）华董案。最后，李德立敦促与会者抓住"创造历史"的机会，赞同增设华董这一不仅可以改善华洋关系，而且有裨于租界发展和外侨自身利益的提案。附议人爱资拉随后发言，指出华人参政运动是世界民主大潮的结果，印度、埃及等地的英国殖民政府已经应当地人民的要求给予他们

---

① "Report of the Annual Meeting of Ratepayers held in the Town Hall on April 7, 1920," *The Municipal Gazette*, April 9, 1920, pp. 152 - 153.
② 译文参考蒯世勋《上海公共租界华顾问会的始终》，《上海通志馆期刊》第1卷第4期，1934年3月，第954—955页。

第四章　公道与特权：一战后华人参与市政管理之运动的兴起和挫折

代表权，继而着重论析了华人顾问委员会案"不明智且不可行"之处，最后进一步反驳了外侨一些抵制华人参政的论点，阐释了华人参政的裨益。李德立和爱资拉陈述完毕后，庇亚士起而反击，仍力劝纳税人反对加入华董案。他宣称，租界当局原则上不反对华人参政，但华人参政旨在废除治外法权，在中国政府分裂无能、司法落后低效的现状下，废除治外法权将损害华洋商民在公共租界内的巨大利益；公共租界的安定繁荣主要建立在其中立地位之上，而加入华董将极可能使租界当局卷入中国的政派斗争；华人缺乏市政管理能力，会降低工部局的市政管理效率，中国无处不在的贿赂勒索也将破坏工部局廉洁的市政管理系统。最后，庇氏还断言华人社会已经没有坚持信念、深孚众望的领导阶层，各怀私欲的煽动分子横行当道，试图通过修改《土地章程》使每个华人都拥有投票权，最终选出清一色的华人董事会统治公共租界。虽然其后李德立又有所反驳并得到部分纳税人的赞同之声，但大部分外侨倾向于接受庇亚士的观点，且无耐心继续聆听辩论。最终表决结果，只有大约1/4与会者赞成增设华董，该案遂遭多数否决。①

回顾华人团体提出参政要求之初，颇得外侨主流舆论的同情，直至纳税人会议召开前夕，本地一些重要英文报刊仍有赞成加入华董之主张，且有两位颇有影响的工部局前任董事力助其成，但华董案最终被外侨纳税人会议否决。究其原因，一方面是华人团体自身的立场参差和行动步调不一，可能影响了外侨社会对华人参政运动的观感，其间商总联会的冒进要求也引起一些外侨的抵制心理，而华人团体在工部局强制征捐措施下的迅速屈服更是暴露出自身的软弱性。另一方面更直接的原因是在洋行大班主导的寡头政治体制之下，租界当局和外商精英的立场对纳税人会议的表决结果通常具有决定性的影响。一般外侨平时对公共事务不甚关心和了解，参加纳税人会议亦不积极，与会者更是很少发言参与讨论，只是最后行使举手表决权。1920年公共租界有外侨纳税人1676人，参加年会者仅328人，不足1/5。② 尽管华人参

---

① "Report of the Annual Meeting of Ratepayers held in the Town Hall on April 7, 1920," *The Municipal Gazette*, April 9, 1920, pp. 153–161.

② 李东鹏：《上海公共租界纳税人会议代表性研究》，《史林》2015年第5期，第23页。

政权利案是各项议案中"辩论最烈、费时最久、兴味最浓、而关系亦最大者",但根据会议记录,在讨论过程中,除了提案人和附议人的陈述和辩论,只有一位名外侨极为简略且含糊地表示不认同李德立关于华人参政与废除治外法权无关的说法,其他与会者并未发言参与讨论。① 外侨议政时的这种沉默,在一定程度上是因为平时大多对相关事务未予关注,加之工部局董事会的决策过程并不公开,外侨对所讨论议案往往缺乏足够的了解和思考,难以形成明确的看法和立场。由于董事会由外侨纳税人选举产生,自称外侨利益的维护者和代言人,一般外侨心理上很容易倾向于支持租界当局的判断和政策。

当然,外侨纳税人并非在任何事务上都拥护租界当局的决策,增设华董案遭否决的根本原因仍在于外侨社会的普遍心理,而庇亚士反对增设华董的种种说辞正是迎合了这种心理。如前所述,自19世纪后期起,随着公共租界政治社会的演进和华洋矛盾的增多,外侨即普遍以租界的"主人"和繁荣缔造者自居,贬低乃至否认华人居民的贡献,对华人的种族歧视也日益加深,将华人反抗外人压迫的斗争都视为野蛮排外。正是基于上述心理,外侨社会不仅长期漠视华人的参政吁求,而且屡次试图进一步侵犯中国主权,以扩大自身的特权。进入20世纪特别是民国时期,面对中国政治社会的进步和民族主义的兴起,虽有部分外侨报以较为同情和开放的态度,但多数外侨——尤其是自称"上海人"的英国侨民——并未改变原有观念和思维。为了抵制中国朝野收回租界主权和争取华人参政权利的努力,外侨舆论仍多强调租界社会经济发展是外侨经营的结果,贬低华人的能力和贡献,同时继续以中国政治腐败混乱、司法体系未达到西方标准等为借口,拒绝放弃其特权。对于中国社会思想的进步、市政管理的改良和民众权利意识的提高,一般外侨或因华洋社群之隔阂而缺乏了解,或选择性地视而不见,并将华人的民族主义诉求和维护自身权利的要求都贴上"煽动""过激""排外"等标签。这种

---

① 一些与会者在李德立发言时偶有"同意!同意!"之附和声。*The Municipal Gazette*, April 9, 1920, p.161.

第四章 公道与特权：一战后华人参与市政管理之运动的兴起和挫折

罔顾事实和法理、顽固维护自身特权的思想在各通商口岸的外侨中普遍存在，而以上海公共租界最为典型，故英国《卫报》记者兰塞姆（Arthur Ransome）将之概括为"上海心理"（Shanghai Mind）。① 如前所述，租界当局和英商精英拒绝增设华董的真正原因是担心引起连锁反应，导致列强和外侨失去其他种种特权，不利于战后英国拓展对华商务。这些理由不便堂而皇之地公开宣扬，因此庇亚士在陈述时基本没有论及，而是使用了一套精心准备得十分契合"上海心理"的说辞。② 尽管庇氏所述种种反对加入华董原因的真实性和逻辑大多经不起推敲，且遭到李德立和爱资拉的反驳，但由于迎合了一般外侨的心理，易于引起与会者的"共鸣"，颇具煽动效力，故而最终得到多数外侨纳税人的支持。

得知外侨纳税人会议否决增设华董案后，商总联会随即召开紧急会议，各路代表十分失望和不满，但亦无可奈何，只能接受增设华人顾问委员会案。4月10日，商总联会发布通告称：

> 本会最初要求虽未达到目的，但吾人在工部局既得有发言之第一步，所有关于吾人切身利害之处，未尝不可暂以顾问部为代表公共意思之机关，且此为第一次之试验，事关国际名誉，民族人格，凡界内合有选举及被选举权者，幸勿放弃。③

至此，轰动一时的华人参政运动遭遇重挫，华人团体经过反复抗争和交涉后，最终还是屈服于租界当局的立场和外侨纳税人会议的决议。但暂时的挫折并未使华人参政运动就此偃旗息鼓。李德立宣称，华人对正式参政权利的

---

① Arthur Ransome, "The Shanghai Mind: An Obstacle to British Policy," *The Manchester Guardian*, May 2, 1927, p. 9.
② 庇亚士事先准备了至少两份相关演讲稿，一份用以提出设立华人顾问委员会案，另一份用以反对李德立的增设华董案。他在4月6日的董事会会议上宣读了演讲稿，并吸收了其他董事的意见，加入了以1911年汉口华界大火后的重建为例论证华人缺乏市政管理能力，和华人参政运动的积极分子都是为了一己私利等内容。上海市档案馆编《工部局董事会会议录》第21册，第565页。
③ 《上海各路商家总联合会敬告公共租界纳税华人公鉴》，《申报》1920年4月10日，第1版。

要求已不可能被强行扼杀,"若今日遭拒,他日势必再起,直至最终获允";爱资拉也强调,租界当局提议设立的华人顾问委员会不仅无法满足华人的参政渴望,而且极易引起华人与工部局的矛盾,只会徒增租界内部的"不安和混乱",是"最不可取的一种试验"。① 此后数年华洋关系的演变印证了他们的预言。

---

① "Report of the Annual Meeting of Ratepayers held in the Town Hall on April 7, 1920," *The Municipal Gazette*, April 9, 1920, pp. 153, 157.

第五章　苦涩的"试验"：纳税华人会之成立与顾问委员会的失败

一战后兴起的上海公共租界华人参政运动虽未立即为华人赢得实质的参政权利，但并非一无所获。一者，迫于各方压力，工部局和外侨首次在没有提出任何进一步侵犯中国主权之条件的情况下，同意设立华人顾问委员会，使华人商民首次拥有了一个向租界当局表达对市政事务意见的常规渠道。二者，工部局提出的设立华人顾问委员会案没有具体规定该会的产生方式，在一定程度上是推卸责任之举，但也使华人获得了自主选举顾问之权，由此催生了华人参政的统一组织——纳税华人会。1921年5月，由纳税华人会选举产生的顾问委员会正式就职，开始了华人参与市政管理事务的"第一次之试验"。

但由商总联会主导成立的纳税华人会自始就存在组织上的明显缺陷，其章程也遭到租界当局的苛求刁难，引发了华人团体内部的分裂。华人顾问委员会则因职权严重受限，加之工部局董事会的隔阂与猜忌，在维护华人权益和协助工部局改良市政方面难有作为，很快便形同虚设，对华洋关系的改善作用甚微。随着华人商民对工部局市政管理的不满日益加剧，华人团体再次提出增设华董的要求，但租界当局不予理睬。纳税华人会自身组织的松散欠备和外部支援力量的缺乏，也限制了其对外交涉和抗争的力量。华人团体与工部局的矛盾不断累积，五卅惨案前夕更因工部局"三提案"而高度激化，成为五卅运动爆发的重要地方原因。

一　纳税华人会之创设

上海公共租界纳税华人会是在选举华人顾问委员会的过程中，由商总联会发起组织的。如前所述，组织纳税华人会的倡议最初是1919年8月由总商会聂云台提出的，各路商家代表因恐总商会掌握参政运动的主导权，没有接受这一建议，而是成立了商总联会以领导参政运动。商总联会原寄希望通过推动修改《土地章程》，使华人获得与外侨完全平等的参政权利，华洋纳税人共同组织纳税人会议，共同选举工部局董事，因此起初并无另组纳税华人会之意向和行动。1920年1月抗捐期间，商总联会意识到修改《土地章程》的目标暂时无望实现，与总商会联名致函工部局表示愿意接受先设立华人顾问委员会的办法。这意味着华人将单方面选举产生顾问委员会，由此便产生了统计有选举权和被选举者的问题。其间，英国代理总领事杰弥逊也再次敦促华人团体编制选举人名册，预备将来选举参政代表。

因此，停止抗捐之后不久，商总联会即请各路商联会对华人商家的纳税额进行调查，据之编制选举人和被选举人名册，以备应用。为此，该会印制了纳税资格调查表，由各路商联会分发商家填报。调查表内容共五项，包括人名（店主人、公司总经理或董事长姓名）、户名（店名、公司名或住户名）、产业（在公共租界内之不动产价值）、地名（具体地址）和每年直接缴纳工部局的房捐数额。[①]

1920年4月，商总联会正式接受外侨纳税人会议设立华人顾问委员会的决议结果后，加快了调查华人商民选举权和被选举权资格的工作。10日，该会在报刊发表通告，称选举顾问委员会之"事机已迫"，呼吁有选举权和被选举权的华人勿放弃权利，敦促各路商联会积极进行外，同时请未收到调查表格的商民"于一星期内速赴各分会或本总会索阅补填，幸勿自误"。[②]

显而易见，尽管其主导的参政运动遭遇重挫，商总联会仍试图领导华人顾问的选举。为此，该会进一步援引外部力量，聘请16位名誉董事"扶助本会进行"，其中既有宋汉章、穆藕初、薛宝成等商界精英，也有陈独秀、王正廷、汪精卫、吴稚晖、张东荪、温宗尧、邵力子、许建屏等多位政界和

---

① Fraser to Siffert, February 26, 1920, FO 671/447/600, TNA; Extract from police intelligence, March 3, 1920, FO 671/447/601, TNA.
② 《上海各路商家总联合会敬告公共租界纳税华人公鉴》，《申报》1920年4月10日，第1版。

第五章　苦涩的"试验"：纳税华人会之成立与顾问委员会的失败

报界的知名人士。①虽然绝大多数名誉董事只是虚受其衔，几无实际贡献，但对于成员多为社会地位较低之中小商人且成立不久遽遭挫折的商总联会来说，聘请他们具有重要的象征意义。有学者就指出，商总联会此举旨在与社会政治活动家结成可利用的关系，以自抬身价。②王正廷、汪精卫、吴稚晖和邵力子都是国民党要人，加上此前已较多参与该会活动的戴季陶③，反映出除了陈则民等政学系分子外，国民党在商总联会中影响力也日益扩大。

商总联会此次所聘名誉董事中，王正廷是唯一的外交专家，当时更因拒签《凡尔赛和约》而名噪一时，成为政界风云人物，同时还是上海宁波同乡组织的领导者之一，他的参与无疑有助于商总联会继续主导参政运动。④

但租界当局非常敌视商总联会，不愿见后者组织华人顾问委员会的选举，遂决定"予以反击"，请总商会出面主持此事。尽管前任总董庇亚士在纳税人会议上公开宣称总商会已无法完全代表全体华人民意，另有董事也指出总商会只能代表富有华人阶层，董事会仍决议请总商会负责选举华人顾问委员会。⑤ 4月17日，总办李台尔致函总商会称，工部局希望尽快设立华人顾问委员会，请总商会召集各华人会馆与联合会，选出符合资格规定且"可为代表公共租界全体华人"的五位顾问委员，以便将名单送交领事团批准。⑥

---

① 《各路商界总联合会开会纪》，《申报》1920年4月14日，第10版。
② 郭太风：《二十年代上海商总联会概述》，《档案与史学》1994年第2期，第42页。
③ 如本书第四章所述，戴季陶曾协助各路代表准备《土地章程》修改草案，并在商总联会成立典礼上发表演讲。据工部局警务处的情报，1920年1月初陈则民因事计划暂时离沪，其间拟由戴季陶、余日章和包士杰代为指导各路商联会活动。Acting Commissioner of Police to Consul-General, January 6, 1920, FO 671/447/561, TNA. 4月8日，各路商联会集会讨论如何应对外侨纳税人会议决议，由戴季陶担任会议主席。Extracts from Police intelligence report, April 9, 1920, FO 671/447/613, TNA.
④ 民初，王正廷即被推举为宁波旅沪同乡会副会长，并与虞洽卿等合股创办中华捷运公司，当选9位董事之一。1920年2月，宁波同乡会因新会所即将落成，继续征求会员，王正廷被推为负责此事的总队长。次月，王氏以中华捷运公司总董身份代表该公司举行春季宴客大会。《宁波同乡会征求之筹备》，《申报》1920年2月5日，第11版。《中华捷运公司春季宴客大会》，《申报》1920年3月2日，第10版。4月，新任英国公使艾斯顿（B. F. Alston）抵沪，地方官员举行茶话会招待，王正廷应邀出席。《新任英公使过沪之欢迎》，《申报》1920年4月13日，第10版。
⑤ 上海市档案馆编《工部局董事会会议录》第21册，第568页。
⑥ 《工部局请选华顾问函》，《申报》1920年4月22日，第14版。

图 5-1　王正廷

资料来源:《市民公报》第 1 期,1921 年,相片栏。

由于当时商总联会已在筹备选举事宜,总商会并未立即应允,直到 5 月底,因见商总联会方面的选举并无进展,遂决定着手进行。然而,总商会并未尝试召集公共租界各华人会馆与联合会商讨选举事宜,而只是通告该会所属各商帮和行会,"推举堪胜顾问之员,以供采择",并限期一星期选出。在复工部局函和致各团体函中,该会都声明自身系商业团体,"只能在商言商",不便通告其他与商业无关的华人团体。① 商总联会和商业公团联合会因未加入总商会,也没有收到通告。

总商会的做法很快便遭到华人舆论的严厉批评。商总联会获悉后,将此前为选举顾问委员会而准备的"重要文件,及其法案印品,检送总商会,请代发各团体机关",意在督促总商会联络各界团体,实行普遍选举。但总商会复函仍称只能"就入会之各商业团体推举",不便召集其他团体。商总联会对此非常不满,各界也颇多反对声音,认为总商会"有意屏弃市民,希图包办"。有一位署名"石公"者致函总商会"痛加指摘",指出商总联会是

---

① 上海市工商业联合会编《上海总商会议事录》(三),第 1363 页;《上海总商会致工部局总办李台尔函》(1920 年 5 月 30 日),上海公共租界工部局档案,上海市档案馆藏,档案号:U1-3-1114;《总商会致各商业团体函》(1920 年 5 月 31 日),《市民公报》第 1 期,1921 年,第 2 页。

第五章　苦涩的"试验"：纳税华人会之成立与顾问委员会的失败

参政运动的发动者，"该会各会员，牺牲许多精神，耗尽无数脑浆"才争得华人顾问委员会这一初步成果，其之所以没有立即发起选举，是因为"该会为全体市民争人格，断不愿私为己有"，而是希望由全体纳税华人正式选举出兼具声望、学识、道德和能力的称职人选，以"副众望而洽舆情"，避免外人之轻视。该函进而称，工部局函中有华人顾问委员会须有"代表全租界纳税华人之资格"一语，而总商会"自发表媚日之佳电后，声价信用，早已一落千丈，不但不能代表其他各界，即欲在商言商，各路商界联合会中四千余家商店，均不能承认贵总会可以代表商人"。最后，投书者批评此前总商会不愿盖印支持《土地章程》修改草案，"退处旁观地位"，如今反而自行推举顾问委员会，且以"贵族商会"自居而将各路平民商店组织的商界联合会摈弃在外，"抑何无耻乃尔！"《字林西报》也报道称，传闻总商会拟从该会300余名会员中"自择会员五人"组成工部局顾问委员会，"本埠华人各界颇多反对"。① 总商会登报解释称，加入该会的商业团体涵盖所有上海各业公所和会馆，范围甚广，各马路商店可通过本业之会馆公所进行推举，而且所举人选并不限于总商会会员，因此并无"垄断包办"之意；其他非商业团体则因"漫无涯涘"，非该会所能过问。但总商会的这些辩解之词"未能使人释然"。② 6月10日，北四川路、崇明路商联会在报刊发表了一封言辞激烈的致总商会函，抨击后者"借口在商言商，又希图取巧以遂包办之计"，"弃置全体市民于不顾，若此重大事件，应如何审慎周详，乃竟苟且至此，其意何居？"该函还指责总商会在参政运动中表现消极，"今竟欲坐收渔人之利，纵不自惭形秽，宁不顾全体市民之唾骂耶？"最后，警告总商会"好自为之，毋令外人齿冷"。③

而且，加入总商会的两大同乡团体广肇公所和宁波同乡会收到推举顾问的通告后，也先后公开表示了反对立场。粤籍同乡组织广肇公所在汤节之的主持下召开董事会会议进行了商讨，于6月6日复函总商会称，该公所董事

---

① 《总商会与华顾问》，《申报》1920年6月6日，第10版。
② 《总商会对推举华顾问之解释》，《申报》1920年6月7日，第10版；《华顾问选举问题》，《申报》1920年6月7日，第11版。
③ 《四川崇明两路责难总商会》，《申报》1920年6月10日，第10版。

177

抗争与博弈：上海公共租界华人参与市政管理的权益之争（1854—1932）

一致认为：

> 此次工部局华顾问之设，完全为华人在租界内市民之发动。充任此次顾问之人，当具有租界最多数市民信仰之资格，为将来能代表最多数市民意思之地（位）。是项顾问，关系全体市民权利，即应由全体市民公意推选。本所虽为广、肇两属十余万人之公共机关，但究属市民之一部分，其他应享纳税人权利之团体或个人，尚居多数，况工部局致总商会函内亦有召集在租界之各公所、各公会选出等语，其含有应由多数纳税人选出之意旨，彰彰明甚。本公所未便侵犯多数人权利，擅开员名，供人采择。

函末还附带指出，总商会函中未说明选举办法，该公所认为"此事重大，应有公开之划一手续，且断非一星期所能办理"。次日，广肇公所将会议讨论情形和与总商会往来函件公诸报刊。[①] 8日，宁波同乡会也召集职董及赞助员举行联席会议进行讨论，并听取了商总联会骨干分子之一邬志豪关于该会筹备顾问选举经过的报告，最后议决复函总商会，表达了与广肇公所基本相同的意见。[②]

两大同乡团体明确反对总商会推举顾问的办法而主张公开选举，一方面是因为商总联会此前已经与两团体就公开选举事宜进行过沟通协商，[③] 另一方面也是由于民初上海同乡团体内部的民主化改革，已使公开选举的思想深入人心。[④] 当然，华人团体之间的亲疏关系也是不可忽视的因素。粤商组织广肇公所与江浙商人主导的总商会原本就易生龃龉，而且主持董事会会议商讨此事的汤节之是商业公团联合会的主席之一，该联合会与总商会处于竞争地位，与商总联会则关系较好。相比之下，宁波同乡会与总商会的关系较为密切，故其复函虽表示不赞成总商会的做法，但仍请后者"召集各公会、公

---

① 《广肇公所董事会纪》，《申报》1920年6月7日，第10版。
② 《宁波同乡会开会纪事》，《申报》1920年6月10日，第10版。
③ Draft P. G. J., April 22, 1920, FO 671/447/615, TNA.
④ 参见 Bryna Goodman, "Being Public: The Politics of Representation in 1918 Shanghai," *Harvard Journal of Asiatic Studies*, Vol. 60, No. 1 (June, 2000)。

第五章 苦涩的"试验":纳税华人会之成立与顾问委员会的失败

所及纳税市民之未入公会、公所者,组织纳税人会议,决定选举划一办法,再行举定顾问"。①

处于舆论风口浪尖的总商会已难以领导选举,商总联会遂重新主导其事。经此风波,商总联会方面也意识到不能继续以该会名义号召公开选举,必须组织纳税华人会,方为名正言顺。6月12日,商总联会召开董事会会议,经邬志豪等人提议,决定邀集各团体组织纳税人会,同时请各路从速调查会员。② 次日,总商会致函工部局总办李台尔称,广肇公所和宁波同乡会两大团体主张华人顾问委员会应由全体纳税华人经过公开、统一的程序选举产生,"极为正当,自应赞同",但仍表示"本会为商业团体,应守商会范围",不便召集各团体进行选举,意即不愿继续负责。③

6月22日,商总联会和其他团体代表132人在四川路上海基督教青年会会所召开联席会议,讨论筹组纳税华人会事宜。被推为会议主席的陈则民报告了商总联会争取华人参政权利的经过,表示该会同人"只求为市民争人格,不愿贪天功以为己力",顾问选举"事关全体纳税人意思,当取公开手续,绝不敢步商会在商言商之后尘,以致贻人以口实"。在汤节之、潘励绅等人的提议下,会议决定成立纳税华人会筹备委员会,因与会者"大都面不相识,推举殊属困难",遂由主席陈则民提名20人,众人"鼓掌赞成"。④ 20位筹备委员会成员为潘励绅、汤节之、周渭石、余日章、袁近初、张让三、王正廷、卢炜昌、宋汉章、陈则民、余仰圣、陈文鉴、周之瑺、邬志豪、张慕曾、田时霖、江湘浦、应季审、何鹿山和周清泉。其中,王正廷是唯一的政界名流。虽然王正廷也在公共租界内有商业投资,但华人团体无疑是希望借重其丰富的外交经验和颇高的社会声望,王氏也因此很快取代陈则民成为组织纳税华人会事务的领导人物。

6月30日,商总联会召开筹备委员会会议,公推王正廷为会议主席。陈

---

① 《宁波同乡会开会纪事》,《申报》1920年6月10日,第10版。
② 《各路商界总联合会开会纪》,《申报》1920年6月13日,第10版。
③ 《上海总商会致函工部局书记》,上海公共租界工部局档案,上海市档案馆藏,档案号:U1-3-1114。
④ 《各路商界联席大会议》,《申报》1920年6月23日,第10版。

则民提出筹备委员会的任务仅限于调查选举和被选举人资格、议定纳税华人会组织方法等事。王正廷指出需依次进行的三项工作：首先请有选举、被选举之资格者，限期报名到会，其后召集组织纳税人会，最后选举顾问。会议通过四项决议：第一，推举王正廷、余日章、陈则民、潘励绅和朱赓石5人为纳税华人会章程起草员；第二，推举王正廷为筹备委员会委员长，陈则民为副委员长，另推举银钱管理员2人、书记长1人，并规定了经费支付程序；第三，假爱多亚路13号商总联会三楼为办公地点，房租公摊；第四，会费由各团体和个人随意捐助。①

此后数月间，筹备委员会举行多次会议，商讨拟定纳税华人会章程，同时通过报刊媒体和社会团体等多种渠道调查有选举权和被选举权之市民。关于参政之资格，该会公告中称：

> 有选举资格列下：一，所执产业地价在五百两以上者；一，每年付房、地捐在十两以上者；一，每年付房租在五百两以上而付捐者。
>
> 凡住居公共租界五年以上有被选举资格列下：一，年付房、地各捐在五十两以上者；一，年付房租一千二百两而付捐者。②

其实，外侨纳税人会议通过的议案仅对华人顾问当选者的条件——相当于被选举权资格——做了限定，即1919年10月24日工部局董事会致领袖领事函中的要求：在公共租界居住五年以上，每年付房租1200两以上且缴纳房捐，且不能在中国政府任职。③ 对于顾问的选举权，议案则没有任何规定，故上

---

① 《商总联会两会纪事》，《申报》1920年7月1日，第10版。
② 《敬告纳税华人》，《申报》1920年9月13日，第1版。这则公告9月13—29日在该报连续刊登。
③ 其中，房租一项要求与工部局董事被选举权的规定相同。拥有董事被选举权的另一项条件是名下产业每年所付房捐和地税满50两，租界当局未将之作为华人顾问当选者的条件，应该是因为此项要求系针对拥有地产者而言，而《土地章程》并没有明确赋予华人在界内购置地产之权。但纳税华人会筹备委员会仍将之列为顾问被选举资格之一。"Municipal Council and Chinese Representation: Important Correspondence Made Public To-day," *The Shanghai Gazette*, January 8, 1920, p. 1.

第五章 苦涩的"试验":纳税华人会之成立与顾问委员会的失败

述三项选举资格是筹备委员会主动设定的。和1919年各路商家代表所拟《土地章程》修改草案一样,筹备委员会的公告也意在直接采用现行土地章程中对外侨选举权的规定,因此基本沿用了修改草案中选举权资格的表述,仅将第一项中"不动产"改为与英文原文一致的"地产"。但如前章所述,《土地章程》修改草案中的前两项选举权资格将现行章程的一项资格错误译述为两项,且其中实际针对有不动产者的第二项条件因没有限定适用对象而文义含糊。① 筹备委员会的公告不仅没有纠正这些问题,而且表述更加潦草,甚至没有说明各项条件是需同时具备抑或只满足其中一项即可。对于缺乏参政经验的华人商民而言,上述规定自然十分费解,故后来有人批评其"含糊不明,实为抄袭所得之官样文章"。② 据称,商总联会和纳税华人会筹备委员会先后发出调查表40000余份,对所收回者进行审查筛选后,统计符合选举权者共计1800余人。③

至10月中旬,各项筹备工作基本就绪,上海公共租界纳税华人会于14日下午在四川路基督教青年会举行成立大会。是日,公共租界各商店"多高悬国旗志庆"。与会的纳税华人会会员和来宾千余人,会议主席王正廷宣读纳税华人会章程草案,由大会逐条讨论、修改和表决通过。章程共计九条,其中第三条对会员资格的规定即此前公告中选举权的3项条件,且说明满足其中一项即可。第四条规定纳税华人会采取理事部制度,由全体会员选举27人组成理事部,任期3年,每年改选1/3;理事部公推正、副主任各1人;参加工部局之5名代表(即顾问委员会成员)由理事互选,任期一年;所有理事及代表可连选连任,但不得过两年。第五条规定理事被选举权资格即此前公告中顾问被选举权的2项条件,亦说明满足其中一项即可。这是因为顾问系由理事互选产生,若所有理事都满足顾问所需条件,则可避免出现当选

---

① 1922年3月,著名学者和社会活动家张君劢应邀在公共租界纳税华人会年会上发表演讲时,也将《土地章程》中规定的外侨选举权资格理解为上述三项条件。张君劢:《上海公共租界法租界之自治组织及上海市民对于自治之责任》,《东方杂志》第19卷第7号,1922年4月,第120页。

② 上海商界联合总会:《华人纳税会失败之内幕》,1921年,第8页。

③ 《本会章程之由来及交涉之经过》,《市民公报》第3期,1921年,第13页。

顾问不符合租界当局规定的情况。①

图 5-2　1920 年 10 月 14 日公共租界纳税华人会成立大会

资料来源：《市民公报》第 4 期，1921 年，相片栏。

纳税华人会成立后，首要工作即是选举理事和工部局顾问。10 月 21 日进行理事选举，共发出 1500 余张选票，实收到投票 927 张。次日开票，所得票数最多的 27 人当选理事。王正廷以 661 票名列第一，聂云台和陈则民得票数分列二、三位。当选者大多为商界人士，其中 9 人为总商会会董，包括新任会长聂云台和副会长秦润卿等，基本是新兴的工商精英。政界要人除王正廷外，伍朝枢亦当选。同时，以票数次多的 15 人为候补理事。② 11 月 1 日，召开理事部成立会，汤节之等 3 位当选理事声明因故不能应选，由虞洽卿等候补理事的前 3 位递补；吕静斋因被推选为纳税华人会庶务长，按照章程不能兼任理事，由潘作楣递补。众理事推举王正廷为理事部主任，陈则民为副主任。

11 月 9 日，理事部选举顾问，宋汉章、余日章、谢永森、穆藕初、陈光甫 5 人当选。其中，宋汉章和穆藕初为总商会会董，陈光甫亦为商界名流，余日

---

① 《租界纳税华人会成立会纪》，《申报》1920 年 10 月 15 日，第 10 版。
② 《纳税华人会选举理事揭晓》，《申报》1920 年 10 月 23 日，第 10 版。

第五章 苦涩的"试验":纳税华人会之成立与顾问委员会的失败

章为中华基督教青年会总干事且具外交经验,谢永森为著名律师。5人皆可操流利英语,宋汉章曾在外人管理之电报局和海关任职,余日章、穆藕初和陈光甫曾留学美国,谢永森先后毕业于英国剑桥大学和伦敦法律专门学校,并在英国获律师执照,"曾屡出庭于英国高等审判厅,具有法律经验"。①

至此,上海公共租界纳税华人会的组织初步建立。虽然该会章程自称以"专为发达界内之自治及公共之利益"为宗旨,但其核心任务无疑是争取华人参政权利及运用此种权利维护华人利益。不同于总商会、商总联会等同业团体和广肇公所、宁波同乡会等同乡组织,纳税华人会是一个跨越了行业、籍贯、阶层等界限,在某种程度上可以代表公共租界全体纳税华人的团体。它的创设使上海公共租界华人居民有了统一而正式的参政组织,是该租界华人参政运动史上的重大事件。

二 顾问委员会就职的波折

1920年11月纳税华人会完成顾问选举后,顾问委员会并未立即得到工部局的承认,而是历经一番波折,直到次年4月才正式就职。顾问委员会迟迟未能履职的主要原因是租界当局对纳税华人会章程的不满和刁难。此事既反映了租界当局对纳税华人会的疑忌,同时暴露了纳税华人会自身组织的问题。最终,纳税华人会选择了退让,对章程进行修改,顾问委员会方得顺利就职。章程风波激化了商总联会内部的矛盾,最终引发组织上的公开分裂,对华人参政运动的推进产生了负面影响。

从1920年6月的最初商讨到10月正式成立,纳税华人会的筹建经历了数月时间。然而,由于公共租界华人人口数量庞大,结构复杂,而主导其事

---

① 《代表市民出席工部局之五顾问肖像》,《市民公报》第1期,1921年,相片栏。在理事选举中得票最高的3人此前都曾表示无意担任顾问。《五人辞谢工部局顾问之外讯》,《申报》1920年4月11日,第10版。王正廷1920年9月受命担任外交部和约研究会会长后,实已不符合租界当局所要求的顾问不能在中国政府担任官职之条件;聂云台于1920年8月新当选总商会会长,事务繁殷;陈则民不仅不谙英文,而且为租界当局所强烈敌视,自然不是顾问的理想人选。

183

的华人团体的资源有限，且缺乏经验，导致纳税华人会的组织结构自始就存在明显的缺陷。

首先，由于调查工作不够全面周密，纳税华人会的会员人数远低于实际符合条件的人数，导致该会的代表性相当有限。商总联会和纳税华人会筹备委员会先后通过各马路商联会、总商会、各业会馆公所和各地同乡会等机构进行调查，并多次登报通告合格者主动登记，最终却仅得1800余会员，仅略高于同年外侨纳税人数1676人，这与当时公共租界约76万的华人总人口数显然不成比例。实际符合条件的纳税华人人数当远不止此，调查所得会员绝大多数为各主要马路的商家——如四马路（即福州路）调查结果有97人符合会员资格[1]——而其他区域和职业的调查登记恐遗漏甚多。这固然与一般商民参与公共事务的积极性有关，但组织者资源之有限和调查方法之欠备也是重要原因。

其次，理事的选举程序也难称严谨。根据纳税华人会的调查，拥有被选举权者约为500人。可能是由于调查结果与现实情形相去较远——后有批判者称调查有大量遗漏——抑或是出于其他原因，纳税华人会在理事选举前并未公布候选人名单及其资格证明。理事的选举结果因此颇受争议，有舆论认为当选者中有不少资格不符而滥竽充数之人，连理事部的正、副主任王正廷和陈则民的被选举权资格（主要是在公共租界居住五年一项）也遭到质疑。而且，筹备委员会20名成员中有12人最终当选理事，也引起一些团体对选举舞弊的怀疑。[2]

最后，纳税华人会成立之初即存在多重内部矛盾。该会成立前后，主导其事的商总联会内部因对待国民大会态度问题引发的政见分歧和围绕董事换届选举的权力争夺，加之会内宁波商人和非宁波商人之间的帮派之争，矛盾迅速加剧，甚至发生激烈的会场打斗事件。[3] 这些矛盾自然延伸到新成立的

---

[1] 1921年4月又增加5人，共102人。《四马路纳税人会议纪》，《申报》1921年4月4日。
[2] 上海商界联合会总会：《华人纳税会失败之内幕》，第7—8页。
[3] 彭南生：《政争、权争与派系之争：上海商总联会分裂原因初探》，《史学月刊》2014年第8期。

第五章 苦涩的"试验":纳税华人会之成立与顾问委员会的失败

纳税华人会。在对待国民大会态度和董事换届选举问题上带头向商总联会发难的四马路泰东图书局总经理赵南公,在纳税华人会成立大会上发言指责筹备委员会所定选举权资格"采用资本主义",只能代表资本家群体,无法代表全体市民。会议主席王正廷答复称参政资格暂时依照现行土地章程之规定,将来可随时改订,赵南公和一些会员离席退场,以示抗议。① 在此后的理事和顾问选举中,粤商群体受到明显排挤。27位当选理事中,仅政界名流伍朝枢和粤商领袖劳敬修、汤节之3人为粤籍,得票数分别位列第6、第21和第26,当选5名顾问中更无一人为粤籍。② 这种结果与旅沪粤籍商民在当地社会中的巨大影响力极不相称,不利于纳税华人会的内部团结。

此外,纳税华人会章程对该会的组织形式有两处十分模糊的规定。其一是第六条"理事之职责"。

> 凡界内华人关于切身利害之事,及对于界内之自治行政,有所建议或请愿等事,皆须经理事部审定后分别办理之。③

该条起初名为"办事程序",后改为"理事之职责",旨在确定理事部在华人与工部局交涉事务中的领导地位和权力。然而,其中没有说明顾问委员会成员向工部局提出意见和建议时,是否需事先经理事部审议通过。理论上说,各顾问都是华人一分子,似应受该条规定之约束。有时评即直言,该条章程表明与租界当局的交涉事务"其权重在理事部,而不在顾问部"。④ 但事实上,顾问委员会是工部局承认的华人代表,身份自然不同于一般华人居民,该条表述中又未言明,导致其与理事部的关系颇为含糊不明。其二是章程第

---

① 《本会章程之由来及交涉之经过》,《市民公报》第3期,1921年,第13页;上海商界联合会总会宣布:《华人纳税会失败之内幕》,第7—8页。
② 汤节之不久以在公共租界居住不满五年为由主动请辞理事,原为候补理事的粤商潘作楫则因理事吕静斋被推举为庶务长而递补为理事。参《本会致交涉使报告选举函》(1919年12月2日),《市民公报》第1期,1921年,第5页。
③ 《租界纳税华人会成立会纪》,《申报》1920年10月15日,第10版。
④ 《租界拟举华顾问经过》,上海《民国日报》1920年11月10日,第3张第10版。

八条规定"本会经费由界内纳税华人负担之",① 却并未说明负担的具体方式。根据筹备委员会商讨的结果,纳税华人会没有采用会员会费制,而是函请各团体捐助经费,同时接受各界的赞助。该会因此缺乏稳定的经费来源,势必不利于日常运作。其实,这一问题在纳税华人会筹备期间即已出现,② 但正式公布的章程仍未对经费来源做出明确规定。

纳税华人会组织结构存在的各种问题,不仅引起部分华人的非议,而且导致租界当局对该会的轻视和猜疑,章程中对理事部权力的含糊规定更是遭到工部局董事会的质疑和反对,影响了华人顾问委员会的顺利就职。由于工部局最初请总商会出面组织顾问委员会之选举,纳税华人会理事部完成顾问选举后,于11月下旬请总商会致函工部局转告选举经过和结果,以便顾问委员会尽快就职。其后,理事部又应工部局总办李台尔的要求,请总商会转交了一份纳税华人会章程。12月,工部局警务处对5位顾问人选的背景进行了详细调查。李台尔向工部局董事会提交了一份备忘录,称纳税华人会的许多领导成员在此前争取参政权利和反对加捐的活动中曾扮演重要角色,该会自称代表公共租界全体纳税华人,但实际上很可能仅代表极小一部分人,因为多数华商没有加入。纳税华人会章程各款中,第六条不出意外地引起李台尔的特别关注。在他看来,根据该条规定,华人顾问委员会成员必须向理事部汇报工部局所咨询的任何事务,并由理事部最终决定如何应对,而且顾问委员会就任何事务向工部局提出的建议,实际上也是出自理事部,其结果是"工部局将无法获得华人顾问委员会不偏不倚的观点"。李台尔进而强调,该条章程会使华人顾问委员会被理事部所控制,后者也将由此篡夺原本没有的权力。这在任何情况下都不能允许,因为华人积极分子创设纳税华人会的目的受到收回"主权"和打破公共租界"半独立"地位等诉求的影响,他们将利用一切机会要求取得华人在董事会的直接代表权,若其成功则不仅会使外人威望受损,而且公共租界的统治权也将迟早落入华人之手。尽管李台尔还

---

① 《租界纳税华人会成立会纪》,《申报》1920年10月15日,第10版。
② 《纳税华人会筹备处往来函稿》,《申报》1920年8月31日,第10版。

第五章　苦涩的"试验"：纳税华人会之成立与顾问委员会的失败

认为章程第八条对经费来源的模糊规定可能被理事部用来"勒索"华人居民，从而打破只有工部局有权在界内征税之惯例，但他最终建议董事会在复函总商会时只提及章程第六条，声明无法接受根据该项规定产生的顾问委员会提名。①

董事会成员基本同意李台尔的意见，不反对纳税华人会选举产生顾问之程序，但坚决反对该会章程第六条。② 为避免被华人认为有意阻挠顾问就职，董事会先与总商会新任正、副会长聂云台和秦润卿等沟通意见后，方由总办李台尔在1921年1月中旬正式复函总商会，表示不能接受当选之顾问名单。该函一方面称当选者中有一人或多人不具备所需资格，却并未说明何人未达到哪项要求；另一方面着重强调不能承认纳税华人会章程第六条对顾问的限制，称其将使理事部"实际执管理租界事务之权，殊属未便照准"，要求"各顾问无论其进议或陈述，不能受任何管理或监督团体之束缚"。最后，工部局方面敦促华人团体尽快重新"将资格完全而不受上述章程所束缚者选定五人"，开送名单，以便当局考虑。③ 对此，聂云台在与工部局方面会晤时就称后者对章程第六条存在误解，其规定与顾问完全不相干；纳税华人会在答复函中表示，5位当选顾问的资格"确属完全"，工部局对章程第六条的疑问"实由译文之误解"，该条内容并无约束顾问之意，同时强调纳税华人会完全赞同租界当局关于华人顾问自主性和独立性的意见；各顾问在接受采访时也明确表示，其行动之自由不受纳税华人会章程的掣肘和领事部的监管，否则"早不愿当选为工部局之顾问矣"。④ 但工部局方面并不认可上述解释，坚称并未错译和误解条文，仍表示除非纳税华人会修改章程，否则拒绝委任

---

① N. O. Liddle, "Memorandum on Chinese Advisory Committee,"上海公共租界工部局档案，上海市档案馆藏，档案号：U1-3-1114；上海市档案馆编《工部局董事会会议录》第21册，第615页。
② 上海市档案馆编《工部局董事会会议录》第21册，第618页。
③ 《总商会转工部局来函》（1921年1月17日），《市民公报》第3期，1921年，第10—11页。
④ 上海市档案馆《工部局董事会会议录》第21册，第624页；《本会复总商会请转工部局函》（1921年1月24日），《市民公报》第3期，1921年，第11页；《五顾问之谈话》，《申报》1921年2月20日，第10版。

187

顾问委员会。① 工部局的强硬立场得到领事团和外侨舆论的支持。

由于华人顾问委员会迟迟不能就职，华人团体纷纷致函纳税华人会催询。舆论有指责租界当局"有意延宕"者，也有主张不必坚持章程第六条的声音，还有批评纳税华人会也被批评办事不力者。② 面对多方压力，纳税华人会决定于4月4日召开临时会员大会，公决是否取消章程第六条。4月2日，商总联会邀请报界人士举办茶话会，王正廷报告称，工部局数位董事和个别"重要西人"都已明确表示只要取消章程第六条，顾问即可就任。他同时表示："查章程第六条，实无甚紧要关系，去留均无不可，而各方面，均极盼五华顾问就职。"③《申报》次日的一篇评论也认为，第六条"所载理事之职责，未必为顾问问题根本之所系，取消之亦未必于大局有所动摇，则牺牲此条以换该问题之一切顺利，五顾问之得早日就职，名虽让步而实为有利之主张"。④ 这些公开言论为即将召开的大会定下了基调，而纳税华人会向租界当局商借南京路市政厅作为会议场地，似也不无示好和解之意。

4月4日，纳税华人会临时大会如期举行，据统计符合纳税人资格的与会者共512人。大会主席王正廷报告与工部局交涉经过后，当选的顾问委员会成员之一余日章解释章程第六条起草之理由，并分析了取消该条的利弊。余日章表示，为避免顾问就职一事继续停顿，影响华人参与市政事务之大局，主张取消第六条。在其后的讨论中，有个别发言者主张为避免"示人太弱"而建议仅进行修改，其余均赞成取消。最终表决，470人赞成取消，42人反对，王正廷遂正式宣布取消章程第六条。⑤ 5日，纳税华人会将会议结果函告工部局，工部局随即将顾问委员会5人名单送交领事团批准。5月初，工部局正式以公函聘任5位顾问"助理工部局关于界内华人利害相关之事"，

---

① 《关于华顾问之工部局复函》，《申报》1921年2月19日，第10版；《工部局为华顾问事复商会函》，《申报》1921年2月26日，第10版。
② 老圃：《纳税华人会与工部局》，《申报》1921年2月20日，第11版；《福建路商界讨论华顾问事件》，《申报》1921年3月30日，第10版。
③ 《华顾问就职问题之谈话》，《申报》1921年4月3日，第10版。
④ 讷：《华顾问问题》，《申报》1921年4月3日，第11版。
⑤ 《纳税华人临时大会纪》，《申报》1921年4月5日，第10版。

邀请各顾问定期与董事会会晤。① 至此，华人顾问委员会就职问题方得以解决。

图 5-3　1921 年 4 月 4 日纳税华人会修改章程会议

资料来源：《市民公报》第 5 期，1921 年，相片栏。

延宕近半年之久的顾问就职风波激化了纳税华人会的内部矛盾。如前所述，在 1920 年 10 月 16 日纳税华人会成立大会上，即有部分会员因对章程不满而退场抗议。其后，因商总联会以筹设纳税华人会为由推迟了董事换届选举（首届董事任期至 10 月 26 日期满），以四马路商联会为首的一些马路商联会于 11 月上旬用"上海商界联合总会"的新名义发表公告，宣布成立"改组筹备处"，每周定期开会讨论改组事宜，邀请各路各会参会发表意见。② 商总联会随即宣布将于 11 月 15 日进行董事改选，"上海商界联合总会改组筹备处"又发布公告，称商总联会"因为专制制度，一切事件向操纵于少数非商人之手，以致内容腐败，发生种种违法举动，各路公愤，纷纷脱离，根本上久已无形解体"，其改选事宜"仍旧以少数人操纵其间"，号召各路商联

---

① 《工部局请五顾问就职公函》，《申报》1921 年 5 月 7 日，第 10 版。
② 《上海商界联合总会改组筹备处启事并征求各路各会意见》，《申报》1920 年 11 月 7 日，第 3 版。

会抵制选举,"勿为朦蔽"。① 这标志着主导创设纳税华人会的商总联会内部已然公开分裂。1921年2月,随着顾问就职问题的发酵,纳税华人会内部的矛盾也益发激化。原本就对该会筹备过程和选举结果心存不满的部分会员认为顾问就职受阻系理事部种种措置失当所致,四马路商联会在新任会长赵南公的主导下提出"补救改进"方案,包括对纳税人资格"另用详密的调查"并重新选举理事等。② 理事部则印发传单进行辩护和反击,向会员解释纳税华人会章程之由来和与工部局交涉经过,并指责赵南公等有意制造分裂。③纳税华人会临时大会召开前夕,一些马路商联会又以"上海商界联合总会"名义印行小册子,指责理事部传单"纯为片面回护,挑拨意见之词,实足混淆视听,欺朦大众",并从章程制定、理事选举、会员调查、人事组织等方面系统抨击纳税华人会种种"处置失当、起人疑窦"之处,希望纳税华人和团体"细细研究","共筹补救改进善法",在临时大会上"当场发表",勿"再任一般政客博士操纵其间",累及全体市民之权益。④

虽然纳税华人会临时大会解决了顾问就职问题,赵南公等个别会员提出的取消理事部之议未得到与会者普遍赞成,会场也没有发生激烈争执,但其内部矛盾已很明显。1921年9月,24个马路商联会正式成立"上海马路商界联合总会"(以下简称商联总会)⑤,商总联会公开分裂。虽然商联总会的成员并未退出纳税华人会而另立组织,但正如有人所言,华人内部之意见纷争未能消除,"非特足以减少进行之能力,且对外适以自暴其弱点而丧失自身之信用,此实关于根本问题而不可忽者"。⑥ 由于商总联会在纳税华人会会

---

① 《各路商界总联合会开会纪》,《申报》1920年11月10日,第10版;《上海各路商界联合会同人公鉴》,《申报》1920年11月15日,第1版。
② 《商界联合会开会汇纪》,《申报》1921年2月27日,第11版。
③ 传单内容见《本会章程之由来及交涉之经过》,《市民公报》第3期,1921年,第13—15页。
④ 上海商界联合总会:《华人纳税会失败之内幕》。
⑤ 该会筹备之初使用"商界联合总会"名义,正式成立时则称"商界联席会议"或"商界联合会议"。此后又改用"商界总联合会"之名称,当时报刊亦简称为商总联会,常在其后附注地址江西路六十号,以区别于爱多亚路之商总联会。学界为表述方便,通常称之为商界联合总会,简称商总会。
⑥ 《华顾问问题》,《申报》1921年4月3日,第11版。

务中的主导角色，其分裂不可避免地削弱了纳税华人会的内部凝聚力和对外交涉能力，致使该会在相当一段时间内组织较为涣散，对华人顾问委员会的活动和参政运动之推进都产生了不利影响。

三　工部局与顾问委员会的隔阂和矛盾

1921年5月11日，在400多位华人团体代表的欢送下，工部局第一届华人顾问委员会正式就职。尽管顾问委员会是华人团体在租界当局强压下被迫接受的间接参政形式，华洋双方起初对之仍抱有一定期望。参政运动遭遇阻挫，未能实现增设华董的诉求，华人商民当然心存不满，就连对参政运动介入不多的地方名流马相伯也在欢送顾问就职大会上当众感叹："费九牛二虎之力，只得一顾问，非吾人最伤心之事乎？"① 但无奈之下，华人团体只能寄希望于顾问委员会的"试验"，期待"于租界上华人应兴革之事端，胥赖顾问之力，有所建议，既尽纳税之义务，亦得稍享纳税之权利"。② 尽管工部局方面提出设立顾问委员会的初衷并非诚意接纳华人参与市政管理，而主要是借此缓和华人要求参政之民气，但董事会对顾问委员会也不无期待。新任总董白罗克-史密斯在欢迎首届华人顾问正式就职时表示：

> 吾人了解凡关于中国居民之事，常有许多问题，吾人于此，愿欢迎密切合作与襄助。而此合作与襄助，可随时商诸明白之华人如诸君者而得之也。余信在各种事件上，诸君建议，必能健全明达，吾人得建议之助，定能使租界内中国居民始终愉快满足也。

宋汉章代表顾问委员会答词，称委员会会在涉及华人利益的事务上向董事会积极陈述意见，尽力合作，希望其工作能有助于维持和增进华洋居民间的

---

① 《欢送五顾问就职大会纪》，《申报》1921年5月12日，第10版。
② 《总联合会关于华顾问之公函》，《申报》1921年2月16日，第10版。

"友谊与好意","而因此使华人方面享有市政上更充分之权力与义务"。①

图 5-4　1921 年 5 月 11 日商总联会及各公团欢送五顾问就职并请马相伯演讲租界历史

说明：前排自左至右依次为余日章、穆藕初、宋汉章、谢永森、陈光甫、马相伯。
资料来源：《市民公报》第 10 期，1921 年，相片栏。

1920 年代初，上海公共租界经历了一战结束后的复苏，迎来又一个社会经济快速发展时期。随着市政事务的日益纷繁和华洋人口的不断增加，华人与工部局的矛盾也越发频仍。② 为了尽可能保持顾问委员会工作的连续性，增强其与工部局交涉的效果，纳税华人会大会于 1922 年 4 月决议修改章程第四条，取消原先顾问连任"不得过两期"的规定。在 1925 年 6 月顾问委员会向工部局集体辞职前，历届当选者共计 9 人（表 5-1），其中宋汉章始终为成员之一。首届顾问的身份背景，前文已简要介绍。1922 年当选之许建屏毕业于美国密歇根大学，1915 年归国后从事律师职业，1917 年开始担任英文《大陆报》编辑，后任中国记者俱乐部（1921 年成立于上海）部长，是当时中国最知名的青年记者之一。③ 宋汉章于 1922 年 6 月当选为上海总商会会长，直至两年后换届卸任。1923 年新当选的 3 位顾问中，袁履登为知名实业家，上海圣约翰大学肄业，总商会会董，1920、1921 年连续被推选为商总联会总董，1924 年再任总董。因此，当时袁履登既是上海大资产阶级的一分子，又

---

① 《五顾问就职纪》，《申报》1921 年 5 月 12 日，第 10 版。
② 霍塞：《出卖上海滩》，越裔译，上海书店出版社，2000，第 106—107 页。
③ 柏德逊：《中国新闻简史（古代至民国初年）》，王海等译，暨南大学出版社，2013，第 68 页。

成为"上海中小资产阶级的头面人物"。① 吴蕴斋毕业于日本早稻田大学，1923年8月当选上海金城银行副经理，同月升任经理，是一位年轻的金融家。② 罗芹三先后留学哈佛大学和芝加哥大学，是一位法学专家，回国后曾任北京政府外交部特派广东交涉员，任职顾问时为上海广肇公所董事，也是9人中唯一的粤籍人士。

表5-1　1921—1925年华人顾问委员会成员

年份	成员
1921—1922	宋汉章、谢永森、穆藕初、余日章、陈光甫
1922—1923	宋汉章、谢永森、穆藕初、陈光甫、许建屏
1923—1924	宋汉章、许建屏、袁履登、吴蕴斋、罗芹三
1924—1925	宋汉章、许建屏、袁履登、吴蕴斋、罗芹三

资料来源：严斌林《遗忘的"预备"：上海公共租界华人顾问委员会述评》，廖大伟主编《近代中国》第35辑，上海社会科学院出版社，2021，第115—117页。

首届顾问委员会就职后，工部局董事会向该委员会宣布了工作程序。具体包括任命一位顾问为委员会主席，由总办与委员会商定双方会晤时间并在董事会会议室举行会晤，会商之问题和委员会意见应形成文字记录送交董事会等。而对委员会运作方法最重要的一项规定如下：

> 董事会希望顾问委员会就请他们研究的问题提供建议和协助，但委员会对其所提建议应始终保密。所有问题和事务在董事会最终做出决议前，顾问委员会不得向报界和公众透露。③

不难看出，董事会希望华人顾问委员会就租界当局所咨询的问题和事务发表看法和协助，但不鼓励委员会主动就关心的市政事务提出建议，而且委员会不能直接与董事会成员进行会商，而只能由总办居中沟通，所提意见

---

① 钱玉莉：《袁履登小传》，洪泽主编《上海研究论丛》第1辑，上海社会科学院出版社，1988，第172页。
② 《金城银行更易经理之函告》，《申报》1923年8月30日，第14版。
③ 上海市档案馆编《工部局董事会会议录》第21册，第357页。

是否会被采纳完全取决于董事会。可以说，租界当局将顾问委员会视为一个附属于董事会、基本不具有独立性的机构，这显然与华人社会的期待相去甚远。

顾问委员会设立后，通过向工部局建言献策，在维护华人权益、化解华洋矛盾、改良市政管理等方面发挥了一定作用。但该委员会只能备工部局咨询意见和提出相关建议，无权参与市政事务的例行商讨，导致其顾问作用缺乏连续性和稳定性，所提意见和建议的实际效果也有很大偶然性和随机性。[①]更根本的问题是，由于顾问委员会无权参与市政决策，注定了其在争取华人权益和协助工部局处理华人事务上难有作为，无法起到改善华洋关系的实质性效果。因此，华洋双方很快都对顾问委员会感到失望。

工部局方面亦知华人接受顾问委员会心有不甘，故自始就对委员会缺乏信任，不仅对其组织和职权设置多种限制，而且往往将该会提出不同意见视为对董事会权威的挑战。在这种心理的主导下，租界当局与华人顾问委员会的矛盾势所难免。首届顾问委员会就职后不久，双方关系就因华人米店执照问题而迅速恶化。1921年5月26日，顾问委员会应邀与工部局总办举行首次会议，就后者提出的铜钱流通、武装绑架、鸦片控制和华童女校四项市政问题发表了看法和建议。[②] 董事会对会议结果表示满意，但强调需对会议程序"继续保持小心谨慎"。[③] 就在会议当天，工部局公布了为抑制米价上涨、防止米商囤积而制定的《米店执照条例》，定于7月1日起施行。租界米店多为华商开设，但工部局此举事先完全没有征询华人顾问委员会的意见。由于执照条件中包括巡捕可随时入店查验存米数量等苛刻规定，米商和华人团体群体表示强烈抗议，一方面呈请地方外交当局与领事团交涉，另一方面请顾问委员会与工部局接洽协商。顾问委员会首先向工部局董事会转达了总

---

① 参见严斌林《遗忘的"预备"：上海公共租界华人顾问委员会述评》，廖大伟主编《近代中国》第35辑。
② Report by the Secretary to the Council as to the Proceedings at the Meeting of the Chinese Advisory Committee held in the Council Room on May 26, 1921, 上海公共租界工部局档案，上海市档案馆藏，档案号：U1-1-140。
③ 上海市档案馆编《工部局董事会会议录》第21册，第661页。

第五章 苦涩的"试验":纳税华人会之成立与顾问委员会的失败

商会陈述华人反对理由的信函,随后在6月13日与工部局总办举行的第二次会议上,对条例各项规定都提出异议并逐一说明理由。会后,委员会应总商会之请,将各项意见汇总,以公函形式提交董事会,希望当局对条例重新考虑。或许是为了向总商会复命,委员会将致董事会函的副本也送交了总商会。①

董事会对顾问委员会的立场和做法非常不满,指责委员会不应将自身视为华人居民与工部局之间某种"居间人"(intermediary)的角色,为总商会转交信函。同时,董事会认为顾问委员会署名的公函即是对工部局的正式建议,而委员会在董事会会议室以外且没有董事会代表在场的情况下开会商讨函中各款的做法是"不正确的"。而委员会将函件副本送交总商会之举,尤其令董事会感到气愤。有董事称,在董事会未主动咨询以前,顾问委员会无权对任何事务提出建议,并坦言即便前者主动征询,也很难将后者的建议付诸实施。因此,董事会决定对委员会所提意见不予理会,以强硬态度实施条例。②直到7月1日公共租界600余家碾米厂、米行和米店开始集体罢市抗议,并经总商会等华人团体反复交涉和英国总领事的推动,工部局才最终于7月中旬对执照条例进行修改,平息了风潮。

《米店执照条例》风波充分反映了租界当局对华人顾问委员会的不信任和轻视,双方关系随之疏离。自顾问委员会提交建议函后,董事会即觉得委员会"很同情闹事者",未再就该问题向之征询任何意见或建议。董事们也同意英国总领事法磊斯的看法,即在董事会与顾问委员会"断绝关系之前,还会和他们产生许多麻烦",可见租界当局对顾问委员会已颇存敌意。工部局巡捕房甚至对部分顾问的活动进行了监视。③

在此后的一年多时间里,工部局方面几乎未就任何市政事务与顾问委员

---

① Report by the Secretary to the Council as to the proceedings at the meeting of the Chinese Advisory Committee held in the Council Room on June 13, 1921,上海公共租界工部局档案,上海市档案馆藏,档案号:U1-1-140。
② 上海市档案馆编《工部局董事会会议录》第21册,第666页。
③ 上海市档案馆编《工部局董事会会议录》第21册,第671、681页。

会举行正式会议，后者形同虚设。[①] 在1922年4月举行的公共租界纳税华人会年度大会上，谢永森代表顾问委员会（其余4人皆缺席）报告工作时，也称"一年来愧无成绩报告"。[②] 1921年和1922年连续当选顾问的穆藕初在数年后撰写的自述中，竟完全没有提及顾问委员会的活动，可见任职期间鲜有作为。[③] 外侨舆论也对顾问委员会颇多批评声音。如《北华捷报》一篇社论认为华人顾问委员会"无疑是个失败"，顾问们与租界当局和华人社会都缺少沟通。[④]《密勒氏评论报》的一篇文章则称顾问委员会在市政事务中几乎没有实质性的表现，其存在不论是对外侨还是对华人都几无任何意义，几乎已经被遗忘。[⑤]

直到1922年9月1日，工部局董事会才委派总办与顾问委员会再次会晤，征询对于米价高昂和苏州河交通拥堵两个问题的意见。针对租界当局试图采取措施限定零售米价的想法，顾问委员会称此前米价居高主要是上年歉收所致，随着本年的丰收将回归正常，他们不认为米商存在严重的谋取暴利和囤货居奇行为，工部局也不可能实现对米价的严格管控，因此没有任何相关建议可以提供。关于后一问题，董事会原希望在顾问委员会的协助下取得中国政府批准，由列强主导的浚浦局与工部局合作整治苏州河。[⑥] 但华人顾问委员会认为浚浦局即将完成其使命，无权治理苏州河，应由中国政府设立

---

① 1921年11月，工部局董事会批准代理总办的建议，由后者征询华人顾问委员会关于房租投机问题的意见，但未见行动。上海市档案馆编《工部局董事会会议录》第21册，第489页。其后，租界当局又指示总办就开办华人女童教育问题与顾问委员会进行会商。但1922年8月，董事会认为就上述两个问题与华人顾问委员会沟通"实毫无用处"。上海市档案馆编《工部局董事会会议录》第22册，第584页。
② 《公共租界纳税华人会开会纪》，《申报》1922年4月25日，第13版。据工部局情报，顾问委员会成员之一宋汉章出现了数分钟，但在会议开始前就离开了。Confidential，上海公共租界工部局档案，上海市档案馆藏，档案号：U1-3-1114。
③ 穆湘玥：《藕初五十自述》，商务印书馆，1926。
④ "Chinese and the Council," *The North-China Herald*, October 7, 1922, p. 7.
⑤ George E. Sokolsky, "Chinese Representation in Shanghai," *The Weekly Review*, October 14, 1922, pp. 227-228.
⑥ 浚浦局全称"开浚黄浦河道局"，成立于1912年4月。辛亥革命后，列强利用新生的民国政府渴望得到各国外交承认之机，敦促中国政府与各国签订了《办理浚浦局章程》。浚浦局局员由上海通商交涉使、江海关税务司和上海港务长3人组成，共同执行局长职权，总工程师为瑞典人海德生（H. V. Heide），经费主要来源为海关代征之浚浦税和出售滩地的收入。王轼刚主编《长江航道史》，人民交通出版社，1993，第206—207页。

第五章 苦涩的"试验"：纳税华人会之成立与顾问委员会的失败

的苏州河治理机构负责进行。总办认为顾问委员会成员将"主权"摆在了优先位置，而且相信他们在任何涉及主权问题的事务上都会采取相同立场。① 租界当局与顾问委员会的再次会晤没有取得实质性成果。

此次会晤后不久，工部局董事会尝试改善与华人顾问委员会的关系，以期增进合作效果。1922年10月3日，总董西姆斯带领委员会成员参观新建成的工部局大楼，由警务处、财务处及万国商团有关主管向顾问们解释各自的工作特点，并希望将来邀请他们参观工部局其他部门。② 次日晚，董事会设宴招待顾问委员会，工部局各主要部门的主管皆出席。西姆斯在致辞中坦言，董事会原本期望顾问委员会能在涉及华人利益的问题上协助工部局，同时更重要的是使华人得有机会"用西方目光，研究地方事务"，以备将来加入董事会与西人共同管理市政，遗憾的是"迄今两种目的，俱进展甚微，甚至毫无成效"，其主要原因是"中外双方猜疑空气未见泯除"。西姆斯希望华洋双方都能痛下决心，消除猜疑，努力实现上述目标，华人应放弃把外人看作侵略者的观念，而外侨则要适应华人对租界行政发表意见的新体制。谢永森代表华人顾问委员会致答词，也认为"华人与西人间之猜疑空气未能消弭"是顾问委员会设立以来"少所成就"的原因，同时指出，工部局把顾问委员会看作对其既得利益的侵犯者或攻击者，故而对委员会颇为轻视和冷落。他相信如果华洋双方都将顾问委员会视为一个旨在消弭冲突、建立互惠互谅渠道的机构，则委员会定可为全体华洋居民的利益贡献良多。最后，谢氏希望租界当局为顾问委员会提供更多表达意见的机会并予以认真考虑，并意味深长地表示："鄙人敢谓欲竟此志，非仅恃宴会之款洽，尤在常开正式会议，俾得交换意见，而不为礼仪虚文所拘也。"③ 11月初，工部局方面又

---

① 上海市档案馆编《工部局董事会会议录》第22册，第586页；Report by the Secretary and Commissioner General to the Council as to the proceedings at the meeting of the Chinese Advisory Committee, September 1, 1922, 上海公共租界工部局档案，上海市档案馆藏，档案号：U1-1-140。
② 上海市档案馆编《工部局董事会会议录》第22册，第592页。
③ 《工部局招待华顾问纪》，《申报》1922年10月7日，第13版；"Council and Chinese," *The North-China Herald*, October 7, 1922, pp. 28-29。英文报道称，谢永森最后建议工部局与顾问委员会经常召开"非正式会议"（informal meetings），应系错误引述。

邀请顾问委员会成员同游杭州等地,谢永森、陈光甫和许建屏3位顾问与总董西姆斯和总办李台尔等联袂而行,以增进了解和联络感情。① 顾问委员会为答谢工部局方面的召宴和邀游,于11月15日宴请董事会和各部门主管人员,"沪上著名绅商赴席陪宴者甚众,杯酒联欢,互罄胸臆,融洽感情,交换意见"。②

图 5-5　1922 年新建成的工部局办公大楼

资料来源:上海市档案馆编《上海租界志》,图录,第6页。

租界当局展现出的积极态度使华洋社会一度颇受鼓舞,舆论肯定工部局的姿态调整,期待华洋之间自此"疑云悉去,障碍全消",使顾问委员会工作可以进入正轨,收获实效。③ 其后数月间,顾问委员会的工作也略有起色,先后多次就涉及华人权益的事务向工部局转呈华人团体的意见或提出建议,包括抗议印捕殴辱华人案、要求向华人开放公园、反对准设歌妓"书寓"案、抗议小菜场和食物业加捐案、交涉工厂被吊销营造执照问题、抗议乐志

---

① 穆藕初和宋汉章因事未能前往。《工部局邀请华顾问游览杭州》,《申报》1922年11月4日,第13版。
② 《华顾问宴工部局人员纪》,《申报》1922年11月16日,第13版。
③ 讷:《工部局招待华顾问》,《申报》1922年10月7日,第14版。

第五章　苦涩的"试验"：纳税华人会之成立与顾问委员会的失败

华被捕房刑讯致残案等。[①] 1923年2月，工部局方面还首次邀请顾问委员会出席董事会会议，希望在外侨纳税人会议召开前听取后者有关市政事务的意见。[②] 凡此种种，使华人顾问们觉得"工部局与顾问部诸人，感情已较昔时融洽，有所建议，均能予以诚意之协商，此实为进步之征象"。[③]

但事实上，由于租界当局和顾问委员会的出发点存在根本差异，在具体事务上的立场往往分歧甚大，导致彼此之间的隔阂非但没有消除，反而越发加深。工部局依然很少就市政事务咨询顾问委员会，即便是1923年2月邀请顾问委员会参加董事会会议，讨论也仅限于允许华人进入兆丰公园这一问题，而且双方并未达成共识。[④] 顾问委员会主动提出的意见和建议则通常遭租界当局拒绝或忽略，鲜有被接受者，其交涉效果反而不及总商会。在1923年6月举行的纳税华人会年会上，许建屏称顾问委员会"虽竭尽绵力，时时周旋于市民公共团体及工部局之间，然成绩无多，殊有未能达市民最初之期望"。[⑤] 此言虽不无谦辞之成分，但也在相当程度上符合实情。同年4月工部局内部的一份备忘录称，顾问委员会正日趋成为华人向工部局提出抗议的渠道，"而没有发挥它本来被希望发挥的职能，即协助工部局对涉及华人利益的事务做出决策"。[⑥] 租界当局仍不愿见顾问委员会主动为华人居民的权益发声，而是希望后者单纯地提供决策参考意见，甚至期待顾问委员会帮助工部

[①] 《工部局华顾问复广肇公所函》，《申报》1922年12月22日，第13版；《沪北六路商联会致华顾问函》，《申报》1923年4月23日，第14版；《请免工部局食物捐之求助》，《申报》1923年4月26日，第14版；《华顾问调解虹口菜场风潮》，《申报》1923年4月30日，第15版；《华顾问调查锦昌工程被阻事》，《申报》1923年5月31日，第13版；《华市民新要求已转知工部局》，《申报》1923年5月28日，第13版；上海市档案馆编《工部局董事会会议录》第22册，第641页。另参见严斌林《遗忘的"预备"：上海公共租界华人顾问委员会述评》，廖大伟主编《近代中国》第35辑，第122—126页。

[②] 上海市档案馆编《工部局董事会会议录》第22册，第627页。

[③] 《纳税华人会年会纪》，《申报》1923年6月11日，第13版。

[④] 华人顾问退席后，董事在后续讨论中提出的各种方案竟无一采纳顾问委员会的意见。上海市档案馆编《工部局董事会会议录》第22册，第627—628页。

[⑤] 《纳税华人会年会纪》，《申报》1923年6月11日，第13版。

[⑥] Memo, April 20, 1923, 上海公共租界工部局档案, 上海市档案馆藏, 档案号：U1-3-1114。

局在越界筑路等侵犯中国主权的市政事务上取得华界当局的"协作"。[①] 9月，董事会认为新当选的顾问之一袁履登"曾有过政治性鼓动宣传的历史"，不宜任职。在与连任顾问的许建屏和吴蕴斋交流后，董事会最终决定接受袁履登的提名，但其原因并非完全接受了许、吴二人的解释，而是董事们普遍认为顾问委员会"所承担的职责不很重要"，也"从未如指望的那样起作用"，而且委员会的选举本身就"不正规"，当选的顾问之中"少有真正够格者"。[②] 显然，董事会对顾问委员会已经基本不再抱有"期望"。

此后，顾问委员会虽就一些市政事务与租界当局有所交涉，但收效甚微。1924年6月，许建屏代表顾问委员会向纳税华人会年会报告工作时就直言："一年以来，所以供献于市民之利益者，既漠然无闻，而代伸市民之疾痛，获得圆满之解决者，亦复几何？"[③] 除在禁放烟花爆竹等个别不甚重要的问题上得到工部局的积极回应外，顾问委员会所提其余意见和建议大多没有结果或被明确拒绝。其中，最受华人社会关注的是租界当局所提三项修改《土地章程》的议案。前章已述及，五四运动爆发后，工部局于1919年7月推动外侨纳税人特别会议通过了修改《土地章程》附律的议案，加入旨在以钳制舆论的"印刷附律"，后因不获领事团支持而未果。此后三年间，租界当局一再试图推动纳税人特别会议通过印刷附律案。1921年起又拟提出"增收码头捐案"，将《土地章程》中码头捐税率不得超过货价千分之一的规定改为不得超过所缴关税百分之三。次年再拟提出"交易所领照案"，规定公共租界内所有证券物品交易所都必须向工部局申领执照方可营业。这些提案主要针对华人商民而拟定，严重损害华人权益，但租界当局事先并未征询顾问委员会的意见，对华人团体一再表明的反对立场也不予理会。由于历次纳

[①] 工部局总董在1923年4月的外侨纳税人会议上称："惟华界当局，于路政等事，仍未能与吾人协作，吾人借华顾问团之交换意见，希求于市政上与华人愈益接近，惟协作之种子播种于此奇异环境之下，仍未能发育，此可引为憾事也。"《公共租界纳捐外人常年会纪》，《申报》1923年4月19日，第13版。
[②] 上海市档案馆编《工部局董事会会议录》第22册，第652、655页。
[③] 《第四届纳税华人会年会详志》，《申报》1924年6月30日，第14版。

税人特别会议都因出席者不足法定人数而无法开议,三提案始终未获通过。①但工部局仍不罢休,1924年再次提议召集纳税人特别会议,以期通过上述三提案。华人团体纷纷表示抗议,尤其反对印刷附律案和增收码头捐案,有24个团体联名致函纳税华人会,请顾问委员会与租界当局交涉取消。4月12日,许建屏、吴蕴斋和罗芹三赴工部局交涉,由代理总办鲁和(E. S. B. Rowe)代表董事会接待。许建屏等转达了华人团体的反对意见,但鲁和以界内"激烈之印刷品甚多,不得不设法取缔",增收码头捐案旨在使租界当局获得加征之权力而非立即加捐、市政改良经费不敷等为辞,拒绝撤销议案。②虽然是年的纳税人特别会议仍因不足法定出席人数而未能开议,但租界当局对顾问委员会意见之轻视态度昭然若揭。

1925年春,工部局董事会试图再度推动三提案之通过,仍遭到华人团体的反对。4月15日的外侨纳税人特别会议因出席者不足法定人数而流会后,租界当局又宣布拟于6月2日再次召集纳税人特别会议,并大力动员外侨出席,颇有不达目的不止之势。这激起了华人团体更激烈的反对浪潮,以总商会为首的29个商人团体发表联名抗议的宣言,并函请银行公会等所属各商行将之转送"相熟之西人及日人","请其直接或间接使纳税人主持公理";商总联会呈请交涉员与领事团交涉,纳税华人会决议由顾问委员会向租界当局提出严重抗议。③顾问委员会于5月29日致函工部局,附有华商团体的抗议宣言书,并表示赞同立场,希望当局对"抗议事项予以严重考虑"。工部局代理总办鲁和在复函中仅称"当再严重考虑",实则无意取消召集纳税人特别会议的计划。④

随后发生的"五卅惨案"迫使租界当局中止了推动三提案的活动,同时

---

① 《土地章程》规定,修改章程附律须纳税人特别会议通过。与每年例行召开的纳税人会议不同,特别会议要求至少有1/3的纳税人参加,其决议方有效。
② 《昨日华顾问与工部局总办之谈话》,《申报》1924年4月13日,第13版。
③ 上海市社会科学院历史研究所编《五卅运动史料》第1卷,上海人民出版社,1981,第518—536页。
④ 《五卅运动史料》第1卷,第536—537页;《各团体力争工部局三要案》,《申报》1925年5月30日,第13版;《工部局总办对三要案之表示》,《申报》1925年5月31日,第14版。

彻底暴露了华人顾问委员会确已有名无实，"形同傀儡"①。惨案引发华人各界空前的抗议示威浪潮，工部局为应付危局，只能将三提案暂时搁置。惨案的发生在一定程度上是顾问委员会未能有效改善华人社会与租界当局关系、华洋矛盾日益加剧的结果。而董事会在商讨应对危机的措施时竟完全无视顾问委员会，没有与之进行任何沟通。在6月2日董事会特别会议上，副总董麦西（P. W. Massey）询问总董费信惇是否征求过顾问委员会的意见，费氏称此前工部局与华人发生矛盾时，顾问委员会采取了"支持肇事者"的立场，故不宜征询其意见，其他董事对此表示赞同。② 6日，顾问委员会因租界当局对五卅惨案及其后续事件的处置完全没有惩凶以还华人公道之意，致函纳税华人会提出集体辞职，同时另函告知董事会。③ 董事会随即复函接受顾问委员会的辞职，并未挽留。至此，华人顾问委员会的"试验"正式宣告失败。

四 增设华董要求之再起

对华人团体而言，顾问委员会本就是无奈之下向租界当局暂时妥协的产物，只是取得直接参政权利的过渡性安排。因此，当发现顾问委员会因被工部局所轻视和冷落而基本无法发挥维护华人权益的作用时，华人团体对工部局的不满情绪日增，加之受到一些严重损害华人权益事件的刺激，遂再度发出了要求增设华董的呼声。

顾问委员会设立之初，虽很快与工部局董事会在米店执照问题上发生龃龉，但该问题不久得以解决，其后租界当局又展现了希望顾问委员会发挥更积极作用的姿态，故华人开会尚鲜有严重不满之声音。随着华人商民日益意识到顾问委员会有名无实，几乎完全不能阻止租界当局对中国主权和市民权益之

---

① 冯炳南：《上海工部局华董问题》，《新闻报（国庆增刊）》1925年10月10日，第3张第1版。
② 上海市档案馆编《工部局董事会会议录》第23册，第563页。
③ 《本埠新闻二：五华顾问辞职》，《申报》1925年6月7日，第15版；Chinese Advisory Committee to the Chairman, SMC, June 6, 1925, 上海公共租界工部局档案，上海市档案馆藏，档案号：U1-3-1114。

第五章　苦涩的"试验"：纳税华人会之成立与顾问委员会的失败

侵犯，华人团体与工部局之矛盾不断累积和加剧，改变现状的愿望也日益强烈。1923年的乐志华案成为华人团体开始重提增设华董要求的导火线。

1923年2月，在巡捕房任仆役的宁波人乐志华因被怀疑偷窃一位英籍巡捕400美元，遭到虹口捕房英捕2人、日捕1人和华探2人的刑讯逼供，致其残疾。获释后，乐志华分别向英国在华高等法院（时称按察使署）、日本领事法庭和会审公廨起诉三国巡捕。由于甬籍旅沪商民的巨大影响力，此案引发华人社会的强烈抗议，并促使华人团体再度提出增设华董以直接参与市政管理事务的要求。3月，在商总联会的一次常会上，山东路等十余路代表联名提出继续要求华董之议案，当场又有新闸路等十余路代表联署支持。该议案云：

> 窃吾公共租界华市民，数十万人，前次为争市民权事，罢市罢税，牺牲至巨，不幸事与愿违，所获结果，仅设立所谓华顾问者五人。夫顾问之权，仅足被动，不顾不问，即无所尽其力，是与无结果等。凡吾华市民，无不痛心于此。近来工部局行政设施，在在不能令满人意志，如最近越界建筑、干涉集会与夫乐志华案等，苟吾华市民而亦有华董列席代表，当不至此。敝路商店等，为切身利害故，为数十万华市民前途利害故，特提出继续要求华董案，以期达到最初之目的，而系华市民之利权。①

4月初，商总联会常会决议，致函其他主要华人团体征求意见，并与纳税华人会接洽，共同推进增设华董案。②

4月下旬，英国在华高等法院判定乐志华案被告的两名英国巡捕无罪开释。③ 宁波同乡会、总商会、商总联会等7个华人团体联合组成委员会，讨论乐案善后及将来预防等问题。纳税华人会召集数次会议，议决保障将来华

---

① 《上海市民续争市民权》，《晨报》1923年4月15日，第7版。
② 《两商总联会开会纪》，《申报》1923年4月3日，第13版。
③ 《英按察使署审乐志华案之结果》，《申报》1923年4月26日，第13版。英籍巡捕宣告无罪后，乐志华于5月上旬撤销了对日籍巡捕和华籍巡捕的起诉。最终，巡捕房将三国涉案巡捕全部解雇，并赔偿乐志华1000洋元。《乐志华案之结束》，《申报》1923年7月1日，第13版。

203

人商民人身安全的两项办法："一、要求工部局应许华人于华顾问会外，得推派正式代表，加入工部局，会同办理市政；二、对于捕房及监狱，要求改良待遇，得随时派华人前往调查，保证以后不再有第二乐志华案发生。"两项办法得到各华人团体的一致赞同。5月，总商会、纳税华人会、商总联会、广肇公所、宁波旅沪同乡会等8团体联名致函华人顾问委员会，请向租界当局提出上述两项建议。函中对工部局的市政管理提出尖锐批评，以十分激烈的态度表达了增设华董的诉求。

> 夫租界之有工部局者，为管理界内市政而设，虽其权完全操之各国旅华侨商之手，我国市民独抱向隅，就公道上之观察，待遇未免不平。然外人方面，借口于条约之关系，未经修改条约以前，普选似难办到，其所据理由，非无讨论之价值，不过工部局对前清所定洋泾浜北首地皮章程，已多不能遵守，如会审公堂则延不交还，其余如越界筑路、侵占河道、违反条约之举，不可枚计。总之工部局对于有利于本身者，可置条约于不问，对于无利于本身者，则以条约两字为钳制我人之利器，世间不平之事，孰甚于此?!……捕房及卫生处之办理不善，界内市民敢怒而不敢言者，匪朝伊夕，……而界内同胞，虽受无限之痛苦，以无发言之权利，竟至呼吁而无门。……我人对于生命财产及名誉，为将来保障安全计，不能不有所要求。……敝会等迭开会议，佥谓市民年纳巨额之捐税，不获一日享有发言之权利，一任外人鱼肉，终非久计。华董问题，一日不解决，市民一日不得安心；捕房与监狱，一日不改良，居民之生命名誉，一日不能保护。

函文还批评顾问委员会"对此重大问题，何以迄今尚未闻有所表示"，请向租界当局积极交涉，"庶界内市民，不致再为乐志华第二，市民幸甚，人权幸甚"。① 顾问委员会将该函全文照录，送交工部局，但后者并无任何回应。

---

① 《华市民对于工部局之新要求》，《申报》1923年5月23日，第13版。

第五章 苦涩的"试验":纳税华人会之成立与顾问委员会的失败

6月,纳税华人会举行年度大会,书记长朱赓石在报告一年来主要会务时,将争取参政权利作为第一项内容,再次指出顾问委员会之严重局限,号召市民向工部局要求增设华董。朱氏称,公共租界内"行政、司法两事,其权完全操诸外人之手,吾人在工部局方面,以无正式华董在内,不获享有发言之权利,以致受种种不平等之待遇";5位顾问"因非正式代表之故",甚至不能出席各国侨民均可参加的纳税人会议,"世界不公道之事,更无甚于此者"。鉴于工部局对于华人团体提出的增设华董要求尚无回复,他希望"市民为本身利害计,同心协力,一致要求市民权,不达目的不止,庶改良市政,方有着手之一日,否则枝枝节节的争执,绝非根本办法"。同时,朱赓石敦促华人商民积极推动收回会审公廨的进程。①

1924年4月,工部局推动外侨纳税人特别会议通过增收码头捐、印刷附律、交易所领照等案的企图失败后,商总联会举行临时议董会议讨论善后办法,希望"筹画一劳永逸之计",防止类似事件再次发生。会议决议函请顾问委员会向工部局转达华人意见,即此后如有涉及华人利益的市政举措,应事先与华人方面协商,避免隔膜。讨论期间,议董吕静斋指出:"华市民争到华顾问五人,实属不易,无如当局对于华顾问并不顾问,徒负虚名,毫无实益,殊负吾人初志,此后华市民仍当努力争合法之市民权。"② 对此,会议决定另行开会讨论华董问题,但未见下文。

此后,华人团体要求增加华董的声音一度较为沉寂,但随着1925年春租界当局又极力推动召开纳税人特别会议,以通过增收码头捐、印刷附律、交易所领照等议案,华洋关系再度紧张。尽管这一时期华人团体将注意力集中于反对租界当局的提案,没有公开提出增设华董的要求,但不难想象,当人们发现强烈抗议仍无法阻止工部局的计划时,自然更感缺乏参政权利之痛苦。有的反对工部局提案的传单就强调"上海是中国人的上海",指责列强利用租界行政权"摧残住在上海租界的中国人"。③ 一位华人投函《字林西

---

① 《纳税华人会年会纪》,《申报》1923年6月11日,第13版。
② 《商总联会讨论两要案之善后》,《申报》1924年4月18日,第13版。
③ 《五卅运动史料》第1卷,第518—519、529—530页。

报》，批评工部局种种不公平对待华人的章程和政策，认为其根源就是工部局董事会排斥华人，并强调"上海为四海一家之都市，须有四海一家之市民权。若能实现任何纳税之人皆有投票之权，吾梦即成真矣"。① 这番言论应可代表当时许多华人商民的心声。

对于华人商民一再表达的增设华董要求，原本就对华人顾问委员会心存疑忌的工部局几乎没有做出任何回应，外侨舆论也鲜有同情声音。除了顽固的"上海心理"作祟，租界当局和外侨的冷漠态度在一定程度上还是华洋社会之间的隔阂所致。虽然一战时期各国外商已开始意识到改善与华人关系、增进华洋合作的重要性，但在1920年代前期的上海公共租界，外侨群体与华人居民之间依然很少交集，隔膜甚深。据美国旅行作家弗兰克（Harry A. Frank）观察，绝大多数外侨来到上海纯粹只是为了赚钱，对中国的一切毫无兴趣，所知甚少，他们"极力避免与中国人发生关系"，"生怕被中国人同化"。② 这种植根于殖民主义思想和种族歧视观念之上的社会区隔，导致多数外侨对华人的处境和心理缺乏了解，不关心华人的参政权利问题，甚至可能完全不知晓这一时期华人重新提出了增设华董的要求。弗兰克本人就认为，"令人感到奇怪的是，中国人似乎对自己没有选举权并不怀恨在心"，"除了几个政治煽动者，似乎从未有人对这样的现状表达过不满和抗议"。他将华人对租界当局和外侨社会的积怨归因于公园禁止华人进入，认为"这是中国人的痛处，比没有投票权更加伤人"。③ 只有个别外侨公开发表了对华人参政要求的看法，且都持反对立场。一位外侨主张给予居住在公共租界外的外侨参政权利，但认为界内华人居民不应拥有这样的权利，因为正是人口众多的华人把一些外侨"挤出"了原本专划给他们居住的租界。④ 另一位外侨投书报刊称，中国人完全不理解西方的"不出代议士不纳租税"原则，缺乏责任感，尚未受到足够的文明训练，并相信95%的普通华人即便没有参政权

---

① "The Chinese Roads and Gardens," *The North-China Daily News*, April 13, 1925, p. 4.
② 哈利·弗兰克：《百年前的中国：美国作家笔下的南国纪行》，符金宇译，四川人民出版社，2018，第2—3页。
③ 哈利·弗兰克：《百年前的中国》，第10—12页。
④ "The Land Regulations," *The North-China Daily News*, April 15, 1922, p. 179.

利，也更愿意居住在租界以获得"公平竞争"(fair play) 的机会。①

值得一提的是，上海领事团于 1923 年向公使团提出工部局加入华董的建议，但与之相随的是严重侵犯中国主权的要求。1922 年 10 月，北京政府外交部向公使团交涉收回上海公共租界会审公廨问题，公使团命上海领事团就该问题提供一份报告。领事团于 1923 年 3 月呈交了由英国领事巴尔敦起草的报告，表示赞成交还会审公廨，但条件是中方承诺定期与列强公使协商全面解决上海面临诸问题的办法。对于这些问题，报告提出的解决方案是：①工部局加入 3 名华董；②公共租界向西、向南大幅扩大；③闸北地方自治机构沪北工巡捐局的董事会加入 2 名外侨代表；④沿黄浦江两岸划出新区域，由中外平等合组之市政委员会管理；⑤由公共租界和闸北的市政当局代表组成顾问机关（将来法租界和华界代表亦可加入），与新区域的市政委员协作处理各区之共同问题。② 这一方案实为晚清以来上海外侨和列强领事屡试屡败的"大上海"(Greater Shanghai) 计划的变相，虽允给予华人一定参政权利，但严重侵夺中国主权。时值军阀割据混战，国内政局动荡，北京政府不能实际控制上海地方当局，公使团认为并非交涉之时机，遂将此事搁置，工部局加入华董之议也随之无果。

租界当局和外侨社会之所以不理会华人直接参政的诉求，另一重要原因是纳税华人会成立初期组织简陋松散，会务运作也常生困难，华人参政运动无法形成较强的声势，予外人以足够压力。根据工部局收到的一份密报，1922 年 4 月 24 日举行的纳税华人会年度大会现场秩序散漫，仅 300 多人参加，且许多与会者并不具资格，出席的商界知名人士则屈指可数。③ 在次日的理事部第一次改选过程中，出现了被选举资格调查表分发无序，被选举人

---

① "Chinese Taxation and Extrality," *The North-China Herald*, January 3, 1925, p. 15.
② Senior Consul to Senior Minister, March 16, 1923, Jarman ed., *Shanghai*, Vol. 13, pp. 569 – 570.
③ "Confidential," 上海公共租界工部局档案，上海市档案馆藏，档案号：U1 – 3 – 1114。此份密报来自一位纳税华人会的成员，自称是该会理事改选的监票人之一，具体姓名不详，原档未署日期。

抗争与博弈：上海公共租界华人参与市政管理的权益之争（1854—1932）

名单颇多错误，选票领取混乱，投票程序潦草等问题。① 是年10月《密勒氏评论报》的一篇文章认为，纳税华人会选举工部局顾问的方式"荒唐可笑"，迟早会致使这一华人参政权利的重要成果"声誉扫地"。② 华人方面亦知纳税华人会的组织结构有欠严谨周密，屡次尝试予以改进完善，如提高理事选举程序的公开性，加强对选举资格的调查，向政府申请常年经费补助，增设专门处理会务的常务理事，等等。③ 1923年9月，商总联会和商联总会结束了分立局面，重新合并，仍称商总联会。该会此前的分裂使中小商人对纳税华人会事务的主导地位逐渐弱化。与此同时，上层华商对会务的参与程度明显提高，甚至开始取得领导权。1922年4月召开的纳税华人会年度大会，总商会方面几乎无人出席；但两个月后，新当选纳税华人会理事的总商会会董方椒伯就向理事部提交建议书，就整顿会务和完善组织建言献策。他首次提议立即着手开展两项重要工作：一是将每期《工部局公报》译成中文，与英文版同时出版，以增进华人市民对工部局市政管理工作的了解；二是对各项重要市政问题进行深入调查，将结果编印成册后分送市民，以提高市民对市政事务之认识，同时征集各方意见并加以研究，以备向工部局提出改良和革新的建议。与此同时，针对纳税华人会理事会议往往因许多理事忙于公务、到场人数不足而流会的情况，方椒伯主张在所有理事中选举5人为"专任会务"的常任理事，以免重要事务被搁置或延误，并建议"于其他理事中，特组临时委员会，以资协助而均劳逸，且可免各理事对会务冷淡"。④ 虽然这些建议大多未能落实，但方椒伯不久即当选纳税华人会理事长，并连任至1926

---

① 《选举名单错误之函询》，《申报》1922年4月26日，第15版；《纳税华人会选举之杜弊建议》，《申报》1923年4月1日，第14版。纳税华人会理事部原拟于1921年进行第一次改选，后经开会议决，以工部局五顾问就职之日开始计算，满一年后再举行理事改选。《纳税华人会理事部消息》，《申报》1921年10月22日，第14版。

② George E. Sokolsky, "Chinese Representation in Shanghai," The Weekly Review, October 14, 1922, p. 227.

③ 《纳税华人会候选理事之提议》，《申报》1922年4月15日，第13版；《纳税华人之选举公开运动》，《申报》1922年4月24日，第13版；《公共租界纳税华人会开会纪》，《申报》1922年4月25日，第13版；《华顾问昨日揭晓》，《申报》1923年8月7日，第13版；《纳税华人会调查选举人资格》，《申报》1925年4月16日，第14版。

④ 《纳税会理事提出建议书》，《申报》1922年6月18日，第13版。

年。这在一定程度上反映了在中小华商群体无力推进参政运动的情况下，实力雄厚的上层华商逐渐成为纳税华人会事务的主导力量。① 然而，纳税华人会的屡次变革尝试和内部权力转移并未使其组织和运作得到根本改观，不仅会员人数增加非常缓慢，理事选举程序也仍为人所诟病，使该会名誉受损，理事会议也经常因缺席者众多而难以议决重要事务。② 而且，与中小商人相比，上层华商更重视与租界当局维持和平关系，不愿通过较为激烈的方式争取直接参政的权利，以免发生华洋对立乃至冲突。③ 因此，华人商民增设华董的要求始终未能引起工部局和外侨社会的重视。

此外，这一时期华人参政问题停滞不前，还有一层不容忽视的原因，即要求参政的声音仍基本局限于商界，未得到朝野各界的有力支援。1920年代前期的北京政府由于军阀混战，政潮起伏，内阁频繁更迭，外交当局虽继续致力于取消列强在华特权，但在其议程中，租界问题被置于关税、法权乃至租借地等问题之后。在1921年底召开的华盛顿会议上，中国代表团为免妨碍最亟待解决之山东问题和关税问题的交涉，没有重提归还租界和华人参政的要求。④ 其后，外交当局对于上海公共租界华人商民增设华董的要求亦未明确表态支持。同时，商界的参政诉求也没有得到本地社会各界力量的积极声援。早在1920年，聂云台即提出，对于参政权利问题，"住户宜与商民共同组织，共同要求，不可徒委之于各路店员，庶几对外能引起人之重视，否则外人辄借口于非全体市民之公共意见也"。⑤ 商总联会主导成立纳税华人会

---

① 方椒伯1921—1923年任南京路商联会会长，1924年当选总商会副会长。
② 《商界注意纳税华人会改选》，《申报》1924年6月2日，第13版；《纳税华人会选举揭晓》，《时报》1924年8月2日，第3张第5版。
③ 1924年9月至10月江浙战争期间，工部局宣布实施武装中立，维持了界内社会经济秩序的稳定，总商会和纳税华人会两团体分别特制银杯和"商旅干城"匾额，慰劳公共租界武装力量"万国商团"（Shanghai Volunteer Corps）。12月16日，包括袁履登、吴蕴斋和罗芹三3位顾问在内的两团体领袖及代表齐赴工部局，举行赠谢仪式，工部局总董、总办和万国商团主要军官皆出席。《两团体赠谢万国义勇队》，《申报》1924年12月17日，第14版。
④ 鲍明钤：《鲍明钤文集》，鲍丽玲、毛树章译，中国法制出版社，2011，第426页。
⑤ 记者：《关于上海市民权问题与聂云台君之谈话》，《民心周报》第8期，1920年，第142页。

时，也希望广泛吸收各界人士加入，避免仅限于商界，但由于种种原因，纳税华人会早期实际上是一个基本由商人组成的团体，除少数报界、政界和法律界精英外，其他社会各界人士对会务的参与甚少。虽然华人市民对华洋不平等关系和工部局许多市政举措不满已久，权利意识也已日益提高，但身处乱世的各界人士客观上受惠于租界相对安定的政治社会秩序，在未受到强烈刺激的情况下，总体上对参政问题的关注度并不高，没有积极回应和声援商界的参政要求。因此，自身组织本就不严密的纳税华人会在争取提高参政权利的过程中，基本处于孤立乏援的境地，更难有所作为。

顾问委员会既告失败，增设华董的要求又无法实现，华人缺乏与工部局沟通协商的有效渠道，对市政管理事务依旧基本没有话语权。随着华洋矛盾日益累积，华人对租界当局的不满情绪不断加剧，这种情绪在1925年4—5月工部局执意推动外侨纳税人特别会议通过三提案时越发激烈，成为五卅运动爆发的重要地方语境。在此一年前，本地法学专家冯炳南撰文从法理上详细批驳工部局三提案时，就曾预言，"近年来华人屡次要求租界之选举权而不得"，未来必将通过"强有力之运动"促使中国政府"为华人于租界内获得一种参预市政权"。[①] 五卅运动期间，华人团体提出了比此前更高的参政权利要求，引起中外朝野各界的广泛关注，华人参政运动随之呈现新的局面。

---

① 《冯炳南对于洋泾浜章程及附律之意见》，《申报》1924年4月12日，第13版。

第六章 "横决"时刻：五卅运动与工部局改组问题的中外博弈

1925年5月30日，上海公共租界巡捕向南京路老闸捕房前的中国示威民众开枪射击，打死13人，重伤数十人，酿成五卅惨案（亦称沪案）。华人团体为抗议租界当局的暴行，很快发起全面罢工、罢课、罢市的"三罢"示威活动，要求政府严重对外交涉。抗议示威活动很快蔓延至全国各地，形成一场声势空前的反帝爱国运动，史称五卅运动。

五卅惨案之所以会引发全国性的反帝风暴，是多方面因素综合作用的结果，包括事件本身的恶劣性质、军阀混战造成的社会经济危机、北京政府的应对方式、革命政党的宣传组织和社会团体的蓬勃发展等。其中，事发地上海公共租界的华人团体率先掀起的抗议示威浪潮无疑具有十分关键的引领作用和示范效应。当地华人团体对惨案反应激烈，在很大程度上是由于华人商民长期争取参政权利而不得，对租界当局和外侨群体已产生强烈的不满情绪。五卅运动爆发不久，一位英国驻华外交官向伦敦报告："一般上海侨民对住在国居民的态度是华人怨恨不断增长的根源。在我看来，许多沪上商人没有注意到正在中国发生的变化，他们未能察觉并满足中国人日益增长的参与租界政府的愿望，他们顽固坚持正在迅速变得过时的权利和特权。"[1] 1926年，曾参与领导五卅运动的恽代英在分析运动发生的原因时说：

---

[1] 《白拉瑞致张伯伦》（1925年6月21日），王建朗主编《中华民国时期外交文献汇编（1911—1949）》第三卷（上），中华书局，2015，第429页。

> 因为上海租界上的政权完全操在外国人手里。中国人的事，中国人不能说话，中国商人想到这里，便不能不感觉十分痛苦。八十多年来的压迫，积至五卅这一天遂爆发出来。①

占人口绝大多数的华人对市政管理事务没有发言权，导致上海公共租界华洋关系渐趋紧张，时人曾预言"众忿所积，将来必有横决之一日"，②而五卅运动正是华人不满情绪"横决"爆发的时刻。

因此，上海公共租界的华人参政问题在五卅运动时期再度凸显，引起朝野多方的关注，成为中外交涉和地方政治的重要议题。华人团体强烈要求将华洋平等参政作为解决沪案的条件之一，并首次提出按照华人纳税总额所占比例分配工部局华董名额的主张，希望由此取得市政管理的主导权，建立一种由华人主导的政治新秩序。沪案交涉期间，段祺瑞执政府外交当局不仅支持华人团体的参政要求，而且加以完善和拓展，虽不无迎合民意之动机，但亦试图乘机收回租界部分主权。公使团对于华人参政问题的态度则随着交涉的波折延宕逐渐从积极转向消极，最终竟提出了有损中国主权的解决方案。中外谈判无以为继之时，工部局董事会主动提出增设三华董案并获外侨纳税人会议通过。华人团体抗议无果，准备暂时接受。

三华董案虽与华人的要求相去甚远，且未能立即付诸施行，但工部局和外侨社会首次公开承认了华人对租界社会经济发展的贡献和享有参政权利的正当性，在当地华洋关系史上具有里程碑意义。五卅运动期间华人团体提出的参政要求，成为此后华人参政运动长期坚持的目标。这些都是五卅运动的重要政治遗产，对此后公共租界的历史演进影响深远。中外各方围绕华人参政问题的折冲博弈，不仅反映了五卅运动对上海公共租界政治社会的深刻影响，而且折射出沪案交涉丰富而复杂的历史面相。

---

① 恽代英：《五卅运动》，《五卅运动史料》第1卷，第7页。
② 《华市民对于工部局之新要求》，《申报》1923年5月23日，第13版。

第六章 "横决"时刻：五卅运动与工部局改组问题的中外博弈

一 五卅惨案与"工部局投票权案"的提出

五卅示威的缘起是顾正红案，但示威之举行与上海公共租界高度紧张的华洋关系实有内在关联。1925年5月15日，上海日商内外棉第七厂工人顾正红等因抗议厂主借口关闭工厂，遭日本职员枪击，引发内外棉其他多家工厂的中国工人罢工抗议。中共中央命各地党员、团员立即号召社会各界援助内外棉厂罢工，发起反日运动。17日顾正红因伤势过重身亡后，中共中央命令各地党、团组织进行总动员，进一步推动反日运动。中共上海地委决定召开公祭顾正红大会，并在会后举行游行示威。据报道，24日的公祭大会有各界代表万人左右参加（工部局警务处报告称5000人以上），其中绝大多数为工人，其次为学生。① 会前，中共上海地委考虑到顾正红案未能引起本地小资产阶级的广泛同情和援助等情况，取消了原定的游行示威计划。②

恰在此时，华人商民与工部局的关系骤趋紧张。中共中央根据形势变化，决定调整宣传策略，并于5月30日举行示威活动。如前章所述，1925年春，工部局不顾华人团体的强烈反对，极力推动召开纳税人特别会议，以通过印刷附律、增收码头捐、交易所领照等提案。4月15日的纳税人特别会议因出席人数不足而流会后，又宣布将于6月2日召开会议，并极力动员外侨纳税人参会。5月底，华商界团体为谋阻止，发起更大规模的抗议活动，甚至"都希望发生一个暴动"③。有鉴于此，中共中央和上海地委于5月28日召开紧急会议，讨论通过《扩大反帝运动和组织"五卅"大示威的决议》，决定组织学生于30日在公共租界内进行演讲示威，且宣传内容不再局限于反日，而是扩展至"包括外人一切侵略事实"，以期更有效地发动上海各界

---

① 《五卅运动史料》第1卷，第572—577页。
② 《上海地委会议记录——研究小沙渡公祭顾正红计划及发展党员（一九二五年五月二十二日）》，中央档案馆、上海市档案馆编《上海革命历史文件汇集（上海区委会议记录）一九二三年七月——一九二六年三月》，1989，第111—112页。
③ 恽代英：《五卅运动》，《五卅运动史料》第1卷，第6页。

人士加入反帝运动。①

5月30日下午，3000多名学生和工人代表在公共租界各处散发传单并发表公开演讲。除控诉日本帝国主义者惨杀顾正红、动员各界援助罢工外，宣传内容也包括将反对华洋不平等关系和抗议工部局提案等，甚至以后者为主。如示威者广泛散发的传单《上海学生市民工人反抗帝国主义大运动宣言》开篇即强调"上海是中国人的上海"，租界华人受帝国主义之压迫，"比十几国的奴隶还不如！"然后指出帝国主义者向华人征收捐税，"敲削盘剥，无所不用其极"，"现在又要加增码头捐及各项捐税了，然而纳税华人完全没有过问上海政治的权利！"随后又针对印刷附律案，谴责帝国主义者企图"钳制中国报纸"，"剥削中国人一切言论出版的自由！"最后抨击日本资本家压迫、杀伤工人及工部局的纵容包庇。示威者呼喊口号时也往往将"反对印刷附律！""反对增加码头捐！"等放在"援助内外棉纱厂工人"和"为顾正红报仇"之前。②

这些宣传契合了公共租界华人商民反对工部局提案和渴望改变华洋不平等关系的诉求，引起听众的强烈共鸣。学生和工人代表的演讲吸引了大量民众围观。据一位记者观察，"每条马路上都可以看到有一簇簇的行人，驻足凝神的听学生们演讲"。③ 有的市民被学生们手中所持写有"反对增加码头捐""反对印刷附律"的小旗所吸引，"于是电车也不要乘，随即向演讲队方面去听讲"；各处聆听演讲的民众"心理都是很激愤的"，许多人听完"很勇敢地说：'上海是中国人的上海！'"④ 随着示威声势不断壮大，工部局巡捕以妨碍交通为由干涉，试图驱散学生和听众。学生与巡捕发生冲突，先后有百余人被逮捕，拘押于南京路老闸捕房。数千名学生、工人代表和市民陆续聚集至老闸捕房前，群情激奋，要求释放被捕学生，其间与巡捕不无肢体冲

---

① 《上海地委召开联合会会议记录——汇报各方面活动情况（一九二五年五月二十八日）》，《上海革命历史文件汇集（上海区委会议记录）一九二三年七月——一九二六年三月》，第114—115页；任建树主编《现代上海大事记》，第239页。
② 《五卅运动史料》第1卷，第663、685—686页。
③ 《五卅运动史料》第1卷，第655页。
④ 《五卅运动史料》第1卷，第653页。

突。由于工部局警务处没有充分的预备措施，当时老闸捕房318名巡捕中仅有20多人在场，英籍捕头爱活生（E. W. Everson）担心捕房失守，在未进行充分警告的情况即下令向示威人群开枪射击，制造了五卅惨案。[1]

惨案发生后，上海公共租界华人团体为抗议租界当局的暴行，很快发起全面罢工、罢课、罢市的"三罢"示威活动，要求政府严重对外交涉，并提出多项交涉条件。抗议示威活动迅速蔓延至全国各地，形成一场轰轰烈烈的反帝爱国运动。

图6-1 五卅运动中公共租界华人商家一致罢市

资料来源：上海市社会科学院历史研究所编《五卅运动史料》第2卷，图录第3页。

五卅运动是中国社会各界反对列强长期侵凌压迫的民族情感的集中爆发，也是公共租界华人商民对外侨顽固垄断市政权力、漠视华人权益不满情绪的"横决"时刻。本地华人舆论普遍认为华人对市政管理事务没有发言权是导致惨案发生的重要原因，因此许多华人团体要求将华人参政作为交涉解决沪案的条件之一。其中，有的团体立场十分激进，如上海学生联合会要求

---

[1] Robert Bickers, *Empire Made Me: An Englishman Adrift in Shanghai* (London: Penguin Books, 2003), pp. 168-169.

"取消纳税外人会议,组织中国人的市议会,管理租界市政"。① 上宝太嘉工商会、上海各界妇女联合会等团体也提出了基本相同的要求。这种主张实质上已超出了单纯的华人参政范畴,而是要求列强和外侨完全交出市政管理权。另一些团体的要求相对温和一些,如上海基督徒联合会在致中央和地方政府的通电中将"工部局应有华代议士"作为数项最低交涉条件之一,另致函工部局要求加入华董和"取消租界内华洋不平等待遇"。② 中华全国基督教协进会也致函工部局,请与各关系国"详细讨论,于最早期间,改正贵局之组织,使华人有充分之代表权,任贵局董事"。③ 有的团体明确要求华人享有与外侨平等的参政权利,如四马路商联会发布通告提出数项交涉条件,第一项即为"工部局董事会,由华人共同组织,其华董资格及额数,依照西人纳税之规定"。④ 上海"一部分智识阶级"组成的"五卅事件积极救济会"以多国文字发表对外宣言,所提主张也包括"租界内纳税华人,以后应与西人享有同等参政之权"。⑤ 可见,受到五卅惨案的刺激,华人参政不再只是华商群体的诉求,而已得到社会各界十分普遍的支持,华人参政运动具备了更广泛的社会基础。

同时,本地华人团体的参政要求还得到外埠一些团体尤其是政治和知识精英组织的公开声援。如北京方面,包括政府外交官员王正廷和颜惠庆在内的欧美同学会发表宣言,称"历来上海租界种种不平之事"是五卅运动爆发的深层原因,华人商民尤其因不得加入工部局董事会和列强拒绝交还会审公廨而"饮痛久矣",建议中外当局"对于此类问题,亟宜根本解决"。梁启超、朱启钤、顾维钧、范源濂、张国淦、丁文江等多位政界名流和社会活动家联名发表宣言,也建议列强和外侨给予华人参政权利,"应该要想法子了

---

① 《交署交涉之情形》,《民国日报》1925年6月1日,第3张第10版;《上海学生联合会编印:五卅惨案发生经过及上海学生参加五卅运动情况概述》,上海市档案馆编《五卅运动》第1辑,上海人民出版社,1991,第277页。
② 参见王丹辉《近代上海公共租界市民权运动研究(1905—1930)》,第59页。
③ 《本埠新闻二:基督教协进会致工部局函》,《申报》1925年6月9日,第11版。时任中华全国基督教协进会会长为曾担任工部局首届华人顾问的余日章。
④ 《公共租界罢市之第五日》,《申报》1925年6月6日,第11版。
⑤ 《公共租界罢市之第七日》,《申报》1925年6月8日,第13版。

第六章 "横决"时刻：五卅运动与工部局改组问题的中外博弈

解中国人民的观点，与他们有影响的事件，至少要问问他们的利益，尤其是在租界里面大部分的税，是中国人纳的……然而中国人没有外国纳税人所共有的选举权"。① 又如南京方面，"南京学界上海惨案后援会"在宣言中要求"改组工部局，实行市民参政"；金陵大学南京同学会致函外交部驻江苏特派交涉员许沅，也将"要求华人有市民权"列为解决沪案"治本"的第一项条件。②

华人团体所提参政要求中，最全面也最具影响的是由上海工商学联合委员会（以下简称工商学联合会）首先提出、后经总商会改定的"工部局投票权案"。6月4日，在中国共产党的领导和推动下，上海总工会、中华民国学生联合总会、上海学生联合会和商总联会四团体推举代表，组成工商学联合会，以协调各界的示威活动，统一对外立场。上海总商会婉拒了上海学联的邀请，没有加入。6—7日，工商学联合会对各团体所提要求进行审查、商讨和归纳，最终形成17项交涉条件（以下简称"十七条"），包括立即应予施行的解除戒严、释放所有被捕华人等4项先决条件，和彻底解决沪案的13项正式条件。正式条件中包含收回会审公廨、撤销工部局三提案、华人参政等数项与当地华洋关系直接相关的要求。7日晚，工商学联合会代表将"十七条"呈交甫抵上海的执政府特派沪案调查员蔡廷干（时任税务督办）和曾宗鉴（时任外交次长）及新任特派交涉员许沅，请对外严重交涉。其中，关于华人参政的第十一条"工部局投票权案"内容如下：

租界应遵守条约，期满收回。在未收回以前，租界上之市政权，应有下列两项之规定：

（甲）工部局董事会及纳税人代表会，由华人共同组织。其华董及纳税人代表额数，以纳税多寡比例为定额。其纳税人年会出席投票权，

---

① 《北京各界援助沪案之进行》，《申报》1925年6月11日，第5版。最早将"不出代议士不纳租税"原则译介至中国的梁启超在一篇时评中，更明确地主张将"华人须与西人有同等的选举权"作为和平解决沪案三项"不能再让的根本条件"的第一条。梁启超：《我们该怎么样应付上海惨杀事件》，《晨报》1925年6月10日，第6版。
② 《江浙各界对于沪案之援助》，《申报》1925年6月13日，第7版。

217

与各关系国外人一律平等。

（乙）公共租界外人之纳税资格，须查明其产业为己有的，或代理的二层。己有的方有投票权，代理的则系华人产业，不得有投票权，其投票权应归产业所有人。①

工商学联合会随即将"十七条"公诸报刊，并发表宣言称治外法权和华人缺乏参政权利是导致五卅惨案的两大原因，故以"治外法权之取消与租界市政之收回"为对外"抗争之重心"。②

与五卅运动前华人团体历次所提参政权利主张相比，"十七条"的"工部局投票权案"提出了更高的要求。其中（甲）款包含三层要求：①工部局董事会和纳税人会议都加入华人（按：该款中"纳税人代表会"系"纳税人会议"之误，因为公共租界并无"纳税人代表会"之组织；其后的"纳税人代表"应是指参加纳税人会议之人）；②工部局华董席位和参加纳税人会议的华人名额，都按照华人所纳捐税占工部局捐税总收入的比例而定；③参加纳税人会议时，华人享有与外侨平等的投票表决权。其中的第一层和第三层要求，华人团体在一战后参政运动初期都提出过（见本书第四章）；第二层要求则是首次提出，最值得注意。由于华人所纳捐税总额多于外侨，若此层要求得以实现，则华人将同时占据公共租界最高市政决策机构和最高权力机构的多数位置，从而取代外侨成为市政事务的主导者。（乙）款要求则是针对界内华人产业多委托外人挂名代理的状况，旨在增加有参政资格的华人人数，扩大参政基础。

"十七条"中的"工部局投票权案"具体是如何产生的？笔者迄未发现直接的史料记载，难以确凿言之。考虑到工、学两界虽对华人参政持赞成态度，但此前基本没有介入参政运动，对其所牵涉的问题了解有限，故不太可

---

① 《五卅运动史料》第2卷，第278—282页。
② 《上海工商学联合会为宣布十七条交涉条件的宣言》（1925年6月7日），上海市档案馆编《五卅运动》第1辑，第30—32页。

能遽然提出如此全面的主张。① 相较之下，商总联会长期致力于华人参政运动，对相关问题也更为熟悉。6月4日该会曾对"力争市民权问题""讨论甚久"。② 据此大致可以推断，"工部局投票权案"的主体内容应是由商总联会方面提出的。工商学联合会拟定"十七条"后，请总商会法律顾问、曾任两届工部局华人顾问的律师谢永森对内容进行了"审查修改"，总商会方面应允给予"精神上协助"。③

蔡廷干等收到工商学联合会的"十七条"后，认为其内容"枝节横生"，且"有过火处，不便照提"，尤其是取消领事裁判权和永远撤退驻沪英、日海陆军两条因直接关系中外条约而不能提出，遂与总商会方面商定由后者对"十七条"进行修改后重新提出。④ 五卅惨案发生时，总商会会长虞洽卿适在北京，副会长方椒伯等迫于舆情压力而宣布罢市。6月7日，奉段祺瑞之命返回上海调处沪案的虞洽卿主持召开会董临时会议，主张总商会立于"调停地位"，设法将抗议活动"缩小范围，免再扩大风潮"，对外交涉条件以"简而易办"为原则。⑤ 但工商学联合会四团体向交涉代表提交"十七条"后，总商会不得不重新考虑自身立场。在10日全体会员大会上，会员霍守华认为工部局巡捕房枪杀学生、工人"不啻惨杀本会同人"，总商会应与各界一致，对此案之解决"负重大责任"，意即反对该会立于"调停地位"，主张领导其他华人团体共同斗争。在霍守华的建议下，总商会成立五卅事件委员会，专门负责此事。⑥ 当日，委员会召开第一次会议，专门讨论修改"十七条"事宜，决议先由各委员详加研究，"酌量损益"，再邀请工商学联合会代

---

① 在6月7日总商会会董临时会议上，会长虞洽卿介绍工、学两界提出的交涉条件时称，"工界所提者仅以后须优待工人一条"，学界提出了包括"加入华董"在内的多项要求。上海市工商联合会编：《上海总商会议事录》（五），第2240页。
② 《五卅运动史料》第2卷，第1038页。
③ 上海市工商联合会编：《上海总商会议事录》（五），第2249页。
④ 上海市工商联合会编：《上海总商会议事录》（五），第2245页；周斌：《再论五卅惨案"十三条"交涉条件的提出》，《近代史研究》2009年第4期，第154页。
⑤ 上海市工商联合会编：《上海总商会议事录》（五），第2239—2240页。
⑥ 《中华民国十四年六月十日开委员大会》，上海市档案馆编《五卅运动》第1辑，第427页；徐鼎新、钱小明：《上海总商会史（1902—1929）》，第336页。

表共同审议后，提交外交当局。① 6月11日，委员会基本完成对"十七条"的修改，确定为13条交涉条件（以下简称"十三条"）。"十三条"删去了"十七项"中的取消领事裁判权和撤退驻沪之英日海陆军两条要求，以使交涉内容完全限于上海地方事务，同时放弃"解除巡捕、商团之武装"和"自捕头以下各级巡捕，应分配华人充任，并须占全额之半"这两项租界当局和外侨难以接受的主张。其他原有各条要求也大多经过不同程度的删改和调整。②

图6-2 虞洽卿

资料来源：上海市工商业联合会编《上海总商会历史图录》，上海古籍出版社，2011，第67页。

对于"工部局投票权案"，蔡廷干等原拟改为"另订洋泾滨［浜］章程（即《土地章程》）"，以期从立法上根本解决华人参政权利问题。或因考虑到修订章程周折费时，最终仍决定维持原案，将之列为第九条。③ 其内容略有

---

① 《中华民国十四年六月十日开第一次五卅委员会》，上海市档案馆编《五卅运动》第1辑，第432页。
② 总商会拟定之"十三条"全文，见上海市工商联合会编《上海总商会议事录》（五），第2247—2248页。
③ 《沪案》（1925年6月11日），北洋政府外交部档案，"中央研究院"近代史研究所档案馆藏，档案号：03-40-012-04-009。

第六章 "横决"时刻：五卅运动与工部局改组问题的中外博弈

修改，具体如下：

一、删去开头引言"租界应遵守条约，期满收回。在未收回以前，租界上之市政权，应有下列两项之规定"两句；

二、（甲）款中"其华董及纳税人代表额数，以纳税多寡比例为定额"一句改为"纳税人代表额数，以纳税多寡比例为定额"，删去"其华董及"四字。①

另外，（乙）款表述略有调整，语意未变。其中，第一处修改既是因为公共租界没有租期，理论上可随时收回，同时或许也是考虑到"收回"租界的字样可能刺激列强和外侨，不利于沪案之交涉解决，故而删去。

第二处修改则较为费解，甚至不无误导性，需稍加辨析澄清。从中文字面表述看，删去"其华董及"四字后，似放弃了按照华人纳税所占比例分配华董席位的主张，保留了照此比例确定纳税人会议华人名额的要求。但其真实意思恰恰相反，因为此处的"纳税人代表"已不再如"十七条"原文指参加纳税人会议的华人，而是指华董。理论上说，工部局董事由纳税人选举产生，名义上确为"纳税人代表"。总商会送交外文报刊发表的英文版"十三条"中，"纳税人代表"对应的英文为"ratepayers' representation in the Council"——"Council"指工部局董事会——就是董事之意。至于其中文表述为何选择使用"纳税人代表"，反将常见的"华董"一词删去，则难以索解。同时，对于"十七条"中"纳税人代表会"的错误称谓，"十三条"也未予纠正，但英文版译为"ratepayers' meetings"，也印证了前述笔者对其系指纳税人会议的判断。② 因此，"十三条"实际上保留了按照华人纳税所占比例分配华董席位的要求，而不再坚持照此比例确定参加纳税人会议的华人名额。

"十七条"首次提出了按照华人纳税比例分配华董席位的要求，"十三条"亦予以保留，那么此项要求的依据何在？笔者认为，其依据是工部局董

---

① 上海市工商联合会编《上海总商会议事录》（五），第2247页。
② "Chinese Chamber of Commerce, List of Demands," *The North-China Herald*, June 20, 1925, p. 464.《北华捷报》刊发之"十三条"英文稿件系由总商会提供，并非由该报转译，应可准确表达原意。

221

事国籍分配的不成文原则,即纳税较多的国家侨民在董事会内拥有更多的代表。与单一国家内部的代议制政治制度不同,上海公共租界为国际居留地,参政代表(即"代议士")并不以地区(社区)或人口为单位分配,而是按照国籍划分。虽然《土地章程》中对董事的国籍并无任何明文规定,但历来董事会的国籍结构较为固定。自晚清以来,列强之间一直遵循一种"君子协定",即英侨代表占据董事会的绝对多数,美侨通常拥有1席,其余个别董事由其他国家侨民担任。英侨之所以能取得多数董事席位,是因为英商在界内的商业资产独大,纳税额相应也最多,纳税人会议中亦属英侨人数最众。[①]一战结束后,由于美日两国侨民资产及所纳捐税的增加,董事会的国籍结构基本固定为英国6人、美国2人、日本1人。董事席位之国籍分配既大致以各国人民所纳捐税为标准,则华人团体要求按照华人纳税总额所占比例分配华董席位,符合这一基本原则。明乎此,才能理解华人团体何以提出该要求,且此后长期将之作为争取参政权利最终目标之一的原因。至于"十三条"为何放弃按照华人纳税比例确定纳税人会议华人参会人数的主张,笔者认为主要是因为此项要求无据可循。《土地章程》对所有外侨的纳税人资格做了统一规定,理论上说,华人既要求享有与外侨平等的政治地位,则参政权利自应遵循相同标准。按照纳税比例确定华人参会名额的要求,难以找到任何成文或不成文的根据。

与"十七条"相比,"十三条"的"工部局投票权案"虽在文字表述上略有调整,对参政权利的要求并无实质性变化。该案的提出标志着上海公共租界华人参政运动的两个明显发展。其一,本地最具实力也最受外人重视的华人团体总商会首次正式提出了参政要求,华人参政运动的力量和声势因之顿形壮大。其二,如果说此前华人团体的参政诉求是加入外侨主导的既有市政权力体系的话,此后其目标实已变成建立一个由华人主导的政治新秩序。在中国政府暂时无法收回公共租界的情况下,这一目标的确立颇具政治意义。毋庸讳言,衡诸当时中外关系的总体形势和公共租界的权力结构,华人

[①] Thomson, "The Government of the International Settlement at Shanghai," pp. 63 - 64.

团体的参政要求，带有明显的理想化色彩。[1]但这正是五卅惨案后华人社会激烈反帝情绪的表现，也反映了华人商民对参政权利的急切渴望和对外侨长期排斥华人参政的强烈不满。

总商会6月11日拟定"十三条"后，当晚邀请工商学联合会代表召开联席会议，但会前并未告知后者事由。总工会代表李立三和学联代表林钧起初认为总商会此前已表态支持"十七条"，此时另提"十三条"，不仅有失信义，而且将破坏华人团体对外立场的一致性，故皆表示强烈反对。次日，经虞洽卿和蔡廷干等劝说，李、林二人最终同意对"十三条"若干条款略加修改后由总商会代表华人团体提出。[2] 13日上午，交涉员许沅即将"十三条"送交列强驻沪领事团，作为中方所提解决沪案的交涉条件。其中，公共租界华人团体最关切的要求为两项：一项是收回会审公廨；另一项即是工部局投票权案。[3]

二 沪案交涉中之工部局改组问题

沪案交涉中，段祺瑞执政府在上海公共租界华人参政问题上展现出相当积极的姿态，不仅支持华人团体的参政要求，而且加以完善和拓展，首次提出了官方的华人参政方案，其内容较"工部局投票权案"更为具体和全面。外交当局的立场在一定程度上受到社会舆论的影响，但其借交涉沪案之机推

---

[1] 时人姚公鹤在论析五卅惨案发生的原因时，认为"租界根本制度一日不改革，即华人一日不能取得巩固之参政权"，但他在1926年的一次演讲中称，华人团体所提"应按纳税多少，而分定董事人数"的主张和"收回租界""取消不平等条约"等要求一样，理由非常正当，却都是不切实际的"高调"。姚公鹤：《上海空前惨案之因果》，《东方杂志》第22卷第15号，1925年8月，第25页；姚公鹤讲，殷芝芳笔记《演讲录：华董问题与领事裁判权》，《国大周刊》第22期，1926年，第5页。
[2] 此后工商学联合会登报称总商会另提"十三条"，"本会并未正式参加讨论"，仍主张以"十七条"为交涉条件。参见周斌《再论五卅惨案"十三条"交涉条件的提出》，《近代史研究》2009年第4期，第156—159页。
[3] 余日章早在6月6日就向日本总领事透露，中国方面"其坚持期待贯彻者为中国纳税人获得选举权及收回会审公廨二点而已"，其他条件"均不作为重点"。《矢田致币原电报第一九七号》（1925年6月7日发），上海市社会科学院历史研究所编《五卅运动史料》第3卷，上海人民出版社，2005，第1194页。

动收回公共租界主权进程的意图也十分明显。公使团起初对华人参政持较为开放的态度，希望通过解决这一问题缓和华人的反帝情绪。但随着交涉的延宕和情势的变化，公使团最终却采纳上海领事团的意见，企图以华人参政为条件换取中国在主权问题上让步。中外双方立场渐行渐远，最终导致华人参政问题的交涉无果而终。

五卅运动爆发后，社会各界纷纷要求执政府严重对外交涉。当时，执政府因"金佛郎案"[①]的处置而遭到各方抨击，正面临巨大的政治危机，当局有意利用民众运动之声势，迫使列强在沪案交涉中让步，以赢得国人的同情和支持，巩固自身地位。因此，执政府起初默许乃至暗中支持民众运动，外交上也表现得较为强硬。[②] 6 月 1 日，外交部照会公使团提出抗议，称巡捕枪杀手无寸铁之青年学生，"实为人道及公理所不容，自应由租界官吏完全负责"。公使团最初复照称巡捕开枪属于自卫性质，事件责任"应由一般游行者负之，不能归诸租界官吏"。[③] 但随着抗议示威活动从上海迅速蔓延至北京和全国各地，公使团迫于形势压力，决定由英、美、法、日、意、比六国使馆派员组成调查委员会赴沪调查事件经过，法国参赞祁毕业（C. J. M. Tripier）任团长。六国调查委员会（以下简称六国委员会）10 日抵沪展开调查，15 日被授权与中方代表就地交涉，以期尽快商定解决办法，缓和事态。执政府外交当局起初一度拟命特派调查员蔡廷干等以工商学联合会"十七条"为交涉条件，

[①] 1917 年中国参加一战后，包括法国在内的多个协约国同意暂缓庚子赔款的赔付。1921 年，北京政府向法国提出退还庚款未付部分的要求，法方原则上表示同意，提议将赔款余额的一小部分用于两国指定的文教事业，大部用于改组刚刚倒闭的中法实业银行。但由于法国国币纸佛朗（法郎）严重贬值，法方于 1922 年夏要求剩余赔款不再以纸佛郎结算，而改以金佛郎（后要求以美元）进行结算。这一要求违背 1905 年清政府与列强有关赔款方式的换文，将给中方造成巨大经济损失。北京政府因此拒绝接受，法方则通过扣留海关关余、阻挠关税会议召开等多种方法向中方施压。双方为此进行了长达数年的交涉，史称"金佛朗案"。1925 年 4 月，段祺瑞执政府为尽快召开关税特别会议以解决财政困难，最终妥协，接受法方要求。刘本军：《论金佛朗案与北洋政府》，《近代史研究》1991 年第 1 期。

[②] 参见冯筱才《沪案交涉、五卅运动与一九二五年的执政府》，《历史研究》2004 年第 1 期，第 47 页。

[③] 《外交部致公使团》（1925 年 6 月 1 日），《公使团致外交部》（1925 年 6 月 4 日），王建朗主编《中华民国时期外交文献汇编（1911—1949）》第三卷（上），第 302 页。

其后据后者的意见，同意由总商会修改后提出，使沪案尽量"地方化"。① 应公使团之请，执政府也授予蔡廷干等特派调查员与六国委员会谈判之权，以期速了。

图 6-3　蔡廷干

资料来源：《东方杂志》第 22 卷第 13 号，1925 年，"卷头插画"第 15 页。

6 月 16 日，双方举行第一次会议。祁毕业表示，六国委员会原为调查沪案而来，虽被授予就地交涉之权，但只能就与事件直接相关的问题进行商讨，此前执政府向公使团所提抗议照会中仅提出解除戒严令等旨在恢复当地秩序的四项要求，因此该会对中方的其他要求并不知悉，无法谈判。蔡廷干建议由中方将"十三条"逐一提出，六国委员会认为可以商量者，即先行议办，不能商量者则可提交公使团。结合中外双方留存的会议记录来看，蔡廷干先提出了收回会审公廨问题，然后为优待工人、撤换工部局总办和华人参政三项条件。关于华人参政问题，蔡氏最初并未全盘托出"工部局投票权案"中的各项要求，而是先提出了增设华董一层，建议由双方任命一个委员会处理该问题，并称"工部局增加两三个华董对大家都有好处"，这比华人

---

① 参见周斌《再论五卅惨案"十三条"交涉条件的提出》，《近代史研究》2009 年第 4 期。

图 6-4 沪案六国调查团委员会抵达上海

资料来源：《五卅运动史料》第 3 卷，图录第 29 页。

团体对华董席位的要求低得多。祁毕业称工部局加入华董问题与六国委员会的职责无关，拒绝进行任何实质性探讨，仅表示或许会将中方要求转告领事团。在后续会谈中，蔡廷干再次提出"工部局投票权案"，称其要求甚为正当，希望华人纳税者可以选举代表加入董事会，代替顾问委员会。但六国委员会仅英国参赞询问了顾问人数和产生办法，蔡廷干简单作答，此外并无更多讨论记录。[①] 17 日，第二次会议继续商讨"十三条"其他各项要求，未再提及华人参政问题。

在 18 日第三次会议上，祁毕业称中方各项要求均已经过商谈，其中多项不在六国委员会职权范围，只能留待公使团与中国政府谈判。委员会根据双方会商情况，拟就往来公函稿，希望经中方代表审阅修改后进行书面交换，作为交涉结果。由于六国委员会所拟函稿中称上海华界官厅和警察对沪

[①] 关于祁毕业对工部局加入华董问题的答复，中外双方的会议记录有明显差异。根据执政府方面的记录，祁氏表示"至添设华董一节，当报告使团核办"，有当场应允之意。考虑到六国委员会的职权，祁氏不可能做此表态，中方记录似误解了其发言。《委员会和中国代表在交涉署举行第一次会议记录》（1925 年 6 月 16 日下午 2 时），《五卅运动史料》第 3 卷，第 933、936 页；《中央特派员与公使团赴沪调查六委员会议纪略》（1925 年 6 月 16 日—18 日），王建朗主编《中华民国时期外交文献汇编（1911—1949）》第三卷（上），第 347、348 页。

案负有责任，要求中方查究，中方代表对此表示不能承认。同时，函稿称中方提出了各种与沪案无直接关系的交涉条件，且除称相关国家公使正"以最友好的态度"研究会审公廨问题外，完全没有表示对华人参政、越界筑路、印刷附律等问题的态度。对此，蔡廷干强调这些问题正是公共租界华人居民对沪案反应激烈的真正原因，解决它们是建立和巩固良好华洋关系的前提。因此，中方代表提议六国委员会请求公使团扩大其交涉权限，同时考虑上述问题的解决办法。由于双方分歧严重，六国委员会宣布此前的交涉结果无效，当晚即返京。① 上海交涉遂告失败，六国委员会和中方代表先后发表声明，将谈判破裂之责归诸对方。②

此后，沪案交涉转移至北京进行，由外交部和公使团直接谈判。6月19日，公使团听取六国委员会的报告后，决定由意、法两国公使和美国代办组成委员会，立即与外交部展开交涉。当日，公使团发表公报称，有关国家公使都希望"根据公道与平等"原则立即与中方协商解决与沪案直接相关之事项，并愿意各自呈请本国政府授权，"以最友好之精神"商讨中方提出的"关于公共租界之组织及公共租界之司法制之建议"，即有关华人参政和收回会审公廨的要求。③ 公使团这份公报措辞之温和、态度之积极十分罕见。这一方面应是公使团已根据六国委员会的报告认识到租界当局对沪案之重大责任，故而改变了此前的强横态度；另一方面是迫于各地反帝运动不断高涨之势，希望尽快与执政府达成妥协，避免事态进一步恶化。

对此，执政府方面表现出较为强硬的立场，并试图乘机推动与列强的修

---

① 《第三次会议即最后一次会议的记录》（1925年6月18日下午2时），《五卅运动史料》第3卷，第944—947页；《中央特派员与公使团赴沪调查六委员会议纪略》（1925年6月16日—18日），王建朗主编《中华民国时期外交文献汇编（1911—1949）》第三卷（上），第352—353页。六国委员会所草拟的往来函稿，见《六国调查沪案委员会通告》《中国交涉代表团对通告的答复》，《五卅运动史料》第3卷，第947—951页。
② 《英美法意日荷六国委员声明》（1925年6月18日），《蔡廷干、郑谦、曾宗鉴宣布交涉停顿情形》（1925年6月19日），王建朗主编《中华民国时期外交文献汇编（1911—1949）》第三卷（上），第359—360页。
③ 《公使团对沪案交涉停顿之公报》（1925年6月19日），《五卅运动史料》第3卷，第899页。

约谈判,沪案交涉因此趋于扩大化和复杂化。或许是因为上海交涉的失败已使沪案"地方化"的设想基本落空,而公使团又有明显的妥协意向,执政府遂调整外交方略,在继续以"十三条"为条件交涉沪案的同时,向列强提出修约要求,以争取更大的外交成果。6月20日,外交部照会公使团,不仅没有回应后者立即开议之主张,而且指责六国委员会"忽宣报交涉停顿,离沪回京",有违公使团此前所提就地交涉解决沪案的建议,并声明若因此而发生意外情况,其责任应由公使团方面承担。公使团于23日复照称,中方将交涉失败责任完全归诸六国委员团的说法与"事实相反",并指外交部照会"毫无便利友谊的解决此次事故之性质"。① 24日,外交部照会公使团,正式提出"十三条"交涉条件,并称各项要求"仅为解决沪案局部问题,中国政府认为,欲根本改良中外之友谊及维持永久之和平,必须将从前所订各项不平等条约加以修正"。② 同日,外交部另向公使团提出了修约照会。

对于执政府的要求,公使团并未遽然拒绝,但双方在交涉步骤上存在分歧。公使团为尽快取得进展,主张首先商讨"十三条"中的解除戒严、释放被捕华人、惩凶、赔偿和道歉五项与沪案直接相关的先决条件,然后再讨论其余条件和修约问题,执政府方面则要求同时开议沪案与修约问题。6月26日,执政府成立外交委员会,随即任命颜惠庆、王正廷和蔡廷干为办理沪案交涉及其善后事宜专员。7月8日,外交委员会经过商讨,决定仍坚持沪案和修约问题同时开议,但鉴于公使团的立场,决定将"十三条"分为两部分进行交涉,外交总长沈瑞麟和蔡廷干负责五项先决条件,颜惠庆和王正廷负责"工部局投票权案"等其余八项条件和修约问题。③

6月下旬,公使团根据六国委员会的报告,做出对工部局进行处分的决定,包括问责总董、撤换警务处处长等,同时要求中国政府惩罚对沪案负有

---

① 《外交部致公使团》(1925年6月20日),《公使团致外交部》(1925年6月23日),王建朗主编《中华民国时期外交文献汇编(1911—1949)》第三卷(上),第362—363页。
② 《外交部致公使团》(1925年6月24日),王建朗主编《中华民国时期外交文献汇编(1911—1949)》第三卷(上),第363—364页。
③ 《外交委员会重要会议》(1925年7月8日),王建朗主编《中华民国时期外交文献汇编(1911—1949)》第三卷(上),第369—370页。

第六章 "横决"时刻：五卅运动与工部局改组问题的中外博弈

责任的地方官员。公使团拟将该决议送交中方并公开发表，作为解决五项先决条件之办法，不容中方讨价还价。同时，为确保工部局服从决议，公使团训令上海领事团，若工部局董事会拒绝接受，则将之解散，由领事团组织委员会管理公共租界。在英国驻沪总领事巴尔敦的极力主张下，英国外交部要求公使团暂缓发表决议，引发公使团的强烈不满和内部矛盾。其后，公共租界当局表示不接受处分决定，并批评六国委员会的调查并不全面公允，要求对沪案进行司法调查，以明确事件责任。在英国外交部的大力推动下，至8月初，列强政府已陆续同意对沪案进行司法调查，公使团的决议实际上被推翻。①

由于这番波折，沪案交涉陷于停顿。其间，外交部于7月中旬照会公使团定期开议，但并无回音。上海总商会等一些华人团体因不满交涉延宕，对外交当局的对外策略提出质疑和批评。② 8月1日，外交部催促公使团开议沪案。意大利公使兼领袖公使翟录第（V. Cerruti）于5日口头答复外交总长沈瑞麟，称公使团已决定组织对沪案进行司法调查，暂难开议。沈瑞麟表示中方坚决反对司法调查，主张仍按照六国委员会和蔡廷干等的调查报告进行谈判。③

执政府表明立场后，相关列强在是否继续交涉问题上意见不一。英国力主司法调查，准备待查明沪案"真相"后再进行交涉。由于工部局董事会由英、美、日三国侨民代表组成，英国提出的司法调查必须获得另两国政府的支持和配合。美、日政府在英国的游说下表示愿意合作，但主张不待司法调查结束，立即与中方协商交还会审公廨和工部局增设华董这两个华人团体最关切的问题，以期尽可能减少司法调查引起的中国朝野反对浪潮对自身的冲击。④ 英国政府虽不认同日、美两国的主张，但为推动沪案司法调查，只得

---

① 参见张丽《有关五卅惨案的中外交涉——以外方为中心的考察》，《近代史研究》2013年第5期。
② 《外交部致许沅》（1925年7月14日），王建朗主编《中华民国时期外交文献汇编（1911—1949）》第三卷（上），第342页。
③ 《五卅运动史料》第3卷，第958—959页。
④ 《芳泽致币原电报第六六三号》（1925年7月23日），《马慕瑞致凯洛格电》（1925年8月8日），《五卅运动史料》第3卷，第1299—1301、1097—1098页。

229

勉强接受。

此后，公使团一方面准备对沪案进行司法调查，一方面预备与中方进行交还会审公廨和工部局增设华董问题的交涉。9月15日，公使团正式照会外交部将对沪案进行司法调查，遭到执政府和中国各界的强烈反对。公使团随即于17日照会外交部，表示"仍切盼迅速解决"沪案，请中方指定日期，首先开议收回会审公廨和华人参政权等与司法调查无关但尚待解决的事项。① 执政府外交当局为打开交涉僵局，同意部分开议。10月1日，公使团照会外交部，称"十三条"中多项要求已经实现或正拟解决，准备与中方商议交还会审公廨问题，"使之得一良好之结束"，同时已"认真研求最易实施之办法，使上海工部局行政事宜由中外居民合作"。②

10月8日，公使团照会外交部，提出了解决华人参政问题的方案。然而，该方案与公使团此前宣称的"最友好之精神"极不相符，对华人参政提出了诸多限制和条件。照会中称公共租界原为中国政府划给外人居住的地区，但鉴于华人已占人口多数之事实，各国外交代表认为应"酌准"华人参加市政管理事务，故提议对《土地章程》进行修改，"俾工部局董事会得加入华董数人"。显然，公使团赞成工部局加入华董，只是一种鉴于现实情形的政治安排，并未承认华人参政要求的合法性。因此，方案对于"工部局投票权案"中的华人参加纳税人会议并享有平等投票权的要求只字未提，其所谓"华董数人"自然也不可能按照华人纳税总额所占比例分配，而只会是少数席位。而且，照会主张华董不由全体纳税华人选举产生，而是中国政府指定地方团体推举若干候选人，再由特派交涉员从中选派。此外，公使团还提出增设华董的两项条件：一是将"同样的合作原则"运用于华界的闸北，允许该地区的外侨居民推选代表加入地方自治机构沪北工巡捐局的董事会；二是中外协商沿黄浦江两岸划出新区域，由中外合组董事会管理之，并由公共

---

① 《欧登科致外交部》（1925年9月17日），王建朗主编《中华民国时期外交文献汇编（1911—1949）》第三卷（上），第377页。
② 《欧登科致外交部》（1925年10月1日），王建朗主编《中华民国时期外交文献汇编（1911—1949）》第三卷（上），第379、381页。

第六章 "横决"时刻:五卅运动与工部局改组问题的中外博弈

租界和闸北两方董事会的代表组成顾问机关(将来法租界和华界南市的代表亦可加入),协作处理涉及各区的共同问题,以促进商务之发展。① 这两项条件都明显有损中国主权,第二项尤为严重,几乎是变相要求划设一新租界。

公使团原希望通过解决华人参政等问题赢得中国朝野的好感,为何会提出一份如此苛刻的方案?其实,该方案并非公使团"认真研求"的结果,而是基本依据上海领事团,更确切地说主要是根据英国总领事巴尔敦的意见提出的。8月中旬,公使团为预备与中方交涉,曾征询上海领事团对于工部局增设华董的意见。9月初,领袖领事复函呈告。这封由巴尔敦协助起草的信函称,领事团认为工部局加入华董对于市政发展并无裨益,但鉴于公使团出于政治原因需在该问题上做出让步,领事们同意增设华董,唯须限于2—3人,以防华董占据人数优势而影响董事会的决策。对于"工部局投票权案"中提出的纳税华人享有与外侨平等参政权利及投票权应归地产实际所有者的要求,领事团认为完全不可行,并提议由特派交涉员指派华董,其所持理由包括华人选民无法代表真正民意、既有纳税法则无法确定华人业主实际纳税额、上层华人反对通过选举产生华董等。最后,领事团还希望公使团在交涉中尽力实现前者在1923年3月关于交还会审公廨问题的报告(由巴尔敦起草)中所提各项目标,即扩大公共租界、华界市政机构加入外侨代表和沿黄浦江两岸划设新区域(参见本书第五章)。除了因时局原因而未要求扩大租界,公使团所提华人参政方案几乎完全采纳了领事团的意见。②

与沪案交涉初期相比,公使团对华人参政问题的态度已明显由积极转向消极,这种转变应与中外关系形势的变化有关。一方面,随着各地抗议示威活动的逐步退潮,加之执政府为确保关税特别会议的顺利召开而有意压制民众运动,至10月初,五卅运动实已基本结束。③ 公使团面临的外交压力大为

---

① 《欧登科致外交部》(1925年10月8日),王建朗主编《中华民国时期外交文献汇编(1911—1949)》第三卷(上),第381—382页。
② Circular No. 253: Reorganization Municipal Council Shanghai, September 8, 1925, 國立公文圖書館アジア歴史資料センター『上海共同居留地/分割2』、B12082577000、3-2773/0154-0153、0139-0140。
③ 冯筱才:《沪案交涉、五卅运动与一九二五年的执政府》,《历史研究》2004年第1期。

减轻,自然会调整在沪案相关问题上的姿态。另一方面,关税特别会议定于10月26日在京召开,执政府期待列强在关乎其财政命脉的关税问题上做出让步。在此背景下,公使团提出条件苛刻的华人参政方案,可能也指望执政府会在这一对其而言重要性相对较低的问题上妥协。

但公使团似乎低估了执政府对华人参政的重视程度。一战结束后不久,北京政府外交当局就已初步形成将华人参政作为收回租界预备步骤的方略,有的外交官员明确主张:"国权一时骤难恢复,人权不可再让,居留租界之华人与外人应有同一之权利。"① 其后,北京政府明确表示支持上海公共租界的华人参政运动,只是受自身实力和国际形势等因素的制约而未能予以有力援助。沪案发生后,公共租界华人商民迫切希望获得参政权利,纳税华人会等团体屡次上书地方和中央外交当局,称工部局投票权案为"市民权利根本要点",与华人"有切身利害关系",请务必"竭力主持,用慰群望"。② 纳税华人会理事童诗闻还撰写了关于华人参政问题的意见书,呈供外交部参考。意见书通过回顾公共租界历史及其章程沿革,详细论述中外纳税人应享有平等参政权利的理由,并提出预备和实行华人参政的多项建议,包括对外宣传和交涉之内容与方式、修改租界章程、核查编制华人产业和纳税额表册、健全纳税华人会组织等。③

执政府一方面受到华人团体和各界舆论的压力,另一方面希望乘机推动收回上海公共租界的进程,加之任事官员的个人因素,外交当局对华人参政问题颇为重视。如前所述,具体负责该问题交涉的王正廷和颜惠庆二人都曾列名欧美同学会关于沪案的宣言,主张根本解决华人参政问题。其中,王正廷1920年参与创立公共租界纳税华人会并被推举为首届理事部主任,是华人

---

① 《中国代表团会议录:第三十一至四十次会议录》,北洋政府外交部档案,"中央研究院"近代史研究所档案馆藏,档案号:03-37-011-03-004。
② 《沪案所提十三条乞竭力主持由》(1925年6月29日),北洋政府外交部档案,"中央研究院"近代史研究所档案馆藏,档案号:03-40-021-01-006。
③ 《上海公共租界华人参预市政权案意见书2册》,北洋政府外交部档案,"中央研究院"近代史研究所档案馆藏,档案号:03-40-019-03-014。

参政运动的重要领导人物之一。沪案发生时,王氏仍为该会理事。① 出生于上海公共租界的颜惠庆虽未参与华人参政运动,但自幼对华人所受不平等待遇颇有直观感受,据说其父颜永京还曾在英文报纸上公开批评工部局歧视华人和拒设华董的政策。② 王正廷和颜惠庆在华人参政问题上的立场不难想见。7月上旬,二人奉命负责相关交涉后,即组织人员对工部局问题进行研究,预备谈判方案。8月初,外交部函令江苏交涉公署转请上海总商会调查公共租界华人产业和纳税额数,以便作为交涉依据。③ 其后,北京政府临时执政段祺瑞还准备就改革工部局问题发表演讲,可见重视程度。④

面对公使团的苛刻方案,外交当局不但没有退让,而且对"工部局投票权案"加以完善和拓展,提出了更具体也更全面的华人参政方案。11月25日,外交部照会公使团,提出中方解决沪案相关问题的5项提案,其主题依次为沪案事实及其责任、惩处、赔偿、收回会审公廨及改组上海租界内司法机关、上海公共租界工部局之改组。由于公使团的沪案司法调查已得出工部局和巡捕无罪的结论,故前三项提案主要旨在表明中方立场,实际意义已不大。后两项提案则是中方预备与公使团展开交涉的具体内容,其中"上海公共租界工部局之改组"(以下简称"工部局改组案")可被视为公使团10月8日照会所提方案的对案。

工部局改组案在阐述中国政府对租界应有之法权、华人应享参政权利之理由、工部局市政制度之弊病后,提出了改组公共租界市政管理体制的7项主张,其主旨大致如下:

①华人与外侨享受相同的选举权和被选举权。

②华人享有与外侨相同的租买和使用土地之权。

---

① 1920年王正廷当选纳税华人会首任理事长,1921年该会理事部未进行改选,故王氏虽已入京任职,名义上仍为理事长,直至次年方椒伯当选继任。此后,王正廷又连续3年当选纳税华人会理事。1925年3月初,王氏抵沪,纳税华人会和奉化同乡会联合举办欢迎会。《两团体欢迎王正廷记》,《申报》1925年3月5日,第14版。沪案发生后,纳税华人会理事部改选延期,故王正廷仍为该会理事之一,直至年底改选期满卸任。
② 《颜惠庆自传》,姚崧龄译,中华书局,2015,第3页。
③ 《交涉署请商会调查租界华人产业》,《申报》1925年8月8日,第14版。
④ 《颜惠庆日记》第2卷,上海市档案馆译,中国档案出版社,1996,第274页。

③工部局董事会成员由9人增至21人,其中华董11人,外董10人。每两年外董席位减少1个,华董席位相应增加1个,直至六年后华董为14人外董为7人为止。每届选举产生的21位董事按照其华洋比例,另从纳税人中推举6位华洋人士为董事,共同组成27人之董事会。

④工部局设支薪之专任局长、副局长各一人,由每届21位董事选举产生,可连选连任,以便专注于市政事务。

⑤警务处各级官员一半由华人担任正职,外人担任副职;另一半以外人担任正职,华人副之。

⑥中国政府在公共租界内可完全自由行使主权,不受工部局之妨碍。

⑦非得中国政府之明白许可,不得修改租界章程或订立任何附件。

最后,该案特别指出,修改《土地章程》和改组工部局事宜由中国政府和列强公使直接磋商或各自训令地方官员和领事会商即可,无须征询外侨纳税人的意见。①

上述7项主张中,与华人参政权利直接相关的是前三项。将之与"工部局投票权案"对比观之,第一项并无变化,第二项要求赋予华人租买和使用土地之权,取代了投票权归产业实际所有人的主张,这应是考虑到后者在现实中难以有效贯彻,而前者可改变华人产业大多挂号于外侨名下的状况,是

---

① 《照送沪案各提案并请转达有关系各国公使由》(1925年11月25日),北洋政府外交部档案,"中央研究院"近代史研究所档案馆藏,档案号:03-40-002-03-033。笔者比照史料推断,"工部局改组案"大体综合了外交当局预备的两份方案,一份是政治学和国际关系学专家鲍明钤应颜惠庆之托而草拟的,另一份则应出自外交部官员金问泗之手。据颜惠庆日记,1925年7月15日颜氏请鲍明钤"研究一下工部局问题",鲍于10月13日"携来市政规划"复命。《颜惠庆日记》第2卷,第249、257、273页。笔者未得见鲍明钤所拟方案之原文,但鲍氏在其著作中不止一次列述该方案的主体内容。《鲍明钤文集》,第427—428、1226—1228页。执政府外交部档案中另有一份《改组上海公共租界工部局提案》(北洋政府外交部档案,"中央研究院"近代史研究所档案馆藏,档案号:03-40-001-03-028),未署作者和时间。颜惠庆8月12日日记有审阅"金起草的关于公共租界工部局等问题"备忘录之记载,故笔者推测该案或即为金问泗所拟。《颜惠庆日记》第2卷,第257页。相比之下,鲍氏方案内容更为全面和具体,所提各项要求也更高。工部局改组案应主要是在鲍氏方案基础上修改而成,同时吸收了金氏方案的个别主张(第五项,原为"十七条"之一)。关于华董席位,鲍氏提议将董事会从9人扩大至21人,但主张最初华董仅占1/3,外籍董事占2/3,以后每年各增减1人,直至华董占2/3为止。外交部则更进一步,提出华董自始即占多数的要求。

扩大华人参政基础的治本之策。① 第三项放弃了按照纳税总额所占比例分配华董人数的要求，其主要原因很可能是当时无法准确计算华人纳税总额及其所占比例。按照《土地章程》的规定，各种捐税中只有地税和房捐（即市政捐）两项可作为参政权利的依据。1925 年工部局统计的华人所纳房捐总额略多于外侨，但因大量挂号外商名下的华人地产的地税名义上由外商缴纳，实则是华人业主承担，故华人事实上所纳地税缺乏统计数字。② 该项改为直接规定华、洋董事人数和后续增减办法后，不仅更易于实施，也能确保华人在市政管理中的主导地位不断提高。第四项主张虽未直接提及华人，但若第三项得以实现，则工部局"专任局长"之职由华人担任的可能性也更大。在此基础上，其余三项主张将改组工部局的范围拓展至警察、行政、立法等方面。执政府的目标显然不只是使华人获得参与市政管理之权，同时力争收回被列强和工部局侵夺的部分主权，加强对公共租界事务的管辖权力。

外交部将 5 项提案递交公使团后，双方并未随即展开交涉。12 月 11 日，公使团根据司法调查结果，提出了结沪案的两项办法：有关联的警务官员主动辞职，工部局向华人受害者家属提供一笔"慰问金"（而非赔偿金）。执政府外交当局拒绝接受，关于沪案本身的中外交涉遂不了了之。1926 年 2 月 4 日，中外代表举行会晤，商讨交还会审公廨和改组工部局两问题。由于中方坚持以工部局改组案的各项主张为谈判基础，双方立场相去太远，没有商谈

---

① 1919 年中国代表团在巴黎和会上向列强提出给予租界华人参政权利，同时就提出了华人应享有与外侨平等的购置敌产权。同年公共租界华人团体在所拟《土地章程》修改草案中也表达了这一诉求。参见本书绪论和第四章。
② 关于 1925 年公共租界华洋居民所纳房捐总额，一说分别为 2021702 两和 1763384 两，比例约为 1.15∶1；一说分别为 2043295 两和 1948902 两，比例为 1.05∶1。两组数据皆来自工部局方面的统计，但略有出入。郭泰纳夫：《上海公共租界与华人》，第 177 页；《费唐法官研究上海公共租界情形报告书》，熊月之主编《稀见上海史志资料丛书》第 8 册，第 198 页。挂号于外商名下的华人地产缺乏专门统计。1925 年 10 月，纳税华人会理事张心抚提出由主要华人团体组织华人地产房屋调查委员会，期在"尽将借外人之道契转户，收回纳税之权，恢复投票之主而后已"。该提议经纳税华人会理事会通过，但未见调查结果。《华人房产调查会之发起》，《申报》1925 年 10 月 10 日，第 15 版。《密勒氏评论报》的创办人密勒认为，按照最保守的估算，公共租界内华人地产的价值当占所有地产总价值的 80% 以上，还有的外侨甚至认为可达 95%。夏晋麟：《上海租界问题》，第 112 页。

之空间，有关华人参政问题的中外交涉此后也没有了下文。① 正当外交谈判无以为继之时，工部局董事会主动提出了加入华董的议案，华人参政问题的交涉随之又回到公共租界内部。

三　工部局三华董案与华人团体的妥协

五卅运动初期，工部局董事会以强硬姿态应对华人的抗议示威活动，对华人团体提出的参政要求也不予回应。出于对华人的固有偏见和处置华洋矛盾的惯性思维，租界当局自始就认为五卅惨案的责任不在巡捕而在华人"暴民"。在商筹应对措施时，董事会几乎没有征询华人顾问委员会或任何华人团体的意见。6月6日，华人顾问委员会集体辞职。当时已有多个华人团体提出工部局增设华董的要求，7日董事会讨论了这一问题，认为目前情形下此举不仅行不通，而且会严重威胁工部局的地位，因此不予考虑。② 随着沪案调查和交涉的展开，董事会在此后一段时期内基本没有讨论华人参政问题。华人团体最初寄希望于外交解决参政权利问题，也没有尝试直接与租界当局进行交涉。

与工部局的抵拒和沉默形成对比的是，外侨舆论对华人参政问题的态度出现了明显转变，多数外侨虽无法接受"工部局投票权案"的各项要求，但主张给予华人一定参政权利，以缓和高度紧张的华洋关系。面对五卅运动的冲击，部分外侨仍坚决反对华人参政。一位外侨甚至宣称自己曾经是华人参政的积极倡导者，但五卅运动使其转而认为华人商民容易被稚嫩的学生"牵着鼻子走"，不配拥有参政权利。③ 但更多外侨在经历了五卅风暴后意识到，

---

① "Envoys Meet to Consider Demands on Local Clash," *The China Press*, February 6, 1926, p. 1. 据金问泗忆述，中外双方对于中方提案"并未加以讨论，亦未有何种解决"。金问泗：《上海纳税华人参预公共租界市政之我见（续）》，《申报》1927年11月17日，第17版。关于交还会审公廨问题，此后中外虽举行了几次谈判，终因无法达成共识而告辍，改由上海地方当局和领事团交涉解决。张丽：《上海公共租界会审公廨收回始末》，《史林》2013年第5期，第25页。

② 上海市档案馆编《工部局董事会会议录》第23册，第570页。

③ "Chinese on the Council," *The North-China Daily News*, July 2, 1925, p. 4.

第六章 "横决"时刻：五卅运动与工部局改组问题的中外博弈

为了公共租界的安定和外侨自身的利益，华人参政已势在必行。一些外侨投书报刊，公开主张工部局董事会加入华人代表。7月1日，《字林西报》社论也明确表示同情华人的参政诉求，唯认为需待局势平定后再讨论该问题。① 一位英国侨民称，1920年纳税人会议上提出增设华董议案的李德立和附议的爱资拉都是英国人，至少说明并非所有英侨都反对华人的"正当期望"。② 此论在一定程度上反映了主导公共租界的英侨群体中，许多人已调整对华人参政问题的态度。

公使团对工部局做出的处罚决定和解散威胁，进一步促使外侨社会改变了对当地华洋关系的看法。7月21日，《字林西报》发表社论，称工部局董事会只对纳税人负责，公使团无权对之实施处罚；若解散董事会，由16国领事共同管理公共租界，则市政事务必将无法得到健全而妥善的管理。文中同时指出，华人的要求并不是解散董事会，而只是在其中拥有代表权。言外之意，工部局加入华董是可以接受的。尤其值得注意的是，社论称外侨和华人都是"与本地利益相关者"，而各国领事则"不顾本地状况，只关心维护各自国家利益"，如董事会遭解散，华人将完全失去参与市政管理的机会，华洋居民的利益都将处于危险之中。③ 该社论虽未直接倡言工部局加入华董，但观点倾向显而易见。

而且在与上海总商会沟通过程中，对租界当局和外侨社会都极具影响力的外商团体也非正式地表示不反对工部局加入华董。7月中旬，因沪案交涉陷于停顿，总商会试图"另辟途径"，与上海外国商会秘密协商解决沪案相关问题办法，"以助交涉"。④ 13日，虞洽卿拜访上海外商的联合组织"和明商会"会长白罗克-史密斯，提议由总商会布告复工的三项条件：华人加入工部局董事会；交还会审公廨；罢工工人一律发放相当于半个月的工资。以英国商会为首的各国商会一致表示，对前两项原则上没有异议，但难以承认

---

① "What is the Chinese Point of View?" *The North-China Daily News*, July 1, 1925, p. 6.
② "Chinese on the Council," *The North-China Daily News*, July 2, 1925, p. 4.
③ "The Shanghai Municipal Council," *The North-China Daily News*, July 21, 1925, p. 7.
④ 《五卅运动史料》第2卷，第591页。

第三项条件。① 尽管此次交涉并未取得实质性成果，但已可见作为外侨社会中坚力量的外商群体对华人参政问题的基本立场。

受到外侨主流舆情的影响，工部局董事会对华人参政问题的立场开始松动。8月初，鉴于列强政府已同意举行沪案司法调查，有董事提议尽快召集纳税人会议，由董事会向纳税人报告沪案发生后所采取的行动和局势的进展，并宣布对交还会审公廨和工部局增设华董两问题的明确政策，以争取外侨舆论对董事会的支持，同时缓和紧张的华洋关系。但英国总领事巴尔敦反对外侨对此公开讨论，总董费信惇（S. Fessenden）也认为如果董事会正式表态，必然影响将来的谈判和解决。② 此后，租界当局继续保持沉默，等待中外交涉的结果。

图 6-5 费信惇

资料来源：Courtesy of the George J. Mitchell Department of Special Collections & Archives, Bowdoin College Library, Brunswick, Maine。

---

① 《矢田致币原电报第三〇四号》（1925年7月14日），《五卅运动史料》第3卷，第1282—1283页；《外商会提议调解沪案之内容》，《京报》1925年7月22日，第5版。
② 上海市档案馆编《工部局董事会会议录》第23册，第594—595页。1919年夏华人参政运动初兴之时，费信惇曾为华人团体公聘外籍律师之一，对华人参政诉求表达过同情之意，但力劝华人不可拒纳捐税。《讨论加捐问题之茶话会》，《申报》1919年8月17日，第10版；"The Rate Crisis," *The Shanghai Times*, August 19, 1919, p. 7。1920年当选工部局董事，1924年开始担任总董。

第六章 "横决"时刻：五卅运动与工部局改组问题的中外博弈

不久，在五卅运动中损失惨重的英商群体为推动中外交涉，公开宣布对交还会审公廨和增设华董问题的支持态度。8月31日，英商组织"中华社会"上海分会和上海英国商会的联席会议通过决议，主张尽快落实华盛顿会议《九国公约》与中国相关的条款，并对上海公共租界华人参与市政管理和收回会审公廨的诉求表示同情，希望中外相关谈判尽快取得令各方满意的结果。① 英商团体随即将决议函告上海总商会，后者复函甚表赞许，希望英商团体积极推动英方外交官员与中方商定解决办法。②

英商组织的决议公诸报刊后，外侨社会中支持华人参政的声音越发普遍。9月2日，《北华捷报》的一篇文章甚至宣称，上海已经没有人反对华人参政的原则，只是对华董人数及其产生办法可能存在分歧，拥有公共租界多数地产并缴纳大部分捐税的华人理应拥有参与市政管理之权，希望外侨不要为了"声望"和"面子"的原因而再生枝节。③ 10月，外侨"上海纳税人协会"（Shanghai Ratepayers' Association）委员会通过决议：主张工部局加入2位华董；若增加董事人数，华洋比例也应维持在2∶9；在华人建立完善的选举机制前，华董应由特派交涉员、总商会会长、银行公会会长等组成的一个委员会提名。11月9日，该协会函请租界当局将上述决议转呈北京公使团。④

1926年春，在外侨舆论的推动下，工部局董事会终于决定公开表示对华人参政问题的态度。2月，执政府外交部和公使团开始会商交还会审公廨和工部局改组问题，外侨舆论随即敦促租界当局表明赞成华人参政的立场，以促交涉，同时赢得华人好感。《字林西报》的一篇社论建议工部局董事会不应被动等待中外交涉结果，而应主动宣布在华人参政问题上的立场。社论主

---

① "British Business Favors Chinese Aspirations," *The China Press*, September 1, 1925, p. 1.
② "British Merchants' Resolution," *The North-China Herald*, September 12, 1925, p. 348.
③ "Chinese Representation On The Municipal Council," *The North-China Herald*, September 2, 1925, p. 10.
④ Secretary of Shanghai Ratepayers' Association to Secretary SMC, November 9, 1925, 上海公共租界工部局档案，上海市档案馆藏，档案号：U1-3-1114。不久，该协会再次致函工部局总办，请将特派交涉员排除在提名华董的委员会之外。Secretary of Shanghai Ratepayers' Association to Secretary SMC, November 18, 1925, 上海公共租界工部局档案，上海市档案馆藏，档案号：U1-3-1114。

张给予华人与其利益相称的参政权利,确保华人自由选举代表平等地参加董事会会议。① 另一篇文章也敦促工部局董事会在即将召开的纳税人会议上就华董问题发表一份公开声明,称这不仅会受到公使团的欢迎,也可使华人确信外侨赞成华人参政的诚意。② 在2月24日的董事会会议上,费信惇表示有意采纳这一建议,但认为声明不应涉及华董具体人数问题,以免妨碍中外谈判。董事会最终决议由费氏在纳税人会议上一般性地提及华人参政问题,表示工部局并无反对之意。③

不久,租界当局决定进一步明确立场,提出增设华董的正式议案,并主动改善与华人精英的关系。或许是因为获悉中外相关谈判并无结果,同时可能经过美侨社团的游说,费信惇在3月10日董事会会议上建议在纳税人会议上提出增设华董的议案,获得一致赞同。④ 为缓和紧张已久的华洋关系,董事会于18日设宴招待30多位华人绅商领袖。在欢迎致辞中,费信惇为工部局在沪案交涉中的立场进行了辩解,同时宣布董事会赞成且欢迎加入华人代表,将在纳税人会议上提出特别议案,"重言声明"华人参与市政管理之裨益。同时,费氏承诺将以总董身份"切实赞成以会审公堂归还中国"。虞洽卿代表华人绅商致答词,敦促租界当局实行种族平等和尊重主权两项原则,以消除华洋之间的种种误会,促进"和平融洽"的中外关系。关于沪案,虞氏称"实含有国家的与国际的性质",不应只视作地方性事件,但他建议租界当局在相关问题上"宜自动的进行,确定对于各项问题之主张,不应期待解决于他方,致误当前之良机"。或许由于费信惇在致辞中并未说明加入华董提案的具体内容,而虞氏系依据事先预备的演讲稿发言,故没有当场予以回应。⑤

---

① "Chinese Members of the Council," *The North-China Daily News*, February 10, 1926, p. 6.
② "The Municipal Election," *The North-China Daily News*, February 23, 1926, p. 6.
③ 上海市档案馆编《工部局董事会会议录》第23册,第626页。
④ 上海市档案馆编《工部局董事会会议录》第23册,第628页。美侨组织泛太平洋协会(The Pan-Pacific Association)创始人费奇(G. A. Fitch)称,工部局董事会在该协会的游说下做出了加入华董的决定。何振模:《上海的美国人》,第99页。
⑤ 《工部局昨晚宴请领袖绅商》,《申报》1926年03月19日,第13版。据英国总领事巴尔敦称,虞洽卿之讲话稿系余日章所拟。Consul-General Barton to Sir R. Macleay, March 31, 1926, Jarman, ed., *Shanghai*, Vol. 14, p. 491.

第六章 "横决"时刻：五卅运动与工部局改组问题的中外博弈

3月31日，工部局董事会对增设华董议案进行了长时间讨论。在费信惇的建议下，会议决定将提案的华董人数确定为3名。为使外侨纳税人提前周知，董事会随即将提案在《工部局公报》上公布，其内容如下：

> 本会议公意，亟愿界内华人加入租界市政府，因此授权并训令工部局向列邦建议，俾可早日增加华人三名为该局议董。①

费信惇为何提议将华董人数定为3名？董事会会议录中并无记述。据英国总领事巴尔敦称，工部局提案的措辞尽可能地遵循了此前领事团答复公使团时所提建议的方针，其中使用"增加"（而非"选举"）一词意在防止华人方面提出选举权和比例代表制的要求，而将华董名额确定为3个则是因为"有充分理由相信中国人渴望确切数目"。②费信惇主张的华董人数确实与领事团此前所建议的2—3人基本一致，与华人的诉求则差距甚远，其目的就在于争取主动，阻止华人提出更高的要求。

三华董提案公诸报刊后，外侨舆论颇为称许，认为是租界当局适时而明智的举措，华人团体则普遍反对。商总联会、上海各公团联合会、上海学联等团体通过发表宣言或公函等形式，声明强烈反对外人任意决定华董人数，重申"工部局投票权案"各项要求。③总商会于外侨纳税人会议召开前一日在中外报刊发表宣言，代表全体租界华人宣布对沪案主要遗留问题的"真正态度"，其主旨有三点：第一，外侨"应以种族平等之观念"对待华人，立即取消政治社会生活中歧视华人的种种政策，以利华洋合作；第二，纳税华人应享有与外侨"绝对的平等地位"，加入纳税人会议，参与市政管理事务，"全体华人尤严重反对外人于华董议席之任意支配，故坚决主张代议权之范

---

① 上海市档案馆编《工部局董事会会议录》第23册，第238页。该册会议录第630页对议案的中文翻译与原意有明显出入，此处译文引自《工部局加入华董议案之修正》，《申报》1926年4月9日，第13版。
② Consul-General Barton to Sir R. Macleay, March 31, 1926, Jarman, ed., *Shanghai*, Vol. 14, p. 492.
③ 参见王丹辉《近代上海公共租界市民权运动研究（1905—1930）》，第64—65页。

241

围，应以所纳税额实数之多寡为比例"；第三，列强应立即无条件交还会审公廨，工部局应力促其成。宣言开头称"五卅惨案之周年纪念，转瞬将届"，不无以此向租界当局和外侨施压之意。① 总商会将宣言函送费信惇，请后者在纳税人会议上当众宣读。② 此外，时任总商会法律顾问的英籍华裔律师甘维露（L. K. Kentwell）准备在纳税人会议上提出对三华董案的修正案，将原案最后一句"俾可早日增加华人三名为该局议董"改为"俾得迅行参酌界内纳税华人所缴税额选举华人为议董"。③

但华人团体的反对和抗议效果甚微。4月14日，纳税人会议举行，因会议将议决备受关注的华人参政问题，据报道有近600多名外侨与会，出席率罕见之高。④ 费氏在阐述三华董案之缘起时，首先引述1920年李德立提出三华董案时的发言，称华人心理和思想已发生重要变化，其后又列举应给予华人参政权利的两点理由：一是"华人于租界内之捐税出其大部份，而于市政府犹未有发言之权"；二是"租界内所以有今日之繁盛与富□者，华人之力甚多，而其未来之发展，又胥赖乎中外人民之好感与协作"，"今欲博华人之好感与协作，唯有承认其要求市政发言权之正当"，故外侨"于公理上"不能拒绝华人的参政要求。这是租界当局首次公开承认华人商民对租界繁荣的巨大贡献，以及基于此而要求参政权利的正当性和合法性。但提案不仅只允增设3名华董，而且建议由交涉员提名或指派绅商担任，即不赞成给予纳税华人选举代表之权。曾担任工部局总董的"和明商会"会长白罗克-史密斯附议该案，称其本人"素主张华人于公共租界市政上应有发言权"，但"无法接受"甘维露即将提出的修正案，因为他坚信在当时中国的环境下，外侨

---

① 《华人对于五卅惨案各大问题之宣言》，《申报》1926年4月13日，第1版；"A Manifesto Setting Forth the Real Chinese Attitude Concerning the Outstanding Questions of the May 30 Affair," *The North-China Daily News*, April 13, 1926, p. 5. 五卅惨案一周年前夕，不少华人团体计划举行纪念活动，并有发动罢工、罢课乃至罢市等示威活动之议。张仰亮：《一九二六年中共对五卅周年纪念的实践及其政治意涵》，《中共党史研究》2021年第3期。
② 《虞洽卿致费信惇函》（1926年4月13日），上海公共租界工部局档案，上海市档案馆藏，档案号：U1-3-1115。
③ 《工部局加入华董议案之修正》，《申报》1926年4月9日，第13版。
④ "Ratepayers Unanimous in Inviting Chinese," *The China Press*, April 15, 1926, p. 1.

第六章 "横决"时刻：五卅运动与工部局改组问题的中外博弈

必须保持对公共租界的主导管理权。甘维露随后提出修正案并说明理由：三华董案"未必能获得华人之协作与善感"，反而"将陷工部局于进退维谷之境"；修正案则可使外侨避免任意支配华董人数之口实，而且可通过协商使华人勿"于纳税与代表权之原则过分认真"，以免失去外侨之同情与合作。附议修正案的美籍华裔律师露雪臣（Russel B. S. Chen）也指出将华董席位限定为3个缺乏依据，外侨如担心失去对市政事务的主导权，可规定华洋董事席位相同，以昭公允而免纷争。其后，个别外侨发言，表示赞成原案而反对修正案。费信惇最后再度发言，称三华董案是租界当局听取华洋双方意见并认真商讨后拟定的最优方案，他承认外侨迟早要将公共租界交还给中国人治理，但其过程应采用"渐进的而非革命的方法"。在费氏提议下，会议主席先将修正案付表决，仅得6票支持；之后表决原案，几乎一致通过，只有1票反对。①

外侨纳税人会议通过三华董案后，遭到许多华人团体的强烈反对。多个团体发表宣言或致函总商会，拒绝承认该决议，坚持原有主张，并电请外交当局向公使团提出抗议和交涉。与此同时，纳税华人会和商总联会等团体分别组织人员研究修改《土地章程》相关问题，以图从立法上根本解决华人参政问题。② 纳税华人会还选派代表赴京向外交部陈述意见，请乘机向公使团提出修改章程办法，称如此"将来国权上必得根本之斡旋，岂独市民一部分权利已也！"③

然而，由于这一时期北京政府政局异常纷乱，华人团体无法得到外交当局的支持，在总商会的主导下，妥协的声音逐渐占据上风。就在三华董案通过前夕，北京发生政变，引发军阀混战，临时执政段祺瑞于4月20日宣布下野，政府随即被奉系控制。关于工部局改组问题的中外交涉已然停顿，动荡的政局使得通过外交途径推翻三华董案的希望越发渺茫。或许正是因此，当

---

① "Ratepayers Fully in Favor of Chinese on Council," *The North-China Herald*, April 17, 1926, pp. 112-113；《昨日公共租界纳税外人会年会纪》，《申报》1926年4月15日，第13版。
② 参见王丹辉《近代上海公共租界市民权运动研究（1905—1930）》，第66—69页。
③ 《纳税华人会对两大案之具体主张》，上海《民国日报》1926年5月1日，第2张第1版。

其他华人团体宣布坚决反对的立场时，总商会却没有强硬表态。会长虞洽卿在接受采访时称，三华董案与总商会宣言"大相背戾"，"不能洽吾人之意"，并重申各项参政要求，但语气温和，没有使用激烈措辞。① 总商会4月26日发表的二次宣言更明确地表示了妥协意向，称华人的参政要求

> 未能得友邦一部分人士之谅解，致仍有增加华董三人之议案通过，本会代表上海全体商民，良觉惋惜，并深信此项主张，终为友邦人士所［赞］同，终有实现之一日。本会当以十分诚意，全副精神，努力以求早日成功……②

至5月中旬，一些马路商联会代表也认为既无法迫使外人更改决议，不如暂时接受，早日选举华董加入工部局，以免参政问题继续延宕。③ 18日，虞洽卿以个人名义宴请工部局董事、总商会会董、县商会会长及纳税华人会和商总联会重要成员。多位华洋人士发表演说，似皆未提及华董席位问题，说明华人团体已基本放弃抗争。④

7月，上海领事团函请特派交涉员许沅会商三华董案。其后，外交部将该案提交国务会议公决，国务会议采纳当时实际控制上海的直系军阀孙传芳的意见，决定在改组工部局问题未根本解决前"暂行照办"。江苏省当局和北京政府遂先后核准三华董案作为华人参政的"临时办法"。⑤ 12月底，许沅致函总商会和纳税华人会，称该案"固未能餍市民之望，然大辂始于椎轮，九仞起于平地，暂时姑先予承受，似亦循序渐进之法"，请两团体协商

---

① 《修改洋泾浜章程之动议》，上海《民国日报》1926年4月16日，第2张第1版。
② 《总商会对华董案宣言》，上海《民国日报》1926年4月26日，第2张第1版。
③ 《早日接受华董之建议》，《申报》1926年5月18日，第13版；《华董问题之接受手续谈》，《申报》1926年5月19日，第13版。
④ 《虞洽卿昨晚欢宴中外各界领袖》，《申报》1926年5月19日，第13版。
⑤ 《沪埠西人纳税会通过工部局加入华董三名在改组工部局问题未根本解决以前姑予承受一事经国务会议决暂行照办函达查照由》（1926年9月20日），北洋政府外交部档案，"中央研究院"近代史研究所档案馆藏，档案号：03-16-043-04-007。

办法，尽快选举产生华董。① 1927年1月17日，纳税华人会最终声明对三华董案暂予接受，将尽快选出"学识丰富、声誉崇隆者充任"。② 就在华人团体预备选举华董之际，国民革命军北伐引发的内政外交剧变使华人参政进程再生波折。

---

① 《交涉署函商产生工部局华董问题》，《申报》1927年1月9日，第13页。
② 《纳税华人会临时理事会纪》，《申报》1927年1月19日，第14版。

第七章 "委曲求全"：南京国民政府初期华人参与市政管理的初步实现

1926年7月北伐军兴，势如破竹，高举反帝反军阀旗帜的国民革命呈现席卷之势，北京政府的统治危若累卵，列强在华特权和利益也面临空前严重的"危机"。1927年1月，武汉国民政府与英国达成收回汉口、九江两地英租界的协议后，上海公共租界纳税华人会认为该租界也有望收回，遂停止选举华董，转而推选9人组成"临时委员会"，试图与工部局董事会对等分享市政管理权，以待中外交涉。但租界当局对"临时委员会"不予理会，华人参政问题因此继续悬而未决。

1927年4月南京国民政府成立后不久，上海公共租界华人团体再次发起声势浩大的反对工部局加捐运动，不久转而谋求华人在工部局董事会的多数席位，作为停止抗捐之条件。租界当局起初立场强硬，甚至采取非法手段向华人商家征捐，后调整姿态，主动寻求解决华人参政问题的方案。经虞洽卿调停，华人团体和工部局做出不同程度的让步，最终于1928年4月在三华董案的基础上协商达成"过渡办法"，即在工部局董事会加入3位华董的同时，各委员会另加入6位华人委员。至此，五卅运动以来长期悬宕的华人参政问题得到初步解决，华人商民开始获得直接参与市政管理的一定权利。

华人参政"过渡办法"的商定，是继1926年4月外侨纳税人会议通过"三华董案"后，上海公共租界华人参政运动中又一里程碑事件。"过渡办法"的内容众所周知，但前人著述皆未阐明其由来。其实，该办法系工部局方面主动提出，其形成则与地方政府和华人团体的立场变化有密切关联。① 华人团体与工部局之所以能从紧张对立最终走向妥协合作，主要是由这一时期南京国民政府与列强关系逐渐缓和的总体趋势所决定的。华人团体由于得不到南京国民政府的有力支持而一再退让，直至被迫接受"过渡办法"，而工部局则在英国总领事巴尔敦的维护下始终坚持较为强硬的立场，最终在英国外交部的大力推动下才略做妥协。在此过程中，华人参政问题日益引起南京国民政府的重视，租界当局的强横态度则加强了华人团体对南京国民政府的向心力，对此后华人的参政实践产生了十分深刻的影响。

一　尴尬的"临时委员会"

1927年1月3日和6日，汉口、九江先后发生英军士兵打死打伤中国民众的惨案，武汉国民政府在民众运动的助推下接管了两地的英租界，界内外侨仓皇撤离。英国政府遵循1926年12月制定的以迎合中国民族主义诉求为基调的对华新政策，在处理汉、浔案时采取了较为克制的立场，派遣公使馆参赞欧玛利（O. St. C. O'Malley）赴武汉与倡行"革命外交"的武汉国民政府外交部部长陈友仁进行谈判，同意放弃两租界。英国政府在交涉中还表示，若汉口和九江问题得到圆满解决，且武汉国民政府承诺以谈判方式处理其他英国在华租界和上海公共租界问题，则英国愿意在多个方面做出让步，包括协商改革各地英租界的市政组织或将租界警察权移交中国政府。至1月29日，双方已基本达成协议：汉、浔两地英租界均改为由中国治理的"特区"，以中国设立的市政会议代替工部局；市政会议由中、英各三人组成，会议主席暨"特区"行政长官由中国外交部任命，其他委员由中外纳税人选举；所有行政决策均服从多数。②

武汉国民政府借民众运动之势成功收回汉口和九江的英租界，引起上海

---

① 笔者见闻所及，仅英国学者杰逸指出工部局董事会主动向华人提出过渡办法的史实，但其所称提议加入6名华委的说法不确，亦未论析过渡办法产生之原委。Jackson, *Shaping Modern Shanghai*, p.76.

② 关于汉、浔事件的具体交涉经过，参见李恩涵《北伐前后的革命外交（1925—1931）》，"中央研究院"近代史研究所，1993，第64—75页。

外侨的恐慌。面对国民革命的洪流，老牌帝国主义国家英国并未一味退让。上海公共租界是英国在华商业利益最为集中之地，而且在英国远东殖民体系中具有极重要的战略地位，因此有英政府官员甚至认为"上海一失，东方全失"。1927年1月，英国一方面与武汉国民政府谈判，同意放弃汉、浔租界；另一方面则调派规模庞大的"远征军"开赴上海保卫公共租界，决心不让汉、浔事件重演。公共租界当局更是积极布防，严阵以待。2月17日，第一批英军抵达上海。在公共租界拥有重要利益的日、美等其他国家也以护侨为名，纷纷陈兵沪上，以为呼应。①

尽管如此，公共租界纳税华人会受到汉、浔租界谈判结果的鼓舞，期待该租界不久亦可收回，遂决定停止三华董的选举工作，尝试争取与外侨对等分享市政管理权力，以待中外交涉。2月8日，纳税华人会召开理事会，理事赵晋卿提议："本会对于工部局之三华董，本拟暂时接收（受），而现在局面不同，英之提案，对于租界问题，已有所表示，故对于华董选举，已不成问题，应静候本国政府与各国政府正式讨论办法，而本会一面先行组织临时委员会，与工部局董事作对等之磋商，以期解决租界内一切市政等事件，俾获平等之处置。"副理事长冯少山附议，与会者一致赞成。关于临时委员会组织办法，有人提议，"工部局现有董事九人，则临时委员会亦应设九人，方为对等"，亦获一致通过。② 次日，纳税华人会理事会发布紧要启事。

> 闻夫国际问题，惟公理能占最后之胜利，而外交政策，应随大势所趋为转移……此次关于工部局华董问题，本有暂时接受之意，原未足餍市民之愿望。今英人既有交还租界之提案，则外交上之局势，当然随之一变。吾人除听候政府妥筹收回办法，俾租界得有正当解决外，应共觉悟，……为政府之后盾，而谋早日之实现。……经众决议，克日组织临

---

① 3月24日"南京事件"发生后，列强进一步增兵上海，形成自八国联军后最大规模的在华军事集结。参见吕芳上《北伐时期英国增兵上海与对华外交的演变》，《中央研究院近代史研究所集刊》第27期，1997年6月，第206—209、217页。
② 《纳税会讨论华董问题之结果》，《申报》1927年2月9日，第13版。

第七章 "委曲求全":南京国民政府初期华人参与市政管理的初步实现

时委员会,与工部局方面协商一切进行事宜,未交还租界前之处理市政办法。庶还我主权,解除束缚,即以此为嚆矢。①

这则启事很可能出自纳税华人会理事长王正廷之手。1920年纳税华人会成立后,王正廷虽被推举为理事长或理事,但因长期在北京政府任职,仅偶尔在上海停留,故在该会实际上仅挂虚职,较少参与具体会务。1926年3月王正廷辞去段祺瑞执政府外交总长职务,不久南下上海,7月再次当选纳税华人会理事长。此后一段时期内,他似乎对会务不甚热心,基本未出席理事会议,多由副理事长冯少山代表。1927年1月上旬,纳税华人会召开全体理事会,讨论是否接受三华董案,王正廷仍缺席。理事会数位代表访询意见,王正廷没有明确表示立场,而是主张此事应征询纳税市民意见后决定,建议在各报刊登封面广告,并分函全体选民,请限期答复。② 在月底武汉国民政府与英方关于收回汉口、九江英租界的谈判基本完结后,王正廷参加了2月8日纳税华人会理事会议并担任主席。虽然停止华董选举、组织临时委员会之议系由赵晋卿提出,其背后可能不无王正廷的推动,理事会或许也正是在他的主导下做出了上述决议。纳税华人会启事中运用了外交谈判中常见的"情势变迁原则",王正廷是该会理事中最通晓外交事务之人,启事很可能就是由他所撰拟。③

2月12日,纳税华人会再次召开全体理事会,选举临时委员会成员,王正廷仍为会议主席。在其提议和主持下,理事会对临时委员的选举办法、人选范围和候选资格进行了讨论,最后选举王正廷、冯少山、宋汉章、虞洽卿、赵晋卿、王省三、徐新六、项松茂、余日章9人组成临时委员会。④ 会后,纳税华人会一方面致函交涉公署,说明停止华董选举和组织临时委员会

---

① 《纳税会停办华董选举之声明》,《申报》1927年2月10日,第13版。
② 《纳税华人会对华董问题之进行》,《申报》1927年1月9日,第13版。
③ 1926年初王正廷出任段祺瑞执政府外交总长时,即将情势变迁原则作为向列强提出修约要求的重要依据。参见唐启华《论"情势变迁原则"在中国外交史中的运用》,《社会科学研究》2011年第3期,第140页。
④ 《纳税华人会选定临时委员》,《申报》1927年2月13日,第13版。

之缘由,请特派交涉员许沅转陈北京政府和省政府对外交涉此事,同时将临时委员会之组建先行转知领事团;另一方面致函租界当局,称华人对"违反普通纳税条例之原则"的三华董案"殊难惬意",故根据英国对租界问题的最新表态而组织临时委员会,期待与外籍董事"共同合作,俾免隔阂,而顺公意",并附委员会9位成员名单。①

但纳税华人会理事会显然过于乐观地估计了中外关系的形势。正忙于分析中国政治局势和动员各国保护公共租界的工部局完全不理会纳税华人会来函,未做回复,董事会会议录中甚至没有相关讨论的记载。直到3月交涉员许沅致函领袖团表示支持临时委员会对租界市政管理权的要求后,领事团以此征询工部局董事会意见,总董费信惇才代表租界当局表明立场,称由于此前外侨纳税人会议已通过三华董案,董事会无权商讨临时委员会之事。② 英、美外交官员对临时委员会也持敌视态度。英国新任驻华公使蓝普森(M. Lampson)在致外交大臣张伯伦的密函中称,临时委员会系由部分华人擅自组织,不能代表公共租界全体纳税华人,而且武汉国民政府也否认王正廷为其代言人。③ 美国驻沪总领事高思(C. E. Gauss)也对驻华公使马慕瑞(J. V. A. MacMurry)表示不支持临时委员会的方案,认为这是以王正廷为首的一小群商人政治家的主意,旨在使他们在随着国民党势力扩张到上海一带而出现的变局中占据显要位置。④ 由于工部局和英、美外交官员的反对,临时委员会无法参与公共租界的市政管理事务,华人参政问题遂继续悬宕。

3月22日,国民革命军东路军进驻上海,武汉国民政府要求列强撤军,同时表示将以谈判方式收回租界。国民革命军总司令蒋介石也声明绝无武力

---

① 根据2月12日理事会决议,两函由王正廷、赵晋卿和赵南公三人起草。《纳税会停办华董选举之两要函》,《申报》1927年2月27日,第14版;《公共租界纳税华人会致工部局董事会函》(1927年2月15日),上海公共租界工部局档案,上海市档案馆藏,档案号:U1-3-1115。

② Bureau of Foreign Affairs to Consul-General for Norway and Senior Consul, March 2, 1927; Chairman SMC to Consul-General for Norway and Senior Consul, March 18, 1927,上海公共租界工部局档案,上海市档案馆藏,档案号:U1-3-1115。

③ Lampson to Chamberlain, March 15, 1927, FO 371/12419/F4840, TNA.

④ Gauss to MacMurry, February 15, 1927, FO 371/12419/F4840, TNA.

收回租界的意图,并"保证与租界当局及外国捕房取得密切合作,以建立上海的法律与秩序"。① 随后,蒋介石发动四一二政变,主导成立南京国民政府,造成宁汉分裂之局面。南京国民政府宣布在依照国际法保护外侨生命财产的同时,通过谈判方式而非暴力手段取消外人在华特殊利益。至此,公共租界的安全暂告无虞。5月10日,工部局取消了已持续两个多月的戒严。

南京国民政府成立后,对9人临时委员会的地位仍无任何明确表示。由于得不到中、外政府和工部局任何一方的承认,临时委员会陷入进退两难的尴尬境地。因此,南京国民政府成立之初,上海公共租界的华人参政问题仍处于僵局。

二 声势空前的抗捐运动

上海公共租界虽然避免了国民革命对其根本地位的直接冲击,但很快就因内部的华人抗捐风潮而陷入了另一次严重危机。1927年4月13日,外侨纳税人会议通过工部局年度预算,决定将地税由所估地价的7‰增至8‰,房捐由所估房租的14%增至16%,以弥补因行政和防务费用上升而造成的财政赤字,新税率于7月1日起施行。其中,加征2%房捐一项引起华人的强烈反对,逐渐演变成为一次全面的抗捐运动。这是继1919年7月反对加捐运动后,华人团体又一次对租界当局的征税权发起直接挑战。受到国民革命时期政治生态的影响,此次抗捐运动的规模和激烈程度都超过前一次。

最先倡议反对加捐的是纳税华人会。该会于5月18日致函南京国民政府外交部特派江苏交涉员郭泰祺,请就工部局加捐案向驻沪领事团提出严重抗议;同时致函本地最重要的华人商业团体上海商业联合会②和上海总商会,请一致抗争。总商会和商业联合会也分别致函郭泰祺,请向领事团声明万难

---

① 参见左双文《北伐出师后蒋介石的对外方略》,《南京大学学报》2009年第3期,第101页。
② 北伐军占领上海前夕,上海总商会内部发生分裂,会长傅筱庵坚决支持孙传芳,倾向于支持北伐军的虞洽卿、王一亭等会董联合本地多个重要工商团体,于1927年3月22日另组上海商业联合会,以示不与傅为伍。直到同年11月23日,上海商业联合会才告解散。参见徐鼎新、钱小明《上海总商会史(1902—1929)》,第365—366页。总商会和商业联合会的成员几乎都是纳税华人会会员,两会领导人物多在纳税华人会中担任重要职务。

承认工部局加捐政策，请其自动取消。华人团体所陈反对理由主要有三点：首先，加捐决议事先未征得纳税华人之同意；其次，受时局影响，市民生计艰难，不堪再加负担；最后，加捐决议违背1899年扩大公共租界时工部局与上海道台达成的一项协定（时称"己亥协定"）：凡界内关于华人之法律章程，须经中国官厅认可后方得有效。此外，华人团体还强调，"迩来市民正在督促我政府收回租界之时，而纳税西人会反有加征房捐之提议"，自难接受。① 郭泰祺据此致函领事团提出抗议，要求工部局撤销加捐案，以安抚华人情绪。

工部局董事会闻悉华人团体的态度后，起初并不甚重视，仅计划在华人中开展一定的宣传。② 接到领事团转达的抗议函后，董事会6月8日回复称，加捐议案完全按照惯常程序通过，对"未征得纳税华人之同意"一语难以理解；此次加捐是维持工部局正常运转的必要之举，所增比率已是最低限度，且中外市民一律承担。③ 据此，工部局方面拒绝了交涉员的抗议和要求。

获知工部局立场后，华人团体开始发起反对加捐的民众运动。最先发动者是国民党渗透较深、对外立场较为激进的商总联会。④ 6月23日下午，该会联合总商会和纳税华人会召开上海租界市民反对增加房捐代表大会，各华人团体代表500余人参加。经过商讨，与会代表一致决议："一，如不增加，照付；二，如须加征，连旧额亦不付；三，如用压迫手段，采取必要表示，以示坚决。如不执行上项办法者，认为帝国主义之走狗。"大会将抗争理由和决议电告南京中央党部、政治会议、国民政府和上海主要政治外交机构，请严重交涉，并予援助；同时发表宣言，指责租界当局加捐"不征我华市民同意，破坏

---

① 《总商会反对工部局加征房捐》，《申报》，1927年5月22日，第4张第13版；《上海商业联合会函稿》（1927年5月31日），上海市档案馆编《一九二七年的上海商业联合会》，上海人民出版社，1983，第191页。1899年中外商定扩大公共租界后，上海道台出示布告，内称1898年领事团"照请推广租界，并不欲争持华官之权，凡干涉华民章程，必先由地方官允而后行"。布告全文见《民国上海市通志稿》第1册，第334页。

② 上海市档案馆编《工部局董事会会议录》第23册，第702页。

③ Copy of Letter from Senior Consul to Commissioner for Foreign Affairs, June 14, 1927, Jarman, ed., Shanghai, Vol. 15, p. 627.

④ 关于国民党对商总联会的渗透和影响，参见郭太风《二十年代上海商总联会概述》，《档案与史学》1994年第2期。

第七章 "委曲求全":南京国民政府初期华人参与市政管理的初步实现

己亥协定之限制",且"不顾民瘼",呼吁市民坚决执行决议,"以维主权,而保权利"。此外,大会还通过改组纳税华人会的紧急提议,淘汰"不革命份子",并将组织扩大至法租界,定名为"上海租界纳税华人会",推选临时执行委员42人,呈请国民党上海市党部遴选其中21人主持会务。①

就在华人团体召开反对增加房捐代表大会的同一天,工部局发出布告,正式宣布于7月1日征捐,并试图劝导华人缴纳。布告一方面否认加捐是为提供在沪外国军队费用之说;另一方面强调所增税率甚低,"个人之负担殊微",且"华洋人士一视同仁"。对于华人反对加捐的活动,工部局称是"有人专事乘机破坏,故作谣言,煽动民众,处心积虑,无非使本局行政顿失信用,破坏中外居民之感情",甚至诿之于"共产党徒"的阴谋,希望市民"勿为彼等奸计所惑",自觉缴纳。②

工部局布告不仅未能达到目的,反而刺激了华人情绪,使反对加捐运动日趋激烈。纳税华人会发表《告华市民书》,逐条批驳布告内容,指责工部局"措辞污蔑,故骇听闻,置我全体纳税华人之意见于不顾,殊属失态",同时列举华洋居民权利不平等的种种现状,并向工部局提出停止越界征税、减少浪费等要求。③ 6月底,华人团体接连举行会议和集会,商议应对工部局强制征捐的措施,并进行更广泛的动员。纳税华人会和商总联会筹议办法后,于27日晚召集租界各团体暨各马路商界联合会代表大会,200余团体的500多位代表参加,经讨论决定:通告各商店一致拒绝付捐,坚持到底;向外交当局请愿,要求继续严重交涉;由各马路的商界联合会自行稽查有无商民偷付捐税和工部局强制征捐情形;各商店如因强制征收而遭受损失,由纳税华人会负责起诉和索赔。④ 其后,纳税华人会正式致函工部局,声明反对

---

① 《公共租界市民代表大会纪》,《申报》1927年6月24日,第13版。当时法租界纳税华人会尚在筹备之中,已讨论通过组织法,此后也没有与公共租界纳税华人会合并为统一团体,而是各自进行,故"上海租界纳税华人会"事实上仅指公共租界纳税华人会。1928年5月,法租界纳税华人会正式向市政府登记备案。上海市档案编《上海租界志》,第180页。
② 《公共工部局布告加房捐》,《申报》1927年6月24日,第13版。
③ 《纳税华人会召集代表会议》,《申报》1927年6月26日,第13版。
④ 《昨晚反对增加巡捕捐大会纪》,《申报》1927年6月28日,第13版。

加捐理由并告知市民代表大会决议;[①] 又向各马路商界联合会发出紧急通告，明确指工部局加捐为"非法"，嘱切实执行抗争办法；另致函华界的上海县商会和闸北商会，请予支持。[②] 28日晚，纳税华人会召集租界各房客联合会代表大会，到会者400余人，决定坚决执行纳税华人会决议，并推举委员专办反对加捐事宜。[③] 同日，交涉员郭泰祺应总商会和纳税华人会之请再次致函领事团，否认加捐的合法性，请自动撤销。[④] 商总联会在当天的紧急会议中通过一则态度强硬的通告："凡遇强迫增加收捐，若有野蛮举动者，一致休业，另有相当办法。"[⑤] 该会请纳税华人会将通告印发各华人商店，以统一立场。30日，总商会向外交部呈文，从法律和事实两方面详细解释反对加捐理由，请与相关国家严重交涉。[⑥] 此外，多位华人律师应纳税华人会之聘担任义务顾问，为抗捐运动提供法律支持。

随着7月1日工部局开始按照新税率征收房捐，华人反对加捐运动也达到高潮。是日上午，经市党部遴选产生的纳税华人会21位临时执行委员在总商会议事厅举行就职典礼，宣布两项政策：一是"遵照租界市民之公意，达到取消非法增加巡捕捐之目的"；二是"在不平等条约未取消之前，收回工部局于不平等条约之外所强取之一切权利"。[⑦] 尽管此时工部局已决定暂不向华人征捐（见下文），该委员会仍决议华人商店于7月3日一致休业示威，并召集市民大会。随后召开的各团体代表大会一致通过了该决议。[⑧] 纳税华人会还呈请南京国民政府与公使团交涉，早日废除"租界不平等章程"，"俾

[①] 因闻法租界也有增捐计划，该会同时函请公董局收回成命，但语气较为温和。《纳税华人会致两工部局函》，《申报》1927年6月28日，第13版。
[②] 《反对增减巡捕捐积极进行》，《申报》1927年6月29日，第13版。
[③] 《房客一致反对增加巡捕捐》，《申报》1927年6月30日，第13版。
[④] Copy of Letter from Quo Tai Chi, Sepcial Envoy for Foreign Affairs, to Senior Consul, Shanghai, June 28, 1927, Jarman, ed., *Shanghai*, Vol. 15, pp. 631–633. 中文原函见《郭交涉员为加捐事续提抗议》，《申报》1927年7月6日，第13版。
[⑤] 《商总会紧急会记》，《申报》1927年6月30日，第15版；《纳税华人会委员今日就职》，《申报》1927年7月1日，第13版。
[⑥] 《总商会请外部抗议增加巡捕捐》，《申报》1927年7月1日，第13版。
[⑦] 《纳税会临时执委就职》，《申报》1927年7月2日，第13版。
[⑧] 《租界各团体代表大会记》，《申报》1927年7月2日，第13版。

第七章 "委曲求全"：南京国民政府初期华人参与市政管理的初步实现

上海商埠得实行权利义务相互之原则"。① 商总联会则发表宣言称，工部局年度预算中有支付五卅惨案时任工部局总办鲁和的"恩俸"和下令向示威民众开枪的英国巡捕爱活生的养老金两项，是"以吾华市民之脂膏，豢养我全国民众之仇敌"，号召全国同胞一致支持反对加捐运动。② 3日，公共租界部分华人商店举行罢市。当天下午，纳税华人会在总商会议事厅召集纳税市民大会，据报道有2万余人到场，"拥挤至无立足地"。大会一致通过四项决议：（一）如不增加，照原额缴纳；（二）如须增征，连原额亦不付；（三）如用压迫手段，野蛮待遇，一致罢市以示决心；（四）罢市以后，敬候国民政府命令解决。大会并发表宣言和通电，吁请各界援助。③ 与此同时，上海房客联合会和反对增加巡捕捐房客临时委员会在华界的公共体育场召集全沪房客大会，报载亦有2万余人参加，决议抗争到底，若遇强制征捐，则"采用必要手段对付之，并宣布与英经济绝交"。④

此次华人反对加捐运动声势之大，在上海公共租界历史上实属空前，其原因是多方面的。首先，由于新成立的南京国民政府向租界华人征收捐税，并向商界摊派饷糈和库券，一般商民经济负担加重，自然倾向于反对工部局加捐。其次，经国民革命之激荡，民族主义思想越发强烈，加之4—5月先后发生在沪英军士兵强奸华人妇女案和日本出兵山东事件，民众反帝情绪高涨，为运动准备了心理基础。⑤ 另外，华人团体在宣传中将反对加捐与废除不平等条约、收回租界等普遍的民族主义诉求联系在一起，并援引"己亥协

---

① 《国民政府外交部致条约委员会函》（1927年7月4日），国民政府外交部档案，台北"国史馆"藏，档案号：020-070100-0057。
② 《今日举行反对增捐大会》，《申报》1927年7月3日，第13版。
③ 《昨日举行纳税市民大会》，《申报》1927年7月4日，第13版。
④ 《昨日全沪房客大会记》，《申报》1927年7月4日，第13版。另有报道称参加房客代表大会者有十余万人，《体育场举行之房客大会》，上海《民国日报》1927年7月4日，第2张第3版。
⑤ 1927年4月22日，一英国驻沪士兵闯入民宅，强奸女仆李孙氏，并恐吓殴打目击证人。经报案，西籍巡捕擅将该英兵释放，致使华人群情激昂。5月，英国方面组织审理此案，宣判原告无罪，华人舆论大哗，群起抗议。《英兵强奸民妇之交涉》，《申报》1927年5月17日，第9版；《女界对英兵暴行案之激愤》，《申报》1927年6月5日，第13版。5月底，日本出兵山东，阻挠北伐，上海各界纷纷表示坚决反对，并于6月12日举行示威运动大会，百余团体30余万人参加。《昨日反日出兵大会详记》，《申报》1927年6月13日，第13版。

图 7-1　1927 年 7 月 3 日上海租界纳税市民大会

说明：周逖摄。

资料来源：《良友》第 17 期，1927 年，第 6 页。

定"为依据，强调租界当局任意加捐不但违背华人公意，而且蔑视中国主权，从而赋予运动以维护市民权和主权的双重意义。这不仅更广泛地动员了租界华人参与运动，也有助于争取中国朝野的支持，以壮声势。

此外，本地国民党组织的积极声援也是一个重要因素。上海特别市党部和国民革命军第二路总指挥部政治训练部等机构均派代表出席了 6 月 23 日的市民代表大会。[①] 国民党中宣部驻沪办事处还发表告市民书，阐述必须反对加捐的理由，除租界华人缴纳巨额税款却缺乏应有权利外，还包括加捐系为弥补违背国际法入侵上海之英军的军费，英兵在沪横行残暴且有种种令人发指的兽行等。[②] 当日，南市、闸北举行沙基惨案二周年纪念大会，皆有市党部代表在演说中表示赞成租界华人抗捐，并号召华界民众声援，市党部宣传部部长陈德徵甚至主张"借此收回租界"；在总商会举行的租界市民追悼会上，市党部代表和第二十六军政治部代表也先后发言赞成抗捐。[③] 由市党部宣传部、中宣部驻沪办事处和第二路总指挥部政治训练部合编的《沙基惨案

---

① 《公共租界市民代表大会纪》，《申报》1927 年 6 月 24 日，第 13 版。
② 《为反对增加房捐告市民》，上海《民国日报》1927 年 6 月 24 日，第 3 张第 2 版。
③ 《昨日沙基惨案二周年纪念大会详记》，《申报》1927 年 6 月 24 日，第 13 版。

第七章 "委曲求全"：南京国民政府初期华人参与市政管理的初步实现

纪念大会特刊》专门刊文抨击工部局加捐是对租界市民进一步的剥削行为，强调"上海的主权一日不收回，就是帝国主义者对于住在上海租界的中国市民的剥削行为一日不能免除"，呼吁市民不仅应反对加捐，"尤其应当一致起来作收回上海主权的运动"。① 6月底，一些区党部和分部纷纷发表宣言或召开党员大会，主张反对加捐。② 7月3日，市党部再次发表为反对租界增加房捐告上海民众书，市党部代表陈德征和第二路军总指挥部政治训练部代表李公朴均在当天的租界市民大会上发表演讲，鼓励民众坚决抗争。③

纳税华人会和商总联会的许多重要成员是国民党党员，总商会也已被南京国民政府接收，本地国民党组织的大力声援无疑会提高华人团体组织抗捐运动的积极性。值得注意的是，国民党方面所举反对加捐理由与华人团体的陈述起初存在明显差异，特别是回避了后者强调的两点，即加捐决议违反"己亥协定"和华人不堪再增负担。这应是出于以下考量：若纠缠于"己亥协定"，一旦工部局提请地方政府同意加捐，国民党当局势将进退两难，允之则失民心，不允则恐引起外交纠纷；同时，南京国民政府新近开始向租界华人征税，市党部也在积极筹措军饷，如称市民负担已重，反于己不利。④ 这种宣传口径的差异，说明反对加捐运动最初基本是租界华人的自发行为，而本地国民党组织则试图借机推动收回租界主权的进程。随着抗捐风潮日益高涨，华人团体与国民党方面的宣传口径渐趋接近。7月3日，市党部再次发表告民众书时，已将"己亥协定"作为反对加捐的重要根据。⑤ 当天租界

---

① 张廷灏：《为反对增加巡捕捐告上海市民》，上海《民国日报》1927年6月24日附送《沙基惨案纪念大会特刊》。
② 《党务纪要》，《申报》1927年6月29日，第14版；《党务纪要》，《申报》1927年7月1日，第15版。
③ 《特别市党部消息》，《申报》1927年7月3日，第14版；《昨日举行纳税市民大会》，《申报》1927年7月4日，第13版。
④ 1927年5月23日，上海房租协助北伐军饷委员会成立，勒令所有华人房客缴纳三成房租以助军饷。次日，国民党市党部函请上海各剧场、影院和游戏场演三日，将收入除去开支悉数充饷。任建树主编《现代上海大事记》，第322页。6月底，本地军政当局发布通告，准备向租界所有华洋房产业主征收两个月的地租助饷。尽管工部局一贯坚持除工部局外的任何其他机构皆不得在公共租界内征税，却默认了国民党党政机构的上述行动，未予阻止。上海市档案馆编《工部局董事会会议录》第23册，第702、706页。
⑤ 《市党部之宣言》，上海《民国日报》1927年7月3日，第3张第1版。

市民大会的宣言也不再强调工部局加捐"不顾民瘼",而是号召租界纳税华人"一致遵照中国国民党对外政策……站在一条国民外交之阵线上,努力奋斗,一以拥护中国国民党之权式,一以崇高南京国民政府之地位,一以达到中国之自由平等"。①

与本地国民党组织的积极态度形成鲜明对比的是南京国民政府最初的冷淡反应。在南京另立政府后,蒋介石虽希望尽快收回上海公共租界,以提高新政权的威望,但外交当局不久前刚刚宣布通过谈判取消外人在华特权的政策,不便公开支持租界华人反对工部局加捐的民众运动。② 而且,风潮乍起之时,正值南京方面与直鲁联军作战,武汉国民政府又发动东征讨蒋,同时中外关于"南京事件"的交涉也陷入僵局。在此形势下,南京国民政府定然不愿看到关系其财政命脉和外交大局、且有列强陈兵的上海发生严重骚乱。因此,对于公共租界华人反对加捐的积极行动和对外交涉的反复吁请,南京当局最初保持沉默,并未做出回应;时任外交部部长伍朝枢6月基本在沪办公,也没有公开表态。③ 只有特派交涉员郭泰祺因职责所在,不得不在华人团体、领事团和工部局之间沟通周旋。直到7月初工部局开始征捐并引发华洋冲突后,南京国民政府才开始介入。

三 增加华董席位要求的提出

华人的抗捐活动不仅影响了工部局的财政状况,而且挑战了公共租界的行政体制和政治地位。自1910年代后期起,工部局财政状况日益恶化,并于1919年首次出现赤字。1920年代初期虽略有好转,但1925年后又逐渐陷入

---

① 《昨日举行纳税市民大会》,《申报》1927年7月4日,第13版。
② 1927年5月中旬,英国驻华公使蓝普森访沪,蒋介石建议外交部部长伍朝枢与蓝氏商讨收回上海租界事,称"能达到如汉口之条约,则我政府之信仰,对逆敌对民众皆可确立也"。《蒋中正电伍朝枢与蓝浦生会晤时将收回上海租界之谈判提出亦可》(1927年5月15日),"蒋中正总统文物",台北"国史馆"藏,档案号:002-020100-00028-023。
③ 本书第五章已述及。1920年10月上海公共租界纳税华人会成立后,选举产生27人组成首届理事部掌理会务,伍朝枢即为其中一员。《纳税华人会选举理事揭晓》,《申报》1920年10月23日,第10版。

第七章 "委曲求全"：南京国民政府初期华人参与市政管理的初步实现

捉襟见肘、入不敷出的窘境。① 这是1927年工部局提高捐税的根本原因。是年，公共租界总人口约为84万，其中外侨人数不足4万，华人居民占95%以上。② 据工部局估算，华人应缴各项主要捐税总额约为535万两，外侨约为435万两，分别占55%和45%。房捐是工部局捐税收入的最大进项，占总额的一半以上，其中华人应缴约320万两，外侨约为185万两（皆按16%新税率估算）。③ 若华人拒缴新增房捐，工部局将减少近40万两税收，这对工部局财政的重要影响不言而喻。如果说财政问题尚可尝试其他途径解决，那么华人对公共租界制度和地位的挑战，在工部局看来则是更严重的威胁。华人反对加捐的理由除经济原因外，更重要的是加捐案未经纳税华人和中国地方政府同意，其矛头直指公共租界由外侨垄断的市政体制和高度自治的政治地位。

自恃得到列强军队保护的工部局完全无意撤销加捐政策，但由于华人反对运动声势浩大，加之南京国民政府与列强关系尚不明朗，工部局的最初应对较为谨慎。6月28日，时任工部局总裁希尔顿－约翰逊向董事会解释称，若从原定的7月1日起按照新税率征收，华人很可能拒缴全部房捐，而采用强制手段则可能导致华人总罢市，因此主张在7月前两周内暂时只向外侨征税，同时尽快与领事团和中方外交机构沟通，并寻求上海总商会的合作。他认为华人反对加捐主要是一场政治运动，一些极端分子试图借此达到其政治目标，建议董事会先确认南京国民政府是否支持运动，若后者否认，则可通过本地外交机构请蒋介石下令平息风潮。④ 董事会同意上述观点和建议，决定推迟两周向华人征捐，寄希望于南京国民政府出面解决和总商会的配合。

通过会晤中方外交官员，工部局方面很快了解了南京当局的基本立场。

---

① 关于20世纪前期工部局的财政收支统计，参见小浜正子《近代上海的公共性与国家》，第193—195页。
② 邹依仁：《旧上海人口变迁的研究》，第90、141页。
③ Official Statement by the Shanghai Municipal Council, July 6, 1927 (published on July 15, 1927), Jarman, ed., *Shanghai*, Vol. 15, p. 629.
④ 上海市档案馆编《工部局董事会会议录》第23册，第456—459页。工部局1921年新设名誉性质的总裁一职，总裁受董事会的指导，督导工部局所有处室，可向董事会提出政治及公共性的建议。上海市档案馆编《上海租界志》，第210页。

259

抗争与博弈：上海公共租界华人参与市政管理的权益之争（1854—1932）

6月29日下午，总董费信惇和总裁希尔顿-约翰逊拜访交涉员郭泰祺。郭称国民政府的既定政策是通过谈判而非煽动民众运动以改变租界现状，反对加捐完全是民众自发行为，政府并未支持，国民党员活跃其中只是偶然现象。但他同时表示，工部局加捐是不智之举，将扰乱公共租界现状并引发其地位问题，国民党和国民政府对华人立场自然持同情态度。因此，郭拒绝呈请蒋介石出面压制，而是建议工部局与华人代表协商解决，以避免发生严重骚乱，他本人愿从中促成。① 据希尔顿-约翰逊称，外交部驻沪办事处处长陈世光对工部局面临的局势"表示同情"，建议后者在华文报纸上发表声明，向华人详细介绍加捐的必要性。② 不难看出，南京当局起初对华人反对加捐运动态度含糊，既不明确支持，也不准备制止，而是希望华洋双方能达成和解，平息事端。

与此同时，工部局寻求上海总商会合作的尝试亦不顺利。民初开始，每当工部局与华人关系紧张，总商会经常扮演居中调停的角色。但此时该会已被南京国民政府接收，对外立场较此前激进得多。6月29日，工部局函请总商会选派代表数人，与总董费信惇商讨解决加捐问题。总商会的实际领导者冯少山借口缺席，仅派总务主任徐可陞一人前往。③ 费信惇因此拒绝出席会晤。总裁希尔顿-约翰逊在会谈中称，工部局决定暂缓向华人征捐，希望总商会劝导华人缴纳。徐可陞重申工部局于市民经济困顿时期加捐且未经华人同意，"甚为不当"。他虽表示总商会愿意调解，但同时认为工部局预算"所缺仅三十万之数，何必小题大做，牵动全局，引起反感，应请另行设法弥补，切不可任意加捐"，建议改由少数富裕华人捐款解决。④ 对于向以市政管理成绩自傲的工部局而言，这一建议自难接受。

---

① "Chinese and Increase in Rates," *The North-China Herald*, July 2, 1927, p. 16；上海市档案馆编《工部局董事会会议录》第23册，第460页；《郭交涉员对增加巡捕捐之谈话》，《申报》1927年7月1日，第13版。
② 上海市档案馆编《工部局董事会会议录》第23册，第462—463页。
③ 《昨日举行纳税市民大会》，《申报》1927年7月4日，第13版。冯少山为纳税华人会临时执委会委员，徐可陞为候补委员。
④ 上海市档案馆编《工部局董事会会议录》第23册，第462页；《工部局请商会讨论加捐问题》，《申报》1927年7月1日，第13版。

第七章 "委曲求全"：南京国民政府初期华人参与市政管理的初步实现

经过上述交涉，租界当局的立场转趋强硬。在7月3日——华人罢市并召开市民大会当天——的董事会会议上，总董费信惇强烈认为反对加捐只是某些华人实现政治目的、破坏公共租界行政制度的借口，若工部局示弱，将完全失去对公共租界的控制。因此，他主张立即对华人征捐，不管此举是否会导致总罢市或其他骚乱。董事会赞成费氏主张，取消了此前推迟征捐的决议，并开始商讨强制征收的措施。①

工部局随即开始按照新税率征收房捐，遭到华人商民的普遍抵制，一些征税人员采取了强制和威胁手段。7月5日，10家拒缴房捐的华人旅店被扣押营业执照；有的华人商店受到警告，如再拒缴即搬走店中货品。纳税华人会临时执委会召开特别会议，决议请郭泰祺对外严重交涉，要求发还旅店执照，同时通告华人商民一律停付增捐，并声明被扣执照的旅店所受经济损失由工部局负责。公共租界旅馆同业于当晚集会，决定抗争到底，并严惩违背决议者。② 截至6日下午，只有约40户华人商家缴清了房捐，为正常时期的1%，其中一些店主自动缴纳而不敢拿收据，另一些则是在征捐人员的威胁下缴付的。③

面对华洋关系骤然紧张的形势，工部局和华人团体都及时调整姿态，以避免事态恶化。工部局方面随后停止了强制征捐措施。一些行政官员相信多数华人并不反对加捐，只是受到华人团体压力而不敢缴纳，若立即强制征收，反而可能使多数华人对工部局产生敌意而坚决拒缴。同时，交涉员郭泰祺通过领事团要求工部局在两周内暂勿采取强制措施，称将竭力说服华人缴纳。因此，虽然有的董事主张保持强硬态度，7月6日的董事会会议仍决定暂不继续采用强制措施征捐。④ 次日，工部局发还了扣押的旅馆执照。

与此同时，纳税华人会也开始转变立场，谋求以同意加捐换取平等的参政权利。华人旅馆执照被扣事件后，纳税华人会临时执委会虽做出一律拒付

---

① 上海市档案馆编《工部局董事会会议录》第23册，第460—463页。
② 《纳税会严重交涉强迫收捐》，《申报》1927年7月6日，第13版。
③ 上海市档案馆编《工部局董事会会议录》第23册，第467页。
④ 上海市档案馆编《工部局董事会会议录》第23册，第467—469页。

增捐的决议,但随即准备与工部局直接交涉,提出参政要求,作为缴纳加捐之条件。在此过程中,王正廷再一次扮演了重要角色。作为纳税华人会理事长,王正廷自始即参与组织和领导此次反对加捐运动的工作,担任7月3日市民大会的主席。5日,纳税华人会临时执委会为旅馆执照被扣事召开特别会议,王正廷被推举为常务委员会主席。在次日的紧急会议上,王正廷"提出重要议案,讨论历四小时之久"。① 议案内容虽未见报刊披露,但从后续事态不难推断,其中应包括与工部局交涉事宜。8日,临时执委会将王正廷所拟一份声明送交《北华捷报》发表。该声明首先指出华人所付捐税总额多于外侨,却无法享受平等权利;其次批评1926年外侨纳税人会议通过的三华董案任意支配华董席数,缺乏依据;最后称华人反对加捐是因为信仰"不出代议士不纳租税"的公理,为表示"理性和克制",华人愿按照原税率缴纳房捐,新增部分则须华人同意后才能征收。② 文中已无坚决反对加捐之意,而且暗示:如工部局在华董席数问题上满足华人要求,则华人可同意加捐。由此,纳税华人会实际上向工部局和外侨表明了自身立场的转变。

华人团体的立场调整看似突然,但仔细检视史料不难发现,反对加捐运动自始就含有争取权利尤其是政治权利之意旨。华人团体以未经华人市民同意作为反对加捐的首要理由,即是不满无参政权利的表达。6月23日工部局发出布告后,纳税华人会可能意识到取消加捐希望渺茫,遂将抗争的主要目标逐渐转向了争取权利。29日,郭泰祺向工部局代表表示,反对加捐风潮"自足引起华人在租界内之政治地位的问题",如能"容纳华人条件",加捐问题或可得到"和平公允之解决"。③ 纳税华人会在6月25日告市民书中尚反复申辩反对加捐之理由,但7月1日再次发表的告市民书已完全围绕华洋不平等问题阐论,强调华人承担大部分捐税,是公共租界繁荣的主要贡献

---

① 《纳税会处置强迫收捐经过》,《申报》1927年7月7日,第14版。
② "C. T. Wang's Re-Statement of Old Arguments," *The North-China Herald*, July 9, 1927, p. 60. 值得一提的是,这份声明并未在中文报刊上发表。
③ 当日,郭泰祺在会晤工部局代表前曾接见纳税华人会代表,其言论当非自作主张,而是在与华人代表沟通的基础上发表的。《郭交涉员对增加巡捕捐之谈话》,《申报》1927年7月1日,第13版。

第七章 "委曲求全"：南京国民政府初期华人参与市政管理的初步实现

者，而"租界一切权利，我华市民所享受者，可称除尽纳税义务及频受盗劫外，绝无仅有"；其中列举了十余种华人缺乏之正当权利，第一种即为"市政，吾华市民无参预之权利"。①7月3日的市民大会更将"谋权利平等"作为大会宗旨，已明显有别于最初反对加捐到底的态度。因此，纳税华人会在华洋关系紧张之际改变立场，向工部局提出参政要求，并不难理解。

就在纳税华人会立场转移之际，南京国民政府却首次公开表示了反对工部局加捐的态度。7月8日，外交部部长伍朝枢正式回复总商会6月30日的呈文，称"工部局增加该捐之权限，既已发生重大争执，且又在界外（指越界筑路区）收征，更属侵占主权"，将命特派交涉员严重抗议，"转函领袖领事，饬该局克日将此案自动撤销，其有侵犯我国主权及对于租界华人不平等待遇之处，均应根本纠正"。②复函中虽未指工部局加捐为侵犯主权或"非法"，但明确表示以撤销该案为交涉目标，实即支持华人反对加捐的立场。

伍朝枢复总商会函和上述纳税华人会的声明皆于7月9日公诸报刊，立场存在明显差异，颇堪寻味。如前所述，南京国民政府起初对华人反对加捐运动保持沉默，驻沪外交官员也态度含糊。伍朝枢于7月4日与英国总领事巴尔敦举行非正式会晤时谈及华人抗捐问题，亦仅建议工部局推迟加捐，并无明确反对之表示。③5日，蒋介石在上海宴请政商名流，国民党元老叶惠钧发言抨击工部局任意加捐且强制征收，请予制止，蒋表示将由伍朝枢"据理交涉，必能达到胜利"。④尽管当天已发生旅馆执照被扣事件，但外交当局没有立即做出反应，为何数日之后忽又强硬表态？这可能与7日上海特别市市政府正式成立不无关系，因为地方政府负有收回租界市政权力的使命；而工部局于同日发还旅馆执照，似有退让迹象，或许也为伍朝枢的表态增添了底气。

但笔者推测，外交当局此时在加捐问题上展现强硬姿态，更可能是为了配合纳税华人会与工部局的交涉。包括王正廷在内的许多纳税华人会核心成

---

① 《纳税华人会委员今日就职》，《申报》1927年7月1日，第13版。
② 《伍外长复总商会函》，《申报》1927年7月9日，第13版。
③ Lampson to Foreign Office, July 8, 1927, Jarman, ed., *Shanghai*, Vol. 15, pp. 556–558.
④ 《蒋总司令昨晚宴客》，《申报》1927年7月6日，第13版；《昨日交署大楼之盛宴》，上海《民国日报》1927年7月6日，第2张第2版。

员与南京国民政府联系密切，且交涉员郭泰祺既向工部局承诺劝说华人纳捐，必定与华人团体保持沟通。对于纳税华人会立场的变化，当时身在上海的伍朝枢不可能毫不知情。南京国民政府原本就希望尽快平息风潮，似无理由在华人团体设法缓解紧张局势之时反而强硬表态。因此，外交当局此举极可能只是一种策略，有意在加捐问题上表现得比华人团体更激进，促使工部局权衡利弊，接受纳税华人会关于参政权利的要求。

然而，这一策略显然没有奏效。7月10日，外交部正式训令郭泰祺办理交涉撤销加捐案等事宜。同日，纳税华人会代表也与工部局方面秘密会晤。3名代表除王正廷外，还有知名报人谢福生和著名银行家徐新六。工部局方面的代表是主张强硬解决华人抗捐风潮的英籍副总董贝尔（A. D. Bell）和日籍董事福岛。双方进行了"坦率"的会谈，具体情形不得而知，但费信惇事后断言：华人反对加捐是由王正廷领导的一场有预谋的运动，旨在迫使工部局同意按纳税比例分配华董名额，即要求半数以上的董事席位。据费氏称，华人方面表示并不期望通过华董所占多数席位立即控制公共租界。[①] 由此可知，华人代表在会晤中直接提出了同意加捐的条件，即华人在工部局董事会应占多数席位。尽管个别董事建议重新考虑华董席数问题，董事会最终决定坚持原有立场，绝不将华董问题与加捐案联系在一起处理。[②] 纳税华人会与工部局的交涉遂无下文。

至此，华洋双方缓和紧张局势的尝试皆告失败。工部局暂停强制征捐措施后，南京国民政府不仅没有出面平息风潮，而且公开表态反对加捐。纳税华人会提出以华董多数席位为承认加捐之条件，亦遭工部局拒绝。双方立场无法调和，冲突如山雨欲来。

上述华人团体的立场调整和与工部局的交涉皆秘密进行，南京外交当局的强硬表态也意图隐晦，前人研究受资料所限，不晓内情，几无述论。这些环节对事态的后续走向具有重要影响，不可不察。尽管华洋之间初步交涉并无结果，但华人团体诉求的转移已为双方最终走向和解打下了基础，而南京外交当局间接

[①] 上海市档案馆编《工部局董事会会议录》第23册，第470页。此次会晤后不久，王正廷即因事离沪，一段时期内未直接参与纳税华人会的活动。

[②] 上海市档案馆编《工部局董事会会议录》第23册，第472页。

第七章 "委曲求全"：南京国民政府初期华人参与市政管理的初步实现

配合纳税华人会的策略虽未奏效，也在某种程度上奠定了此后两者关系的基调。

四 工部局强制征捐与外交当局的交涉

一方面，与工部局交涉失败后，纳税华人会在宣传中依然坚持反对加捐，且有更趋激烈之势。7月11日，临时执委会根据举报对天津路山东银行已缴纳新增房捐一事展开调查，随后致函各主要商业团体，谴责该行"破坏国民革命之宗旨，不执行租界我华市民代表大会之决议"，并称外交部训令"是对我华市民之公意，绝对尊重，则凡我华市民，尤宜一致坚决拒付，以为外交当局之后盾"。另发布紧急通告一则，除重申一致拒付增捐外，还号召市民汇报工部局加征其他捐税及相关苛政的情况，以备"转呈外交当局严予交涉"，颇有扩大抗捐范围之势。① 此后两日，临时执委会接连召开紧急会议，商讨应对工部局征捐办法和处罚山东银行事宜，并再次函请郭泰祺尽速交涉解决加捐案，以免"人心惶惑，易致功败垂成"。②

另一方面，工部局会见华人代表后，列强驻沪领事团随即首次明确表态赞成加捐政策。对于加捐案，领事团内部原本不无分歧。③ 加之时局微妙，故华人发起反对加捐运动后，领事团起初并未表示立场，而只是充当特派交涉员与工部局之间的沟通中介，或是期待华洋双方能达成妥协，化解危机。7月10日，华人代表与工部局交涉失败，领事团于次日正式回复郭泰祺6月28日的抗议函，表明了支持工部局的立场。复函称，加捐政策是为了公共租界全体居民的福祉，且所增税率对每个纳税人都无甚"负担"；同时，对于华人团体援引"己亥协定"指责加捐未征得中国地方政府同意，领事团认为华人曲解了协定原意，工部局加捐与之并无违背。④

---

① 《纳税华人会坚决反对增捐》，《申报》1927年7月12日，第13版。
② 《纳税会反对增捐之坚决》，《申报》1927年7月14日，第13版。
③ Clifford, *Spoilt Children of Empire: Westerners in Shanghai and the Chinese Revolution of the 1920s* (Hanover and London: University Press of New England, 1992), p. 264.
④ Copy of Letter from the Senior Consul to Commissioner for Foreign Affairs, Shanghai, July 11, 1927, Jarman, ed., *Shanghai*, Vol. 15, p. 633.

265

得到领事团支持的工部局董事会更无退让之意。7月15日,工部局发表长篇备忘录,逐一反驳华人抗捐理由,解释加捐的原因和必要性。[①] 此时,原定两周缓期已届,工部局遂开始对抗捐的华人商民实施强制征收。强制办法大致可分为两类。一是经过法律程序,起诉拒缴的华人商家。考虑到诉讼和审判的程序烦琐费时,董事会决定先起诉个别较大的商家。7月15日,工部局向中国政府在公共租界所设临时法院起诉浙江实业银行,并申请加快办理。对于在香港注册的永安公司和先施公司,则向设在上海的英国法院提起诉讼,以期"获得有利的裁决",便于"采取强有力的行动"。[②]

对普通华商,工部局则采取另一类强制措施,即不经司法程序,而直接使用行政和警察手段征收。7月20日,董事会命巡捕房和捐务股书面通知一些旅馆、剧场、电影院和商店,如24小时内不缴纳房捐,将暂扣经营执照,并派驻岗哨禁止营业。[③] 此后数日,约有40家华人商业机构因拒绝缴纳而被扣押执照并查封停业,由巡捕看守。其间,巡捕不仅粗暴驱逐顾客,而且发生殴打甚至拘捕店员的事件。[④] 同时,巡捕房扣押了一些商店为门卫所购手枪,声明不负治安责任,并威胁撤走银行门口的武装巡捕。此外,工部局还切断了个别商家的供电,甚至在一些地区设置铁丝网,阻止商店继续营业。[⑤] 此类措施大多不合法律程序或缺乏法律依据,但工部局悍然施行。领事团未

[①] Official Statement by the Shanghai Municipal Council, July 6, 1927 (published on July 15, 1927), Jarman, ed., *Shanghai*, Vol. 15, pp. 628 – 631.
[②] 上海市档案馆编《工部局董事会会议录》第23册,第470—471页。1927年1月,北京政府正式收回上海公共租界会审公廨,改组为上海公共租界临时法院,后由南京国民政府接管。
[③] 上海市档案馆编《工部局董事会会议录》第23册,第471页。
[④] 《纳税会反对增捐之昨日形势》,《申报》1927年7月22日,第13版;《工部局昨日收捐之形势》,《申报》1927年7月23日,第13版;《昨日租界商店坚决反对增捐状况》,《申报》1927年7月24日,第13版。
[⑤] 《纳税会反对增捐之决心》,《申报》1927年7月20日,第13版;"Enforcing Shanghai Taxation," *The Manchester Guardian*, July 23, 1927, p.16;《反对增加巡捕捐问题昨讯》,《申报》1927年7月25日,第9版;"Using Force to Collect Shanghai Taxes," *The China Weekly Review*, July 30, 1927, p.225;上海市档案馆编《工部局董事会会议录》第23册,第481页;《上海银行公会致各银行函》(1927年7月25日),上海市银行商业同业公会档案,上海市档案馆藏,档案号:S173/1/63。

予以制止，实际上纵容了工部局的非法举动。

强制征捐收到一定效果，有的商家迫于停业压力缴纳了房捐，另有一些不待施压即主动缴纳。但大多数华人商民坚持抗争，期望南京当局和地方政府出面制止工部局的蛮横措施。7月15日，纳税华人会函请郭泰祺要求工部局停止勒逼商店纳捐，否则须承担各店损失。21日，该会发表《工部局备忘录之驳议》，严厉驳斥工部局备忘录不合法理之处，表示"工部局能将种种非法手段与炮舰政策抛弃，我华市民，自然愿为法理上之讨论，否则我华市民，亦非易欺者"。① 次日又召开纳税华人代表大会，仍决议反对非法加捐，坚持到底。除再请郭泰祺抗议交涉外，先后致电蒋介石和致函市长黄郛，吁请援救。一些被迫停业的商家、各马路商联会代表等先后至市政府和交涉公署请愿，要求严重交涉；个别马路还举行罢市，以声援停业的商家。②

然而，此时的南京国民政府正忙于应付武汉方面的东征，内部也暗潮涌动，难以在外交上给予华人有力支持。7月18日，南京国民政府秘书处致函纳税华人会，称加捐案已交外交部转饬交涉员"斟酌办理"，其口吻与10日外交部的训令相比已有变化。③ 21日，南京国民政府令上海警备司令杨虎、北伐军总司令部驻沪军法处处长陈群、上海公安局局长沈毓麟联合发出布告，称外交问题应由政府负责，民众应停止一切排外的"幼稚行动"，否则"严行惩办"。④ 虽然布告主要针对的是当时上海民众的反日运动，但正如巴尔敦所言，南京国民政府的这一政策势必会使华人抗捐的声势受挫。⑤ 市长黄郛本人虽主张工部局至少应加入与外籍董事人数相等的华董（见下文），但在会见请愿的华商时，也表示加捐一事属法律问题，且涉及外交，"奉到

---

① 《工部局备忘录之驳议》，《申报》1927年7月21日，第13版。
② 《工部局昨日收捐之形势》，《申报》1927年7月23日，第13版。
③ 《国府交外部办理反对增捐案》，《申报》1927年7月19日，第13版。
④ 《沪当局布告审慎对外》，《申报》1297年7月22日，第13版。25日，南京国民政府再次电令上海市市长黄郛及警备司令杨虎劝止市民排外运动。
⑤ Decode. H. M.'s Consul General, July 24, 1927, FO 371/12508/F6440, TNA. 1927年5月底，日本为阻止北伐，悍然出兵山东，激起中国朝野一致反对，上海民众进行了持续的反日宣传和抵制日货运动。

中央命令，始能着手办理"。①

迫于公共租界华洋关系高度紧张的形势，南京外交当局罕见地绕开领事团，直接与工部局交涉。7月25日，伍朝枢携郭泰祺与费信惇举行非正式会晤，强烈要求工部局取消强制征捐措施。但费氏称除非二人可以保证华人停止抗捐，否则工部局不会停止强征措施。会谈中，伍朝枢等提出，若工部局以增加华董席位为条件，与华人团体达成非正式协定，则可改变华人的抗捐态度。他们起初建议董事会承诺给予华人半数以上的席位，后表示华董可比外籍董事少1人。费信惇答称，董事会不会同意与华人达成增加华董席位的协议，因为此举无法得到外侨纳税人的同意，将导致董事会集体辞职。次日的董事会会议仍议决在华人改变反对加捐立场前，不讨论华董问题。②南京外交当局的交涉尝试遂告失败。

此次重要会晤当时并不为公众所知，后人著述亦均无提及。其中最值得注意之处，是南京外交当局首次明确提出了通过增加华董席位的办法解决抗捐风潮的主张。这明显有别于7月8日伍朝枢复总商会函中反对加捐的态度，而与纳税华人会向工部局交涉的立场非常相近，在一定程度上印证了此前外交当局的强硬表态应系一种策略。

需要进一步指出的是，此时伍朝枢等向工部局提出增加华董席位的建议，其直接目的虽为解决加捐问题，但同时有收回租界主权的长远考量。此前，南京国民政府外交部条约委员会曾草拟一份针对上海公共租界的《暂拟收回租界各种办法》，列举了5种方案，其中4种皆为中外合组工部局董事会，所不同者为董事席位之分配：第一种"以中外居民纳税比例为标准"；第二种为"中外人同数"；第三种是华董多于3人而少于半数，但总董由华人担任；最后一种"照汉口英租界协定，中外董事人数相等，会长（即总董）另由中国外交部加派"。③

---

① 《反对增加巡捕捐问题昨讯》，《申报》1927年7月25日，第9版。
② 上海市档案馆编《工部局董事会会议录》第23册，第479—480页。
③ 第四种方案为裁撤工部局，由华洋居民分别成立纳税人会，"所有议案，须经两机关通过，方为有效。行政权则由各局局长分别行使；但各局正副局长，中外各一"。《暂拟收回租界各种办法》（1927年7月16日发），国民政府外交部档案，台北"国史馆"藏，档案号：020-070100-0057。

第七章 "委曲求全"：南京国民政府初期华人参与市政管理的初步实现

伍朝枢等的提议虽与上述办法不完全相同，但所循思路基本一致。而且，外交部有可能事先了解了一些英国驻华外交和军事官员对华人参政持赞成态度。在伍氏与工部局交涉前不久，上海特别市市长黄郛在非正式场合向英国前外交官员和海军将领表示，主张工部局董事会人数"最少须扩大一倍即十八人，华董应占半数，董长须选华人"。① 7月22日，一位英国公使馆前参赞拜访黄郛，提议华董名额定于1/3以上，1/2以下，总董即由上海市市长担任，但希望每三年由英人轮充一年。鉴于加捐问题导致华洋关系高度紧张，他建议中方"趁此时一谈（租界的）根本问题，庶几一解百解"。次日，黄郛即致电蒋介石告知上述意见，并认为这是英方官员商议的结果。② 从时间上看，伍朝枢和郭泰祺在与工部局交涉前完全有可能已得知上述情况。不难想见，在华洋双方因加捐和华董席位问题陷入僵持的情形下，外交当局和地方官员有意因势利导，推动华董席位大幅增加，以期平息风潮的同时，尽量提高华人在市政管理中的话语权甚或掌握主导权，作为将来正式收回该租界之预备。但由于工部局方面毫不退让，这种设想也落空了。

尽管费信惇在会晤中称不会停止强制征捐措施，工部局此后数日并未继续实施较为蛮横的强制办法。究其原因，至少有两个方面。其一是英国总领事巴尔敦的态度。工部局的政治地位依赖列强尤其是英国的保护，其权力亦须受领事团监督。因此，工部局曾就采取严厉手段征捐问题征询巴尔敦的意见，希望获得整个领事团或至少巴氏的支持。素来强硬维护英国利益的巴尔敦虽支持工部局的基本立场，但建议董事会谨慎行事，不要轻易采用极端措施；鉴于上海政治局势可能生变，他不赞成采取布置铁丝网、封锁银行、禁止商店营业等过激办法。与工部局关系最紧密的英国领事尚且如此表示，其他国家领事的态度可想而知。董事会意识到继续采取缺乏法律依据的措施，将来可能产生对自身不利的后果，因此决定暂时收敛，以观局势之变。③

上海商业联合会主席虞洽卿出面调停，是促使工部局暂停强制措施的另

---

① 沈亦云：《亦云回忆》下册，台北：传记文学出版社，1980，第331—332页。
② 沈亦云：《亦云回忆》下册，第331页。
③ 上海市档案馆编《工部局董事会会议录》第23册，第481页。

图 7-2　巴尔敦

资料来源：By Bassano Ltd., 6 July 1936,© National Portrait Gallery, London。

一重要原因。7月25日伍朝枢等交涉无果后，虞洽卿次日即与费信惇会晤，表示愿意调解工部局与华人团体的矛盾，设法解决加捐问题。这为已经骑虎难下的工部局提供了一个尽量体面收场的"台阶"。为展示和解姿态，董事会随即决定在两三天内暂不采取更严厉的措施。此后，华洋关系的僵局逐渐打破。

五　虞洽卿调解与"过渡办法"的达成

华人绅商领袖虞洽卿在华洋关系高度紧张之时出面调停，标志着加捐案的解决由外交渠道重新转回地方层面。事实上，由于工部局的极端措施导致华人群情激愤，甚至有罢市之议，而外交官员又无力强硬对外交涉，南京国民政府只得电令地方当局"察酌主办"，以尽快平息风潮。就在伍朝枢与工

第七章 "委曲求全"：南京国民政府初期华人参与市政管理的初步实现

部局方面非正式会晤的当天，市长黄郛邀集地方绅商精英，共商办法。① 推选虞洽卿与工部局接洽，应即是此次会议的决定。虞氏虽为纳税华人会临时执行委员，但素与公共租界当局过从密切，且曾多次调解华人与工部局的矛盾，确是合适人选。

虞洽卿调停的目标自然是寻找华洋双方都接受的解决方案，既能满足工部局加捐的财政需要，又可实现华人团体的参政诉求。为此，在7月26日的首次会晤中，虞洽卿向工部局提出了四点临时建议：（一）允许华人富裕阶层暂时垫付无法征得的加捐数额；（二）仿照法租界办法，至年底再考虑提高税率；② （三）在下一届外侨纳税人会议上提出华人关于税收的意见；（四）在下一届外侨纳税人会议上提出一项包括华洋平等参政权等问题的议案。其中，前两点是为了以变通的方式帮助工部局征得房捐，后两点则旨在争取华人参与市政管理事务之权，最后一点实际上要求工部局承诺给予华人平等的参政权利。虞的建议使费信惇等感受到华人尽早根本解决参政问题的强烈愿望和坚定决心，但费氏仍表示董事会无法采纳第四点建议，因为议案必遭纳税人会议否决。他强调，缴纳房捐是首要事务，必须与其他问题分开处理。③ 为表示和解姿态，工部局同意在下次会晤前暂缓强制征捐。

初次接洽后，市长黄郛随即再度邀集虞洽卿和数位绅商领袖讨论对策，虞氏也征求了上海商业联合会重要成员的意见。为尽快平息风潮，众意暂不要求工部局对华人参政问题做出承诺，但原则上仍不承认加捐政策，仅按14%的税率缴纳，另设法筹付新增税款。这一方面可解决工部局的财政困难，避免强制征捐措施加剧华洋矛盾；另一方面维护了纳税华人会反对加捐

---

① 《反对增加巡捕捐问题昨讯》，《申报》1927年7月25日，第9版；《纳税华人会反对增捐之猛进》，《申报》1927年7月26日，第13版。
② 1927年7月1日，上海法租界公董局与公共租界工部局同时施行加征房捐，亦遭华人抵制。公董局随即暂缓征收，于7月下旬与华人团体达成协议：华人在缴纳原12%房捐的同时另缴2%"特捐"，6个月后再商决是否修改税率；公董局承诺华人可推选华董和顾问数人，参与市政管理事务。"Compromise on Rates is Sought in Settlement," *The China Press*, July 24, 1927, p. 1.
③ 上海市档案馆编《工部局董事会议录》第23册，第483—484页。

的立场，同时还兼顾了下层商民的经济负担。①

或许是为了尽快达成妥协，虞洽卿随后并未完全按照上述精神与工部局进行协商。在7月28日的第二次会晤中，虞氏没有提及华人团体不承认加捐的原则，而是着重商讨了帮助下层华人商民缴纳新增房捐（约计3万两）的办法，建议由具备支付能力的华人完全或部分承担。他声明该方案没有附带条件，"他和他的朋友们"都主张先解决加捐问题，再单独处理华人参政权案。② 董事会对此表示满意，随即做出回应，决定将原定8月1日撤离华人银行武装门卫和4日起诉浙江实业银行的计划推迟一星期，并开始撤回看守关停商店的巡捕，发还扣押执照，允许继续营业。③

为配合虞洽卿的调解，华人团体也开始收束抗捐活动，华洋之间的紧张态势趋于缓和。8月3日，纳税华人会收到南京国民政府的简短答复，其中并未表示对工部局采用非法手段征捐的态度，仅称已交外交部办理。④ 次日，纳税华人会临时执委会商讨加捐案调解事宜，"决定重要办法三条，因事涉外交，不能宣布"。⑤ 可以推测，由于无法获得政府的有力支持，该会很可能准备做较大让步，只是顾忌市民反应，暂未公之于众。此后，一些重要的华人商业机构为保证正常营业，按照新税率缴纳了房捐。如银行公会和钱业公会按照与工部局的约定，命会下所有商家在8月7日前缴齐了房捐，仅附带对加捐的书面抗议。⑥

虽然虞洽卿向工部局声明先单独解决加捐问题，但华人团体实际上仍坚持以工部局承诺解决华人参政权问题为前提条件，华洋矛盾的症结并未真正

---

① 《黄云电蒋中正与王晓籁等人商讨租界增捐市民约占百分之十四并将征询英方意见等相关事宜》（1927年7月27日），"蒋中正总统文物"，台北"国史馆"藏，档案号：002-090103-00012-007；《上海商业联合会调停租界纳税华人会反对工部局增捐有关文件》（1927年7—8月），上海市档案馆编《一九二七年的上海商业联合会》，第195—196页。
② 上海市档案馆编《工部局董事会会议录》第23册，第485—488页。
③ 《工部局已撤回强迫停业巡捕》，《申报》1927年7月31日，第13版；《纳税会反对增捐之昨闻》，《申报》1927年8月1日，第13版。
④ 《纳税会今日召集委员会议》，《申报》1927年8月3日，第13版。
⑤ 《纳税会昨开执行委员会议》，《申报》1927年8月4日，第13版。
⑥ 《上海银行、钱业公会致上海租界纳税华人会函》（1927年8月5日），上海市银行商业同业公会档案，上海市档案馆藏，档案号：S173/1/63。

第七章 "委曲求全"：南京国民政府初期华人参与市政管理的初步实现

解开。商总联会态度尤为激烈，主张限工部局于三个月内解决华董问题。纳税华人会也重申拒缴加捐的立场，以保全"主权"和"人格"；同时，为解决工部局财政困难和争取市民权起见，请商总联会负责向商民劝募"力争市民权特捐"3万元以上，预备由市长转交工部局，"以为提出要求之交换金"。① 虞洽卿遂于8月13日致函希尔顿－约翰逊，希望工部局公开表示下一年将与华人代表协商税率，并承诺最迟于六个月内解决增加华董席位的问题。② 但工部局不仅没有回复华人要求，而且开始尝试继续按照新税率征捐。与此同时，华人团体募集"特捐"的工作也不顺利，遽待另谋办法。

为防止事态再度恶化，经虞洽卿协调，工部局和华人团体很快达成新的妥协。8月24日，商业联合会、总商会和商总联会三团体联合发表《为调停纳税华人拒付工部局增捐事宣言》，宣布与工部局商定的"双方顾全之办法"。

一、秋季巡捕捐，为顾全工部局预算案起见，除原数一成四应照付外，其所加二厘，在抗议之下交付之。

二、此次公共租界征收市政捐内，实包括筹付预算不足之二厘额外捐。

三、华董问题，先所定之三席，租界内中国市民认为以人数或捐数计，皆未能满意。此问题至迟须在本年终（即一九二七年十二月三十一日）之前，筹划一双方兼顾、公正无偏之解决方法。

四、明年起（即一九二八年一月一日）工部局预算案，应设法撙节开支，如万不得已必须增加，须与纳税华人代表磋商，方可决定。③

虞洽卿事先将宣言译本送交工部局，董事会同意以非官方文件的形式在本地英文报刊同时发表。④ 综观宣言各款，华洋双方都做出了明显让步。华人团

---

① 《反对增加巡捕捐进行不懈》，《申报》1927年8月13日，第13版。
② 《纳税会为反对增捐之交涉》，《申报》1927年8月18日，第13版。
③ 《反对工部局增捐案解决》，《申报》1927年8月24日，第13版。
④ 上海市档案馆编《工部局董事会会议录》第23册，第495页。

体改变了拒缴增捐的立场,同意在抗议下缴纳,但名之曰"额外捐"以示临时性质。工部局显然也放弃了单独解决加捐案的原则,默认以第三项和第四项——尤其是年内商定华董问题解决办法——作为华人纳捐的条件。

纳税华人会随即发表宣言,完全接受三团体联合宣言,但对第三项和第四项专门声明了立场。关于华董名额,仍主张按照工部局所估华洋居民纳税总额分占55%和45%的比例分配,外董现为9人,则华董应为11人;将来工部局与华人代表协商加捐,其结果须经纳税华人会通过方为有效,以示与外侨纳税人会议同等待遇。此外,纳税华人会还提出,凡使用房捐兴办的公共教育、医疗、娱乐等事业,华人应有平等享受权利;工部局应出版中文市政公报,以便华人了解和监督市政状况。[1] 纳税华人会的宣言标志着抗捐风潮基本平歇,此后工部局较为顺利地征齐了房捐。[2]

加捐问题暂告解决后,华人方面开始着手处理华董问题。9月下旬,纳税华人会催请虞洽卿继续与工部局交涉增加华董席位。[3] 10月下旬,该会邀请地方名流和商业团体代表共议此事,众人意识到11席之要求难以立即实现,内部非正式议定先以6席为目标。[4] 此外,华人团体还预备向租界当局提出三项要求:工部局各委员会都须有华人加入;工部局各行政部门都须添任华人高级官员;华人教育由华人自办,工部局须拨给确定的教育经费。[5]

其后,纳税华人会一方面呈请外交当局与各国交涉增加华董席位事宜;另一方面开始筹备改组,以完善组织,预备参政。12月改组完成,将理事部制改为代表大会制,由纳税市民、商业团体和同乡团体分别选举27人组成

---

[1] 《反对工部局增捐案解决》,《申报》1927年8月24日,第13版。
[2] 部分此前被迫停业的商店可能不愿缴纳秋季度的额外捐,由虞洽卿个人暂时垫付约国币1492元和规银112两,后由纳税华人会和商业联合会两团体筹还。《上海租界纳税华人会主席冯少山致上海商业联合会函》(1927年10月29日),上海市商业联合会档案,上海市档案馆藏,档案号:Q80/1/14。
[3] 《纳税会请进行华董交涉》,《申报》1927年9月23日,第9版。
[4] 《纳税华人会今日召集重要会议》,《申报》1927年10月26日,第9版;《商总会紧急会议纪》,《申报》1927年11月11日,第15版。会议暂定要求6个华董席位的原因不详,但鉴于当时工部局董事会的组成为英国5人、美国2人、日本2人,其旨似在使华董席位多于其他任何一国。与会者另有9位华董的主张,则意在华洋董事人数对等。
[5] 《纳税会今日选举华董委员》,《申报》1928年4月10日,第13版。

第七章 "委曲求全": 南京国民政府初期华人参与市政管理的初步实现

代表大会,再由81人的代表大会选举产生27名执行委员和9名候补执行委员,主持会务。王正廷仍当选主席,因事请辞,由虞洽卿递补出任。根据8月三团体联合宣言,纳税华人会应工部局之请,选派李馥荪等7位委员协助制定下一年预算,并对预算报告进行审查。①

11月初,郭泰祺多次拜访领袖领事,希望重新协商华董席位问题,但外交部当局的交涉努力再次碰壁。领事团征求工部局意见,费信惇依旧表示在1926年经中国政府和公使团核准的加入3位华董案付诸实施前,董事会不准备接受任何增加名额的提议。②工部局方面不顾此前与华人团体达成的谅解,拒绝重新考虑华董席位问题,一个很重要的原因是英国领事巴尔敦的袒护。华人发起抗捐运动后,英国驻华公使蓝普森曾敦促巴尔敦利用英国远征军在沪的有利形势,推动工部局在华人参政等问题上适当让步,营造华洋友好氛围,以改善外界对上海外侨的观感,延迟中国收回公共租界的进程。③但巴尔敦始终极力替工部局辩护,并包庇其非法征捐举措,甚至在三团体联合宣言发表后,依旧无意向华人做出任何让步。④10月下旬,蓝普森再次致电巴尔敦,请督促工部局英籍董事改善华洋关系,并"真心恳求"其尽快有所行动。⑤但巴氏以中国内政混乱、官员腐败和纳税华人会领导层中有政治煽动分子等为由,不愿推动工部局在华董席位问题上妥协。在巴尔敦的主导下,领事团支持工部局的立场,请郭泰祺催促华人推举3名华董就职,并称立即增加华董案必遭外侨纳税人会议否决,结果只会加深华洋之间的敌意。⑥因此,至1927年底,关于华董席位的交涉仍无进展。

---

① 除李馥荪外,审查工部局预算委员会另6名成员为秦润卿、袁履登、贝祖诒、徐庆云、黄明道、何德奎。《纳税会发表正式宣言》,《申报》1928年1月1日,第13版。
② 上海市档案馆编《工部局董事会会议录》第23册,第524—526页。
③ Lampson to Barton, July 27, 1927, Jarman, ed., *Shanghai*, Vol. 15, pp. 559-561.
④ Lampson to Foreign Office, October 23, 1927, Jarman, ed., *Shanghai*, Vol. 15, pp. 610-611. 巴尔敦在向蓝普森的报告中,完全未提工部局采取的非法征捐措施。
⑤ Lampson to Foreign Office, October 23, 1927, Jarman, ed., *Shanghai*, Vol. 15, pp. 612-613.
⑥ Barton to Lampson, December 31, 1927, Jarman, ed., *Shanghai*, Vol. 16, pp. 23-24. 据巴尔敦称,领事团不支持增加华董席位的一个重要原因,是对1927年6月南京国民政府强行撤换公共租界临时法院院长的不满。

抗争与博弈：上海公共租界华人参与市政管理的权益之争（1854—1932）

1928年初，工部局预备按照16%的新税率征收春季房捐，而华董问题尚未解决，华人不满情绪日烈。许多团体和个人质问纳税华人会，谴责工部局不尊重三团体联合宣言，仍任意加捐。纳税华人会遂请虞洽卿向工部局据理力争，要求取消加捐。不久，工部局不允增加华董席位的消息传出，更激起华人团体的愤怒，虞洽卿亦被指责"为人过于忠厚，而为其所玩弄"。[①]

就在华洋关系复趋紧张之际，工部局方面忽又调整立场，提出了解决华人参政问题的变通方案。1月16日，总裁希尔顿－约翰逊向总董费信惇建议，在华人代表权问题上稍做妥协。[②] 随后，他向董事会提出两种方案：一是即刻加入3位华董，如效果令人满意，则在4月纳税人会议上建议增加华董至5人；二是加入3位华董的同时，工部局各委员会另加入5位华人。工部局各委员会属于咨询性质，其中加入华人委员，自然与市政最高决策机构董事会加入华董性质有别。而且，委员会加入华人无须提交外侨纳税人会议通过，可直接施行，程序上也较为简便。费信惇对两种方案皆不赞成，但副总董贝尔强烈支持第二种办法，并提议让5位华人在较重要的委员会中任事。董事会经过商讨，最终通过了该方案。[③]

工部局一改以往姿态，主动设法解决华人参政问题，其背后不无担忧华人再次发起抗捐的因素，但更重要的原因应是英国外交部的推动。[④] 1926年底，英国为尽量避免国民革命对其在华利益的冲击，宣布了以迎合中国民族主义诉求为基调的对华"新政策"。虽然英国为保护上海公共租界而再次使用"炮舰政策"的惯用伎俩，但极力避免与北伐军冲突，刺激中国民众的反英情绪。[⑤] 为了贯彻对华"新政策"，外交部官员主张工部局在华董席位问题

[①] 《各路商联会致纳税会之要函》，《申报》1928年2月4日，第13版。
[②] Commissioner General to Chairman, January 16, 1928, 上海公共租界工部局档案，上海市档案馆藏，档案号：U1/3/1115。
[③] 上海市档案馆编《工部局董事会会议录》第24册，第6—9页。
[④] 希尔顿－约翰逊向董事会提出变通方案时称，"要求华人更多地参与管理租界的呼声，去年已经扩展到了华人上层社会有身份的阶层"，若再不设法应对，华人可能再次群起抗捐。上海市档案馆编《工部局董事会会议录》第24册，第7页。
[⑤] Cypher telegram to Mr. Lampson, January 12, 1927, Jarman, ed., *Shanghai*, Vol. 15, pp. 62–63.

第七章 "委曲求全"：南京国民政府初期华人参与市政管理的初步实现

上向华人妥协，甚至建议将华董席位增至9个。① 由于驻沪领事巴尔敦的反对，加之中国政局持续动荡，英国外交部决定由驻华公使蓝普森和巴尔敦协商处理。② 1927年底，伦敦外交部官员获知华人三团体联合宣言，认为工部局几乎等于向华人许诺了增加华董席位，如不履行，势必引起争议甚至骚乱。③ 此时，英国派至上海保卫公共租界的军队大部已撤离，仅剩不足5000人。为确保该租界的安全，英国外交部于1928年1月10日致电蓝普森，明确表示希望工部局向华人做出让步，以免争端。④ 数日后，来自英国的工部局总裁希尔顿-约翰逊向董事会提出了变通方案，此前立场强硬的英籍副总董贝尔也转变态度，予以有力支持。尽管美籍总董费信惇拒绝妥协，但英国毕竟是公共租界事务的主导者，董事会中英人亦占多数（9人中占5人），第二种方案终获通过。⑤ 巴尔敦虽不认为工部局曾向华人许下任何承诺，也赞成另加入5位华人委员的变通办法，并声称这是他与数位中外人士私下商议的结果。英国外交部官员对此高度赞赏，誉为"神来之笔"（a stroke of genius）。⑥

不管最初出自谁的构想，3位华董外加5位华委方案的形成应与华人方面的立场调整有关。1927年11月中旬，正当郭泰祺与领事团交涉不利之时，时任上海特别市市政府参议的金问泗在《申报》上刊文，专门讨论上海公共租界华人参政问题。金氏认为参政权利的关键"不在华董名额之多寡，而在华董职务之支配方法何如"，主张华董可暂定5名，分别加入工部局各委员会中与华人利益关系最大的5个，将来再谋增加席位。⑦ 金问泗系受前任市

---

① Foreign Office to Lampson, February 24, 1927, FO 371/12418/F1759, TNA; Minute by Pratt, March 21, 1927, FO 371/12418/F2505, TNA.
② Minute by Pratt, March 22, 1927, FO 371/12418/F2561, TNA.
③ Minute by Gwatkin, January 6, 1928, FO 371/12508/F9531, TNA.
④ Foreign Office to Lampson, January 10, 1928, FO 371/12508/F9531, TNA.
⑤ 需要指出的是，费信惇虽为美籍，其态度并不代表美国政府的立场。从1927年初开始，美国国务卿凯洛格（F. B. Kellogg）明确表示愿与各方协商增加工部局华人代表席位。Borg, *American Policy and the Chinese Revolution*, p. 279.
⑥ Minute by Pratt, January 24, 1928, FO 371/13214/F355, TNA.
⑦ 金问泗：《上海纳税华人参预公共租界市政之我见（续）》，《申报》1927年11月17日，上海特别市市政周刊第1版。金问泗曾在北京政府外交部任职数年。1928年2月，黄郛出任南京国民政府外交部部长，任命金为外交部第一司司长，4月又任命其担任特派江苏交涉员。

277

长黄郛所召担任市政府参议,"襄办本埠外交事宜,并研究关于上海之外交问题",① 此番公开言论在一定程度上应可代表市政府的态度。金氏发表意见前,很可能已与华商领袖达成共识,因为在此前后,虞洽卿也向工部局表达了5个华董席位的要求。因此,1928年1月希尔顿-约翰逊在提出上述变通方案时,已得知华人方面的这一立场。② 方案中拟加入的华人委员恰为5人,且与金问泗所提5位华董各加入一委员会的主张颇有相通之处,当非巧合。

工部局董事会议定变通方案后,邀请纳税华人会主席虞洽卿协商这一"过渡办法"(interim measure)。方案自然遭到华人团体的反对,进而引起对是否按照新税率缴纳春季房捐的激烈讨论,纳税华人会最终决议在抗议下缴付。尽管虞洽卿与工部局方面反复交涉,但董事会仍不允增加华董席位,仅同意将华人委员名额由5位增至6位。同时,费信惇向虞洽卿许诺,若连任总董,将建议董事会在下一年外侨纳税人会议上提出增加华董席位的议案。③ 3月上旬,英国公使蓝普森抵沪,纳税华人会代表与之进行了会谈,似亦无何进展。④

尽管华人团体内部仍存在强烈的反对声音,在虞洽卿的主导下,纳税华人会执行委员会决议接受变通方案。该会于3月26日致函费信惇,向租界当局提出三点建议,希望后者接受。

一、华董席数须以捐税比例为原则,但于现状之下为表示本会诚意合作起见,按照历次双方所议过渡办法,除原有华董三席外,各委员会应加入华委员六席,连华董共为九席,即日实行。

上述为暂时之办法,须于最短可能期间,实行增加华董席数六席;至其六华委员之职权与待遇,自应与其他委员一律。

---

① 《新任江苏交涉员金问泗今日就职》,《申报》1928年4月5日,第14版。
② Commissioner General to Chairman, January 16, 1928, 上海公共租界工部局档案,上海市档案馆藏,档案号:U1/3/1115。
③ Secretary to Yu Ya-ching, February 9, 1928, 上海公共租界工部局档案,上海市档案馆藏,档案号:U1/3/1115。
④ 《纳税会讨论华董交涉案》,《申报》1928年3月22日,第13版。

第七章 "委曲求全"：南京国民政府初期华人参与市政管理的初步实现

二、总办处、警务处及其他各处之上级职员，至少须用华人一人，会办各处之行政。其各处重要位置，须尽量由华人充任，以表合作，并免一切误会。

三、华人教育委员会，须以华人组织为原则；华人教育经费，须以占捐税百分之二十为标准。但为避免目前预算上困难起见，除原有定数外，须即规划最少需要之数，作为扩充华市民教育之用。华人教育委员会之委员，由本会推举。现有四华童公学之重要行政人员，为适应华童教育上需要与增进管理上效能起见，自下学期起，须聘华人。①

费信惇随即复函称，董事会尊重华人意见，"华董席数，依事情之常轨，自将使之增加"，其他两项事宜亦经初步审议，须待华董和华委加入后方能进一步讨论。②

4月3日，纳税华人会召开代表大会，表决赞成过渡办法，并议定华董和华委选举办法。同日，工部局也公布华人参政过渡办法和与纳税华人会方面来往函件。③ 10日，纳税华人会再次召开代表大会，选举产生第一届华董和华委。④ 翌日由正、副会长虞洽卿和冯少山正式复函费信惇，声明该会认为过渡办法"可行"，同时重申3月26日函中各项要求。⑤ 12日，纳税华人会将华董和华委名单送交工部局。19、20日，华董和华委先后在工部局正式就职。至此，久悬未定的华人参政问题得到初步解决。

综观南京国民政府初期华人团体与工部局的关系，不管是在加捐案还是

---

① 《上海租界纳税华人会致公共租界工部局董事会函》（1928年3月26日），上海公共租界工部局档案，上海市档案馆藏，档案号：U1/3/1115。
② 《公共租界华董问题之结果》，《申报》1928年4月4日，第13版。
③ 《上海公共租界工部局加入华董华委办法文件（中华民国十七年四月三日工部局公布）》，《东方杂志》第25卷第7号，1928年，第109—110页。
④ 《纳税华人会昨日选出华董委员》，《申报》1928年4月11日，第13版。
⑤ 公函内容经4月3日代表大会商讨，与3月26日函的表述略有差异，特别是加入了实现增加华董6席的时间"至多不得过一年"的条件。《上海租界纳税华人会致总董费信惇公函》（1928年4月11日），上海公共租界工部局档案，上海市档案馆藏，档案号：U1/3/1115；《纳税华人会正式答复工部局》，《申报》1928年4月12日，第13版。

华董问题上，双方的原则立场都相去甚远，几无调和余地，但又每每在关系高度紧张之际不约而同地调整姿态，避免了冲突的爆发，并最终达成妥协。华洋双方相对克制的表现，除因各自内部不乏温和意见外，主要还是由南京国民政府与列强关系的总体趋势决定的。一方面，新成立的南京国民政府为争取列强的承认，采取较武汉国民政府更为温和的对外政策，对反帝民众运动的态度趋于消极。在此背景下，华人团体中虽始终存在较为强硬的声音，但除了最初反对加捐的短暂罢市示威，并未采用全面罢市或其他激烈手段与工部局对抗，而是不断寻求通过交涉化解矛盾。另一方面，国民革命期间，西方主要列强调整对华政策，以迎合中国朝野的民族主义诉求。这也使得工部局在处理华洋关系时有较多顾忌，没有一味强横贯彻自身意志，而是与各方沟通协商并适时收敛强制措施，最后在英国外交部的推动下主动寻求与华人团体妥协的方案。

从最终的结果看，华人团体显然做出了更大的让步。在当时中外关系形势下，华人团体对华董席位的要求未免期待过高，而立足未稳的南京国民政府无法在外交上予以有力奥援，也是重要原因。外交当局交涉不利，迫使华人团体与处于强势的工部局进行地方层面的协商并一再退让，最后"于委曲求全之中，万分委曲"①地接受了参政的过渡办法。相形之下，工部局在与华人团体和中方官员的交涉中始终保持了相对强硬的立场，拒绝增加华董席位，即便最后迫于压力调整姿态，也仅提出加入华人委员作为变通方案。在此过程中，英国总领事巴尔敦的作用十分关键。无论是面对中国朝野的强烈抗议，还是面对英国外交部和驻华公使的迭次催令，巴尔敦都极力维护工部局的立场。在其主导下，领事团基本站在工部局一边。正是因为有领事团为后盾，工部局才得以坚持立场，最终仅向华人方面稍做让步。对于工部局的强硬态度和巴尔敦的袒护包庇，英国外交部官员虽颇有微词，但得知华人参

---

① 纳税华人会执行委员黄明道放弃华董华委候选人资格声明中语。黄明道为广东中山人，毕业于美国威斯康星大学，曾在北京政府外交部、交通部等任职，时任新华商业储蓄银行经理、银行公会董事。《纳税会今日选举华董委员》，《申报》1928年4月10日，第13版。

第七章 "委曲求全": 南京国民政府初期华人参与市政管理的初步实现

政的过渡办法可暂时化解危机后, 亦表示满意。① 可以说, 华洋双方折冲的结果其实在很大程度上取决于各自在外交层面获得的支持。

南京国民政府虽未能对华人团体的抗争和交涉提供有效援助, 但在事件发展过程中仍发挥了不容忽视的作用, 与后者的关系也渐趋密切。由于上海公共租界的局势对内政外交皆有重要影响, 且华人参政与收回租界主权进程密切相关, 南京国民政府对该租界华人参政问题颇为重视。虞洽卿出面调停华洋冲突在很大程度上就是市政府推动的, 华人参政变通方案的达成虽是华人团体与工部局妥协的结果, 背后似也不无地方当局的引导。工部局和领事团不顾华人的强烈意愿, 始终拒绝考虑增加华董席位, 而且采取蛮横非法的手段镇压华人的抗争活动, 在一定程度上强化了华人团体对南京国民政府的认同感和向心力。1928年4月3日, 纳税华人会召开代表大会, 报告与工部局交涉结果, 外交次长唐悦良应邀与会并发表演说, 颇具象征意义。② 华人团体与南京国民政府的这种关系, 深刻影响了此后华人参与公共租界市政管理事务的实践。

---

① 英国外交部官员认为工部局的强制征捐措施"非常专横"(very high-handed), "任意擅权"(took a very liberal view of the power they might exercise), 并批评巴尔敦有意隐瞒不报。Minute by Joller, August 3, 1927, FO 371/12508/F6440, TNA; Minute by Joller, January 4, 1928, FO 371/12508/F9531, TNA.

② 《公共租界华董问题之结果》,《申报》1928年4月4日, 第13版。

第八章 不安的"共存":南京国民政府前期华人参与市政管理之实践

1928年4月,上海公共租界华人居民经过半个多世纪的呼吁、争求和交涉后,终于初步获得参政权利。19日和20日,纳税华人会选举产生的工部局第一届3位华董和6位华委先后正式就职,华人开始通过纳税华人会和参政代表参与市政管理事务。自此,该"租界治权,开一新纪元",[①]由外侨统治转变为一定程度上的华洋共治,当地华洋关系也随之进入新的阶段。

由于所获参政权利与期待相去甚远,此后华人继续致力于争取扩大参政权利,尤其是增加华董席位。1930年,工部局华董由3人增至5人,与英籍董事席位相等,工部局各委员会的华委人数亦不断增加。同时,经过华董与租界当局的反复交涉,华人在工部局行政系统中的权力和地位也迅速提高,越来越多的高级行政职务由华人充任。然而,这一过程并非平顺无澜,而是进展缓慢,其间波折甚至一度导致华洋关系颇为紧张。九一八事变和一·二八事变相继爆发后,中外关系格局和地方政治生态都发生急剧变化,华人参政权利的扩大步伐渐趋停滞。

与华人争取和扩大参政权利的过程相比,1928年后华人行使参政权利、参与市政管理事务的具体实践极少为学界所注意,相关研究几乎呈空白状态。南京国民政府前期,尽管华人参政的组织和机制存在诸多问题,但纳税华人会和参政代表通过影响和参与工部局的市政决策,在维护华人权益、推动市政改良、调和华洋矛盾、协调工部局与地方政府的关系等方面都有不少

---

① 夏晋麟:《上海租界问题》,第100页。

值得肯定的表现，而且还为政府收回租界主权的努力提供了一定协助。对华人的参政实践进行考察和评析，可以窥见其对公共租界政治社会的多方面影响，有助于更全面地认识华人参政运动的历史意义。

1927年8月，纳税华人会在表示接受商业联合会等三团体调解加捐案办法的宣言中，曾奉劝工部局改变顽固立场，尊重华人公意，"与其费九牛二虎之力，谋挽既倒之狂澜，何如随机应变，而为适合环境之共存？"[①] 在南京国民政府前期与列强关系趋于改善、收回主权的过程逐步推进的大背景下，华人参政权利总体呈不断上升之势，协商合作也成为华洋关系的主流。但由于华人仍未取得与外侨平等的政治社会权利，双方之间的隔阂依然严重，不仅在具体市政管理事务中常生龃龉，在公共租界的前途问题上更是存在根本性分歧，华洋关系实处于一种不安的"共存"阶段。

一　参与市政管理的机制与代表

作为上海公共租界纳税华人的统一团体，纳税华人会自然成为华人行使参政权利的组织渠道。由该会选举产生的华董和华委，代表华人参与工部局董事会的市政管理事务，此为华人参政的基本机制。

1920年代中后期，纳税华人会的组织结构经历了两个重要变化。其一，会员人数逐步增多，参政基础有所扩大。在纳税华人会创设后的最初数年内，会员始终未超过1600人，仅占华人居民总数的0.2%左右。[②] 1925年，纳税华人会对纳税人资格进行了"较前特加详密"的调查，次年的会员猛增至2446人。此后数年，会员人数基本没有变化。1931年又略有增长，首次突破3000人，比1920年代前期增加了一倍有余（表8-1）。虽然相较于当时公共租界华人超过98.7万的总人口而言，纳税华人会的会员比例仍相当低，只有约0.3%——据当时正对公共租界进行全面调查的南非法官费唐

[①] 《反对工部局增捐案解决》，《申报》1927年8月24日，第13版。
[②] 《民国上海市通志稿》第1册，第643—644页；李东鹏：《上海公共租界纳税人会议代表性研究》，《史林》2015年第5期，第23页。

(R. Feetham)估计，华人居民中符合纳税华人会成员资格者当在万人以上[①]——但不管是从会员人数来说，还是从代表性来说，华人参政的基础都得到了一定程度的扩大。

表 8-1　1928—1931 年上海公共租界纳税华人会会员人数

年份	1928	1929	1930	1931
会员人数	2463	2372	2399	3203

资料来源：《民国上海市通志稿》第 1 册，第 644 页。

其二，经过 1927 年底的改组，纳税华人会的组织形式和选举方式都发生了重大变化。此前，该会采取理事部制度，由全体纳税人选举 27 位理事，任期 3 年，每年改选 1/3。理事们公推理事部正、副主任各 1 人，互选 5 人组成工部局华人顾问委员会，任期皆为 1 年。每年召开全体纳税人常会一次，讨论重要会务并选举理事，遇特殊情况可召开临时大会。理事部不定期举行会议，商讨处理日常会务。改组后，纳税华人会采取代表大会制。按照新的章程，由纳税市民、商业团体和同乡团体各选举 27 人组成代表大会，再由代表大会选举 27 名执行委员主持会务，同时选举 9 名候补执行委员。执行委员互选纳税华人会正、副主席各 1 位。代表和执行委员皆任期 1 年，可连选连任，正、副主席则无任期规定。执行委员每半月举行一次常会，讨论重要议案和执行委员交议事件。[②] 新章程没有关于纳税华人全体会议的任何条款，这意味着会务的商讨和处理基本上完全由代表大会执行，一般纳税华人虽可以向代表大会或者执行委员会提出有关市政事务的意见和建议，但不再有出席全体大会直接参与会务讨论和表决的机会。

华董和华委作为全体纳税华人的代表参与工部局市政管理事务。但关于华董和华委的产生办法，新章程中也没有任何明文规定，现实中采用的仍是间接选举制。1927 年初筹备选举 3 位华董时，纳税华人会方面曾计划改变此

[①] 徐公肃、丘瑾璋：《上海公共租界制度》，第 88 页。
[②] 《纳税会昨开代表大会》，《申报》1927 年 12 月 7 日，第 14 版。

第八章 不安的"共存": 南京国民政府前期华人参与市政管理之实践

前由理事部选举华人顾问的办法,仿照外侨参政模式,由全体纳税人直接选举。但未及实施,华董选举即告停办。1928年4月,纳税华人会代表大会决定接受华人参政"过渡办法"后,随即讨论了华董和华委的选举方式。由于需在当月工部局董事换届前选出华董和华委,又乏较为完备的纳税华人统计名册,势难在短时间内完成普选,代表大会商讨后决定首届华董和华委即由代表大会选举产生,具体方案规定:代表大会须有半数以上出席,方得选举;被选举人须获得出席代表半数以上的选票,方可当选。① 4月10日,纳税华人会代表大会选举3位华董和6位华委(图8-1),到会代表54人,正、副会长虞洽卿和冯云山声明放弃被选举资格。投票结果,贝祖诒(38票)、袁履登(35票)和赵晋卿(29票)当选华董(图8-2),林康侯(45票)、李馥荪(43票)、秦润卿(33票)、黄明道(33票)、陈霆锐(31票)和钱龙章(29票)当选华委。会议主席虞洽卿称上述选举办法只适用于第一届选举,"将来选举法规,当为详密之修订"。② 但事实上,此后历届华董和华委的产生基本沿用了此办法,都由代表大会间接选举产生,而非由纳税华人直接选举。

尽管纳税华人会拥有选举华人代表参与市政管理的权力,其地位与外侨纳税人会议却不可同日而语。后者有议决重要市政提案之权,其所通过的提案在公共租界内具有法律效力,相当于该租界的最高权力机关。纳税华人会虽可向租界当局提出对于市政事务的要求、意见和建议,但其决议对工部局没有任何约束力,只能通过华董和华委间接影响租界当局的市政决策。

公共租界内"行政方针,由董事会与委员会定其大纲",再交各行政部门完善细节并贯彻实施。③ 华董通过参加董事会会议,直接参与市政事务的最终讨论和决策。工部局各委员会虽为咨询性质,不具决策权,但由于重要委员会的大部分成员皆为董事,其决议和意见通常都会得到董事会的认可。④

---

① 《公共租界华董问题之结果》,《申报》1928年4月4日,第13—14版。
② 《纳税华人会昨日选出华董委员》,《申报》1928年4月11日。第13版。
③ 《昨日纳税华人会大会记》,《申报》1929年4月11日,第13版。
④ 上海市档案馆编《上海租界志》,第189页。

图 8-1　上海公共租界纳税华人会选举工部局董事委员代表大会合影（1928 年 4 月 10 日）

说明：前排中间执帽者为交涉公署代表郭德华，其左为王正廷，其右为虞洽卿。
资料来源：《东方杂志》第 25 卷第 6 期，1928 年，"插图"，第 2 页。

图 8-2　工部局首届 3 位华董合影

说明：从左至右依次为贝祖诒、袁履登、赵晋卿。
资料来源：《良友》第 26 期，1928 年，第 16 页。

第八章 不安的"共存":南京国民政府前期华人参与市政管理之实践

因此,华人委员实际上在相当程度上也参与了市政事务的商筹与决策。

1928—1931年,纳税华人会方面共选举产生了四届华董和华委。其间,经过华人团体和南京国民政府的努力,华董席位从3个增至5个,华委席数更是大幅增加(详后)。但华委之中,每年由代表大会正式选出者仍只有6人,其余均经华董推荐,由工部局聘任。[①] 一·二八事变前当选的历届华董和华委的基本信息如下。

表8-2　1928—1931年的历届华董

任职年份	姓名	出生年份与籍贯	教育背景	时任职务(择要)
1928—1929	贝祖诒	1893年生,江苏吴县人	苏州东吴大学	中国银行上海分行行长, 银行公会代表, 审查工部局经济委员会委员
	袁履登	1879年生,浙江鄞县人	上海圣约翰大学	宁绍商轮公司经理, 上海国民银行董事, 上海总商会执行委员, 各马路商界联合会监察委员, 宁波旅沪同乡会执行委员
	赵晋卿	1882年生,江苏上海人	上海南洋公学(肄业)	上海总商会常务委员, 浦东电汽公司、同益银公司、中华工业公司、洽丰公司等董事、总理, 上海特别市市政府参事
1929—1930	徐新六	1890年生,浙江余杭人	南洋公学, 英国伯明翰大学, 维多利亚大学, 巴黎国际政治学院	浙江兴业银行经理
	虞洽卿	1967年生,浙江镇海人	学徒	三北轮船公司董事长兼总经理, 上海航业公会理事长, 旅沪宁波同乡会会长, 纳税华人会会长, 上海特别市市政府参事
	袁履登			

[①] 上海租界纳税华人会编《上海租界纳税华人会重要文件》,1933,第87页。

续表

任职年份	姓名	出生年份与籍贯	教育背景	时任职务（择要）
1930—1931	徐新六			
	刘鸿生	1888年生，浙江定海人	上海圣约翰大学（肄业）	鸿生火柴厂总经理，上海水泥厂总经理，章华毛绒纺织公司总经理，定海旅沪同乡会会长
	贝祖诒—胡孟嘉*			
	袁履登			
	虞洽卿			
1931—1932	徐新六			
	刘鸿生			
	胡孟嘉	1887年生，浙江鄞县人	南洋公学，英国伯明翰大学	上海交通银行总经理，上海市银行理事，上海银行公会主席委员
	袁履登			
	虞洽卿			

* 贝祖诒1930年9月因出国考察辞华董职，纳税华人会代表补选胡孟嘉继任。

资料来源：《纳税华人会昨日选出华董委员》，《申报》1928年4月11日，第13版；《昨日纳税华人会大会记》，《申报》1929年4月11日，第13版；《纳税华人会昨日代表大会》，《申报》1930年4月17日，第13版；《纳税华人会昨日代表大会》，《申报》1930年9月6日；《纳税华人会昨日代表大会》，《申报》1931年4月11日，第13版。

表8-3　1928—1931年纳税华人会选举的历届华委

任职年份	姓名	出生年份与籍贯	教育背景	时任职务（择要）
1928—1929	林康侯	1875年生，江苏上海人	上海南洋公学	上海总商会常务执行委员，江海关二五库券基金保管委员会常务委员，汇丰银行稽核，上海特别市市政府参事
	李馥荪	1887年生，浙江绍兴人	杭州美国教会中学，日本山口高等商业学校	浙江实业银行董事长兼总经理，中国银行、交通银行、上海商业储蓄银行董事，上海银行公会执行委员，江海关二五库券基金保管委员会主任委员，审查工部局经济委员会主席

第八章 不安的"共存":南京国民政府前期华人参与市政管理之实践

续表

任职年份	姓名	出生年份与籍贯	教育背景	时任职务(择要)
1928—1929	秦润卿	1877年生,浙江慈溪人	学徒	福源钱庄经理, 上海钱业公会常务委员, 审查工部局经济委员会委员
	徐新六* (表8-2)			
	陈霆锐	1890年生,江苏吴县人	苏州东吴大学, 美国密西根大学	律师
	钱龙章	1886年生,浙江鄞县人	不详	商总联会监察委员, 山东路商联会监察委员, 鼎阳观食品公司总理
1929—1930	林康侯			
	钱龙章			
	陈霆锐			
	李馥荪			
	秦润卿			
	贝祖诒 (表8-2)			
1930—1931	林康侯			
	秦润卿			
	陈霆锐			
	李馥荪			
	钱龙章			
	吴蕴斋	1886年生,江苏镇江人	日本早稻田大学	金城银行副经理, 上海银行公会委员
1931—1932	同1930—1931年			

* 1928年4月10日黄明道当选首届华委后请辞,17日纳税华人会代表大会补选徐新六出任。
资料来源:《纳税华人会昨日选出华董委员》,《申报》1928年4月11日,第13版;《纳税华人会昨补选华委员揭晓》,《申报》1928年4月18日,第13版;《昨日纳税华人会大会记》,《申报》1929年4月11日,第13版;《纳税华人会昨日代表大会》,《申报》1930年4月17日,第13版;《纳税华人会昨日代表大会》,《申报》1931年4月11日,第13版。

从表8-2、表8-3不难发现1928—1931年历届华董和华委身份背景的几点共性。首先,当选者几乎皆为工商界精英人士,仅华委陈霆锐一人是知

289

名律师，这与当时工部局外籍董事的职业背景十分相似。需要指出的是，一直分别担任华董和华委之职的袁履登和钱龙章系由商总联会推选，因此主要代表中小华商的利益。① 其次，当选者大多受过良好的新式教育，不少还有留学英美的经历，具备较强的英语能力，对近代西方文明也有较多了解，这无疑有助于他们与外籍董事和委员打交道。再次，当选者皆为江浙籍，其中许多人可归入所谓"江浙财阀"之列，而其他地区的旅沪人士尤其是人数众多、势力颇大的粤商群体中竟无一人出任。祖籍广东中山的黄明道是1927年底纳税华人会推举的审查工部局预算委员会成员之一，其后还随虞洽卿参与了与租界当局关于华董问题的交涉，虽于1928年当选华委，但固辞不就。② 江浙籍人士对参政代表的垄断是这一时期两省旅沪商民在当地华人社会中占据绝对主导地位的直接反映。最后，历届董委的人员变动不大，前后任职者分别只有7人，且其中徐新六和贝祖诒先后出任华董和华委，故总计仅12人而已。商总联会方面的二位代表袁履登和钱龙章，更是连任罔替。这在一定程度上使任职者的工作更具连续性，参与市政管理事务时可收驾轻就熟之效，但无疑也会因参政代表人员较为固化而产生负面影响。

　　与外籍董事和委员一样，华董和华委几乎都是义务性职务，不取薪酬。③ 按照工部局惯例，董事除参加董事会会议外，也分别加入工部局各委员会，参与市政事务的具体筹商。1928年3月，纳税华人会与工部局董事会达成协议，华董和华委所加入之委员会，都事先由纳税华人会分配，再由工部局专函聘任。④ 以1928年为例，当选的3位华董和6位华委分别加入了与华人权益关系较大的8个委员会（表8-4），再加上工部局聘请的聂云台，共占据14席。各委员会成员总数共计28人，其中华人10人，占比超过1/3。⑤

---

① 《商总会函送华董委员名单》，《申报》1928年4月8日，第14版。
② 《纳税会今日选举华董委员》，《申报》1928年4月10日，第13版；《纳税华人会昨补选华委员揭晓》，《申报》1928年4月18日，第13版。
③ 电气委员会委员每年有750两津贴，其余皆无。《昨日纳税华人会大会记》，《申报》1929年4月11日，第13版。
④ 《工部局六华委昨日就职》，《申报》1928年4月21日，第13版。
⑤ 《工部局聘定各组委员会委员》，《申报》1928年5月5日，第14版。

表 8-4　1928 年工部局若干委员会的华人成员和外侨成员人数

委员会	华人成员	外侨成员人数
财政、捐税及上诉委员会	贝祖诒、秦润卿	7
警备和防卫委员会	陈霆锐、徐新六	3
工务委员会	袁履登	3
铨叙委员会	李馥荪	3
公用事业委员会	林康侯、赵晋卿	3
卫生委员会	钱龙章、徐新六	3
交通委员会	陈霆锐	4
华人学务委员会	林康侯、赵晋卿、聂云台	3

资料来源：上海市档案馆编《工部局董事会会议录》第 24 册，第 503—504 页。

综上，虽然经过1927年的改组，纳税华人会的组织结构和选举程序仍难称完备周密，自然会影响华人参政实践的效果。对此，舆论自始就有质疑和批评的声音。[①] 为了避免纷争，租界当局对于历届华董和华委人选基本没有提出过异议。尽管参政机制存在明显的缺陷，华人毕竟取得了参与市政管理的制度渠道，对市政事务拥有了一定发言权，有利于维护和扩大自身权益。

二　增加华董席位的曲折

1928年4月，工部局首届华董和华委的就职（图 8-3），标志着华人开始直接参与公共租界市政管理事务，华人商民和租界当局对此都寄予厚望。4月16日，纳税华人会宴请工部局中外董事及委员，该会主席虞洽卿致辞称："沪上五方杂处，俨然世界雏形，吾人种族虽异，而爱好和平、尊崇公道、安居乐业之愿，初无不同。谋此种种，舍人类秉其善意，互相合作外，实无他途。前此双方，虽以误会，略有芥蒂，顷已渐归消灭，拨云翳而见青天。"工部局总董费信惇在答词中建议华人参与市政事务应"持以毅力，欲

[①] 文：《时事短评：纳税华人会选举董委的方式》，《现代评论》第 7 卷第 175 期，1928 年，第 361—362 页；一声：《上海租界纳税华人会能够代表上海市民吗？》，《新评论》第 9 期，1928 年，第 21—23 页。

速则不达",同时希望中外董事本着互相谅解和让步的精神合作共事,相信"准此以往,则将来至上海,不但永永占世界最大商埠之一,且可执世界最大商埠之牛耳矣"。贝祖诒代表华董和华委发言,称华人参政开启了中外合作的新纪元,"因为现在中西居民有好感之表现,及双方有诚意的为公众谋利益……上海一埠,将来对于国际上之和谐及合作,并非绝对不可能,且可收绝大之效果"。① 在上述充满乐观态度和理想色彩的发言中,长期而深刻的华洋矛盾似乎已成过往,收回主权的民族主义诉求也暂时被放在了一起。这些冠冕堂皇的话可能在更大程度上是场面的"客套"话,但或多或少也含有华洋社会对未来合作的憧憬。

图 8-3　工部局总董费信惇、副总董贝尔与就职后的
首届 6 位华人委员合影

说明:前排坐者自左依次为钱龙章、贝尔、费信惇、林康侯,后排立者自左依次为陈霆锐、秦润卿、李馥荪、徐新六。
资料来源:"The New Chinese Committee Men of the Council," *The North-China Daily News*, April 21, 1928, p. 13。

然而,这种憧憬不久就因增加华董席位问题而蒙上了阴影。尽管 3 位华董和 6 位华委顺利加入了工部局,但这只是华人参政的"过渡办法",与纳税华人会历来宣示的按照华洋居民捐税比例分配董事席位要求相去甚远。在华董和华委就职前夕,纳税华人会发表宣言称:"代表之参预市政,除固有市政设施,自必期其益加灿烂而完善外,而根本所在,尤须注重于本会迭次宣言之期望,代表诸君务必以公正光明之态度、强毅不挠之精神,逐渐使之

---

① 《工部局中外董事之联欢》,《新闻报》1928 年 4 月 17 日,第 4 张第 1 版。

第八章 不安的"共存":南京国民政府前期华人参与市政管理之实践

实现,义无返顾,期在必行。"① 此后,纳税华人会和华董不断向工部局董事会要求增加华董和华委席位,扩大华人参与市政管理事务的范围和权力。

华董席位的增加作为参政权力扩大的主要指标,是华人团体关注的首要问题。如前所述,1928年3月纳税华人会方面表示接受"过渡办法"时,曾要求工部局在"最短可能期间"内将华董席位增加6席,后者虽未直接应允,但表示如果华董切实合作,自然将增加席位。此后,工部局董事会对此事搁置不提。许多华人团体和个人致函纳税华人会催促进行,该会遂于12月20日致函三位华董,请向董事会提出增加华董席数案。② 1929年1月11日,华董贝祖诒和华委李馥荪与总董费信惇进行了交涉。可能考虑到外侨的接受度,贝祖诒等并未提出立即增加6席的要求,而是根据"过渡办法"交涉时双方达成的口头谅解,仅要求增加2或3席,并暗示如果不获同意,现任华董将辞职以示抗议,而华人社会有可能发生抗捐或骚乱。然而,英、美董事都反对立即增加华董席位。③ 月底,贝祖诒和李馥荪邀请两位英籍董事非正式地会商此事,仍无进展。④

2月18日,贝祖诒等三位华董正式致函费信惇,要求董事会将下列议案提交即将召开的外侨纳税人会议并力促其通过:"本会议以为公共租界市政府内华董名额,宜有增加,应即授命工部局咨商有关系当道,于本年度增加华董两人,俾其总数共达五人。"费信惇未将该案在董事会议上提出正式讨论,而是由中外董事私下交流了意见。26日,费氏代表董事会复函拒绝将增加华董案提交外侨纳税人会议,称:"中外居民咸知华董之席,迟早必增,惟增加与否,须视将来之发展为定……外董之意,毅然以为目下提出此案,犹非其时……鄙人敢谓诸君既饫闻外人之舆情,当能深觉此项议案如果提出于四月间纳税西人年会,必为大多数所否决。"⑤ 此处费信惇所谓"舆情",

---

① 《纳税华人会发表宣言》,《申报》1928年4月19日,第13版。
② 《电请交涉公共租界增加华董》,《申报》1929年3月25日,第13版。
③ Sir M. Lampson to Sir Austen Chamberlain, February 6, 1929, Jarman, ed., *Shanghai*, Vol. 16, p. 287.
④ Lampson to Chamberlain, February 5, 1929, FO 371/13930/F958, TNA.
⑤ 《要求增加华董被拒》,《申报》1929年3月1日,第13版。

抗争与博弈：上海公共租界华人参与市政管理的权益之争（1854—1932）

主要是指外侨对南京国民政府计划完全收回公共租界司法权尤其是罢免临时法院院长卢兴原的不满。① 因中外协商核定的《收回上海会审公廨暂行章程》于1929年底到期，南京国民政府准备将公共租界临时法院改组为完全的中国法院。原本就认为临时法院情形"每况愈下"的许多外侨，担心此举将使"上海之法律治安与夫生命财产之安全，均将不复存在"，工部局也将因之无法正常施政，"不若关门之为愈"。有人甚至提议各国外侨分别向本国政府请愿阻止南京国民政府的改组计划。对于1928年卢兴原免职案，外侨舆论更视为"最不满人意之事"，认为卢是因抵制国民党军政力量干涉司法独立而被罢免，对之甚表同情。② 由于临时法院的相关问题，外侨对南京国民政府的恶感普遍加深，其维护外人在租界市政管理中主导地位的心理则相应增强，故而对增加华董一事持消极抵制态度。③

租界当局的立场引起华人方面的强烈不满。三位华董于3月5日再次致函费信惇，指责其"既不尊重当日约言而早为准备，又对于华董提议未经该局董事会议决，又不准备提交纳税人年会，轻以一复打消……过于武断，操纵市民公意……破坏中外合作之精神"，并警告可能由此引发的华洋矛盾。④ 获知工部局的答复后，华人团体普遍感到愤怒，纷纷致电或致函外交部、交涉公署、市政府等，称华人在财政、行政等方面已尽力与外人切实合作，对

---

① 1927年10月，江苏省政府以擅委推事、逾越权限、蔑视法令、干涉裁判等为由，宣布免去卢兴原院长之职。卢不服，拒绝交接。领事团认为卢是因坚持司法独立而被免职，出面干涉，极力拥卢。江苏省政府先后任命的两位新院长郑毓秀和谢永森皆未就任，1928年6月改任何世桢为院长，并由法官惩戒委员会向卢兴原发出惩戒公函。卢提交申辩书，领事团再次出面干预，但外交当局立场强硬，卢最终于7月离职。参见陈策《从会审公廨到特区法院：上海公共租界法权变迁研究》，第150—158页；祝天剑《上海公共租界司法权力之争——以卢兴原免职案为例》，华东政法大学，硕士学位论文，2108，第19—40页。
② 一位外侨在1929年外侨纳税人会议上专门就临时法院问题发表演说，对法院运行现状、南京国民政府的改组计划和卢兴原被罢免事表达了强烈不满和严厉批评。据说，演说获得与会者的"热烈喝彩"。《昨日纳税西人年会》，《申报》1929年4月18日，第13版；Lampson to Chamberlain, April 23, 1929, FO 371/13930/F2013, TNA。
③ 1929年5月，工部局新任总董安诺德（H. E. Arnhold）在与英国驻华公使蓝普森会谈时称，"即便是华人方面也认为，由于临时法院问题广受关注，纳税人会议几乎必定不会通过"增加华董案。Lampson to Foreign Office, May 24, 1929, FO 371/13930/F3496, TNA。
④ 《电请交涉公共租界增加华董》，《申报》1929年3月25日，第13版。

第八章 不安的"共存":南京国民政府前期华人参与市政管理之实践

于后者不守信义、罔顾华人民意的态度"愤慨异常",要求外交当局严重交涉。①

对于增加华董席位案,英国公使蓝普森其实十分赞成,但英、美、日三国领事都支持租界当局的立场。如前所述,1928年初英国外交部和蓝普森都曾敦促工部局与华人团体达成妥协以解决华人参政问题,且当时就对华人增加华董席位的要求表示同情。1929年初得知英、美董事反对华人所提增加2个华董席位的要求后,蓝普森颇感惊讶,提醒英国代理总领事康斯丁(C. F. Garstin)此前工部局与华人之间已有非正式约定,若无充分理由而拒绝华人要求,势将引发华人愤怒和舆论抨击。蓝氏认为增加两三个华董无关大局,且是迟早之事,建议工部局与其将来被迫为之,不如主动施行。② 但康斯丁站在工部局一边,称美、日两国领事也持相同立场,且华人方面并没有骚动迹象。他转述两位英籍董事的意见称,此前一年华人参政的试验是失败的,华董的表现令人失望,而且如果华董增至6席,则中、日董事人数超过英、美董事,将危及租界的安全。但蓝普森并不以为然,担心公共租界华洋关系再度紧张。③ 不久,康斯丁又向蓝普森汇报了与工部局副总董贝尔的谈话。贝尔强烈认为,外侨对华人的市政管理能力极不信任,故任何支持增加华董席位的外籍董事都会在新一届选举中落选。④ 蓝普森在3月11日致函英国外交部时,表示对工部局的顽固态度及其所解释的理由颇为不满,认为华人的要求是自然而然且长远来看不可避免的,在当前形势下,只有允许华人享受

---

① 《上海商界总联合会代电》(1929年2月25日)、《上海西藏九江两路商界联合会代电》(1929年2月28日)、《上海纳税华人会代电》(1929年3月23日),国民政府外交部档案,台北"国史馆"藏,档案号:020-070100-0011;《各团体要求增加华董》,《申报》1929年2月25日,第13版;《协争增加华董昨讯》,《申报》1929年3月2日,第14版。

② Lampson to Garstin, January 23, 1929, FO 371/13930/F743, TNA.

③ Sir M. Lampson to Sir Austen Chamberlain, February 6, 1929, Jarman, ed., *Shanghai*, Vol. 16, p. 287.

④ Acting Consul-General Garstin to Sir M. Lampson, Shanghai, February 16, 1929, Jarman, ed., *Shanghai*, Vol. 16, p. 300. 但贝尔在公开讲话中,称与华董合作极其愉快,其反对增加华董席位只是因为过去一年的情形使其"愈发相信延续外侨控制公共租界的方式是绝对必要的"。"The Municipal Elections," *The North-China Daily News*, March 2, 1929, p. 13.

更充分的参政权利,才能使他们将公共租界的地位视为中外居民的共同利益。① 英国外交部远东司官员也持基本相同的看法。②

然而,由于工部局外董态度强硬,且得到领事团的支持,外交当局和华董的交涉皆告无果。时任南京国民政府外交部部长的是曾在华人参政运动中扮演领袖角色,且仍是纳税华人会执行委员之一的王正廷。但或许因忙于"济南惨案"交涉,王正廷并未与蓝普森商讨增加华董席位问题,其本人也没有相关公开表态。1929年2月中旬,外交部应商总联会之请,训令交涉员金问泗与领事团交涉相关事宜。③ 租界当局明确拒绝增加华董后,外交部4月1日再次训令金问泗继续交涉,"务达增加华董二席之目的,以洽舆情"。④ 金氏3日致函美国总领事暨领袖领事克宁瀚,要求后者转商工部局方面将增加华董二席案提交外侨纳税人会议,称"既尚未提出,则纳税人年会能否通过本在不可知之数,岂能预定为不恰舆情、难期实效而表示拒绝?"⑤ 领事团转知工部局后,后者不为所动。贝祖诒在同一天的董事会会议上提出,应允许华董和华委参加纳税人会议,并享有与外侨相同的表决权利。此议目的应是在租界当局拒绝提出增加华董案的情况下,预备由华董和华委以个人身份提出,并尽力说服与会者赞成。但费信惇以不符合《土地章程》为由,拒绝了贝祖诒的要求。⑥

此后,华人方面基本放弃了努力。4月10日,纳税华人会举行代表大会,选举新一届人员华董和华委,其中华董只选出3人,随即将当选者名单函告工部局和交涉员金问泗。该会虽在致交涉员函中声明"尚在交涉之董事,一俟决

---

① Sir M. Lampson to Sir Austen Chamberlain, Peking, March 11, 1929, Jarman, ed., *Shanghai*, Vol. 16, p. 300.
② Minute by Pratt, February 27, 1929, FO 371/13930/F958, TNA; Minute by Pratt, March 5, 1929, FO 371/13930/F1105, TNA.
③ 《外交部允令交涉增加华董》,《申报》1929年2月19日,第14版。
④ 《训令:上海工部局增加华董事仰向领团继续切商》(1929年4月1日),国民政府外交部档案,台北"国史馆"藏,档案号:020-070100-0011。
⑤ 《函请增加华董二席》,《申报》1929年4月9日,第13版。
⑥ 上海市档案馆编《工部局董事会会议录》第24册,第548页。

定，再行召集代表大会选举"，实际上已向工部局屈服。① 16日，金问泗会晤克宁瀚，后者仍认为目前增加华董尚非其时，"若提出而不通过，转恐激起华人反动"，建议下一年再提议。尽管这一理由十分牵强，但金并未继续力争。② 在17日的外侨纳税人会议上，刚刚卸任总董的费信惇虽称赞诸华董"皆才德兼茂，识见远大，对于中外人民意见背驰之许多困难问题，辄以诚意好感，以求解决"，但全然未提增加华董席位问题。③ 此后，华人方面将增加华董案暂时搁置。

初次尝试失败后，纳税华人会并未停止要求增加华董席位的努力。1929年，11月7日，该会致函新任江苏特派交涉员徐谟，请与领事团交涉，以达到按照华洋居民缴纳捐税比例——华人55%，外侨45%——增加华董席位至11席的目的。徐谟于18日致函领事团，后者照例转发工部局董事会。④ 纳税华人会于此时再次提出增加华董席位，可能与太平洋关系学会京都会议的召开有关。成立于1925年的太平洋关系学会（Institute of Pacific Relations，又译作太平洋国际学会或太平洋国交会）是致力于研究太平洋地区重要问题的国际性民间学术机构。五卅惨案后，尤其是南京国民政府成立后，各国在华租界日益成为中外关系中的突出问题，该会曾就此展开多次研讨，上海公共租界因其特殊地位和巨大影响而成为讨论的热点。⑤ 1929年10月，已经改任工部局总裁的费信惇受邀作为美国代表团的正式成员参加10月28日至11月9日在京都召开的太平洋关系学会第三届会议，参与关于上海公共租界相关

---

① 《昨日纳税华人会大会记》，《申报》1929年4月11日，第13版；《纳税会选出华董委员后消息》，《申报》1929年4月13日，第13版。
② 《江苏交涉员代电陈工部局本届拟增华董两席谭话纪要情形》（1929年4月17日），国民政府外交部档案，台北"国史馆"藏，档案号：020-070100-0011。
③ 《昨日纳税西人年会》，《申报》1929年4月18日，第13版。
④ 《纳税华人会发表两要函》，《申报》1930年1月11日，第13版；Translation: Commissioner of Foreign Affairs for Kiangsu to the Senior Consul, November 18, 1929，上海公共租界工部局档案，上海市档案馆藏，档案号：U1-3-1115。
⑤ 在1925年6—7月在檀香山举行的第一届会议上，中国代表团向各国代表宣传了五卅惨案的事实和影响。1927年7月在檀香山举行的第二届会议对上海公共租界的管理问题展开了专门讨论，中国代表团成员鲍明钤提出了一项旨在逐步收回该租界的方案。会议认为须对上海公共租界问题进行更为客观而专业的研究。张静：《中国太平洋国际学会研究（1925—1945）》，社会科学文献出版社，2012，第17、27页。

问题的讨论。或许正是利用这一时机，纳税华人会再次提出增加华董的要求，但工部局方面并未及时回应。在京都会议上，各国代表听取费信惇的介绍后，建议工部局邀请一位专家对公共租界进行详细的调查研究，设计出一种既能满足中国合理的民族主义诉求，又能保护外国人在华利益的方案。会后，在英国代表团成员柯蒂斯（L. Curtis）的建议下，工部局董事会决定聘请南非大法官费唐来沪进行调查，就公共租界前途提出建设性建议。①

1930年1月费唐抵达上海前夕，为营造良好的华洋关系氛围，使华人尽可能配合调查，工部局决定在增加华董席位问题上做出让步。6日，董事会一致决议，在下一届外侨纳税人会议上提出将华董由3席增至5席的议案。②次日，费信惇正式答复纳税华人会的要求，告知决议；针对华人所提按照华洋纳税比例决定华董席位的原则，费信惇强调不仅工部局无此先例，而且这一原则也不被欧美任何国家的现代市政体系所承认；若遵循该原则，则华人将立即获得市政管理的主导权，这在目下是外侨绝不能接受的。③虽然增加华董二席案与纳税华人会所提要求差距甚大，但据工部局总董安诺德称，华董们并没有提出反对意见，而且"甚表感激"。④地方外交当局和本地华人团体也鲜有反对声音。领事团将工部局增加提案呈交公使团后，西班牙驻华公使暨代理领袖公使嘎利德（G. Cisneros）于2月14日就此案正式照会外交部部长王正廷。⑤

就当时中外关系的总体形势而言，增加华董的时机已十分成熟。1928年底东北易帜后，南京国民政府在形式上重新统一了中国，政权日渐巩固，与

---

① 参见王敏《中英关系变动背景下"费唐报告"的出笼及其搁浅》，《历史研究》2012年第6期。
② 上海市档案馆编《工部局董事会会议录》第24册，第589—590页。
③ Director General to the Senior Consul, January 7, 1930, 上海公共租界工部局档案，上海市档案馆藏，档案号：U1-3-1115。
④ Mr. Ingram to Mr. A. Henderson, Peking, January 11, 1930, Jarman, ed., *Shanghai*, Vol. 16, p. 563.
⑤ Minister for Spain and Acting Senior Minister to His Excellency Dr. C. T. Wang, Minister of Foreign Affairs, Peking, February 14, 1930, 国民政府外交部档案，台北"国史馆"藏，档案号：020-070100-0012。

第八章 不安的"共存":南京国民政府前期华人参与市政管理之实践

西方列强的关系总体上也趋于改善。虽然内乱外患仍时有发生,但外交当局在废除和修改不平等条约、收回领土主权等方面取得了一定成果。① 就收回租界问题而言,1929年8月,中比签订交还天津比租界的协议;10月,中英互换有关正式收回镇江英租界的照会。1930年,南京国民政府外交部条约委员会开始组织人员对各地租界的情况进行较为全面的调查研究,预筹收回方法,并成立数个委员会专责其成。② 面对中国朝野收回租界的努力,英、美等国不得不考虑上海公共租界未来的政治地位问题,即时人所谓"上海问题"。其中,主导公共租界的英国基本采纳了蓝普森1929年5月考察上海后提出的渐进"中国化"(sinification)方案,其主要步骤就是逐步增加工部局华董和华人雇员,直至华人占据董事会和行政机构的大多数,从而主导租界事务。该方案旨在尽量确保公共租界归还中国后外国利益不受损害,且外侨仍有权参与涉及自身利益的市政事务。③ 为实现"中国化"或"本地化"(localization),英国外交官员改变此前对公共租界事务较为放任的政策,明显加强了对在沪侨民的管理,同时积极推动工部局董事会的改革,以改善华洋居民之间和租界当局与中国政府之间的关系。1929年,以对华立场强硬著称的总领事巴尔敦被调离上海,增加华董席位的阻力大为减小。④

当中外各方以为增加华董席位将水到渠成时,事情却横生波折。4月16日下午,纳税华人会代表大会与外侨纳税人会议同时举行。由于增加华董二席案系由租界当局主动提出,且南京国民政府外交部和公使团皆表同意,纳税华人会直接选举产生了5位华董,并随即以公函告知董事会。⑤ 但是,增加华董案却被外侨纳税人会议否决。当日纳税人会议的出席率不到1/10,

---

① 王正廷编《国民政府近三年来外交经过纪要(民国十五年—十八年)》,外交部,1929。
② 《条约委员会研究租界纲目表》、《条约委员会研究租界分工合作表》(十九年一月十日会议公同决定),国民政府外交部档案,台北"国史馆"藏,档案号:020-070100-0057。
③ 参见王敏《上海何去何从?——论南京国民政府初期英美的"上海问题"政策》,《近代史研究》2014年第5期,第110页。
④ 参见 Bickers, *Britain in China*, Chapter 4。
⑤ 《上海租界纳税华人会公函第179号》(1930年4月16日),上海公共租界工部局档案,上海市档案馆藏,档案号:U1-3-1115。

抗争与博弈：上海公共租界华人参与市政管理的权益之争（1854—1932）

2700名纳税人仅有252人参加。新任工部局总董麦克诺登（E. B. Macnaghten）提出增加华董二席案时，并未充分陈说其理由，仅称工部局与华人方面原有根据情况增加华董席位之约定，上届华董与外董的合作令人满意，主动增加华董席位有利于增进中外友谊，且费唐法官对该案亦表赞同。一位英国律师麦克唐纳（R. G. McDonald）起而发言，反对增加华董席位。除重弹公共租界系为外人而设、华人无权要求参与市政管理的老调外，麦克唐纳宣称租界当局提出该案并无充分理由，只是由于受到中外政府的压力而为之，增加华董对租界市政和外侨利益皆无好处，而只会滋长华人完全控制租界的"野心"，危及全部外侨权益。此外，他还质疑纳税华人会组织不善，由其选举的华董不能代表全体纳税华人，并认为工部局董事会无权向华人方面做出增加华董的承诺。麦克唐纳口若悬河，其演说长达半小时以上，颇具煽动力。由于始料未及，在场的董事会成员除总董麦克诺登声明提案并非出于中外政府的外交压力外，竟无人起而为增设华董案进行辩说。结果，许多与会者在麦克唐纳的煽动下，对增设华董案投了反对票，致使该案未获通过。[①]

消息传出，中外舆论一片哗然。华人方面认为同意仅增加2个华董席位本就是委曲求全，且南京国民政府和公使团皆表赞成，不料仍被外侨纳税人会议否决，因此深感屈辱和愤慨，反应十分激烈。17日，纳税华人会举行紧急会议，决议发表对外和对内宣言。对外宣言声明：

> 本会确认上海公共租界纳税西人会无权讨论关于公共租界纳税华人应有之市民权利，根据此项原则，对于本年四月十六日纳税西人会否决增加工部局华董两人议案，当然无效，特此郑重宣言。[②]

[①] "Report of the Annual Meeting of Ratepayers," *The North-China Herald*, April 22, 1930, pp. 147–148; Consul-General Brenan to Sir M. Lampson, April 22, 1930, Jarman, ed., *Shanghai*, Vol. 16, p. 643.

[②] 《本会对纳税西人会反对增加华董二席案宣言（民国十九年四月十七日）》，上海租界纳税华人会编《上海租界纳税华人会重要文件》，1931，第2—3页。

第八章 不安的"共存":南京国民政府前期华人参与市政管理之实践

对内宣言强调华人奋斗的最后目标"为收回租界,而在此项目的未达到之前,以租界纳税比例,支配工部局董事席数,实为至公平至合理的主张……我人受此巨大之耻辱,当更深切明了,惟求最后目的之成功,方能获得吾华市民权利坚固的保障与享受"。同时致电外交部,请与各国据理交涉,务达目的,并公推虞洽卿、王晓籁和胡孟嘉三人为代表赴南京外交部请愿。当选华董和华委决定采取一致态度,如工部局不接受5位华董,则全体拒绝就职。18日,外交部王正廷公开表示,对外侨纳税人会议否决增加华董案"甚觉骇异",并称顽固外侨的意见占了上风"是真至为可恨之事",希望"明白事理之外人,能设法以力图挽救",以免发生严重后果。① 王随即亲抵上海,与各方接洽。总商会、商总联会、国货维持会等华人团体纷纷发表宣言,支持纳税华人会的立场,呼吁华人一致抗争。市党部及若干区分部也先后发表宣言,严厉抨击列强和外侨的帝国主义行径,主张在华董席位增加前,当选华董拒绝加入工部局,全体租界华人拒缴捐税,甚至建议纳税华人会选举董事11人自行组成董事会,负责处理华人相关事宜。② 纳税华人会还刊发长文,逐条反驳麦克唐纳的言论。③

外侨舆论也几乎一致批评外侨纳税人会议的决议。许多较为开明且具影响力的外侨人士和外文报刊都加以指责,就连向来立场保守的《字林西报》和《京津泰晤士报》(Peking and Tientsin Times)也不以为然,甚至称之为"四月的狂热"(April madness)。④ 工部局董事会处于尴尬境地,全体外董虽不得不遵守决议,但心中实则不满,并对华人表示抱歉。据说,多数投反对票的西人,事后回想也颇感懊悔。增加华董案遭否决后,有传言称此事系日侨暗中操纵所致。为此,日本总领事暨代理公使重光葵与工部局两位日

---

① 《纳税华人会昨发宣言函电》,《申报》1930年4月19日,第14版。
② 《纳税华人会力争华董案昨讯》,《申报》1930年4月22日,第14版;《抗争华董案再接再厉》,《申报》1930年4月23日,第13版。
③ 《纳税会驳辩麦克唐纳谬论》,《申报》1930年4月26日,第13版;《纳税会驳辩麦克唐纳谬论(续昨)》,《申报》1930年4月27日,第13版。
④ Consul-General Brenan to Sir M. Lampson, April 22, 1930, Jarman, ed., *Shanghai*, Vol. 16, p. 643.

本董事及日本商会代表会商后，专门发表讲话，称日人同情华人的要求，参加纳税人会议的日侨也都赞成增加华董席位，并表示将尽力促成问题的解决。同时，日本董事福岛和斋藤武夫也发表声明辟谣，称日侨向来支持华董增席案，但因多数不谙英语，当天出席者不多，事后都对决议表示遗憾。①

为防止华人团体发起更激烈的抗议行动，妨害当时工部局与市政府之间的关系，新任英国总领事白利南（J. F. Brenan）立即开始与各方协商补救办法。在与日、美总领事及工部局英籍董事沟通后，白利南决定召集纳税人特别会议，重新提出增加华董二席案。白利南随即在报上发表声明，称将全力推动此次会议通过提案，以平息事态。日本总领事重光葵也主动表示愿意尽力从中调解，使本案早日完满解决。同时，白利南约见虞洽卿，后者承诺在纳税人特别会议召开前，将安抚华人的愤怒情绪。② 但召集纳税人特别会议照例须有25位纳税人提议、全体外侨纳税人1/3以上出席，方得开议。为确保与会者达到法定人数，相关国家领事、工部局、上海英国商会和其他英侨团体都敦促纳税人参会。时人一幅漫画十分形象地描绘了租界当局和外侨精英希望特别顺利召开的迫切心情（图8-4）。白利南甚至考虑建议领事团和公使团修改《土地章程》中关于特别会议法定人数的规定，以确保会议的顺利召开。③ 日侨领袖也号召纳税日人全体出席，并一致赞成增加华董席位案。④

5月2日晚，由64位纳税人提议的纳税人特别会议召开。经过英国商会、"中华社会"、日本商会等团体的积极动员，共有约1000人参加（约一半为日侨），代表1200多票，比法定人数多241人。此次会议出席人数之众创空前纪录，"市政厅座位既满坑满谷，后至而鹄立者无虑数十人"，"即旁听席上，亦甚拥挤"。会议由领袖领事克宁瀚主席，增加华董二席案改由英

---

① 《工部局华董问题僵局》，《申报》1930年4月18日，第13版。
② Consul-General Brenan to Sir M. Lampson, April 22, 1930, Jarman, ed., *Shanghai*, Vol. 16, p. 643；《工部局决将召集特别会》，《申报》1930年4月19日，第14版。
③ Sir M. Lampson to Mr. A. Henderson, April 27, 1930, Jarman, ed., *Shanghai*, Vol. 16, p. 648.
④ 《日人积极援助增加华董案》，《申报》1930年4月26日，第13版。

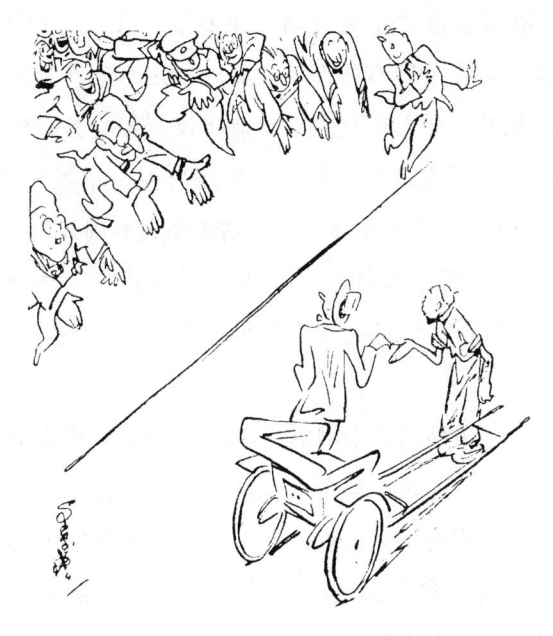

第八章 不安的"共存"：南京国民政府前期华人参与市政管理之实践

图8-4 "凑足法定人数的先生"

说明：一位外侨的到来使纳税人特别会议达到法定人数，因此受到异乎寻常的热烈欢迎。欢迎人群前排左边两人与工部局总裁费信惇和总董麦克诺登十分神似。

资料来源："The Man Who Made the Quorum," *The North-China Herald*, May 6, 1930, p. 230.

国商会会长马歇尔（C. Marshall）提出，工部局董事白克尔（A. W. Burkill）附议，数位前任和现任外董及一位英国律师相继发表长篇演说表示赞成，并强调此案对公共租界地位的重要性，发言表示反对者仅麦克唐纳一人。最终，会议以压倒性多数（反对者仅20余人）通过增加华董二席案。[1] 5日，克宁瀚、重光葵和白利南联袂拜访上海特别市市长张群，告知领事团已准备同意增加华董二席案，征求市政府意见。张群称此次增加华董案乃"中外合作之嚆矢"，对之表示满意。双方遂将该案分别呈报公使团和南京国民政府

---

[1] 《公共租界纳税外人昨举行特别会》，《申报》1930年5月3日，第17—18版；"Resolution to Increase Chinese Representation Passed by Huge Majority," *The China Press*, May 3, 1930, p. 1。据《北华捷报》报道，是日参加会议的纳税人1600余人。"Five Chinese Councillors Now," *The North-China Herald*, May 6, 1930, p. 230.

批准。① 至此，增加华董席位风波渐告平息。14日，5位华董正式就职。随后，克宁瀚又致函市政府解释称，工部局深知华董问题的决定权在各国与中国政府，纳税外人并无此权力，此前将议案提交外侨纳税人会议，只是希望获知纳税人是否支持工部局向中外政府提出增加华董席位的请求，纳税华人会4月17日之宣言系属误解。纳税华人会则复函市政府称宣言并非误会，并表示工部局此次既已表明支持华人进一步参加市政的愿望，"则华董人数，希望最短期间依照纳税额为比例，似更足表明租界当局之赞许矣"。②

但自此以后，华董席位再未增加。1931年外侨纳税人会议举行前，纳税华人会并未提出进一步增加华董席位的要求。这或许是因为华人团体此前向正在对公共租界进行全面调查的费唐表达过华董席位应增至11个的意见，期待后者会"将纳税华人之愿望，充分考量"，而彼时费唐的调查报告尚未公布。③ 另一个可能的原因是1930—1931年租界当局在任用华人担任工部局高级行政职务方面做出了重大让步（详见下文），故华人团体在华董席位问题上暂未提出新的要求。1932年一·二八事变爆发后，华人团体虽不止一次尝试争取进一步增加华董席位，但皆未成功。

和增加华董的曲折经过相比，工部局各委员会中华人代表的增加过程相对较为顺利。与董事不同，委员会成员无权参与市政事务的最终决策，故增加华委对租界制度和地位的影响不大，所遇阻力也较小，而且其增加也无须经过纳税人会议表决，程序更为简便。经过华人团体和华董的不断争取，至1932年，工部局几乎所有常设和临时增设之委员会中都已有华人成员，总计达40人。④

---

① 《英美日三领昨访张群》，《申报》1930年5月6日，第14版。1929年，南京国民政府为将外交权集于中央，陆续裁撤各地交涉公署，但一些地方性涉外事务仍归当地政府处理。
② 《纳税华人会要讯》，《申报》1930年5月21日，第13版。
③ 《商总会向费唐建议》，《申报》1930年3月15日，第18版；《为费唐报告书告华董及纳税华人会》，上海《民生周刊》第2期，1931年，第13页。
④ 上海租界纳税华人会编《上海租界纳税华人会重要文件》，1933，第86—87页。

第八章　不安的"共存"：南京国民政府前期华人参与市政管理之实践

三　为华人争取高级行政职位

在要求增加华董和华委席位，扩大市政决策中发言权的同时，纳税华人会和参政代表也积极向租界当局争取由华人担任各行政机构的高级职务，以掌握更多的实际行政权力，在日常市政事务中维护华人权益。1920年代后期的工部局约有近万名职员，其中华人约占70%，但绝大多数担任低级职务，仅有很少数中级职员。[1] 1928年初纳税华人会与工部局协商华董席数时，提出工部局应尽量任用华人担任高级职务的要求，作为华人接受"过渡办法"的条件之一。工部局没有做出明确承诺，仅表示需待华董加入后再进行商讨。在4月3日纳税华人会代表大会上，主席虞洽卿指出，华人要真正获得应有权益，增加华董席位固然最重要，"而行政与执行事务，如不由华人参加主持，终有尾大不掉之势"。[2] 因此，华人初步获得参政权利后，立即开始与租界当局交涉高级行政职位聘用华人的问题。

1928年4月19日，即第一届华董就职当天，纳税华人会主席虞洽卿、华委李馥荪和华董贝祖诒就拜访工部局总裁希尔顿-约翰逊，强烈要求聘用一位华人在工部局的运转中枢——总办处担任重要职务，希尔顿-约翰逊遂建议总董费信惇增设一位华人助理。[3] 不久，华董贝祖诒、袁履登和赵晋卿联名致函费信惇，正式提出这一要求。贝祖诒和袁履登还与副总董贝尔进行了密谈，表示希望尽快推动此事，并询问贝尔是否支持先任命一位华人帮办（Assistant Secretary，也译作会办）。贝尔称，他本人乐见华人担任高级职务，但两位华董无法提出具有合适资质的人选，只得决定暂缓此议。贝尔向贝祖

---

[1] Jackson, "Who Ran the Treaty Ports?: A Study of the Shanghai Municipal Council," in Bickers and Jackson, eds., *Treaty Ports in Modern China*, p. 52.
[2] 《公共租界华董问题之结果》，《申报》1928年4月4日，第13版。
[3] 《工部局总裁为建议华籍高级官员任命及华人学校教育设施费用事致函总董》（1928年4月20日），上海公共租界工部局档案，上海市档案馆藏，档案号：U1-5-11。

诒和袁履登承诺，董事会将给予华人展示行政才能的机会。① 总裁希尔顿-约翰逊也有意满足华人的要求，并尝试物色合适的帮办人选。② 相形之下，总董费信惇的态度似不甚积极，仅口头命令工部局各机构起用华人填补可以胜任的空缺职位。此后半年间，除警务处任命了一位华人为帮办处长外，其他机构基本没有动作。

鉴于这种状况，3位华董于1928年底再次联名致函董事会，要求制定有关任用华人担任高级行政职务的明确政策。12月12日的董事会会议对此进行了长时间的激烈讨论。贝祖诒强调华人社会对该问题极为重视，建议成立特别委员会加以研究。他和赵晋卿都主张为了华洋双方的共同利益，董事会应指示工部局各处处长使用和训练一批合格的华人，使他们将来能够胜任目前由西人担任的重要职务。总董费信惇和多位外籍董事对此并不全以为然，他们或否认华人曾提出过这一要求，或认为没有必要修改现行政策，或认为此事应从缓进行，或暗示华人缺乏行政能力，但两位华董据理力争。副总董贝尔较为同情华人的要求和提议，主张以后各行政机构在招聘和晋升职员时原则上优先考虑华人，并建议划拨专款用于华人的培训。或许是不满当时高级职位大多由英国人占据的状况，日本董事福岛也表示支持华人的立场，称考虑到公共租界的国际性，董事会应对各国人员一视同仁。会议最终决定先由铨叙委员会和贝祖诒与各处处长进行洽商，然后讨论应采取的措施。③

然而，向华人开放高级职务的方案遭到各行政机构的抵制。1929年1月29日，各处处长受命参加铨叙委员会的例行会议，除该委员会成员李馥荪外，华董贝祖诒也列席。各处处长反对华人担任高级职务，理由主要有以下几点：此举会降低市政管理的效率，损害市政机构成功运作所必需的制度统一性；华人官员在紧急情况下易受外界政治压力和恐吓的影响，其对租界当局的不忠诚可能扰乱整个市政体制；华人官员对外籍职员的督管会扰乱纪

---

① Bell to Macnaghten, October 30, 1930, 上海公共租界工部局档案，上海市档案馆藏，档案号：U1-3-1116。
② 《工部局总裁为物色工部局华籍高级官员事致函工部局总董》（1928年5月19日），上海公共租界工部局档案，上海市档案馆藏，档案号：U1-3-1116。
③ 上海市档案馆编《工部局董事会会议录》第24册，第532—533页。

第八章　不安的"共存"：南京国民政府前期华人参与市政管理之实践

律，产生摩擦；日本和其他国家的侨民会提出类似要求；华人官员可能以权谋私。这些带有强烈偏见和臆测色彩的理由当然不被华人方面所接受。贝祖诒指出，公共租界的行政管理制度将来必然发生剧变，只有任用足够的训练有素且富有经验的华人担任重要行政职务，才能成功应对变局，维护全体华洋居民的利益。2月28日，李馥荪和贝祖诒致函董事会，在回应各处处长论点的基础上，提出一个具体方案，即由工部局先聘用实习华员7人，分别在总办处、警务处、财务处、工务处、卫生处、捐务股和探务处接受培训，两年后升任各处助理，并建议月薪为350元。①但董事会未对此进行讨论，该方案遂被搁置。

由于世界性经济危机使工部局职员生活水平下降，1929年的新一届董事会设立薪俸委员会（Salaries Commission），以改订华洋职员的俸给和待遇条例，华董徐新六被任命为6位委员之一。华董们在要求以中外平等为原则改善华人雇员待遇的同时，继续呼吁向华人开放高级行政职务，但外籍董事仍态度消极。

直到经历1930年增加华董席位风波后，租界当局才较为强烈地意识到扩大华人对市政管理事务参与程度的重要性。薪俸委员会在是年8月向董事会提交的报告中，建议尽量聘用华人雇员，并主张总办处、工务处、警务处、火政处、财务处和卫生处向华人开放高级职位，或晋升已具足够资历者，或招聘学员以培训预备行政官员。其中，尤其强调总裁办公室应任命1位受过良好教育的华人帮办。上述意见与此前华董所提方案大同小异，只是前者在相当程度上是出于节约财政的考量。董事贝尔于10月致函总董麦克诺登，指出董事会曾明确表示任用华人担任高级职务的方针，并催促尽快将之付诸实施。贝尔批评董事会虽一直声称同情华人的诉求，却几乎没有任何实际举措，历年来极少让华人填补外人留下的职缺，大量可以由华人尝试充任的小职位都以颇高的薪金聘用外侨担任，董事会似乎总是寻找理由证明某个职位

---

① "Employment of Chinese in Senior Positions in the Municipal Service,"上海公共租界工部局档案，上海市档案馆藏，档案号：U1-3-1116。

抗争与博弈：上海公共租界华人参与市政管理的权益之争（1854—1932）

只能任用外侨才放心。[①]

薪俸委员会的报告和贝尔的批评，促使董事会将聘用华人担任更高行政职务的问题正式提上议事日程。11月27日，董事会一致决议向华人全面开放行政职务，并确定了优先录用华人的原则：董事会在收到聘用外侨的推荐书后，应命各处处长说明为什么该职务不能由华人担任；现由外侨充任的次要职务以后应尽量聘用华人，使他们获得必要的训练和经验，以备最终晋升高级职务。[②] 12月初，董事会向工部局所有部门下达命令：为尽可能给予华人参与市政服务的机会，各处不论新职务的任命或现有职缺的填补，皆不再任用西人，除非铨叙委员会确信该职务不宜由华人担任。[③] 此后，工部局各机构开始落实薪俸委员会的建议。1931年2月，警务处在巡捕房总巡下新设督察长（Captain Superintendent）一职，由在公共租界司法系统任职多年的华人姚嘉琳充任。[④] 3月，工部局法律组添聘华人律师钱恂九担任帮办。[⑤] 卫生处、财务处、工务处等机构都提拔了服务多年且确有办事能力的华籍职员。警务处、卫生处和火政处也分别公开招考华人学员，预备将录取者培训后派任中等职务。[⑥]

在各部门高级行政职务中，华人最重视的是行政中枢的帮办一职。如前所述，华人最早要求取得的高级行政职务便是工部局总办处帮办，希望通过斯职预闻所有重要行政政务，但交涉未果。1929年4月，已连续担任5届总董的费信惇卸任，被工部局聘请担任新设的"总裁"（Director General）一职——原有名誉性质的总裁（Commissioner General）职务随之取消——取代总办成为工部局首席行政长官，主持全部行政工作。[⑦] 1930年8月薪俸委员

[①] "Employment of Chinese in Senior Positions in the Municipal Service,"上海公共租界工部局档案，上海市档案馆藏，档案号：U1-3-1116。
[②] 上海市档案馆编《工部局董事会会议录》第24册，第649页。
[③] "Employment of Chinese in Senior Positions in the Municipal Service,"上海公共租界工部局档案，上海市档案馆藏，档案号：U1-3-1116。
[④] 《工部局新任督察长》，《申报》1931年2月20日，第10版。
[⑤] 《工部局法律组新聘帮办》，《申报》1931年3月30日，第10版。
[⑥] 《纳税华人会昨日代表大会》，《申报》1931年4月11日，第13版。
[⑦] "Director General"是租界当局为费信惇而新设的最高行政职务，与此前没有实权的"Commissioner General"有本质区别，但中文表述通常将两者都译为"总裁"，笔者沿用之。

第八章 不安的"共存":南京国民政府前期华人参与市政管理之实践

会的报告强烈主张总裁办公室添设一位华人帮办,12月8日获得董事会一致通过,但中外董事在任命时间上不无分歧。有外籍董事建议,先任命一位华人在总裁办公室担任职位较低的工作,待其获得足够的市政管理经验后,再擢升为帮办。华董徐新六则主张立即任命有适当资格的华人担任帮办,以增进工部局与华人社会之间的关系。费信惇强调,华人帮办须由一位具备中国政治和时事方面的广泛经验、拥有社会声望且受地方政府欢迎的人担任,其工作将比通常由帮办承担的普通内部事务重要得多。最后,会议决定尽快任命一位具备上述资质的华人帮办,并在报刊上刊登招聘通告。① 董事会随即收到多份求职申请,决定由总董麦克诺登、总裁费信惇、日本董事冈本及华董虞洽卿和徐新六组成一个特别委员会加以研究后提名人选,并确定职位的最终衔称。②

此后,中外董事在该职位的衔称上又出现不同意见。外籍董事希望任职者成为工部局有关华人事务的顾问,以及董事会和上海市政府之间的联络官,但并不欲使其拥有任何实际行政权力。在英国总领事白利南的建议下,外董试图将该职位定名为"华务总办"(Secretary for Chinese Affairs)。由于华人方面对该职务寄予厚望,华董们不赞成这一职权明显局限于华人事务的头衔,一致主张采用"副总裁"(Deputy Director-General)的名称。外董担心这意味着如果总裁因故外出,华人"副总裁"将代行职权。③ 华董于是改变主张,建议采用"总办"头衔。但由于工部局已设有总办一职,费信惇和外董们以易生混淆为由坚决反对,并指出按照正常程序,只有在低级职位上工作多年的人才有资格担任总办一职。④ 1931年3月初,特别委员会建议将新职务定名为"政治顾问"(Political Adviser),以备董事会随时咨询,其职位高于其他所有给薪职员,同时另在总办处任命一位华人帮办。华董表示愿意接受这一折中办法,同时敦促工部局其他各处任用一批职务相当于助理处

---

① 上海市档案馆编《工部局董事会会议录》第24册,第652页。
② 《纳税华人会昨日代表大会》,《申报》1931年4月11日,第13版。
③ 上海市档案馆编《工部局董事会会议录》第25册,第10页;From Consul-General Brenan to E. M. B. Ingram Esquire, February 5, 1931, Jarman, ed., *Shanghai*, Vol. 17, pp. 3-5。
④ 上海市档案馆编《工部局董事会会议录》第25册,第13—14页。

长级别的华人职员。① 5月20日，特别委员会一致决定将总裁办公室新设华人职务定名为"市政顾问"（Advisor on Municipal Affairs），其等级虽不及华董此前所提议的"副总裁"或"总办"，但明显高于外董主张的"华务总办"，对董事会的决策也更具影响力。同时，华董争取到市政顾问和总办处华人帮办的提名权，分别提名曾任公共租界临时法院法官及院长的吴经熊和时任纳税华人会秘书的何德奎担任。②

6月3日，吴经熊和何德奎正式就职，这是南京国民政府前期华人争取到的工部局最高级别的行政职务。虽然公共租界的行政体系依然由外侨尤其是英人主导，但华人对行政事务的参与已达至核心层面。这是继工部局加入华董、华委后，华人参政的另一重要突破，也引发了一些"连带效应"。例如，华人帮办就职不久，日本董事即代表日侨提出要求工部局任命一位日籍帮办。由于已有任用华人的先例，而日侨又是外侨中最大的群体，董事会不便拒绝这一要求，决定次年初即予以任用。③ 总体而言，尽管华人争取担任工部局高级职务的过程颇费周折，但至1931年，工部局外籍董事和各处处长大多已承认培训和聘用华人担任高级行政官员是大势所趋，并着手贯彻落实相关政策，而且同等职位的华人职员和外籍职员享受相同的薪俸（唯后者另有50%的津贴）。

四 参与日常市政管理事务

出任高级行政职位固然有利于在日常行政中更好地维护华人居民权益和协调华洋关系，但华人真正参与市政管理事务的主要渠道是纳税华人会及其选举的参政代表。1928年1月，纳税华人会应工部局董事会之请，选派7名代表协助工部局制定预算，开始非正式地参与市政。4月第一届华董和华委加入工部局后，纳税华人会得以名正言顺地就市政事务表示意见，而华董和

---

① 上海市档案馆编《工部局董事会会议录》第25册，第17页。
② 上海市档案馆编《工部局董事会会议录》第25册，第55—56页。
③ 上海市档案馆编《工部局董事会会议录》第25册，第471、479、493页。

第八章 不安的"共存":南京国民政府前期华人参与市政管理之实践

华委更是直接参与市政问题的商讨和决策过程。华人参与市政管理的实践主要表现在维护和争取华人权利、督促工部局改良市政、协调工部局与华人社会及地方政府的关系等方面。由于日常市政管理事绪纷繁,以下仅择其要者加以述论,以窥全貌。

维护和争取华人权益、改变华洋不平等关系是华人参政的主要目标,这在华人教育问题上体现得最为突出。1928年纳税华人会接受参政"过渡办法"时,除要求尽快增加华董席数和任用华人高级职员外,向工部局提出的另一项要求就是取得华人教育的行政主导权并增加经费投入,可见对华人教育问题的重视。工部局董事会也预见到随着华董的加入,公共租界的整个教育政策必然要进行修改。① 获得参政权力后,纳税华人会和华董即积极推进此事。4月19日华董就职当天,纳税华人会主席虞洽卿致函总董费信惇,转达工部局预算审查委员会有关修改财政政策的意见,其中第二条为:用于华人教育的支出微不足道,相关事务似乎不受重视,应给予更多考虑。② 同日,虞洽卿和华董贝祖诒、华委李馥荪拜访工部局总裁希尔顿-约翰逊时也谈及此事,后者随即向费信惇建议,由董事会宣布决定增加3万—4万两华人初等教育的经费,以示姿态。③ 不久,3位华董在致费信惇的信中再次要求提高工部局年度预算中华人教育经费的比例。④ 6月,董事会就此展开讨论,贝祖诒代表华董陈述意见,称既有政策只能满足少数富裕华人子女的教育需要,仍有十多万儿童得不到工部局提供的教育服务,这是华人下层社会动荡不安、犯罪率高的原因之一。华董们建议组织一个熟悉情况的华人委员会并任命一位向该委员会负责的督学,同时采用华人办学方式增设学校,以节约

---

① 上海市档案馆编《工部局董事会会议录》第24册,第491页。
② 《华人纳税人大会主席虞洽卿为该会工部局预算调查委员会报告事致函工部局总董英译件》(1928年4月19日),上海公共租界工部局档案,上海市档案馆藏,档案号:U1-3-1116。
③ 《工部局总裁为建议华籍官员任命及华人学校教育设施费用事致函总董》(1928年4月20日),上海公共租界工部局档案,上海市档案馆藏,档案号:U1-5-11。
④ 《袁履登等三人为促成在工部局内设置华籍高级官员及添置华人学校教育设施事致函工部局总董》(1928年5月9日),上海公共租界工部局档案,上海市档案馆藏,档案号:U1-5-11。

311

开支。费信惇对此基本表示赞同,唯主张委员会应由中、西成员共同组成。①董事会鉴于华人方面的强烈要求,决定设法筹集经费,尽快推动此事,组织一专门委员会制定计划,其中华人委员由华董提名。②

1928年秋,工部局在原有的华人教育委员会外,另设立华人教育处,聘请教育专家陈鹤琴任处长,总揽华人教育行政。公共租界北区和东区相继开办新的华人小学及幼儿园,学生共计约700人,学费低廉,且有免费生额。③1929年,华董要求在西区和北区兴建两所小学,也获董事会批准,但进展缓慢。据次年华董袁履登报告,公共租界约15万华人学龄儿童中已就学者仅2378人,失学率仍高达98%以上,华人初等教育经费只占工部局年收入的3.8%。④为改变这种状况,华董提出一个华人教育八年计划书,主张从1931年起每年添设2所华人小学,四年内开设女子中学1所;将现有4所华童公学逐渐改为单纯的中学,除外语教员外的教职人员都逐渐改由华人充任;工部局每年拨款对界内部分私立华人学校予以补助等。⑤董事会原则上对该计划书表示赞同。在华董和华委的争取和督促下,尽管此后地方政治社会环境恶化,工部局也遭遇财政困难,华人教育事业仍获得较快发展。华童学校逐年增加,包括1931年建成的女子中学;工部局学务委员会于同年成立华人私立学校补助金委员会,专门负责讨论补助金的支配问题,10位委员皆为华人。次年,工部局拨款补助了57所华人私立学校,补助费总计8万两。⑥同时,各级华人公立学校的行政和教学职缺或新设岗位聘用华人者也日益增多。如1931年7月,经学务委员会建议,董事会决定任命两位华籍女士分别担任华人女子中学的校长和高级助理。⑦虽然工部局内中外相关人士在一些

---

① 上海市档案馆编《工部局董事会会议录》第24册,第512页。
② 上海市档案馆编《工部局董事会会议录》第24册,第514—516页。
③ 《昨日纳税华人会大会记》,《申报》1929年4月11日,第13版。
④ 上海市档案馆编《工部局董事会会议录》第24册,第568页;《纳税华人会昨日代表大会》,《申报》1930年4月17日,第13版。
⑤ 《纳税华人会昨日代表大会》,《申报》1931年4月11日,第13版。
⑥ 上海租界纳税华人会编《上海租界纳税华人会重要文件》,1933,第86、88、94页。
⑦ 上海市档案馆编《工部局董事会会议录》第25册,第469页。1930年,工部局西人教育委员会和华人教育委员会合并为学务委员会,共8位成员,其中华人3位(1931年增至4位)。

第八章　不安的"共存"：南京国民政府前期华人参与市政管理之实践

具体问题上仍存在分歧，但华董和华委争取华人教育权利的努力取得了颇为显著的成效。

民生经济是纳税华人会和华人参政代表争取和维护华人权益的另一重要方面。例如，1927年北伐军进入上海前后，公共租界当局实行戒严，在多处设置铁丝网，局势平定后仍有多处未拆除，周围华人商店的营业大受影响。1928年10月，经纳税华人会及华董的调查和力争，工部局同意逐步拆除戒严时设置的铁丝网。[①] 对于华人社会下层民众的利益，纳税华人会也注意予以维护。如1929年6月18日，工部局工务处限沪东杨树浦至东西华德路（今长阳路）一带贫民擅自搭建的棚户于一星期内拆除，否则将强制代拆，居民闻讯后呈请临时法院转交涉署办理交涉。纳税华人会为此致函工部局总办称，平民安置是市政机关应负之责任，"设事前不为平民迁地为之良谋，遽将所有居屋拆除，任令居者流离失所，此乃暴政，殊非为民众谋利益之市政机关所宜出也"，要求当局顾念平民困难，暂缓拆除。[②] 同年10月，该会又函请工部局向界内贫困华人提供贷款，但工部局认为并无此项义务，且可能导致更多贫民涌入租界和他国侨民提出类似要求，并未允准。[③]

1930年7月，上海自来水公司因英镑汇率暴跌而申请对水费收取附加费，工部局财务处拟将附加费限定在25%并尽早实施，同时要求该公司承诺将保持当前水费不变的期限从1931年6月延长至12月。华董们表示反对，但董事会仍于8月初通过了上述决议。消息传出，华人团体纷纷抗议。纳税华人会执委会于9月6日致函工部局称此举增加市民负担，要求停止执行，重新考虑，并呼吁各处房产业主勿与自来水公司签订新合同。执委会为此成立专门委员会，讨论具体应对办法。[④] 16日，纳税华人会再次向

[①] 《纳税会调查租界内铁丝网》，《申报》1928年10月14日，第16版；《纳税会函工部局拆除铁丝网》，《申报》1928年10月20日，第15版；《纳税会调查拆除铁丝网状况》，《申报》1928年10月26日，第15版。
[②] 《纳税会函请暂缓拆除草棚》，《申报》1929年6月29日，第14版。
[③] 上海市档案馆编《工部局董事会会议录》第24册，第579页。
[④] 参见景军《对抗与妥协：1930年代初上海公共租界自来水加价事件》，硕士学位论文，华中师范大学，2011，第21—23页。

工部局发出长函，从法理和事实两方面详细陈述反对原因。[①] 华董也正式致函董事会，称增收附加费理由不足且不合时宜，并指出自来水公司经营不善，要求推迟到下一年6月再行决定。但董事会拒绝推迟，除发表声明解释原因外，还通知纳税华人会可检查公司财务。[②] 该公司也向纳税华人会和上海房产公会发出了查账的邀请。纳税华人会随即派代表检查该公司账目，声明查账未有结果之前，华人可拒绝支付附加费。但拒付者不久就收到了自来水公司威胁切断供水的信件，华董徐新六要求工部局予以制止，董事会建议该公司可采取措施，但勿完全停止供水，且措施应针对办公处所和商业机构，而非一般居民。[③] 12月上旬，纳税华人会完成对自来水公司账目的检查，认为其运营模式存在问题，坚持反对征收附加费的立场，呼吁华人拒绝缴纳。[④] 虽然在自来水公司的威胁下，多数华人逐渐默认了附加费，但由于华董的强烈主张，工部局决定组织一个由公用事业委员会部分委员和一名局外专家组成的委员会，调查自来水公司各方面管理情况，以视有无节约开支、降低水费之可能。[⑤] 次年6月，工部局聘请的美国水利专家希尔（N. S. Hill）抵达上海并开始独立调查。为防止希尔偏袒自来水公司，纳税华人会于9月函请上海市工务处派遣该处职员萧庆云担任希尔的助理，经华委林康侯的建议而获工部局同意。[⑥] 希尔10月发表的调查报告对自来水公司的运营不无指摘，但仍认为新的水费是合理的。随着报告的公布，华人方面反对附加费的努力终告失败。

捐税问题历来最易引发工部局和华人社会之间的矛盾。纳税华人会和华董为维护华人经济利益，尽力反对工部局再提高税率，但效果十分有限。

---

① 《两团体反对增加水价》，《申报》1930年9月17日，第13版。
② 上海市档案馆编《工部局董事会会议录》第24册，第632、636—637页。
③ 上海市档案馆编《工部局董事会会议录》第24册，第649、653页。
④ 参见景军《对抗与妥协：1930年代初上海公共租界自来水加价事件》，硕士学位论文，华中师范大学，2011，第24—27页。
⑤ 上海市档案馆编《工部局董事会会议录》第24册，第655—657页。
⑥ 《上海市工务局关于公共租界自来水争执案纳税华人会商请萧技正协助文书》（1931年9月9日），上海公共租界工部局档案，上海市档案馆藏，档案号：Q215-1-8830；上海市档案馆编《工部局董事会会议录》第25册，第480页。

1931年初，工部局决定将房捐由依照实际房租征收改为依照所估房租征收，一些华人商家和团体认为"工部局此举显系滥加捐率，助长租金"，吁请华董力争。① 由于这一政策变动基本不会导致当前缴纳房捐数额的增加，华董似未提出异议，纳税华人会也无强烈反应。此后，一些商家因工部局所估房租超过实付租金，纷纷表示抗议。7、8月，纳税华人会屡次致函工部局陈述反对理由，并无结果。为防止当局高估房租，该会遂要求华人参与工部局地产估价委员会，人数应至少与外人相等，但最终只获得一席。② 其间，纳税华人会还于6月2日致函工部局，要求撤销外侨纳税人会议通过的增加餐馆和旅馆等商业机构执照捐一案，也未能成功。③ 年底，工部局为弥补财政赤字，计划将房捐由14%增至16%，纳税华人会和华董都以华人无力承担为由提出反对。④ 1932年初，工部局财政困境有所缓解，且考虑到一·二八事变后华人经济能力受到打击，决定撤销加捐，并减免了因战事而遭严重破坏地区的部分捐税。⑤ 在征收捐税的程序上，经过纳税华人会的交涉，工部局同意提前在报刊发布通告，使纳税人有所准备，并承诺征收人员将改善态度，对华洋市民一致对待，遇有拒付情形向特区法院起诉，不采取威胁或暴力手段。⑥

除了教育和民生，纳税华人会和华董还注意争取和维护华人的各种政治社会权利。为了提高华人对市政事务的知情权，纳税华人会在1927年停止反对加捐运动时就曾向工部局提出出版市政公报和年报中文版的要求。这一要

---

① 《市民联会请五华董力争房捐新章》，《申报》1931年3月27日，第12版。
② 《反对估价征收房捐》，《申报》1931年7月11日，第14版；《纳税会反对估价征捐》《申报》8月13日，第14版；《华人应参地产估价会》，《申报》1931年11月8日，第15版；上海租界纳税华人会编《上海租界纳税华人会重要文件》，1933，第90页。
③ 《酒菜旅馆业要求撤销增加执照捐》，《申报》1931年6月3日，第15版。
④ 《公共租界增市政税率之反响》，《申报》1931年12月9日，第10版；上海市档案馆编《工部局董事会会议录》第25册，第551页。1927年8月纳税华人会同意在抗议下缴纳新增2%房捐后，一直没有正式承认16%的新税率。1930年6月，工部局因出售电气处后财政宽裕，决定撤销加捐，房捐税率仍为14%。《纳税华人会公告》，《申报》1930年6月26日，第13版。
⑤ 上海租界纳税华人会编《上海租界纳税华人会重要文件》，1933，第90、93页。
⑥ 《纳税会通告收捐程序》，《申报》1931年5月30日，第14版；《纳税会再函工部局》，《申报》1931年6月13日，第14版；《纳税会昨通告纳税人》，《申报》1931年7月5日，第18版。

求得到总裁希尔顿-约翰逊的支持，但被董事会否决。① 1930 年 5 月，纳税华人会致函董事会，要求工部局所有公开文件都应以中文为主、英文为辅，以便占人口绝大多数的华人市民及时了解市政状况。② 董事会参考工部局华文处处长的意见后，终于决定着手出版《工部局年报》（Report of the Municipal Council）的中文删减版和《工部局公报》（Municipal Gazette）中文版。③ 华董们建议中文版公报印刷 2500 份，分发给纳税华人会会员和商会等团体，并表示纳税华人会可协助分发事宜，费用由工部局支付。④ 10 月，第一期中文版公报出版，中文删减版也于同年首次付梓。社会方面，与西人平等享用公共娱乐场所是华人长期反复要求的一项权利。其中，开放公园的要求经过多年力争，终于在 1928 年 6 月得以解决。同时，经过华董和纳税华人会的交涉，工部局董事会也同意向华人开放公共游泳池。⑤ 对于一些与华人风俗有矛盾之处的市政规定，华董和华委也从中斡旋，使工部局尽量变通。如 1929 年 3 月，工部局准备布告凡未事先得到警务处处长批准，不得在公共租界境内游行，华董们主张对于小型游行——尤其是与婚丧相关的华人游行——不应坚持这个手续，得到董事会的同意。⑥ 1931 年 4 月，董事会决定根据警务处处长的提议，限制静安寺附近一年一度的庙会范围，引起华人摊贩抗议。在华董的协调下，6 月的庙会仍照常进行。此后，静安寺住持和华人摊贩仍反对工部局的限制办法，华人帮办何奎德提出替代方案，董事会最终改变此前的决定，做出了较大让步。⑦

争取和维护华人权益的同时，纳税华人会和华董经常提出改良市政的要求和建议，督促工部局付诸实行。其中，警务和治安是最受关注的问题之一。1928 年 7 月，工部局巡捕将一位华人嫌犯殴打致死，家属提出赔偿诉

---

① 上海市档案馆编《工部局董事会会议录》第 23 册，第 731—732 页。
② 《工部局文件应以华文为主》，《申报》1930 年 5 月 16 日，第 13 版。
③ 上海市档案馆编《工部局董事会会议录》第 24 册，第 619 页。
④ 上海市档案馆编《工部局董事会会议录》第 24 册，第 625、628 页。
⑤ 上海市档案馆编《工部局董事会会议录》第 24 册，第 510 页；《租界公共游泳池开放》，《申报》1928 年 6 月 8 日。
⑥ 上海市档案馆编《工部局董事会会议录》第 24 册，第 543 页。
⑦ 上海市档案馆编《工部局董事会会议录》第 25 册，第 460、491—493 页。

第八章　不安的"共存"：南京国民政府前期华人参与市政管理之实践

讼。纳税华人会为此致函总办，称巡捕和收捐人员经常粗暴对待华人，要求工部局严令职员行使职权时不得再有过分行为。① 次年，该会甚至组织"工部局警章研究委员会"，试图推动当局修改警务章程。② 南京国民政府前期，上海租界绑架案频发，工部局虽采取了一些打击措施，但效果不彰。为此，纳税华人会多次函请工部局竭力镇压绑匪，并于1930年6月9日提出预防绑架案的6条建议办法，年底又致函工部局，批评当局警务系统花去巨额经费却成效甚微，质疑其维持治安的能力。③ 随后，华董徐新六也建议董事会设法进一步遏制绑架犯罪，但总裁费信惇称警务处处长已尽力采取措施，同时指责华人不愿提供线索。④ 1931年4月，纳税华人会再次致函工部局表达对租界治安状况的不满，并要求任用有警务学识、经验和能力的华人充当高级警务人员。⑤ 此外，该会还就查禁赌博、取缔娼妓、公共卫生、建筑安全、节约开支等市政事宜，向工部局提出过要求和建议。

除了具体市政事务，华人团体还曾在费唐对公共租界进行调查期间，较为系统地提出了有关市政管理的多项意见。1930年初，工部局布告征集华人团体及个人对于市政的意见，但应者寥寥。3月，费唐请纳税华人会代为征集，商总联会随即公开提出11条意见。在表示希望立即无条件收回租界的同时，该会列举了市政管理需改进的多种事项，涉及华洋平等参政、设常任市议会取代纳税人会议、华洋董事席位按纳税比例分配、任用华人高级职员及治安、教育、卫生、户口统计等方面。⑥ 这些意见基本涵盖了华人自参政以来的主要诉求，旨在争取更多的政治和社会权利。纳税华人会并未直接提出意见，而是拟定了与上述事项相关的14个问题，刊诸报刊并分函各华人团体，广泛征求意见。所拟问题的答案大多不言自明，如：租界未收回以前，管理权是否应该逐渐转移到华人手中？工部局预算、决算及行政大方针

---

① 《纳税会致工部局总办要函》，《申报》1928年7月12日，第15版。
② 《纳税会组织警章研究委员会》，《申报》1929年4月27日，第14版。
③ 《纳税会致工部局函》，《申报》1929年12月27日，第9版。
④ 上海市档案馆编《工部局董事会会议录》第24册，第659页。
⑤ 《纳税会函促工部局改进防务》，《申报》1931年4月26日，第14版。
⑥ 《商总会向费唐建议租界市政须改进十一条》，《申报》1930年3月15日，第18版。

是否应该取得纳税华人通过或承认？工部局现有华董3席，外董9席，华董再增2席即可满意么？① 5月22日，该会将各团体反馈的意见函告费唐，称："所呈述之意见皆为华人正当之愿望，应与尽量采纳。"②

1931年4—6月，费唐的调查报告前三卷陆续付梓，报告认为拥有高度自治权和治外法权的公共租界现行制度是上海繁荣的根本原因，故该租界完全归还中国之前，应设立一个较长的过渡时期。这一观点遭到中国朝野的多方反对，纳税华人会主席王晓籁也公开表示批评。工部局新任市政顾问吴经熊提议，由他对市政问题进行研究并提出一份代表华人看法的报告，与费唐报告一起供当局参考。③ 此议可能是在纳税华人会的授意下提出的，该会不久致函工部局，列举若干市政管理问题，建议以之作为吴经熊研究和报告的内容。9月，董事会通过吴经熊的提议，并批准其聘请助手。④ 11月，应吴经熊之请，纳税华人会将所列10个问题公诸报刊，鼓励纳税人发表意见，供吴参考。与此前费唐征求意见时所提的原则性问题不同，此次所列问题都十分具体且有针对性，包括如何提高居民的市政知识；如何使中外居民成立一个公共之代表机关，在市政上更加切实合作；如何使道契有利无弊；如何防止工部局下层职员滥用职权；等等。⑤ 尽管吴经熊最终未能完成报告，但上述问题可见当时纳税华人会和华人市民最关心的市政问题。

华董和华委作为华人参与市政管理的代表，在租界当局与华人社会之间发挥了一定的桥梁作用。除在董事会和各委员会的会议上代表华人提出要求和议案外，华董和华委也成为华人社会了解工部局市政管理制度和举措的重要渠道。如第一届华董和华委在任期结束述职时，即向纳税华人会代表大会介绍了工部局的组织结构、运作模式及与华人相关重要问题的决策和施政情形。此后，历届华董和华委照例报告工部局的机构变动和重要

---

① 《纳税华人会征求意见》，《申报》1930年3月28日，第13版。
② 《函请采纳华人正当愿望》，《申报》1930年5月23日，第13版。
③ 《吴经熊未来之报告》，《申报》1931年6月19日，第13版。
④ 上海市档案馆编《工部局董事会会议录》第25册，第477—479页。
⑤ 《纳税会广征市政意见》，《申报》1931年11月13日，第10版。

第八章 不安的"共存":南京国民政府前期华人参与市政管理之实践

市政问题,使纳税华人获得较为准确、权威的市政信息。[①] 与此同时,华董和华委在租界当局处理有关华人的事务时提供建议和协助,使相关政策更易被华人所接受。当工部局需与地方政府或外交官员就市政事务进行交涉时,也常由华董扮演中间人的角色。

在涉及华人权益的市政事务上,华董和华委通常和纳税华人会方面保持一致主张,但偶尔也会出现立场差异。例如,1929年初,为确保将来租界地位改变后,电气处能够避免外部政治势力的影响而继续独立且有效率地运行,工部局董事会决定将电气处售与一个跨国公司。消息传出,纳税华人会致函工部局并发表宣言,称电气处是攸关界内全体居民利益的重要公用事业,坚决反对售予私人经营,并电请外交部严重交涉阻止。[②] 但3月董事会讨论该案时,华董们听取专门委员会的报告后,认可"从董事会的角度出发,出售电气处是有好处的",建议董事会向华人社会解释出售的理由,并承诺出售带来的额外收益会使华洋居民"均等地得到好处"。[③] 最终,出售案获得董事会的一致赞成,并于4月17日经外侨纳税人会议通过。纳税华人会虽仍表示坚决反对,实已无可奈何(图8-5)。

华人居民对华董和华委期待甚殷,希望他们极力维护华人权益。但费信惇直言:"华董之视事,殊为烦苦,其困难外间大约不全明了,盖租界内之华人常提出种种不近情理之要求,其有不得不拒绝之者,则彼辈辄以种种表其愤懑也。"[④] 而且,华董毕竟只占董事会少数席位,有时虽据理力争,最终也不得不服从对华人不利的多数意见。限于工部局纪律,华董不能向公众透露决策的讨论经过和自己的力争情形。[⑤] 工部局各委员会之华委也处于类似

[①] 每届华董和华委的报告都作为纳税华人会代表大会记录的一部分公诸报刊。第1—5届华董和华委的报告集中收入上海租界纳税华人会编《上海租界纳税华人会重要文件》,1933,第71—97页。
[②] 《纳税华人会反对出售电汽处》,《申报》1929年2月2日,第13版;《两会反对出售电气处》,《申报》1929年2月19日,第15版。
[③] 上海市档案馆编《工部局董事会会议录》第24册,第545页。
[④] 《昨日纳税西人年会》,《申报》1929年4月18日,第13版。
[⑤] 为此,华董曾要求董事会在公开阐述某些决策时,说明华董的立场,但未获同意。上海市档案馆编《工部局董事会会议录》第24册,第549页。

图 8-5　秀堂："看租界纳税华人会怎样对付这件事"

资料来源：《图画京报》第 56 期，1929 年。

境地。一些华人商民不明就里，往往对华董和华委加以责难。如 1930 年 4 月增设华董席位案遭外侨纳税人会议否决后，有人致函银行公会，批评华董和华委出席工部局会议时，"或专工媚外，或借便图私"，对民众痛苦"置若罔闻"，不向工部局抗议，"直社会之蟊贼耳"，故遭外人轻视。同时还抨击董委"恬不知耻，于历届选举仍是百计奔走运动，保持头衔，自鸣得意，似此卑微苟贱丧失人格，令其代表租界华人以言保障权利，适得其反"。① 此函作者身份不明，函中特别以"绑匪劫案迭出"为例指责华董和华委不作为，或为此类案件受害者之一，其观点未免过于激烈。以华董和华委之特殊地位，选举过程中难免有竞争拉票之现象，当选者以位谋私应该也不完全是空穴来风，但客观地说，历任董委在争取和维护华人权利方面并非尸位素餐，其付出的努力和取得的成绩值得肯定。

---

① 《上海租界纳税华人致银行公会公函》（1930 年 5 月 2 日），上海市银行商业同业公会档案，上海市档案馆藏，档案号：S173-2-28。

五 协助政府渐进收回主权

如前所述,南京国民政府成立后,在通过外交手段收回租界主权方面取得了一定进展。至1931年,南京国民政府已通过谈判先后收回天津比租界、镇江英租界和厦门英租界,并照会日、法两国,提出收回汉口两国租界的要求。① 上海公共租界在各地租界中地位最为重要,自然是交涉收回的首要目标。但该租界政治、社会结构十分特殊,国际影响巨大,英国更是将之视若禁脔,北伐期间甚至不惜派遣军队来华保护。因此,尽管朝野各界都有强烈要求无条件收回公共租界的声音,南京国民政府为维持与西方列强的关系,并未正式提出这一要求,而是尝试通过中央和地方的多种渠道与方式,逐步收回该租界的主权。

中央层面的努力主要是与列强政府的外交谈判,地方层面最重要的办法则是推动华人参与租界市政管理并掌握行政主导权。1927年7—8月,外交部条约委员会草拟了数种收回租界的方略。7月中旬拟定的《暂拟收回租界各种办法》中,前三种方案为:

(1) 工部局董事人数,以中外人纳税比例为标准。

(2) 工部局董事,中外人同数。

(3) 工部局华董事多于三而少于同等数,但(a)主席需由华董事担任;(b)特种议案,如财政、公安、工务之类,非经华董事同意,不得通过;(c)华董事分年增加,以至于华人占多数为止。②

---

① 厦门英租界当局已在1925年五卅运动中将行政管理权交还中方,镇江英租界当局也在1927年3月北伐军逼近时主动放弃了行政管理权,由中方接收,但皆未履行正式外交手续。1929年11月和1930年9月,南京国民政府外交部部长王正廷和英国公使蓝普森先后互换收回镇江英租界和厦门英租界的照会,正式收回两租界。关于南京国民政府时期收回租界的外交谈判大致经过,参见费成康《中国租界史》,第410—414页。
② 《暂拟收回租界各种办法》(1927年7月16日),国民政府外交部档案,台北"国史馆"藏,档案号:020-070100-0057。

8月，条约委员会委员王世杰和周鲠生专门草拟了收回上海公共租界方略，所定最终目的自然是完全收回该租界的行政权，但暂时无法实现，故建议先"至少须将租界行政之支配权收归中国政府"，办法如下：

> 大体依汉口英租界收回协定，中外人合组工部局（市政局），董事中外人各半，而由中国政府任命一中国人为会长（局长）；但此会长之人选，得由中外董事会商提出之……警察长（公安局长）必须为中国人，其任命应得中国政府之核准，而依中国高级地方长官之指挥监督行使职权。

同时提出了两点原则，一是公共租界不再是外国共管的国际行政区域，而是中国一种特殊行政区域，故中国法令在租界内完全施行，军警也可自由出入；二是工部局不再受领事团之支配，而受中国政府之支配，完全服从中国法律和政令。① 王世杰还另外草拟了解决租界问题的长篇计划书，建议政府先拟定一种特别市条例并公布之，将来适用于收回的租界，给予外侨一定的参政权利。②

由是观之，华人参政十分契合南京国民政府渐进收回公共租界主权的方略。首先，华人参与市政管理有利于改善华洋关系，维持租界政治、社会秩序，尽量避免因此引起严重外交争端。其次，通过纳税华人会和华人参政代表及高级行政职员，政府可逐步加强对公共租界行政事务的影响和介入，并在收回主权的事务中获得他们的协助。最后，华人不断扩大在市政管理中的权力，可为将来施行华人主导、外人参与的市政体制奠定基础。

因此，虽然国民党内一些对外立场相对强硬、主张立即完全收回租界主权的力量（尤其是地方党组织）认为华人参政问题无足轻重，但南京当局对

---

① 《拟收回上海公共租界方略》（1927年8月5日），国民政府外交部档案，台北"国史馆"藏，档案号：020-070100-0057。
② 王世杰拟《租界问题》（日期不详），国民政府外交部档案，台北"国史馆"藏，档案号：020-070100-0057。该计划书附有"上海公共租界及其解决"一文，王世杰同年7月另出版《上海公共租界收回问题》（太平洋书店，1927）小册子，观点基本相同。

第八章　不安的"共存"：南京国民政府前期华人参与市政管理之实践

之颇为重视。① 1927年8月，外交部要求纳税华人会将该会重要文件和工作报告抄寄一份，以备参考。② 12月10日，纳税华人会执委会召开第一次会议，市长代表潘公展和交涉公署代表郭德华均到场出席。次年4月3日，该会召开代表大会，报告华董席位问题交涉结果，外交部次长唐悦良代表部长黄郛出席并发表演说，肯定华人参政"关系亦极重要"；外交部随后命纳税华人会寄送暂行章程，以备查阅。③ 此后，每逢纳税华人会召开代表大会，通常有外交部驻沪办事处和市政府的代表列席参加。

客观而言，在近代中国内部长期纷扰不靖的大环境中，主导参政运动的华商群体在一定程度上受益于公共租界相对安定的政治、社会秩序，未必希望看到该租界的地位立即发生根本性变化。但由于长期身处外人的歧视和压迫之下，对租界当局不满已久，加之受到国民革命浪潮的洗礼，华人商民普遍赞同政府渐进收回租界主权的目标。因此，他们在为自身争取权利的同时，也经常对南京国民政府收回主权的努力给予支持和协助。1927年底纳税

---

① 1928年华人初步获得参政权利后，本地一份国民党背景的刊物发表评论称，国民革命之目的须将租界一切主权完全收回，"对于此次上海工部局之加入三五华董，觉得根本上无关宏旨，而不愿加以批评"。正宇：《上海租界工部局之加入华董》，上海《中国公论》第2、3合刊，1928年，"时评"，第2页。1929年7月中旬，上海第三区党部举行为期一周的收回租界宣传活动，相关报道未提及华人参政问题。1930年4月增加华董二席案遭外侨纳税人会议否决后，华人团体纷纷抗议，但铁道部部长孙科公开表示，南京国民政府的目标是尽快完全收回外国租界和租借地，故对华董席位的增加与否并不看重。上海、浙江、南京等地国民党党部在公开宣言或致中央党部的信函中，亦不强调增加华董席位的重要性，而是督促外交当局立即交涉收回租界，"以求一劳永逸之计"，甚至建议华人完全退出工部局，自组董事会处理公共租界内华人相关事宜。"Question of Increased Representation Not So Important,"*The North-China Herald*, April 29, 1930, p. 176；《工部局华董问题僵局》，《申报》1930年4月18日，第13版；《纳税华人会力争华董案昨讯》，《申报》1930年4月20日，第14版；《抗争华董案再接再厉》，《申报》1930年4月23日，第13版；《奉批交核办浙江省执委会电请迅予交涉上海租界纳税年会否决增加华董案》（1930年4月25日）、《函请办理京沪、沪杭甬铁路特别党部呈交涉上海公共租界纳税西人年会否决增加华董案》（1930年4月28日）、《京市执委会呈请转饬交涉上海租界纳税西人会否决工部局增加华董案奉谕交部》（1930年5月9日），国民政府外交部档案，台北"国史馆"藏，档案号：020-070100-0012。

② 《伍部长注意纳税会》，《申报》1927年8月8日，第13版；《反对增捐巡捕捐进行不懈》，《申报》1927年8月13日，第13版。

③ 《公共租界华董问题之结果》，《申报》1928年4月4日，第13版；《工部局华董委选出后所闻》，《申报》1928年4月18日，第13版。

华人会为预备参政而完成改组后，淡化了其政治色彩，不再公开宣扬受国民党领导、实行国民党对外政策、收回工部局所强取之一切权利等口号，而将其宗旨确定为"发达租界之自治，谋公共之利益与平等之待遇"，活动经费也由完全仰赖政府拨款改为主要通过会员会费筹集。① 但该会重要成员大多与南京国民政府高层联系密切，与前三任外交部部长伍朝枢、黄郛和王正廷更是素有往来，有的还在政府担任一定职务，如赵晋卿、虞洽卿和林康侯都是市政府参事，其中赵晋卿在就职华董前曾任工商部商业司司长。是故，公共租界华人精英在关涉主权的问题上通常都倾向于支持南京国民政府。

对于政府收回主权的方针，纳税华人会经常公开表示拥护，并督促外交当局积极进行。如1928年8月22日，该会致电外交部部长王正廷，赞赏其在"宁案"交涉、关税谈判等事务中的表现，敦促当局"秉承总理大无畏之精神，将所有未到期各国全部条约，一律修改"。② 1931年5月，国民党召集的国民会议发表废约宣言，纳税华人会随即表示："敝会为上海租界内华人之集团，备受不平等条约之痛苦最为严重，尤愿一致拥护废约宣言，不辞任何之艰难与牺牲，以期贯彻。"③ 对于直接关系租界华人商民切身利害的领事裁判权，纳税华人会更是视为"国内治安并中外商业之一绝大障碍"，④ 力促政府废止。1929年5月14日，该会致电外交部部长王正廷，称领事裁判权为"中国混乱之病菌"，请在收回关税自主权后，即予撤废。11月底，该会再次致电王正廷，建议若列强拒绝放弃领事裁判权，则政府可采用断然手段处置，明令于次年初即行废止，所有外侨相关民刑案件一概照中国法律办理。⑤ 1930年伊始，纳税华人会致电国民政府主席蒋介石，除敦促坚决撤废领事裁判权外，还请饬令主管机关积极交涉，尽快收回租界、租借地及内河

---

① 《纳税会昨开代表大会》，《申报》1927年12月7日，第14版。
② 《纳税会请外部修改各国条约》，《申报》1928年8月23日，第13版。
③ 《拥护废约宣言》，《申报》1928年5月15日，第13版。
④ 《纳税会贯彻禁止赛狗主张》，《申报》1928年9月13日，第15版。
⑤ 《拥护撤销领判权电》，《申报》1929年5月15日，第13版；《纳税会电请撤销领判权》，《申报》1929年12月1日，第13版。

第八章 不安的"共存": 南京国民政府前期华人参与市政管理之实践

与沿海航权。① 5月,外交部指派成立专门委员会,筹办收回各地租界事宜。纳税华人会随即表态赞同收回租界,并称"属会为租界纳税华市民所组织,以平时所身受之切,则此日之期望尤深,贡献意见,为之后盾,不敢辞劳"。②

对于外侨和租界当局进一步侵犯中国主权的图谋,纳税华人会和参政代表或表示明确反对,或予以消极抵制。1929年底,一位外籍工程师在《大陆报》刊文,提出一项由列强联合租借上海的计划,租期7年,租价5亿两(以中国外债抵算),区域包括上海县及南市、闸北并延伸至浦东,旨在与外国租界连成一片。尽管该计划近乎天方夜谭,纳税华人会仍致电外交部,请设法阻止这一扩大帝国主义侵略、破坏中国领土完整的企图。③ 1931年8月初,《大美晚报》(Shanghai Evening Post and Mercury)和《字林西报》等外文报纸刊登了一篇促请工部局向沪西扩大公共租界的信函,署名"沪西某某等",似为华人所拟。纳税华人会为此发表宣言,坚决反对扩大租界,请政府迅速筹备收回越界筑路区和租界的行政权,并怀疑该函系有侵略野心的外侨所伪造,函询工部局董事会是否收到相关信件及作者姓名等。④ 九一八事变后,有人建议董事会推动国民政府与各主要相关国家召开会议,讨论上海的地位问题。工部局总裁费信惇为此准备了一份提案,企图利用中日矛盾激化的时机巩固公共租界的政治地位。华董们以此事尚需进一步磋商研究为由,要求董事会暂不采取行动,提案因此一再推迟表决。最终,鉴于时局紧张,董事会决定暂时放弃这一计划。⑤

南京国民政府成立后,试图在界内设立一些政府机构,旨在将行政权力逐渐延伸至公共租界。对此,纳税华人会和华人参政代表常给予直接或间接的协助。1928年8月,外交部在仁记路(今滇池路)设立负责对外宣传的驻沪情报处,工部局起初并未阻止。但巡捕房忽于27日搜查该处,并抄没一些

---

① 《纳税会为撤废领判权之鱼电》,《申报》1930年1月9日,第13版。
② 《纳税会赞同收回租界》,《申报》1930年5月18日,第14版。
③ 《兹抄附敝会致外交部虞电一件并希誊照由》(1929年12月12日),国民党重要机构、人物等档案汇集,上海市档案馆藏,档案号:Q173-36-222。
④ 《纳税华人会之宣言》,《申报》1931年8月7日,第13版。
⑤ 上海市档案馆编《工部局董事会会议录》第25册,第485、486、488页。

印刷品，交涉员金问泗随即向工部局提出严重交涉。纳税华人会也公开表示抗议，并致函总董费信惇，指责工部局不仅违背临时法院有关搜查证之规定，僭越权限，而且违反1899年中外双方达成的工部局对界内中国政府所设机关无管辖权的协定，"蔑视法律、滥用职权"，"应有明白引咎之表示"。[①] 在9月12日的董事会会议上，费信惇称根据既定政策，中国政府在未事先通知董事会并取得批准的情况下，其行政机构不得在租界内行使职权。华董赵晋卿提出反对，认为中国是租界土地的主人，且上述政策与《土地章程》和某些中外协定存在分歧与差异之处。费信惇仍坚持中国政府在界内设立机构应通过"正当渠道"，先向领事团提出申请，由后者通知董事会，华董们则以其他国家设立机构并未向董事会发出通知为由，为南京国民政府辩护。虽然董事会最终多数通过了要求中国政府履行申请手续的决议，但3位华董都未表赞同。地方外交当局很快就此事正式通告领事团，并由后者呈报公使团。公使团原则上表示同意外交部情报处之设立，董事会遂未继续反对。[②] 随后，交涉公署又致函费信惇，要求在公共租界内设立印花税局办事处。尽管交涉公署方面强调该处完全是非政治性质的机构，董事会仍要求按照"正常途径"先向领事团提出申请。华董再度以该要求与《土地章程》有关条款不符为由提出异议，贝祖诒主张若中国政府所设机构不影响界内治安秩序，董事会应根据具体情况予以认可，但这些意见未被董事会采纳。[③] 1931年7月，华董袁履登应交通部航运局官员之请，为该局顺利在界内设立办事处提供了重要协助。[④] 9月，上海市政府在界内设立营业税局，董事会因其不仅未经同意，而且关乎纳税人权益，竭力阻止该局行使职权，要求华董出面交涉，并威胁称地方当局若不同意，将立即予以查封。华董与市政府官员接触后，答复董事会称交涉失败，并暗示若关闭该局，可能影响租界当局与市政府之间关于越界筑路等悬而未决的重要问题的谈判。时值九一八事变爆发不

---

① 《纳税会力争情报处被查案》，《申报》1928年9月5日，第13版；《纳税会指责搜索情报处》，《申报》1928年9月12日，第14版。
② 上海市档案馆编《工部局董事会会议录》第24册，第520—521、523、527页。
③ 上海市档案馆编《工部局董事会会议录》第24册，第528、530页。
④ 上海市档案馆编《工部局董事会会议录》第25册，第472、474页。

第八章 不安的"共存":南京国民政府前期华人参与市政管理之实践

久,董事会立场强硬,准备采取强制措施,后经一位外董提议,由费信惇和总董麦克诺登商请行政院副院长兼财政部部长宋子文出面向地方官员施压,营业税局最终撤出公共租界。[①]

除了设立机构,南京国民政府还力图将所颁法令和政策的效力推广至公共租界,也得到纳税华人会和华董一定的协助。如1929年底,南京国民政府和列强公使团及上海领事团共同核定公共租界内发行印花税办法,江苏印花税局驻沪办事处开始推销印花,纳税华人会应该处之请,通告公共租界华人市民一律照章实贴,并称此举"既得保护法益,又能充裕国库,一举两得"。[②] 次年6月,该会函请工部局修改典当业执照条例,使之与上海市政府所颁布条例一致,后者为照顾贫穷阶层,限定了典当收取的利率。此前上海市政府曾通过领袖领事转达类似请求,但被工部局以不能允许界外机构制定在界内生效的法规为由拒绝。在董事会会议上,华董对限制利率问题做了解释并保证其公平合理,董事会才决定通知市政府,若法租界当局也同意,工部局愿在所颁典当条例中加入相关条款。[③] 国民党当局非常重视对上海工商业的管控,尤其注意劳资关系。1927年5月,国民党中央政治会议上海临时分会成立上海劳资仲裁委员会,制定颁布了《上海劳资仲裁委员会暂行条例》和《解决工商纠纷条例》,但劳资纠纷依然频发。1930年5月,工部局拟成立劳资调解部,本地第二区党部和市总工会等相继发表宣言,认为此举侵犯中国主权,坚决反对。市政府社会局函请纳税华人会协助抵制,后者分函各华董,请力争取消。[④] 其后,董事会没有继续讨论成立劳资调解部问题,此事遂无下文。1931年6月,纳税华人会应市社会局的要求,通告公共租界内市民应遵行南京国民政府颁布的新度量衡法,以便尽早实现全国统一标准。[⑤]

同时,华董们还推荐一些曾在南京国民政府任职的人士担任工部局高级

---

① 上海市档案馆编《工部局董事会会议录》第25册,第477、479、481页。
② 《纳税华人会通告市民劝贴印花》,《申报》1929年12月20日,第14版。
③ 上海市档案馆编《工部局董事会会议录》第24册,第621—622页。
④ 《抗争租界设劳资调解部》,《申报》1930年5月29日,第16版。
⑤ 《居民应奉行度量衡新制》,《申报》1931年6月16日,第14版。

抗争与博弈：上海公共租界华人参与市政管理的权益之争（1854—1932）

行政职务，这自然也有助于政府加强对租界日常行政的影响和渗透。华董们不仅促使工部局于1931年初在总办处增设华人帮办一职，而且争取到任职人选的提名权，并保荐当时的公共租界临时法院院长吴经熊担任。吴为此专程拜访上海市市长张定璠，"晤谈约一小时之久"，所谈内容当涉及吴就任后如何尽力协助政府收回司法主权事宜。① 年底工部局增设情报处，处长由英人担任，其下设中、日专员各1名。经华董推荐，前外交部参事朱敏章被工部局聘任为专员。②

对于南京国民政府扩大对公共租界行政管理权的努力，租界华人精英并非一概无保留地予以支持和协助。在一些问题上，他们只是迫于政府或舆论的压力而表示立场，却基本没有实际行动。例如纳税华人会虽屡次表态赞成南京国民政府收回工部局的越界筑路权，但董事会多次讨论相关问题，华董未力争收回，有时且奉董事会之命，出面商请地方政府做出让步。③ 对于关系切身重大利益的一些政府法令或举措，华人精英不仅态度消极，甚至设法阻挠。如南京国民政府计划于1931年2月实施《工厂法》，部分收回对公共租界内工厂的管理权。上海工业界以准备不足为由，推举虞洽卿、刘鸿生等赴京请愿，使政府决定推迟六个月实施。④ 虽然上海雇主联合会于3月函请董事会考虑与市政府采用同一套工厂法，但华董虞洽卿、刘鸿生等均未明确予以支持，后者还称雇主联合会的函件仅是一种姿态，建议工部局也只需声明大体赞同新的《工厂法》，在情况许可时会逐步实施，即可应付。⑤ 4月，董事会讨论上海市政府对地契转让手续的新规定，即转让须得到市政府的批准，否则将没收相关产业。领事团此前经过与市政府的谈判，已基本默认这

---

① 《工部局华董办职吴经熊已内定》，《申报》1931年2月12日，第9版。
② 上海租界纳税华人会编《上海租界纳税华人会重要文件》，1933，第91页。
③ 上海市档案馆编《工部局董事会会议录》第24册，第566、630页。
④ 《工厂法准期实施，八月一日决不再展》，《申报》1931年7月15日，第14版。国民政府于1929年12月颁布《工厂法》，次年12月颁布实施条例。
⑤ 上海市档案馆编《工部局董事会会议录》第25册，第446、475—476页。从1931年底开始，南京国民政府与工部局就公共租界内工厂检查权问题进行了持续数年的交涉，华人精英在其中亦无积极表现。参见马长林《上海租界内工厂检查权的争夺——20世纪30年代一场旷日持久的交涉》，《学术月刊》2002年第5期。

第八章 不安的"共存":南京国民政府前期华人参与市政管理之实践

一规定,但董事会因其影响到公共租界内西人业主的权益,准备提出反对意见。刘鸿生也称,无数华人业主的产业是向外国领事馆登记的,他们主张新手续只适用于此后新的地契交易,而不应适用于已登记过的土地。这一主张旨在维护产业众多的华人精英的经济利益,但妨碍了地方政府对公共租界内土地的管理权。① 1930年5月,工部局计划将经营不善的华洋德律风电话公司售予美商国际电报电话公司,南京国民政府交通部和外交部为谋收回公共租界电话权,积极展开交涉,力图阻止。但领事团和工部局态度冷淡,称是否出售的决定权在该公司股东手中,不便干涉,华董们也未在董事会会议上力争。交通部部长王伯群和外交部部长王正廷极力动员该公司华人股东全体出席6月27日的股东大会,一致投票反对出售,并承诺政府收回电话权后会确保华人股东的利益。② 但由于交通部一时无法提出备价购买的详细办法,纳税华人会虽表态支持收回电话权,却劝说华人股东全体勿出席股东大会,表面上似乎是以不合作方式抗争,实则给了许多华人股东暗中投票支持出售的机会(不能到会的股东可通过委托代表书投票)。结果,约有3/5的华人股东投了赞成票,华洋德律风公司遂于8月出售,南京国民政府收回电话权的希望随之落空。③

毋庸讳言,公共租界华人精英群体在一些具体市政事务上的立场与南京国民政府相关部门的政策未尽一致,有时甚至被指"与帝国主义采取合作主义"。④ 但总体而言,在南京国民政府尝试渐进收回公共租界主权的过程中,纳税华人会和参政代表发挥了不容忽视的作用,其中华董的角色尤其重要。工部局外籍董事及英国公使蓝普森的言论很好地反映了这一点。早在1928年

---

① 上海市档案馆编《工部局董事会会议录》第25册,第451页。
② 《收回租界电话》,《申报》1930年6月25日,第13版。
③ 参见李全《国民政府收回上海租界电话权运动述评》,《安庆师范学院学报》2012年第5期。
④ 如1930年10月纳税华人会因英商自来水公司增收附加费而派员参与检查该公司账务,但上海特区市民联合会和上海市公用局对此举不以为然,主张华人居民应坚持反对增收附加费。市公用局致函纳税华人会,指责查账之举"名为维护租界全体华人利益之团体,实则与外国帝国主义采取合作主义"。参见景军《对抗与妥协——1930年代初上海公共租界自来水加价事件》,硕士学位论文,华中师范大学,2011,第31页。

329

9月，费信惇就对华董为南京国民政府在公共租界内设立机构极力辩护的态度十分不满，直接在董事会会议上提醒："华董并非中国政府与董事会进行对话的中间人。"[1] 1929年初，英、美董事反对增加华董席位，主要理由之一就是华董"太易受到外界影响，缺乏勇气公开支持自己私下赞同的方案"，一位华董还被怀疑违反董事会纪律，将机密会议录泄露给外界。[2] 英国公使蓝普森向来对华人参政持较为同情的态度，但亦受到工部局英国董事观点的影响，称华董表现得"更像是中国政府和国民党的政治工具"而非董事会成员。[3] 这种说法未免带有夸张成分，但足见华董在争取和维护华人居民权利的同时，为南京国民政府渐进收回主权的努力提供了重要协助。

---

[1] 上海市档案馆编《工部局董事会会议录》第24册，第520页。
[2] Sir M. Lampson to Sir Austen Chamberlain, February 6, 1929, Jarman, ed., *Shanghai*, Vol. 16, p. 287.
[3] Sir M. Lampson to Sir Austen Chamberlain, June 7, 1929, Jarman, ed., *Shanghai*, Vol. 16, p. 352.

结　语

九一八事变和一·二八事变相继爆发后，日本独占中国的野心暴露无遗，远东国际关系格局丕变。民族存亡之际，如何抵抗日本侵略成为中国朝野最关切的问题。相形之下，中国与西方列强之间的矛盾并非眉睫之患。为了争取英美等国的同情和援助，南京国民政府明显放缓了收回上海公共租界的步伐，在华人参政问题上的立场也趋于消极。与此同时，日本在上海势力大张，严重威胁英美在公共租界的利益。英美外交官和侨民虽日益意识到有必要与中国官民联手合作以抵制日本势力的膨胀，却无意给予华人在市政管理事务上更多的发言权。在上述背景下，华人的参政权利难以取得实质性扩大。纳税华人会在1934年和1936年先后两次提出增加4个华董席位的要求，以期实现华洋董事人数相等，但皆无结果。[①]对此，华人团体并没有做出激烈反应，外交当局也基本保持沉默。全面抗战爆发后，国民政府力促西方列强维持上海公共租界的地位和现状，以防日本侵占。[②]"孤岛"时期，华人团体未再提出增加华董的要求。1941年4月，为了抵制日本完全控制租界的图谋，英、美领事在与其他领事协商后，宣布取消例行董事选举，由各国政府

[①] 1934年纳税华人会提出要求后，工部局董事会表示同情华人愿望，但鉴于增设华董时间不长，且外侨舆论倾向尚不能接纳，"故各外、华董事，以为增加之议，现在似非其时，且此项提议，恐亦难得各关系国之一致赞助"。对此，华人团体未做进一步的力争。《工部局董事会讨论增加华董》，《申报》1934年2月27日，第9—10版。1936年南京国民政府外交部收到纳税华人会的呈请后，复称"此项问题，向由地方办理，已转行上海市政府交涉矣"，但此后并无下文。《本会呈行政院暨外交部上海市政府电》（1936年6月9日），《外交部复本会批》（1936年6月19日），上海公共租界纳税华人会编《上海公共租界纳税华人会重要文件》，1937，第1—2页。

[②] 《外交部致胡适电》（1938年10月1日），中国社会科学院近代史研究所中华民国史组编《胡适任驻美大使期间往来电稿》，中华书局，1978，第1页。

或领事任命16人组成"临时董事会",其中华董4人(实际出席者3人),英、美、日各3人,德国、荷兰和瑞士各1人。同年12月,太平洋战争爆发,日军占领公共租界,工部局"临时董事会"虽继续存在,但随着英、美、荷三国董事悉数辞职,公共租界市政权力实已被日人完全掌控。纳税华人会的主要负责人纷纷离沪,该会活动趋于停顿,袁履登、许建屏和张德钦3人继续以"华董"身份参与市政事务。1943年,日本宣布将公共租界"交还"汪伪政权,存在近百年的工部局董事会随之成为历史,纳税华人会也正式宣告解散。

可以说,1932年是上海公共租界华人参政历史的一个转捩点。此前,华人团体通过长期不懈的努力,争得了一定的参政权利,而且对市政事务的参与程度逐步提高。此后,华人参政的进程被无形打断,华人扩大参政权利的尝试几无收获,作为一场政治运动的华人参政运动已基本处于停滞状态。因此,本书的考察时段暂止于1932年,将华人参政问题的后续演变情形留待将来另文探究。

从19世纪后期最初公开表达参与市政管理的意愿,到一战后正式提出参政要求并成立统一组织,再到南京国民政府前期初步获得参政权利,上海公共租界华人参政之路相当漫长,过程曲折跌宕。随着时代政治思潮、地方社会结构和中外关系格局的变迁,华人的参政思想不断发展,权利主张也历经变化,不同时期中外朝野各方围绕华人参政问题纷繁往复的互动、交涉和博弈,构成一幅面相多元、内容丰富的历史图卷。系统检视和审思华人参政的历程,不仅可使我们对华人参政运动的性质、影响和局限有更全面的理解,也有助于推进对上海公共租界市政体制、华洋社会和半殖民秩序的认识。

华人参与市政管理运动的性质与影响

上海公共租界的华人参政运动是一场兼具民主主义和民族主义双重性质的资产阶级政治运动。它不仅直接改变了该租界的政权结构和华洋关系,而且间接推动了其他租界的华人参政进程,对近代中国通商口岸的政治社会变迁产生了十分广泛而深刻的影响。

在争取参政权利的过程中，华人团体和积极分子通常以上海公共租界全体华人"市民"或"商民"的名义表达诉求和立场，但资产阶级无疑是华人参政运动的发起者和主导者。此处所谓"资产阶级"的范围较为宽泛，除了工、商、金融界人士，还包括随着近代上海社会经济近代化而出现的城市中小知识分子和律师、报人、会计等职业群体。他们共同构成了公共租界华人社会的中坚力量，也是华人参政运动的主体。其中，由工、商业主和银行家组成的商人团体扮演了核心角色，而新兴职业群体（尤其是律师和记者）的参与也发挥了不容小觑的作用。在某些历史时刻，学生、工人、妇女、知识精英等团体也曾表达参政诉求，但这些群体只是偶尔与参政运动发生联系，而且往往是在参加更宏大的政治运动时宣示相关立场，并非运动的直接参与者。因此，对于华人参政运动的资产阶级属性，学界基本没有异议。

关于华人参政运动更具体的政治性质，前人观点不无分歧。有的学者强调其争取民主权利的内涵，认为华人要求参政是"典型的市民意识兴起之后所发生的政治事件"。[1]另一些学者则突出华人参政运动的民族主义色彩，将之视为"上海人民反帝爱国斗争的一个组成部分"，故"属于民族运动的范畴"。[2]两种观点都有合理之处，但综观华人参政运动的演进历程，不难发现它兼具民主运动和民族运动的双重性质，任何只注重一个方面而忽视另一方面的定性都难称允当。早在1926年，瞿秋白就提出，上海公共租界华人参政运动是"对外对内力争市民自治权的运动，是有全国意义的民族解放运动"，肯定了其双重性质。[3]

需要指出的是，虽然民主主义和民族主义的色彩几乎都贯穿华人参政运动的始终，但在运动的不同阶段，两种性质的相对强弱却不无差异。大体而言，五卅运动前，华人参政运动主要表现为一种争取民主权利的政治活动。

---

[1] 唐振常：《市民意识与上海社会》，《上海社会科学院学术季刊》1993年第1期。
[2] 小浜正子：《近代上海的公共性与国家》，第206页；卢汉超：《上海租界华人参政运动述论》，《上海史研究通讯》1984年第1期；卢汉超：《论上海租界华人参政运动的爱国性质》，《社会科学》1984年第4期。
[3] 秋白：《再论中国境内之华人参政问题》，《向导》第150期，1926年，第1412页。

运动的基本诉求是推选代表参与市政管理，进而要求华人享受与外侨平等的选举权、被选举权和纳税人会议表决权。这些权利皆旨在参与公共事务的决策，属于政治学理论中所说的"积极的市民权利"（activist citizenship）。[①]运动的主要依据是西方政治学说中纳税义务与政治权利的对应关系，尤其是"不出代议士不纳租税"的原则。虽然20世纪初民族主义思想的兴起推动了华人参政意识的觉醒，华人团体在要求参政权利的同时，也曾提出限制租界扩大和增加中国政府对租界的行政权等民族主义主张，但华人总体上认可由外侨建立和主导的代议民主政治制度，希望以平等的地位加入其中，在一定程度上参与市政管理事务的决策，以维护和扩大自身权益。因此，民主主义是早期华人参政运动的基调。

由于租界当局和多数外侨的漠视、抵拒和打压，华人商民的参政努力长期无果，对租界市政体制的不满心理日增，反抗外人压迫的民族情绪也渐趋强烈。在五卅惨案的刺激下，华人的民族主义情感空前迸发，参政运动的性质随之发生明显变化。华人团体公开宣布以"租界市政之收回"为斗争的主要目标之一，在继续要求平等参政权利的同时，首次提出依据华人纳税所占比例决定工部局华董席位的主张，实即要求获得市政管理的主导权。换言之，华人不再满足于仅在外侨主导的市政体制下取得"市民权"，而是希望建立一个由华人主导的政治新秩序。在中国政府尚不能直接收回上海公共租界行政权之时，华人团体试图"用市民自己之力"[②]先将该租界的行政主导权收归国人手中，标志着民族主义成为华人参政运动的主色调。此后，华人团体始终将获得与华人纳税比例相应的华董席位作为参政运动的目标，并宣称

[①] 有政治学者区分了"积极公民"（activist citizen）和"消极公民"（passive citizen）。前者能够在共同体的政治生活中发挥作用，后者则仅处于受保护的地位，可以享受公民的特定福利，但不充分参与公共决策。华志健（Jeffery N. Wasserstrom）认为，华人要求取消公园禁止华人进入的条例属于争取"消极公民权利"的尝试，而要求参政则是争取"积极公民权利"的努力。Jeffery N. Wasserstrom, "Questioning the Modernity of the Model Settlement: Citizenship and Exclusion in Old Shanghai," in Merle Goldman and Elizabeth J. Perry eds., *Changing Meanings of Citizenship in Modern China* (Cambridge, MA: Harvard University Press, 2002), pp. 122 – 123.

[②]《虞洽卿在纳税华人会演讲》，《兴华》第33期，1927年，第41页。

结 语

以收回租界、取消不平等条约为最终奋斗目的。南京国民政府前期，华人开始初步参与租界市政管理，纳税华人会与外交当局的关系更趋密切，该会及其选举的华人参政代表为政府逐步收回租界主权提供了重要臂助。可见，进入"华洋共治"时代后，华人参政运动的民族主义色彩不仅没有消退，反而愈加鲜明和强烈。

华人团体经过反复的呼吁和抗争，最终获得选举代表参与市政管理事务的权利，打破了外侨对市政权力的长期垄断，使该租界形成了某种程度上的"华洋共治"体制。这是华人参政运动最显著也最重要的成果。而且，由于上海公共租界高度自治的体制，华董可直接参与市政管理事务的最高决策，其权力远远大于处于正式殖民统治之下的地区和一般专有租界的市政机构中的华人代表。租界当局加入华人代表特别是华董后，占人口绝大多数的华人居民对涉及自身利益的公共事务拥有了一定的发言权，可通过纳税华人会和参政代表提出诉求或抗议，维护和增进切身权益。至1930年，华董由3人增至5人，与实际主导公共租界事务之英国侨民的代表人数相同，远超美、日两国董事，工部局高级行政职务由华人担任者也日益增多，华人在市政决策和日常行政中的话语权都进一步扩大。随着政治地位的上升，华人居民的各种社会经济权利也得到明显提高，最典型地表现在教育、民生、公共娱乐设施的使用等方面。在参政运动中，华人团体创立了统一的参政机构——纳税华人会，符合参政资格的部分华人居民获得了直接或间接选举参政代表的权利。这对当地华人民众的权利意识、政治思想、社会组织等都具有深远影响。

上海公共租界华人参政所产生的示范作用和辐射效应，不同程度地推动了其他多个租界华人居民的参政进程。其中，与上海公共租界的性质和体制都非常接近的厦门鼓浪屿公共租界最为明显。虽然该租界自1903年成立工部局，即按照中外协定由地方官委任1位华人加入董事会，与6位外籍董事共同管理市政，但华董名额既少，且列强领事团对其人选有相当程度的发言权，故在维护华人权益方面的实际作用十分有限。1923年开始，根据外侨纳税人会议的决议，工部局不再加入华董，改由界内华人精英组成的"华民公会"选派5人组成一个顾问委员会。该委员会与当时上海公共租界华人顾问委员会的职能和权限基本相同，显系仿照后者而设。五卅运动后，鼓浪屿租界当局决定增设少数华董，华人团体则要求修改租界章程，设华董7人、外董4人。1926年秋中外当局分别核准上海公共租界增设3位华董后，驻京公使团指示鼓浪屿领事团准许工部局也加入3位华董。1927年初，由华民公会选举产生的3位华董正式就职。①南京国民政府初期，由于外侨擅自增加外董人数，华人团体停止选举华董以示抗议。其间，由华民公会扩大而成的"华人议事会"派代表专门赴上海调查工部局增加华董办法和纳税华人会之组织，租界当局则致函上海工部局咨询华人委员的产生办法、职权范围及其与董事会的关系等。②1929年6月，华洋双方达成妥协，工部局设外董5人、华董3人，同时"援上海公共租界成例"，财政、工程、教育、公案、卫生5个"股"（即委员会）分别加入1位华人代表。③总之，1920年代鼓浪屿公共租界华人参政的过程与上海公共租界几乎是同步推进的，只是前者华董和华委的人数此后皆未再增加。

上海公共租界的华人参政也影响了一些列强专有租界华人居民的政治地位。各地英租界的行政制度与上海公共租界十分相近，唯重要市政决议须经英领事审批，故居民自治程度稍低。其中，天津英租界的华人居民较早获得了一定的参政权利，晚清时期就先后有两位华人担任工部局董事，民国时期招商局代表陈巨熙更是长期连任华董。④然而，在相当长时期内，该租界华人

---

① 中国人民政治协商会议厦门市委员会：《厦门的租界》，鹭江出版社，1990，第161—167页。
② 《纳税会与鼓浪屿代表接洽》，《申报》1928年9月22日，第14版。《纳税会昨日欢宴鼓浪屿代表》，《申报》1928年9月26日，第16版；British Consul-General at Shanghai to S. M. Edwards, February 25, 1929; Secretary of Kulangsu Municipal Council to S. M. Edwards, May 11, 1929，上海公共租界工部局档案，上海市档案馆藏，档案号：U1-3-1116。
③ 《鼓浪屿华洋董交涉解决》，《申报》1929年6月23日，第9版。
④ 起初，华人因被禁止界内租地，故自身并无政治权利，1878年买办罗道生是以外侨租地人的代理人身份当选华董的。1897年英租界扩大后，"扩充界"另设工部局，界内符合参政资格的华人居民可享有选举权和被选举权。1918年英租界统一市政管理后，新章程对界内华洋居民的参政资格做了差别性规定，华人参政资格的资产和纳税要求比外侨高出许多倍。费成康：《中国租界史》，第192页；尚克强：《九国租界与近代天津》，天津教育出版社，2008，第15页。

居民对于参与市政事务态度消极，并未公开提出增加华董名额的要求。[①]直到1926年上海公共租界三华董案出台前后，天津英租界当局才将华董名额从1人增加至2人，次年又增至3人。[②]1926年3月，汉口英租界外侨纳税人会议也通过了工部局加入华董案，只是未及实施，该租界即在北伐中被武汉国民政府收回。[③]与英租界不同，各地法租界普遍实行领事独裁制，市民自治程度较低，华人参政的意义更加有限，进程也略为滞后。上海法租界的情形，本书已有数处提及。虽然1914年法租界扩大后，特派交涉员与法国总领事每年商选2位所谓"华董"参与租界当局处理有关华人的市政事务，但"华董"并不能参加公董局董事会日常会议，实际上仍属顾问性质。1926年4月公共租界纳税华人会通过增设华董案后，法国总领事那齐破例允许2位华董出席董事会会议。1927年1月，那齐解散董事会，代之以包括5位华人在内的一个17人临时行政委员会，同时颁布公董局新章程，规定设3位华董，其中2人仍由交涉员与法总领事商选；华人方面则筹组纳税华人会，主张华董皆选举产生。7月，受公共租界华人抗捐运动的影响，法租界华人团体也反对公董局加捐，并在交涉中正式提出选举华董的权利要求。1928年初，租界当局被迫聘任纳税华人会选举产生的1位华董和8位顾问，该租界华人商民方始逐步获得较有实质意义的参政权利。1929年，法国驻汉口总领事也下令修改法租界组织章程，规定由总领事任命2位华董，参与市政管理事务。[④]此外，1919年上海公共租界华人参政运动兴起后，意大利驻天津总领事一度表示，已呈请意政府给予意租界内华人业主"完全选举权，并以华董加入市政厅"，

[①] 危婷：《天津英租界华人参政问题初探》，第17页；耿科研：《空间、制度与社会：近代天津英租界研究（1860—1945）》，第235页。

[②] 天津市地方志编修委员会编著《天津通志·附志·租界》，天津社会科学院出版社，1996，第93—94页。

[③] 汉口英租界当局也曾考虑设华人顾问，但"以上海之成绩观之，觉非令华人取得完全之代表权不可"，故而直接提出了增设华董案。《汉口英租界工部局加入华董》，《寰球中国学生会周刊》第237期，1926年，第4版。

[④] 周德钧：《汉口的租界——一项历史社会学的考察》，天津教育出版社，2009，第97页。

但该租界最终只增设了3位由纳税华人选举产生的顾问性质的咨议委员。①

总之，上海公共租界华人参政运动的发起和推进，或促动其他一些租界的华人起而争取和扩大参政权利，或迫使一些租界的市政当局主动提高华人参与市政管理的程度，不仅维护和增进了多地租界华人居民的权益，而且冲击和削弱了相关列强的半殖民统治。值得一提的还有，上海公共租界华人参政的努力及其成果，对华界和其他地区市民的参政思想和活动也产生了一定影响。②

上海公共租界的华人参政运动虽取得了相当的实际成果和辐射效应，但其局限与不足亦十分明显。首先，华人始终没有获得与外侨相同的参政权利，华洋居民的政治地位依旧严重不平等。即便是同意华人选举代表参与市政管理后，列强和外侨纳税人会议也没有对《土地章程》进行相应修改——此前列强领事、租界当局和一些外侨都坚称加入华董需修改章程，以此敷衍和抵制华人的参政要求——华人的选举权和被选举权并未得到法律上的承

---

① 《天津意租界华人参政问题》，《申报》1920年1月23日，第6版；南开大学政治学会：《天津租界及特区》，商务印书馆，1926，第27页；《天津通志·附志·租界》，第85—86页。
② 1922年1月，上海华界团体为"收回地方自治，督促市政进步"，依据"不出代议士不纳租税之通例"，组织成立"上海市纳捐人会"，显系受到1920年公共租界纳税华人会成立的影响。但该会未被地方当局批准立案，后续鲜有公开活动。《上海市纳捐人会发起会纪》，《申报》1922年1月19日，第10版；《上海市纳捐人会成立记》，《申报》1922年1月23日，第14版；《上海市纳捐人会呈文及县批》，《申报》1922年4月19日，第13版。1925年底至1926年初，南市和闸北各团体因反对市政机构加征"公益捐"，分别筹组纳税人会，主张"市民应有监督及参与市政之责任"，纳税人会应为"市政问题之最高机关"，后因市政机构取消加捐，筹组工作遂告停顿。《上海市纳税人会筹备会纪》，《申报》1925年11月27日，第13版；《闸北市民亦组纳税人会筹备处》，《申报》1925年12月21日，第13版；《上海市纳税人会进行恢复》，《申报》1927年3月8日，第10版。南京国民政府初期，上海南市华人团体以地方当局捐税日重，民众对市政事务毫无发言权与代议权，而"回观租界华人，亦有纳税华人之组织，在帝国主义铁蹄统治下之华人，尚得有参政权"，故再度筹备组织"上海南市纳税人会"，后拟扩大为"上海特别市纳税人会"，"进行参政运动，对于市政当局之设施，非经市民代表机关之通过，不能公布执行"，但最终亦无下文。《南市纳税人会筹备会纪》，《申报》1928年3月12日，第14版；《南市纳税人会筹备进行》，《申报》1929年4月17日，第14版。鉴于1928年上海公共租界华人初步获得参政权利后，"凡境内关于行政上一切收支预算结算及税制章则，均可参预"，浙江一位财政专家公开提出"吾人欲希望深知财政内容，督促财政公开，不可不联合纳税人组织纳税人会"。魏颂唐：《对于纳税人之贡献》，《商业杂志》第3卷第11期，1928年。

认。华人被完全排斥在相当于租界最高权力机构的纳税人会议之外，而只有选举华董之权，政治地位与外侨仍相去甚远。其次，华人没有获得市政管理的主导权，公共租界依然处于列强和外侨的掌控之下，华人权益无法得到充分维护和有力保障。纳税华人会除了选举华董，基本没有其他实质性的市政权力，与相当于立法机构的外侨纳税人会议不可同日而语。尽管1930年华董人数增至5人，与英籍董事相同，但由于列强董事在市政决策中通常采取一致立场，华董在董事会中仍属少数，未能取得与华人人口和利益相匹配的话语权，其维护和争取华人权益的效果也因此受到相当限制。再次，由于华人团体的相关规定，可享受参政权利的华人居民只占总人口的很小一部分，实际行使权利的人数更是非常有限，且基本限于工商界人士。这在一定程度上制约了华人参政运动的力量和成效。最后，和外籍董事一样，作为华人参政代表的华董和华委虽由纳税人选举产生，但当选者大多来自一个很小范围的商界精英群体。他们基本掌控了华人参与市政事务的程度和立场，所以华人参政运动并未改变公共租界"寡头政治"的实质。

正如有学者所说，公允评价一场政治运动或社会运动，不应只依据其实际结果，还要注意它在特定时代背景下所挑战的既有制度。[①]上海公共租界的华人参政运动直接挑战了列强保护下外侨垄断市政权力、排斥华人参与的半殖民统治体制，冲击了华洋居民政治权利严重不平等的关系结构，进而试图建立一个由华人主导的政治新秩序，为中国政府最终收回租界预备了基础。尽管由于种种内外因素和环境，这些目标未能完全实现，但不管是在近代中国人民争取政治权利、反抗殖民主义，还是追求种族平等的过程中，华人参政运动都有其不应被忽视的历史意义。

租界制度、半殖民主义与中外关系

租界是列强资本主义殖民扩张的产物，也是近代中国半殖民地性质最直

---

① 约翰·K. 沃尔顿：《宪章运动》，祁阿红译，上海译文出版社，2003，前言，第3页。

观的体现之一。众所周知，晚清以降，以英国为首的列强在中国多地攫取了不同程度的殖民权力，除了个别割让地区处于单个列强的完全殖民统治之下，其余租借地和租界等皆非正式的殖民统治。在维护和扩大各自殖民权力的过程中，列强之间始终处于既彼此竞争又协同合作的关系。上海公共租界因其优越的地理位置和巨大的外商投资，在列强在华半殖民体系中占据核心地位，又因其高度自治的政治体制而堪称典型的"国中之国"。同时，该租界名义上为"国际"或"公共"性质，并非单个列强所专有，使之在某种意义上成为列强多国半殖民主义的缩影。因此，尽管上海公共租界的制度在许多方面有其特殊性，仍普遍被中外学界作为审视和剖析近代中国半殖民主义的"样本"。列强政府和侨民在该租界建立的半殖民统治制度和政治秩序是华人参政运动挑战的直接对象，也构成了这一运动发展演进的基本地方语境。通过中外各方围绕华人参政问题的互动、交涉与折冲，可以拓展和深化对租界制度和半殖民主义的认识。

租界制度建立在近代中外不平等条约体系之上，但列强和外侨在租界的半殖民行政权力其实缺乏条约依凭，遑论国际法的根据。这在上海公共租界的制度中体现得尤为明显。如果说上海道台宫慕久在与英国领事巴富尔商定后颁布的 1845 年《土地章程》是英租界设立及其早期中外官员共管体制的依据的话，初步建立外侨自治制度的 1854 年《土地章程》则是英、美、法三国领事单方面修改颁布的，中方官员并未参与其事，因此就连相关列强的公使都没有批准该章程，据之成立的工部局和正式确立的租地人会议制度自然不具有合法性。基本确立上海公共租界市政体制的 1869 年《土地章程》也是由外侨和领事团单方面拟定的，虽得到列强公使的"暂行批准"，但未获清政府正式承认。因此，故工部局和纳税人会议的权力与地位皆无明晰的法理基础。

上海公共租界市政当局的权力不仅缺乏充分的法理依据，其边界也十分模糊。工部局名义上只是外侨的市政自治机构，但自成立之日就僭取了征税和警察这两项对于都是最重要的行政权力，其后不断抵制和排斥中国政府对界内事务的管辖权，并以市政管理需要为由不断扩张自身的权力，将之逐步

结　语

渗透至租界社会的方方面面。特别是1869年获得制定《土地章程》"附律"的权力后，租界当局可以随时提出扩大自身职权的议案，只需外侨纳税人特别会议通过即可生效，其权力越发没有明晰的边界。对此，以英国为首的列强为了拓展对华商务，基本采取纵容和支持态度，没有进行有力的干涉和制约。外侨出于自己利益的考量，更是普遍赞成工部局扩张权力，无意对之加以约束。1893年，租界当局和外侨隆重举行上海开埠50周年纪念活动，个别外侨在讨论市政问题时提议从法律上明确工部局的责权范围。对此，《北华捷报》专门发表评论文章称，该提议"至为危险"，将导致"我们在此地活动的许多便利条件受到阻遏或被迫放弃"，租界当局及其历任法律顾问都极力避免对工部局的权力加以严格界定，深究《土地章程》的效力范围和工部局的运作原则会带来"最灾难性"的结果。①

利用晚清时期中国国力贫弱、内乱频仍的状况，列强和外侨不断攫取条约以外的特权，最终在上海公共租界建立起一种在世界历史上极为罕见的政治体制：占人口极小一部分的各国外侨在列强共同保护下实行高度自治。列强和外侨不仅侵夺了中国地方官员对租界的行政管辖权，而且对华人居民实行歧视和排斥政策，致使华洋居民的政治社会权利严重不平等。占人口绝大多数的华人缺乏参政权利，人格尊严和切身利益皆受侵犯而无由维护。上海公共租界的政治制度不仅被鼓浪屿公共租界所照搬，而且多数列强专管租界也不同程度地效而仿之。各地租界遂成为列强官民攫夺条约外利权、侵犯中国主权和华人居民权益的重要据点，大大加深了近代中国的半殖民地化程度。对此，民国时期一篇文章形容道："租界之于国家，犹人腹之有积瘘，上海（公共）租界为吾国最巨最久之积瘘，而其暗毒且蔓延于全国。"②

上海公共租界当局的半殖民统治权力缺乏法理依据和明晰边界，是列强和外侨长期抵拒华人参政的重要原因。虽然工部局实际上对华人居民行使管理权，而且早期曾考虑通过吸纳华人进入市政机构使之正当化，但其对华人

---

① "The Jubilee Celebration," *The North-China Herald*, May 12, 1893, p. 672.
② 姚公鹤：《上海空前惨案之因果》，《东方杂志》第22卷第15号，1925年，第26页。

抗争与博弈：上海公共租界华人参与市政管理的权益之争（1854—1932）

的统治终究难寻合法性。早在1862年，时任英国公使布鲁斯在批评外侨"自由市"计划时就明确否定了工部局对华人居民的统治权，他强调租界为中国领土，界内华人居民天然隶属于中国政府，后者也从未声明放弃对前者的管辖权。①这与香港、新加坡等处于英国完全殖民统治下的地区判然有别。不论在香港还是新加坡，殖民当局对占人口绝大多数的华人居民都拥有确定的治权，在法律上明确规定了两者之间的关系，殖民当局也设有专门负责管理华人事务的"华民政务司"（Secretariat for Chinese Affairs）。上海公共租界当局则因法理上并无统治华人之权，故即便事实上早已对华人施行几乎全方位的管理，并得到中国政府的勉强默许，但历次《土地章程》都回避了工部局与华人居民的关系问题，工部局也始终没有设立专门管理华人事务的机构。

由于自身的市政权力原本就没有明确依据，对华人居民的管理权更属"僭越"，加之与华人社会缺乏正规有效的沟通渠道，租界当局对华人的抗争活动高度敏感，担心一旦妥协就会动摇自身的半殖民统治权。正是由于这种强烈的"不安全感"，面对19世纪后期逐渐增多的华洋矛盾和华人屡次表达的参政诉求，租界当局和外侨不仅没有向华人开放一定市政权利以缓解华洋矛盾，还采取日益强硬的态度打压华人的抗争活动。反倒是香港、新加坡等地的殖民当局，较早地开始吸收华人社会精英分子加入——尽管最初象征意义远大于实际意义——借以安抚华人社会，预防后者大规模的激烈抗争。究其原因，一战后曾短期代理英国驻沪总领事的杰弥逊的一句话颇堪玩味："本地租界的外人无权管辖华人，香港当局则拥有完全的权力。"②杰氏称租界当局无权管辖华人，显然与事实不符，但若从法理上而言确实如此。外侨之所以长期抵拒华人参政，不只是不愿失去对市政权力的垄断，而且担心给予华人哪怕非常有限的参政权利也会引起连锁反应，导致外侨失去更多的特权，甚或丧失对租界事务的主导地位，危及他们在上海巨大的商业利益。这种忧惧随着20世纪早期中国朝野日益高涨的收回主权声音而越发强烈。因

---

① Bruce to Medhurst, September 8, 1862, *The North-China Herald*, March 28, 1863, p. 50.
② Enclosure 2: Minutes of a Meeting held at H. M. Consulate-General, Shanghai on Wednesday, August 20, 1919, FO 671/447/542, TNA.

结　语

此，即使一战后华人团体发起颇具声势的参政运动，而且包括英国公使朱尔典在内的一些列强外交官和侨民也明确表示同情，并以香港、新加坡等地为例说明市政机构加入少数华人代表有助于维护当地的政治社会稳定，但租界当局和多数外侨依然拒绝增设华董——更遑论给予华人平等的政治权利——致使华人参政运动遭遇重挫。

一战后，随着中国外交当局和本地华人团体先后通过不同渠道正式提出给予华人参政权利的要求，华人参政问题在上海公共租界政治中的重要性日益凸显。中外朝野各方围绕该问题进行了反复交涉，却迟迟没有进展。外侨普遍的消极和反对态度固然是主要症结所在，租界当局与列强政府之间含糊不清的关系也是一个重要原因。理论上说，《土地章程》是中外政府间达成的一种协议，据之成立的市政机构工部局，即便不受中国政府的约束，也应处于列强的管控之下。驻沪领事团原则上拥有对工部局的行政监督权和司法裁判权，同时负责涉及上海公共租界问题的外交事宜，公使团则掌握对该租界相关重要事务的最高决定权。然而，事实上租界当局与领事团、公使团的关系并非如此。工部局董事会每每在遭遇重大危机时都会请求列强给予外交援助甚至武力保护，却不愿受列强政府的管束，而倾向于认为自身只对外侨纳税人负责。董事会在市政事务上虽经常征询领事团的意见，但1924年工部局总董费信惇在董事会议上直言，"领事团对工部局的关系从未从法律观点上或政治观点上明确规定"，其"所依据的基本原则非常模糊不明"，领事团无权向工部局发布任何明确的命令或指示，后者也可不经前者批准而采取自认为必要的措施。[①]由于外侨与列强政府在租界事务上的意见分歧，工部局和公使团之间也经常发生矛盾，前者往往不愿服从后者，五卅惨案发生后董事会拒绝接受公使团的处分决定就是最明显的例证。

上海公共租界制度的合法性本就存在严重问题，加之工部局与领事团和公使团之间含糊微妙的关系，使该租界的性质和地位极其晦暗不明，"有非

[①] 上海市档案馆编《工部局董事会会议录》第22册，第702—703页。

楮墨所能形容"①。这在很大程度上是以英国为首的列强长期默许和放任的结果，有学者将之称为"多重半殖民主义的灰色地带"②。该租界重要事务的交涉通常牵涉中国政府、相关列强、租界当局、华洋团体等多个主体，更因工部局与各方关系的模糊性而变得异常纷繁复杂、步履维艰。这在华人参政问题的交涉中表露无遗。时人曾形容道，面对华人的参政要求，"而外人复辗转延宕，工部局诿之领事团，领事团复诿之纳税西人会。纳税西人会受工部局之暗示，且以事关变更旧章，未便擅专，而假请命于使团为缓兵之计"③。细察中外各方的实际互动过程，往往比上述形容更为往复周折。由于工部局、领事团和公使团的立场不尽一致，且互相推诿责任，中国外交当局和华人团体在交涉时经常难得要领、事倍功半，协商结果也往往无法落实，在相当程度上导致了华人参政问题长期悬宕，成为上海公共租界政治生活中最难解决的问题之一。

与此同时，列强在上海公共租界的竞合也影响了华人参政的进程。一些学者指出，由于近代中国始终是一个拥有独立性但又非完全独立的半殖民地，列强在华攫夺利权时，反比在各自正式的殖民领地更加肆无忌惮。一方面，为了获得更多利益或占得先机，列强争相抢夺地盘和权力，彼此之间竞争激烈，矛盾无已；另一方面，列强在处理对华政策时通常相互协调立场，并在利益均沾的原则下共享许多掠夺成果。这种多个强权既竞争又合作的特殊关系结构与常见的殖民主义迥然不同，引发了"滚雪球般递增的剥削效应"，其对中国政治、社会、经济等各方面的破坏性并不亚于正式的殖民统治。④在各地租界的划设和沿革过程中，列强之间既有矛盾和斗争，也有协商与合作，而上海公共租界则集中体现了近代中国的半殖民关系结构。列强的

---

① 夏晋麟：《上海租界问题》，第106页。
② Bickers, *Britain in China*, p. 18. 毕可思认为1920年代中期的国民革命促使英国政府重新考量其在华利益，加强了对侨民的管束，试图使租界逐步"去殖化"，但这一过程十分漫长，并因太平洋战争的爆发戛然而止。
③ 姚公鹤：《上海空前惨案之因果》，《东方杂志》第22卷第15号，1925年，第25页。
④ Clifford, *Spoilt Children of Empire*, p. 7；史书梅：《现代的诱惑：书写半殖民地中国的现代主义（1917—1937）》，何恬译，江苏人民出版社，2007，第38—39、42页。

协作是该租界政治制度形成和运作的基础,但各国在当地政治、经济等领域的明争暗斗几乎不曾停歇。列强官民对华人居民的集体压迫是华人要求参政权利的根本原因,而他们之间的竞争与妥协也深刻影响了华人参政的轨迹。一战时期外侨社会的分裂和列强对华贸易竞争的加剧引发了当地华洋关系的变化,成为华人参政运动兴起的重要语境。战后,列强领事普遍表示支持工部局增设华董,其背后不无对英国长期实际把持租界市政权力的不满心理。[1] 美侨舆论支持华人参政最力——华人团体正式提出参政要求很可能就是受到美侨报刊的启发——不只是出于对华人境遇的同情,更主要的是希望借此遏制美国在华最主要的商业竞争对手日本的势力扩张。五卅惨案爆发后,租界当局和英侨群体认为法国、意大利等国试图借机推翻现行市政体制、打击英国在公共租界的主导地位,这是工部局主动提出增设华董案不可忽视的原因之一。在对外交涉过程中,中国外交当局和当地华人团体也有意识地利用列强之间的矛盾,以推动华人参政的进程。然而,在各个历史时期,列强在华人参政问题上最终都形成了较为一致的立场,在很大程度上决定了华人参政所能取得的进展。

在中外各方围绕华人参政问题的互动交涉中,具有决定性作用的是在上海公共租界拥有最大利益的英国政府和由英侨主导的租界当局的态度。而不管在影响英国外交部的相关政策、协调各国政府立场,还是对工部局施加影响方面,英国驻沪总领事往往扮演了关键角色。他们一方面大多与英商群体联系密切,倾向于维护租界当局的立场,为此有时消极抵制驻华公使馆的训令或刻意隐瞒地方实情,甚至绕过公使馆直接向英国外交部报告。另一方面,英国总领事通过与占多数席位的英籍董事协商,可以影响工部局董事会的决策,使之与自己的意志尽量保持一致。在领事团与中国地方官员有关公共租界事务的交涉中,英国总领事通常都占据主导地位,其他领事多唯其马首是瞻。面对领事团的一致立场,地方官员往往被迫妥协退让,而地方交涉

---

[1] Minute of G. W. Moss, July 16, 1925, FO 3069/194/10, 转引自 Clifford, *Spoilt Children of Empire*, p. 33。

的结果最终一般会得到中国政府和公使团的认可。一些长期任职的英国驻沪总领事如法磊斯、巴尔敦等，更将上海公共租界视若禁脔，在与各方交涉中尤为强势，连英国外交部官员和驻华公使对此亦不无指摘。有学者认为，列强领事团是上海公共租界政权运作体制的"太上皇"。①揆诸史实，似乎只有英国总领事才堪此"称号"。在华人参政问题上，法磊斯和巴尔敦等人皆以十分强硬的态度坚持其主张，极大地影响了工部局的立场，致使英国外交部和驻华公使虽有意调整政策也难以贯彻。可以说，他们的主张和活动在很大程度上决定了交涉的最终结果。由此可见，在近代中国的半殖民秩序之中，列强领事占据了至关重要的位置。

上海公共租界的华人参政看似只关乎界内华人居民的权益，实则与中国收回租界的进程有内在关联，并牵涉近代中外关系中一个具有普遍性和根本性问题，即中国收回主权的政治诉求与列强维护商业利益的经济诉求之间的矛盾。清末以降，朝野人士日益认识到租界制度对中国主权和利益的侵害，收回租界之议渐起。民初，北京政府基本确立了将华人参政作为收回租界过渡步骤的方略。各地租界之中，国际影响最大的上海公共租界是中国政府收回的首要目标，自然也成为上述方略最重要的试验地。②换言之，上海公共租界的华人参政对于中国收回租界的进程具有不容小觑的影响。当地华人争取参政权利的努力与中国政府收回租界主权的活动本质上相契相通、相辅相成。因此，不管是北京政府还是南京国民政府，都明确表示支持华人的参政诉求，并在外交上给予了不同程度的支持。沪案交涉期间，执政府外交当局向公使团提出的工部局改组案，可说是一份通过华人参政渐进收回租界行政主权的具体方案。南京国民政府初期，外交当局基本延续了这一收回租界的方略，并开始将之付诸实践，借助华人参政代表之力，逐步增加对租界事务的管辖权。

和列强在近代中国攫取的许多其他特权一样，租界制度也是主要为其商

---

① 袁燮铭：《晚清上海公共租界政权运作机制述论》，《史林》1999年第3期，第75—77页。
② 民国时期著名法学家王世杰指出："如果我们不能收回上海的公共租界，则即将其他二十处他管租界一一收回，租界问题，实际上还不曾解决一半。反之，我们如果能够将上海公共租界收回，上海法租界以及其他他管租界的收回，实际上绝不会有何重大困难。"王世杰：《上海公共租界收回问题》，太平洋书店，1927，第2页。

业利益服务的。租界的设立原本意在为外商提供集中居住和经商的区域,实为列强在华商业扩张之产物。晚清时期,列强和外侨逐步侵夺中国行政主权,致使租界几乎完全独立于中国政府管辖之外。对列强和外侨来说,保持对上海公共租界市政权力的掌控不仅是界内外商巨额投资的"安全保障",而且可为外商拓展在当地、全中国乃至东亚的商贸业务提供诸多便利条件,尤其是使其在与华商的竞争中拥有明显的优势。因此,他们自然抗拒中国政府收回租界的努力,对于可能危及外侨对租界半殖民统治权的华人参政要求也普遍持消极和抵制态度。但随着一战后尤其是五卅运动后国际政治潮流的演变和中国民族主义运动的推进,列强和外侨日益意识到上海公共租界迟早须归还中国,所能做的只有设法延迟这一进程,尽可能避免其对自身商业利益的影响。如何处理列强商业利益与中国民族运动之间的矛盾,是1920年代所谓"上海问题"的本质所在,也是20世纪早期中外关系中具有普遍性意义的问题。由于上海公共租界是列强在华商业利益最为集中之地,时人甚至认为:"非先解决上海问题,即不能解决中国问题之全部"。①

对列强和外侨来说,华人参政为解决"上海问题"提供了一种比较能接受的方案。第一,通过与华人分享市政权力,展示"华洋合作"的"善意",有助于缓和中国朝野的民族主义情绪,延迟中国政府收回租界的进程。第二,华人参与市政可以在一定程度上纾缓华人居民对租界当局的不满情绪,维持界内社会政治秩序的稳定,避免华洋矛盾激化而招致各方批评,也有利于减轻归还租界的压力。更重要的是,通过逐步提高华人在市政管理中的话语权,可以使租界统治权以"渐进"而非"革命"的方式转移至华人手中,避免中国政府直接收回租界可能对外侨商业利益造成的巨大冲击。此外,列强和外侨对华人参政还寄予一种"期待",即华人可由此逐渐熟悉租界市政体制的运作方式,提高市政管理的能力,将来获得市政主导权后尽可能延续既有制度,为外侨继续从事商业活动提供较好的环境。②正式基于这些考量,

---

① 徐公肃、丘瑾璋:《上海公共租界制度》,序言,第2页。
② Senior Consul to Dean of the Diplomatic Body, March 16, 1923, Jarman, ed., *Shanghai*, Vol. 13, p. 569.

抗争与博弈：上海公共租界华人参与市政管理的权益之争（1854—1932）

一战后英国驻华公使朱尔典就颇有推动华人参政之意；五卅运动后租界当局主动提出了增设三华董案，并获得外侨纳税人会议几乎一致通过；南京国民政府初期，尽管外侨中仍不无强硬反对华人参政的声音，但不管是英、美等国外交部门的政策、一些所谓"中国通"提出的方案、"费唐报告"的结论，还是租界当局的施政方针，皆将逐步增加华人参与市政管理的权利作为应对中国收回租界要求的重要策略。

可以说，华人参政为解决中国收回租界的主权诉求和列强在华商业利益之间的矛盾提供了一个折中的途径。因此，南京国民政府前期，各方积极将推动华人参政付诸施行。但由于出发点和立场不同，中外官民的设想与期待也存在差异。中国政府在无力立即收回租界的情况下，将推动华人参政作为逐步收回主权的方略，自然和华人团体一样希望加速其进程，尽早将市政权力收归华人手中。列强和外侨则是将接受华人参政作为延缓中国收回租界的一种策略，不愿见华人迅速掌控市政权力，而是希望尽可能地延长外侨主导的时间。如果不是日本武力侵华导致中外关系格局剧变，上海公共租界的市政权力有没有可能随着工部局华洋董事人数的此长彼消而逐步转移至华人手中，从而开创中国收回租界的一种新模式？[①]历史没有假设，后人只能对这一"未完成的试验"展开遐想。但鉴于上海公共租界的重要性和复杂性，几乎可以断言，即使中国的政府通过华人参政最终收回了该租界的行政权，也必将经历一个相当漫长而曲折的过程。

"租界意识"、反殖抗争与华洋关系

上海公共租界华人参政的历史影响，并不仅限于政治、外交和经济层面。不管是从运动的起因、过程还是结果来看，华洋之间的交涉互动都牵涉半殖民地社会结构、文化关系等更重要的议题。因此，有必要将

[①] 对此，不管是民国时期还是当下，都有西方学者给出了肯定的答案。Johnstone, *The Shanghai Problem*, p. 241; Jackson, *Shaping Modern Shanghai*, p. 76.

华人参政置于更宽广的社会文化视野之下，进一步探讨其丰富而深刻的历史意涵。

华人参政问题的出现是由于租界华洋居民政治权利的严重不平等，这种不平等关系间接建立在中外不平等条约体系之上，与后者具有文化上的同构性。列强之所以会胁迫中国签订违背国际法普遍原则和自身价值理念的许多不平等条约，肆意攫夺种种特权，所凭恃的并不只是有形的船坚炮利，还有一套无形的文明等级秩序观念，即列强是拥有先进思想和制度的文明国家，而中国是政治、法律和社会观念都处于落后乃至"野蛮"状态的非文明国家。这种文明（或文化）优越观是典型的帝国主义心态，它使列强"心安理得"地对"劣等"民族或国家实施不同于本国通行的行为准则，享受高于当地人民的特权，甚而至于对非西方国家或地区实施直接的殖民统治。有学者指出，在近代中国，列强官民个人的上述心理和行为在租界中表现得最为昭彰，甚至可以说形成了一种普遍的"租界行为"或"租界意识"。[①]"租界行为"或"租界意识"基于国家间的文明等级观念及由此衍生出的种族主义，具体表现为列强官民拒绝以母国或外侨社会中普遍采行的原则对待华人居民，在政治社会生活中对后者加以各种排斥和压迫。处于列强半殖民统治下的上海公共租界虽未实行种族隔离政策，而且标榜其高度的国际属性和选贤举能的代议民主制度，但现实中种族界限之分明程度并不亚于正式的殖民地。来自不同种族、不同国家和不同阶层的外侨本就不是一个和谐平等的共同体，华人居民更是整体上受到外侨群体几乎不加掩饰的歧视性待遇。[②]租界当局向华人征收捐税，其总额甚至高于外侨，却不给予华人许多基本的政治和社会权利，最广为人知的例子是禁止华人进入公园。通过代议民主制度实行高度自治的外侨，长期拒绝按照"不出代议士不纳租税"的原则给予华人工部局董事的选举权和被选举权或者任何形式的代表权，则是另一显明例证。

[①] 罗志田：《帝国主义在中国：文化视野下条约体系的演进》，《中国社会科学》2004 年第 5 期，第 195—196 页。

[②] Bickers, *Getting Struck in for Shanghai*, pp. 9–10.

抗争与博弈：上海公共租界华人参与市政管理的权益之争（1854—1932）

外侨在租界政治社会生活中享受的种种特权和对华人全面的歧视与压迫，导致华洋矛盾不断产生，引发了华人各种形式的抗争活动。然而，不少研究近代中外关系和上海地方史的学者对公共租界华洋社会之间紧张关系的重视程度似嫌不足。例如，费正清就认为，近代中国通商口岸的半殖民地不存在殖民地典型的种植园式的单方面经济剥削现象，华洋居民形成了具有高度活力的"默契的伙伴关系"，外人对租界的军事和政治控制为中国现代工商业的发展提供了"摇篮"，而外侨享有的领事裁判权等特权也只是相当于传统中国社会"士大夫统治阶级本身所有的那种特权地位"。[1]这种带有明显为殖民主义辩护色彩的观点，因费氏的学术地位而影响深广。虽然中外学者已从不同角度对列强（半）殖民主义对近代中国历史进程的负面影响进行了剖析和批判，但当下仍有一些学者强调上海公共租界华洋居民利益之间的高度关联和彼此渗透，甚至将租界视为一个中外共建共享的"利益共同体"。这些观点大多意在避免以简单的中与外、华与洋二元对立的视角看待租界历史，无疑有可取之处，但在一定程度上存在模糊殖民者与被殖民者之间的界限，淡化前者对后者整体上的统治和压迫关系的风险。的确，上海公共租界相对发达的经济水平、先进的市政设施和安定的社会秩序，为广大华人居民提供了较为有利的谋生和居住环境，客观上对中国近代经济、政治和文化的发展也具有一定的刺激和催化作用，而且华洋居民在某些方面确实存利益交织和互赖关系。但是，这些都不能消解殖民者与被殖民者之间的根本矛盾，不能掩盖前者对后者的经济掠夺、政治压迫和人格欺辱。否则，我们便无法理解该租界何以爆发多次激烈的华洋冲突，并成为中国早期民族主义运动的重要策源地。

由于外侨对上海公共租界的半殖民统治缺乏明晰的法理依据，为了维持对市政权力的垄断，外侨在依恃列强军事保护和外交支持的同时，也建构了一套关于租界历史和华人性格的话语，为其在政治权利上对华人的排斥进行

---

[1] 费正清编《剑桥中华民国史（1912—1949年）》上卷，中国社会科学出版社，1993，第25—27页。

辩护。一方面，在外侨对上海公共租界历史的叙述中，这一"模范租界"在社会经济和市政建设等方面所取得的成就几乎完全是外侨之功，尤其是租界当局廉洁高效的行政管理和对中国官府干涉的坚决抵制；占人口绝大部分的华人居民则不仅对租界的发展没有任何实质性贡献可言，而且是各种政治社会问题的制造者。同时，通过强调租界最初是中国政府所划专供外侨居住经商之区域，早期华人居民系因躲避中国内乱而入居界内，外侨将自身描述为租界的主人，而华人居民则只是托庇于外人保护之下的客居者。另一方面，外侨还通过对中国历史、政治和社会有选择地描述和分析，对中国人的素质和性格做出许多标签性的论断，如贪婪、腐败、自私等，以证明华人不具备参与市政管理事务的能力，预言租界当局加入华人会使市政体制遭到"污染"和"腐蚀"，华洋居民的利益将皆受其害。按照上述话语的逻辑，华人居民不仅无权要求参与市政管理事务，而且不配享有参政权利，理应处于外侨的统治之下。20世纪前期，尽管中国在政治社会改良和市政建设方面都取得了显著进步，但多数外侨或漠然无视，或歪曲贬低，仍顽固维护自身的特权；对于华人随着民族意识和权利意识的增强而提出的参政要求和为此进行的抗争，外侨则往往视为"排外""过激"的思想和行为。这种时人所谓的"上海心理"实与"租界意识"一脉相承。外侨基于文明优越观和种族观念所建构的关于租界历史和华人性格的"东方主义式"话语，经由公众媒体和各种场合的反复传播与言说而形成一种十分普遍的认知，租界当局和外侨舆论以之作为反对华人参政的重要理由，同时构成了某种对华人的文化强权。

在此意义上，华人的参政努力既是对殖民者政治压迫的抗争，也是反抗殖民者文化强权的斗争，其目的不只是使华人获得与外侨平等的政治权利，同时含有在文化上争得与外人平等地位的意旨。然而，上海公共租界的半殖民地政治、社会和文化结构使华人商民反殖抗争的思想和行动受到诸多内外局限，制约了华人参政的力量和成果。

华人参政的思想资源主要来自民族主义和西方代议民主政治学说。与正式殖民地不同，近代中国同时遭受多个强权的侵略，但只丧失了部分领土和主权，而且几乎始终存在一个国际社会承认的中央政府。这种多国竞争的半殖民主义对租界华人反殖抗争的思想产生了至少两重深刻影响。一方面，华人居民（包括接受西式教育的精英群体）总体上拥有明确的国家认同，对民族文化也保有一定程度的自信，这是华人争取与外侨平等的政治权利和文化地位的前提。另一方面，华人居民在反抗殖民统治和压迫的同时，又高度认可殖民者的一些政治理念，并将之作为反殖抗争的主要依据。19世纪后期华人最早公开表达参政意愿时，主要是依据"因俗而治"和"乡绅治理"等中国传统政治理念，论证外人应接纳华人参与市政管理事务，即便是偶尔提出的朴素平等主张和对工部局在市政管理中"一味用强"的批评，大体也不出传统思想之范畴。这些论说面对西方现代政治思想和外侨的文明优越心理，几乎没有竞争力。进入20世纪，尤其是华人参政运动兴起后，民族主义和西方代议制民主政治原理成为华人要求参政权利的主要思想依凭。第一，华人主权意识的觉醒和对民族独立的渴望，为参政运动提供了持续不断的思想动力，也是凝聚华人团体的主要力量之一，而且经过五卅惨案的刺激而越发强劲，使运动呈现强烈的民族主义色彩。通过申说中国对租界的领土主权和收回行政主权的目标，抨击外侨对中国主权的侵夺和对华人的压迫，华人团体反击了外侨以租界主人自居的优越心理，并赋予华人参政以政治合法性。第二，华人团体始终高倡"不出代议士不纳租税"这一西方代议制民主政治的基本原则，同时强调华人对租界社会经济发展和市政建设的巨大（甚至超过外侨的）贡献，作为向列强和外侨要求参政权利的理论和事实依据。这种明显含有"以彼之矛攻彼之盾"策略的抗争话语虽有一定说服力，却同时削弱了对租界制度的批判，并在某种程度上确认和强化了西方殖民者的文化优越地位。尽管华人团体在阐论参政要求的合理性时，始终伴有对租界当局的权力合法性和市政管理政策的质疑和批评，而且反复陈说华人参政的裨益，但始终未能在全面深入批判西方（半）殖民主义和租界寡头政治的基础上，提出一套有力的反殖话语和民主理论，作为参政运动的思想武器与路线指引。这既是主导运动的租界华商群体的思想局限性使然，也是近代中国特殊的半

结 语

殖民地语境中十分普遍的文化现象。[①]由于商人团体固执于西方资产阶级政治理念，而且几乎完全接受了外侨所定参政资格标准，致使参政运动难以吸引各界人士和一般市民的积极参与，无法形成更广泛的社会基础和更强大的政治势能，限制了对外抗争的力量。

作为租界华人社会的中坚力量，商人是参政运动的主角，其内部的协作、竞争和矛盾直接影响了参政运动的进程。整体而言，来自不同阶层、籍贯和行业的华商因长期遭受外人歧视和压迫，都渴望争得参政权利，在对外抗争中也基本维持了协商合作的关系。特别是纳税华人会创立后，华商逐渐形成了一个超越各种界限的共同身份认同——"租界华人"，增强了内部凝聚力。这是参政运动虽屡经挫折却延续不辍的基础。但受到在半殖民地政治社会结构中所处地位和与外人利益关系等因素的影响，不同阶层和不同地域的商人在抗争的立场和方式上不无分歧。资产雄厚的上层商人以华人社会的领导者自居，租界当局也长期将总商会视为唯一代表界内全体华人意见的组织，对华商精英的待遇高于普通华人。总商会在某种意义上已成为租界市政管理体制的一个组成部分，而且上层华商与外商有较多的业务合作、利益关联和私人交谊。在参政问题上，上层华商普遍主张采取平和、渐进的方式，通过与工部局交涉协商逐步获得参政权利，极力避免发生严重的华洋冲突。相比之下，以中小华商为主体的商总联会的对外态度激进得多，不仅提出了相对更高的参政要求，而且屡次试图通过抗捐、罢市等较为强硬的方式迫使外人做出让步。与上层华商不同，中小华商在租界权力结构中处于相对边缘的地带，社会地位较低，权益缺乏保障。有学者提出，殖民社会的"边缘人"（marginal men）易于形成强烈的反帝民族主义思想，并将之作为大众动

[①] 有学者认为，由于列强在近代中国并未实行正式的殖民统治，而且各国的殖民管控之间存在许多缝隙、差异和竞争，中国知识分子比殖民地知识分子的意识形态、政治和文化立场更为多元。在大多数知识分子的思想世界中，存在两个"西方"：一个是应当模仿的"都市西方"（西方的西方文化），另一个则是应予以批判的"殖民西方"（在华西方殖民者的文化），但对前者的高度推崇往往削弱了对后者的批判。史书梅：《现代的诱惑》，第43页。

员和扩大自我力量的手段。①在参政运动中,中小华商表现出高度的政治热情和激进的对外立场。各路商联会代表不仅率先正式提出了参政要求,商拟了《土地章程》修改草案,而且主导创立了纳税华人会,在早期参政运动中扮演了引领角色。但中小华商的实力毕竟不及上层华商,在对外抗争和交涉中都十分依赖总商会的支持,加之自身组织的缺陷、政治上的不成熟和内部的派系纷争,致使其在参政运动中的主导地位逐渐被上层华商所取代。另外,参政运动中也存在不同省籍商人之间的竞争。如粤籍商人积极参与了争取参政权利的活动,且对外立场往往更为强硬,但运动的主导权始终掌握在江浙商人的手中。这固然是江浙商人势力占优的表现,但明显也是粤商遭到排挤的结果。华商内部的竞争和矛盾,无疑会减弱对外抗争的声势和力量,对参政运动产生一定的负面影响。

此外,上海公共租界事务的交涉机制也在很大程度上限制了华人的抗争活动。华人团体在与租界当局直接交涉参政问题时本就处于弱势,而且往往不得要领,故而通常一方面呈请外交当局对外谈判解决,另一方面试图通过集体抗捐或罢市等示威活动向租界当局和列强施压。工部局面对华人的参政要求,每以修改《土地章程》需中外政府交涉为由,诿之于领事团和公使团;对于华人的抗争活动,则通常采取十分强硬的措施进行打压。尽管清末以降,外交当局对于华人的参政要求都表示支持态度,但与公使团的历次相关交涉几乎皆告无果。与此同时,中央政府又担心华人的示威活动失控,导致华洋激烈冲突,引起外交危机。故每当华人团体面对工部局的蛮横打压,决心为达目的抗争到底之时,外交当局都会出面予以安抚商劝,以息风潮,避免冲突激化。华人团体在无法获得有力外交奥援的情况下,通常为顾全"大局"而无奈妥协,致使参政运动屡受挫折。

由于思想和行动上的种种局限,上海公共租界的华人参政可以说是一个"委曲求权"的过程。总体而言,华人采取了较为温和的抗争方式,主要通

---

① S. A. Smith, *Like Cattle and Horses: Nationalism and Labor in Shanghai, 1895 – 1927* (Durham and London: Duke University Press, 2002), p. 5.

结　语

过制造舆论、提交呈文、沟通协商等形式向中外当局呼吁和交涉，诸如大型集会、罢市、抗捐之类的和平抗议手段也很少使用。近代以来，世界各地的参政运动和反殖民、反种族歧视运动，如英国宪章运动、英美妇女参政运动、印度非暴力不合作运动和美国黑人民权运动，大多伴随大规模示威游行和严重暴力事件。华人参政运动中始终没有出现类似场景，而且华人团体每每在对外抗争的关键时刻选择妥协，忍辱退让，避免与租界当局的激烈冲突。这不应简单地归因于华商群体的软弱性——尽管商人的职业特性使其比一般社会群体更重视正常社会秩序的维持——而是半殖民地政治、社会、文化等多方面因素综合作用的结果。然而，事实证明，温和的抗争方式很难改变租界当局和多数外侨的立场，为华人争得"公道"待遇。直到经历五卅运动的冲击后，租界当局才在外侨舆论的推动下同意增设华董，并首次公开承认了华人对租界社会经济的重要贡献。

南京国民政府前期，华人初步获得参政权利，上海公共租界进入"华洋共治"的时代。这一时期，虽然华人尚未获得与外侨平等的政治地位，华人团体与租界当局在许多市政事务上仍不无分歧和斗争，但华洋关系总体上朝着良性方向发展。随在工部局中获得更多董事、委员席位及担任高级行政职务者增加，华人在市政决策和日常行政中的话语权不断扩大，社会权利和文化地位也随之逐步提高。尽管华洋社会之间的隔阂远未消除，但华人参与市政管理的能力和贡献日益得到租界当局和外侨社会的认可。与此同时，英美商业机构和社会团体也开始有意识地加快"中国化"或"本土化"转型，深化与华人的合作，聘用更多的华人职员，以适应新的政治社会环境。[①]华人与英美外侨关系的改善和发展，为一·二八事变后至"孤岛"时期双方合作抵制日本势力的扩张预备了重要基础。

最后，有必要重申本书绪论中已提及的一点，虽然华人参政运动始终以"华洋合作"为口号，但华人争取参政权利的努力及其参政实践属于中国民众反抗殖民压迫斗争的一部分，与抗战时期汉奸傀儡与日本侵略者的"合

[①] Bickers, *Britain in China*, Chapter 5.

作"判然有别，不可同日而语。参政运动是租界华人在民族思想和权利意识的驱动下自发组织发起的，旨在争得与外侨平等的政治地位，以维护华人居民的权益，后来进一步发展为要求华人在市政管理事务中拥有比外侨更大的发言权，并以收回租界为最终奋斗目标。租界当局和多数外侨为保持自身特权和利益，长期敌视华人参政运动，对之持消极和抵制态度，有时甚至采用强制手段进行打压。华人初步获得参政权利后，不仅继续致力于提高华人政治地位和增进华人各种权益，还为中国政府部分收回租界主权提供了重要协助。汉奸傀儡则通常由日本侵略者收买或扶植上位，其主要角色是充当后者统治和压榨沦陷区民众、巩固和扩大对华侵略的工具，而非中国民众权益的维护者，自然更谈不上争取与侵略者享有平等政治权利和文化地位的目标了。正是由于这种本质上的区别，汉奸傀儡历来为正义之士所共弃，而华人参政运动则得到朝野各界的普遍同情和支持。陈独秀、瞿秋白等中共早期领导人都曾撰文声援上海公共租界华人参政运动。[①] 1926年5月，中共中央在通告中明确表示，华人参政运动"虽属资产阶级的改良运动"，但客观上能打击帝国主义，故"须尽力赞助一般市民的要求"，以扩大反帝联合战线。[②]

尽管上海公共租界的华人参政具有明显的局限性，其进程也因日本侵华导致的空前民族危机骤然加剧而渐趋停滞，没有在历史上留下更深的印记，外国人在中国实行半殖民统治的时代更是早已一去不返，但该租界华人居民在国力衰贫、内政不靖、外交势弱的境况中为获得参政权利而进行的长期抗争，是近代中国人民反抗殖民压迫和种族歧视、争取政治权利和人格尊严的一种努力，其间华洋多方复杂的折冲和博弈过程构成了近代中外关系史中一道十分独特的历史景观，值得后人回望和省思。

---

① 读秀：《告上海纳税华人会》，《向导》第30期，1923年；秋白：《中国境内之华人参政问题》，《向导》第147期，1926年；秋白：《再论中国境内之华人参政问题》，《向导》第150期，1926年；实：《寸铁：可怜的租界华人立宪运动》，《向导》第151期，1926年。
② 《中央通告第一百零一号——最近政局观察及我们今后工作原则》（1926年5月7日），中共中央文献研究室中央档案馆编《建党以来重要文献选编（一九二一——一九四九）》第3册，中央文献出版社，2011，第182、185—186页。

参考文献

未刊史料

上海市档案馆

国民党重要机构、人物等档案汇集（全宗号 Q173）。

上海公共租界工部局档案（全宗号 U1）。

上海市工务局档案（全宗号 Q215）。

上海市银行商业同业公会档案（全宗号 S173）。

台北"国史馆"

国民政府外交部档案（全宗号 020）。

"蒋中正总统文物"（全宗号 002）。

"中央研究院"近代史研究所档案馆

清外务部档案（全宗号 02）。

北洋政府外交部档案（全宗号 03）。

日本國立公文圖書館アジア歷史資料センター

『上海共同居留地/分割 2』（B12082577000）。

The National Archives, UK

Foreign Office: Political Department: General Correspondence from 1906 – 1966 (FO 371).

Foreign Office: Consulate, Shanghai, China: General Correspondence (FO 671).

SOAS Library, University of London

China Association Collection.

已刊史料

《鲍明钤文集》，鲍丽玲、毛树章译，中国法制出版社，2011。

鲍威尔：《我在中国二十五年：〈密勒氏评论报〉主编鲍威尔回忆录》，邢建荣等译，上海书店出版社，2010。

保罗·S. 芮恩施：《一个美国外交官使华记——1913—1919年美国驻华公使回忆录》，李抱宏、盛震溯译，商务印书馆，1982。

陈竖心、完颜昭元主编《20世纪上海文史资料文库》第10卷，上海书店出版社，1999。

E. W. 彼得斯：《英国巡捕眼中的上海滩》，李开龙译，中国社会科学出版社，2015。

戈鲲化、戈朋云：《鲲鹏集》，戈钟伟编，上海辞书出版社，2018。

郭泰纳夫：《上海会审公堂与工部局》，朱华译，上海书店出版社，2016。

郭泰纳夫：《上海公共租界与华人》，朱华译，上海书店出版社，2017。

哈利·弗兰克：《百年前的中国：美国作家笔下的南国纪行》，符金宇译，四川人民出版社，2018（2023）。

海上闲人编《上海罢市实录》，公义社，1919。

湖北省社会科学院历史研究所编《汉口九江收回英租界资料选编》，湖北人民出版社，1982。

霍塞：《出卖上海滩》，越裔译，上海书店出版社，2000。

库寿龄：《上海史》第2卷，朱华译，上海书店出版社，2020。

蒯世勋：《上海公共租界华董产生的经过》，《上海通志馆期刊》第2卷第4期，1935年3月。

蒯世勋：《上海公共租界华顾问会的始终》，《上海通志馆期刊》第1卷第4

期，1934年3月。

朗格等：《上海故事》，高俊等译，三联书店，2017。

《列强在中国的租界》编辑委员会编《列强在中国的租界》，中国文史出版社，1992。

穆湘玥：《藕初五十自述》，商务印书馆，1926。

南开大学政治学会：《天津租界及特区》，商务印书馆，1926。

入江昭：《我与历史有个约会》，杨博雅译，北京大学出版社，2013。

上海公共租界纳税华人会编《上海公共租界纳税华人会重要文件》，1937。

上海商界联合总会：《华人纳税会失败之内幕》，1921。

上海市档案馆编《工部局董事会会议录》，上海古籍出版社，2001。

上海市档案馆编《五卅运动》，上海人民出版社，1991。

上海市档案馆编《一九二七年的上海商业联合会》，上海人民出版社，1983。

上海市工商业联合会编《上海总商会议事录》，上海古籍出版社，2006。

上海市工商业联合会编《上海总商会历史图录》，上海古籍出版社，2011。

上海市工商业联合会、复旦大学历史系编《上海总商会组织史料汇编》，上海古籍出版社，2014。

上海市社会科学院历史研究所编《五卅运动史料》第1卷，上海人民出版社，1981。

上海市社会科学院历史研究所编《五卅运动史料》第2卷，上海人民出版社，1986。

上海市社会科学院历史研究所编《五卅运动史料》第3卷，上海人民出版社，2005。

上海租界纳税华人会编《上海租界纳税华人会重要文件》，1931。

上海租界纳税华人会编《上海租界纳税华人会重要文件》，1933。

沈亦云：《亦云回忆》，台北：传记文学出版社，1980。

天津市地方志编修委员会编著《天津通志·附志·租界》，天津社会科学出版社，1996。

天津市政协文史资料研究委员会编《天津租界》，天津人民出版社，1986。

康斯坦丝·玛丽·藤布尔：《崛起之路：新加坡史》，欧阳敏译，东方出版中心，2020。

王建朗主编《中华民国时期外交文献汇编（1911—1949）》，中华书局，2015。

王世杰：《上海公共租界收回问题》，太平洋书店，1927。

王彦威、王亮辑编《清季外交史料》，李育民等点校整理，湖南师范大学出版社，2015。

王揖唐：《上海租界问题》，商务印书馆，1924。

王正廷编《国民政府近三年来外交经过纪要（民国十五年—十八年）》，外交部，1929。

伍澄宇编著《收回沪廨章程详论及其关系法规》，国际通讯社，1928。

伍海德：《我在中国的记者生涯》，张珂等译，线装书局，2013。

武汉市政协文史资料委员会编《汉口租界》（《武汉文史资料》2014年第4辑），1991。

奚霞：《一战期间上海各界呼吁收回上海会审公堂史料一组》，《民国档案》2004年第2期。

夏晋麟：《上海租界问题》，中国太平洋国际学会，1932。

熊月之主编《稀见上海史志资料丛书》第8、9册，上海书店出版社，2012。

徐公肃、丘瑾璋：《上海公共租界制度》，中国科学公司，1933。

严谔声口述《我与商界联合会》，《档案与史学》2002年第4期。

《颜惠庆日记》，上海市档案馆译，中国档案出版社，1996。

《颜惠庆自传》，姚崧龄译，中华书局，2015。

叶斌译注《上海外国租界〈1854年土地章程〉新译》，周武主编《上海学》第2辑，上海人民出版社，2015。

政协天津市委员会文史资料委员会编《天津租界谈往》，天津人民出版社，1997。

郑逸梅：《艺坛百影》，中州书画社，1982。

中共中央文献研究室中央档案馆编《建党以来重要文献选编（一九二一——一九四九）》第3册，中央文献出版社，2011。

参考文献

中国第二历史档案馆编《中华民国史档案资料汇编》第 3 辑·外交，江苏古籍出版社，1991。

中国人民政治协商会议全国委员会文史资料委员会编《五四运动亲历记》，中国文史出版社，1999。

中国人民政治协商会议厦门市委员会：《厦门的租界》，鹭江出版社，1990。

中国社会科学院近代史研究所《近代史资料》编辑室主编《秘笈录存》，中国社会科学出版社，1984。

中国社会科学院近代史研究所中华民国史组编《胡适任驻美大使期间往来电稿》，中华书局，1978。

中央档案馆编《中共中央文件选集》第 1 册，中共中央党校出版社，1991。

中央档案馆、上海市档案馆编《上海革命历史文件汇集（上海区委会议记录）一九二三年七月——一九二六年三月》，1989。

《中英合载〈上海洋泾浜北首租界章程〉》，商务印书馆，1926。

Jarman, Robert L., ed. *Shanghai: Political & Economic Reports, 1842 – 1943: British Government Records from the International City*. Slough: Archive Editions, 2008.

Johnstone, William Crane, Jr. *The Shanghai Problem*. Stanford: Stanford University Press, 1937.

Kotenev, A. M. *Shanghai: Its Mixed Court and Council*. Shanghai: North-China Daily News & Herald, Limited, 1925.

Kotenev, A. M. *Shanghai: Its Municipality and the Chinese*. Shanghai: North-China Daily News & Herald, Limited, 1927.

Millard, Thomas F. *China: Where It Is Today and Why*. New York: Harcourt, Brace and Company, 1928.

Nellist, George F., ed., *Men of Shanghai and North China: A Standard Biographical Reference Work*. Shanghai: The Oriental Press, 1933.

Papers Relating to Foreign Affairs, 1863. Washington: Government Printing Office, 1864.

Pott, F. L. Hawks. *A Short History of Shanghai: Being an Account of the Growth and Development of the International Settlement*. Shanghai: Kelly & Walsh, Ltd., 1928.

Wright, Arnold and H. A. Cartwright, eds. *Twentieth Century Impressions of Hongkong, Shanghai, and Other Treaty Ports of China: Their History, People, Commerce, Industries, and Resources*. London: Lloyd's Greater Britain Publishing Commpany, Ltd., 1908.

报刊

《晨报》《东方杂志》《国大周刊》《寰球中国学生会周刊》《良友》《晶报》《京报》《民国日报》《民生周刊》《民心周报》《上海三日画报》《尚贤堂晨鸡录·尚贤堂纪事》《商业杂志》《申报》《时报》《时事汇报》《市民公报》《顺天时报》《图画京报》《现代评论》《向导》《新民丛报》《新评论》《新闻报》《兴华》《银行周报》《正志》《中国公论》《字林沪报》。

Millard's Review of the Far East/The Weekly Review; *The China Press*; *The Manchester Guardian*; *The Municipal Gazette*; *The North-China Daily News*; *The North-China Herald*; *The Peking Leader*; *The Shanghai Gazette*; *The Shanghai Times*.

著作

安克强：《1927—1937年的上海——市政权、地方性和现代化》，张培德等译，上海古籍出版社，2004。

芭芭拉·D. 梅特卡夫、托马斯·R. 梅特卡夫：《剑桥现代印度史》，李亚兰等译，新星出版社，2019。

白吉尔：《中国资产阶级的黄金时代：1922—1937年》，张富强、许世芬译，上海人民出版社，1994。

包刚升：《政治学通识》，北京大学出版社，2015。

贝丝·廖-威廉姆斯：《无处落脚：暴力、排斥和在美异族的形成》，张畅译，社会科学文献出版社，2022。

参考文献

柏德逊：《中国新闻简史（古代至民国初年）》，王海等译，暨南大学出版社，2013。

伯尔考维茨：《中国通与英国外交部》，江载华、陈衍译，商务印书馆，1959。

陈策：《从会审公廨到特区法院——上海公共租界法权变迁研究》，中国社会科学出版社，2015。

陈谦平：《民国对外关系史论（1927—1949）》，三联书店，2013。

陈三井：《近代中国变局下的上海》，台北：东大图书公司，1996。

川岛真：《近代中国外交的形成》，田建国译，北京大学出版社，2012。

樊果：《陌生的"守夜人"：上海公共租界工部局经济职能研究》，天津古籍出版社，2012。

费成康：《中国租界史》，上海社会科学院出版社，1992。

费正清编《剑桥中华民国史（1912—1949年）上卷，中国社会科学出版社，1993。

冯筱才：《在商言商：政治变局中的江浙商人》，上海社会科学院出版社，2004。

冯筱才：《政商中国：虞洽卿与他的时代》，社会科学文献出版社，2013。

顾德曼：《家乡、城市和国家：上海的地缘网络与认同（1853—1937）》，宋钻友译，上海古籍出版社，2004。

郭太风：《迈向现代化的沉重步履：军政改革·商会变异·思潮激荡》，学林出版社，2004。

何振模：《上海的美国人：社区形成与对革命的反应》，张笑川等译，上海辞书出版社，2014。

雷麦：《外人在华投资》，蒋学楷等译，商务印书馆，1959。

李恩涵：《北伐前后的革命外交（1925—1931）》，"中央研究院"近代史研究所，1993。

梁元生：《上海道台研究：转变中之联系人物》，陈同译，上海古籍出版社，2003年。

刘蜀永主编《简明香港史》，广东人民出版社，2019。

卢汉超：《霓虹灯外：20世纪初日常生活中的上海》，段炼等译，上海古籍出版社，2004。

罗安妮：《大船航向：近代中国的航运、主权与民族建构》，王果、高领亚译，社会科学文献出版社，2021。

罗兹·墨菲：《上海——现代中国的钥匙》，上海社会科学院历史研究所编译，上海人民出版社，1986。

蒯世勋等：《上海公共租界史稿》，上海人民出版社，1984。

梁景和：《清末国民意识与参政意识研究》，湖南教育出版社，1999。

马长林：《上海的租界》，天津教育出版社，2009。

马士：《中华帝国对外关系史》第1卷，张汇文等译，上海书店出版社，2000。

梅朋、傅立德：《上海法租界史》，倪静兰译，上海社会科学院出版社，2007。

彭南生：《中国近代商人团体与经济社会变迁》，华中师范大学出版社，2013。

彭南生：《街区里的商人社会：上海马路商界联合会（1919—1929）》，北京师范大学出版社，2021。

任建树、张铨：《五卅运动简史》，上海人民出版社，1985。

上海市档案馆编《租界里的上海》，上海社会科学院出版社，2003。

尚克强：《九国租界与近代天津》，天津教育出版社，2008。

史书梅：《现代的诱惑：书写半殖民地中国的现代主义》，何恬译，江苏人民出版社，2021。

苏思纲：《走出帝国：王清福的故事》，卢欣渝译，上海文化出版社，2021。

唐振常、沈恒春主编《上海史研究二编》，学林出版社，1988。

樋口弘：《日本对华投资》，北京编译社译，商务印书馆，1959。

王冠华：《寻求正义：1905—1906年的抵制美货运动》，刘甜甜译，江苏人民出版社，2007。

王建朗：《中国废除不平等条约的历程》，江西人民出版社，2000。

王立诚：《中国近代外交制度史》，甘肃人民出版社，1991。

王敏等：《近代上海城市公共空间》，上海辞书出版社，2011。

王轼刚主编《长江航道史》，人民交通出版社，1993。

威罗贝:《外国人在华特权和利益》,王绍坊译,三联书店,1957。

沃尔顿:《宪章运动》,祁阿红译,上海译文出版社,2003。

吴志伟:《上海租界研究》,学林出版社,2012。

小浜正子:《近代上海的公共性与国家》,葛涛译,上海古籍出版社,2003。

熊月之主编《上海通史》,上海人民出版社,1999。

熊月之:《上海租界与近代中国》,上海交通大学出版社,2019。

熊月之等选编《上海的外国人(1843—1949)》,上海古籍出版社,2003。

徐鼎新、钱小明:《上海总商会史(1902—1929)》,上海社会科学院出版社,1992。

徐国琦:《中国与大战:寻求新的国家认同与国际化》,马建标译,上海三联书店,2008。

徐涛:《万国商团:一部全球视野下的上海史》,上海辞书出版社,2022。

虞和平:《资产阶级与近代中国政治运动》,中华工商联合出版社,2015。

余思凯:《在"模范殖民地"胶州湾的统治与抵抗——1897—1914年中国与德国的相互作用》,孙立新译,山东大学出版社,2005。

袁继成:《近代中国租界史稿》,中国财政经济出版社,1988。

张洪祥:《近代中国通商口岸和租界》,天津人民出版社,1993。

张金超:《伍朝枢与民国外交》,广东人民出版社,2014。

张静:《中国太平洋国际学会研究(1925—1945)》,社会科学文献出版社,2012。

张仲礼主编《近代上海城市研究(1840—1949年)》,上海文艺出版社,2008。

周策纵:《五四运动:现代中国的思想革命》,周子平等译,江苏人民出版社,2005。

周德钧:《汉口的租界:一项历史社会学的考察》,天津教育出版社,2009。

周松青:《上海地方自治研究(1905—1927)》,上海社会科学院出版社,2005。

邹依仁:《旧上海人口变迁的研究》,上海人民出版社,1980。

Bergère, Marie-Claire. *Shanghai: China's Gateway to Modernity*. Trans. by Janet Lloyd. Stanford: Stanford University Press, 2009.

Bickers, Robert. *Britain in China: Community, Culture and Colonialism, 1900 – 1949*. Manchester and New York: Manchester University Press, 1999.

Bickers, Robert. *Empire Made Me: An Englishman Adrift in Shanghai*. London: Penguin Books, 2003.

Bickers, Robert. *Getting Stuck in for Shanghai: Putting the Kibosh on the Kaiser from the Bund*. Melbourne: Penguin Group, 2014.

Bickers, R. and C. Henriot, eds. *New Frontiers: Imperialism's New Communities in East Asia, 1842 – 1952*. Manchester: Manchester University Press, 2000.

Bickers, Robert and Isabella Jackson. , eds. *Treaty Ports in Modern China: Law, Land and Power*. London: Routledge, 2016.

Borg, Dorothy. *American Policy and the Chinese Revolution*. New York: American Institute of Pacific Relations and the Macmillan Company, 1947.

Carroll, John M. *Edge of Empires: Chinese Elites and British Colonials in Hong Kong*. Cambridge, MA: Harvard University Press, 2005.

Chow, Phoebe. *Britain's Imperial Retreat from China, 1900 – 1931*. London and New York: Routledge, Taylor & Francis Group, 2017.

Clifford, Nicholas R. *Spoilt Children of Empire: Westerners in Shanghai and the Chinese Revolution of the 1920s*. Hanover and London: University Press of New England, 1992.

Elvin, Mark and G. William Skinner, eds. *The Chinese City between Two Worlds*. Stanford: Stanford University Press, 1974.

Fewsmith, Joseph. *Party, State, and Local Elites in Republican China: Merchant Organization and Politics in Shanghai, 1890 – 1930*. Honolulu: University of Hawai'i Press, 1985.

Fitch, Don. *The Immortal Part: The Story of Edward Little, the Australia's First Trade Commissioner in China*. Melbourne: Australian Scholarly Publishing Pty, Limited, 2001.

Goodman, Bryna and David S. G. Goodman, eds. *Twentieth-Century Colonialism and*

China: Localities, the everyday and the world. London and New York: Routledge, 2012.

Iriye, Akira. *After Imperialism: The Search for a New Order in the Far East, 1921 – 1931*. New York: Atheneum, 1973.

Jackson, Isabella. *Shaping Modern Shanghai: Colonialism in China's Global City*. Cambridge: Cambridge University Press, 2017.

MacNair, Harley Farnsworth. *China's International Relations & Other Essays*. Shanghai: The Commercial Press, 1926.

Rigby, Richard W. *The May 30 Movement: Events and Themes*. Folkestone: Dawson Publishing, 1980.

Smith, S. A. *Like Cattle and Horses: Nationalism and Labor in Shanghai, 1895 – 1927*. Durham and London: Duke University Press, 2002.

论文

陈明远:《百年租界的数目、面积和起讫日期》,《社会科学论坛》2013 年第 6 期。

陈三井:《上海租界华人的参政运动——华董产生及增设之奋斗过程》,"中央研究院"近代史研究所编《近代中国区域史研讨会论文集》,1986。

狄瑞波:《上海公共租界内华洋关系之研究(1928—1937):以"华洋共管"的工部局为考察中心》,硕士学位论文,浙江大学,2007。

方平:《权势争夺与"文明排外"——1905 年哄闹公堂案论析》,《华东师范大学学报》2009 年第 5 期。

费成康:《有关旧中国租界数量等问题的一些研究》,《社会科学》1988 年第 9 期。

冯筱才:《沪案交涉、五卅运动与一九二五年的执政府》,《历史研究》2004 年第 1 期。

傅亮:《刘坤一与第一次四明公所事件交涉》,《近代中国》第 24 辑,上海社会科学院出版社,2014。

葛夫平：《第二次四明公所案与上海法租界的扩界》，《历史研究》2017年第1期。

耿科研：《空间、制度与社会：近代天津英租界研究（1860—1945）》，博士学位论文，南开大学，2014。

郭红娟：《清政府为阻止租界的开辟及拓展所作的斗争述评》，《洛阳工学院学报》2000年第9期。

郭太风：《二十年代上海商总联会概述》，《档案与史学》1994年第2期。

韩占领：《1929—1941年天津英租界市政管理研究》，硕士学位论文，天津师范大学，2012。

何立：《华洋共管新格局的开启（1914—1930）——上海法租界公董局华董选举初探》，刘利民主编《首都外语论坛》第5辑，中央编译出版社，2014。

胡宝芳：《"和明"商会考略》，上海三山会馆管理处编《上海会馆史研究论丛》第1辑，上海社会科学院出版社，2011。

胡成：《检疫、种族与租界政治——1910年上海鼠疫病例发现后的华洋冲突》，《近代史研究》2007年第4期。

胡成：《全球化语境与近代中国半殖民地问题的叙述》，《中国学术》2003年第1期。

景军：《对抗与妥协：1930年代初上海公共租界自来水加价事件》，硕士学位论文，华中师范大学，2011。

李达嘉：《五四前后的上海商界》，《中央研究院近代史研究所集刊》第21期，1992年6月。

李达嘉：《商人与政治：以上海为中心的探讨（1895—1914）》，博士学位论文，台湾大学，1995。

李东鹏：《上海公共租界纳税人会议代表性研究》，《史林》2015年第5期。

李东鹏《租地人时期上海工部局财政收入研究》，熊月之主编《上海史国际论丛》第1辑，三联书店，2014。

李全：《国民政府收回上海租界电话权运动述评》，《安庆师范学院学报》2012年第5期。

李荣：《论清政府以约开通商场抵制租界的活动》，《黑龙江史志》2008年第17期。

李珊：《晚清时期〈北华捷报〉上的中国声音》，《近代史研究》2015年第5期。

李少军：《甲午战争后六年间长江流域通商口岸日租界设立问题述论》，《近代史研究》2016年第1期。

李志茗：《发现·建设·居留——英美侨民与19世纪的上海》，周武主编《上海学》第3辑，上海人民出版社，2016。

刘本军：《论金佛郎案与北洋政府》，《近代史研究》1991年第1期。

刘敬坤、邓春阳：《关于我国近代租界的几个问题》，《南京大学学报》2000年第2期。

卢汉超：《论上海工部局与北京公使团的矛盾》，谯枢铭等：《上海史研究》，学林出版社，1984。

卢汉超：《"上海土地章程"研究》，谯枢铭等：《上海史研究》，学林出版社，1984。

卢汉超：《论上海租界华人参政运动的爱国性质》，《社会科学》1984年第4期。

卢汉超：《上海租界华人参政运动述论》，《上海史研究通讯》1984年第1期。

陆烨：《抗捐视角中的上海法租界市民团体（1919—1937）》，《史林》2013年第6期。

罗志田：《帝国主义在中国：文化视野下条约体系的演进》，《中国社会科学》2004年第5期。

吕芳上：《北伐时期英国增兵上海与对华外交的演变》，《中央研究院近代史研究所集刊》第27期，1997年6月。

吕颖、齐义虎：《天津法租界的扩张及老西开事件（1861—1917）——以法国外交部档案为基础史料的考察》，《史林》2018年第5期。

马长林：《上海租界内工厂检查权的争夺——20世纪30年代一场旷日持久的

交涉》,《学术月刊》2002 年第 5 期。

马长林:《1905 年大闹会审公堂案始末》,《档案春秋》2007 年第 4 期

马长林:《19 世纪末上海两次小车夫抗捐事件历史考察》,上海市档案馆编《近代城市发展与社会转型——上海档案史料研究》第 4 辑,上海三联书店,2008。

马光仁:《上海人民反对印刷附律的斗争》,《新闻研究资料》1989 年第 2 期。

马建标:《塑造救世主:"一战"后期"威尔逊主义"在中国的传播》,《学术月刊》2017 年第 6 期。

彭南生:《20 世纪 20 年代的上海南京路商界联合会》,《近代史研究》2009 年第 3 期。

彭南生:《五四运动与上海马路商界联合会的兴起》,《华中师范大学学报》2009 年第 3 期。

彭南生:《抗捐与争权:市民权运动与上海马路商界联合会的兴起》,《江汉论坛》2009 年第 5 期。

彭南生:《政争、权争与派系之争:上海商总联会分裂原因初探》,《史学月刊》2014 年第 8 期。

彭南生:《上海商总联会的形成、重组及其性质》,《华中师范大学学报》2015 年第 3 期。

彭南生:《租界华商与"五四"后的北京政府及西方列强——20 世纪 20 年代初上海租界华人拒贴印花税票研究》,《史学月刊》2018 年第 7 期。

齐春风:《陈德征失势缘由考》,《历史研究》2012 年第 6 期。

钱玉莉:《袁履登小传》,洪泽主编《上海研究论丛》第 1 辑,上海社会科学院出版社,1988。

唐启华:《全球化下外交史研究的省思》,《兴大历史学报》2004 年第 15 期。

唐启华:《论"情势变迁原则"在中国外交史中的运用》,《社会科学研究》2011 年第 3 期。

唐振常:《市民意识与上海社会》,《上海社会科学院学术季刊》1993 年第 1 期。

王丹辉：《近代上海公共租界市民权运动研究（1905—1930）》，硕士学位论文，华中师范大学，2016。

王宏斌：《从蕃坊到租界：试探中国近代外侨政策之历史渊源》，《史学月刊》2017年第5期。

王建朗：《北京政府参战问题再考察》，《近代史研究》2005年第4期。

王立新：《试析全球化背景下美国外交史研究的国际化与文化转向》，《美国研究》2008年第1期。

王敏：《中英关系变动背景下"费唐报告"的出笼及其搁浅》，《历史研究》2012年第6期。

王敏：《上海何去何从？——论南京国民政府初期英美的"上海问题"政策》，《近代史研究》2014年第5期。

王敏：《从华人代表权问题看近代中国口岸城市的华洋关系——以上海租界纳税人会议华人代表权提案的辩论为中心》，《晋阳学刊》2017年第1期。

王敏：《国际性、地方性与利益共同体——以上海公共租界华人代表权问题为线索》，《近代史研究》2021年第2期。

王艳娟、范江涛：《一战后中国政府对的租界的接收》，湖北省政协文史资料委员会编《湖北文史》2005年第1辑。

危婷：《天津英租界华人参政问题初探》，硕士学位论文，天津师范大学，2009。

吴娜琳：《上海公共租界纳税华人会研究——以公共租界华人参政运动为中心》，硕士学位论文，上海师范大学，2022。

吴士英：《论租界对近代中国社会的复杂影响》，《文史哲》1998年第5期。

吴士英：《租界问题尚须深入研究》，《近代史研究》1999年第2期。

熊月之：《论上海租界的双重影响》，《史林》1987年第3期。

严斌林：《遗忘的"预备"：上海公共租界华人顾问委员会述评》，廖大伟主编《近代中国》第35辑，上海社会科学院出版社，2021。

叶斌：《上海租界的国际化与殖民地化：〈1854年土地章程〉略论》，《史林》2015年第3期。

张丽：《上海公共租界会审公廨收回始末》，《史林》2013年第5期。

张丽：《有关五卅惨案的中外交涉——以外方为中心的考察》，《近代史研究》2013年第5期。

张培德：《民国时期上海租界问题述论》，《史林》1998年第4期。

张朋园：《议会思想之进入中国》，《华东师范大学学报》2004年第6期。

张新：《国民党上海地方当局收回租界教育权的努力（1927—1935）》，上海市档案馆编《租界里的上海》，上海社会科学院出版社，2003。

张仰亮：《一九二六年中共对五卅周年纪念的实践及其政治意涵》，《中共党史研究》2021年第3期。

郑祖安：《五卅运动与上海租界统治的动摇》，《史林》1986年第1期。

郑祖安：《一八四五年〈上海土地章程〉产生的背景及其意义和影响》，《档案与史学》1995年第1期。

周斌：《再论五卅惨案"十三条"交涉条件的提出》，《近代史研究》2009年第4期。

朱英：《晚清收回利权运动新论》，《史学集刊》2013年第3期。

祝天剑：《上海公共租界司法权力之争——以卢兴原免职案为例》，硕士学位论文，华东政法大学，2108。

左双文：《北伐出师后蒋介石的对外方略》，《南京大学学报》2009年第3期。

Bickers, Robert. "Shanghailanders: The Formation and Identity of the British Settler Community in Shanghai, 1843 - 1937," *The Past and Present Society*, No. 159 (May, 1998).

Elvin, Mark. "The Administration of Shanghai, 1905 - 1914," in Mark Elvin and G. William Skinner, eds. *The Chinese Cities between Two Worlds*. Stanford: Stanford University Press, 1974.

Goodman, Bryna. "The Politics of Representation in 1918 Shanghai," *Harvard Journal of Asiatic Studies*, Vol. 60, No. 1 (2000).

Manela, Erez. "Dawn of a New Era: The 'Wilsonian Moment' in Colonial Contexts and the Transformation of World Order," in Sebastian Conrad and Dominic Sachsenmaier, eds. *Competing Visions of World Order: Global Moments and Move-*

ments, *1880 – 1930*. New York: Palgrave MacMillan, 2007.

Meyer, Kathryn Brennan. "Splitting Apart: The Shanghai Treaty Port in Transition, 1914 – 1921," PhD Diss., Temple University, 1985.

Murphey, Rhoads. "The Treaty Ports and China's Modernization," in Mark Elvin and G. William Skinner, eds. *The Chinese City between Two Worlds*. Stanford: Stanford University Press, 1974.

Thomson, John Seabury. "The Government of the International Settlement at Shanghai: A Study in the Politics of an International Area," PhD Diss., Columbia University, 1954.

Wasserstrom, Jeffery N. "Questioning the Modernity of the Model Settlement: Citizenship and Exclusion in Old Shanghai," in Merle Goldman and Elizabeth J. Perry, eds. *Changing Meanings of Citizenship in Modern China*. Cambridge, MA: Harvard University Press, 2002.

方志、图录与工具书

东莞市石龙镇博物馆编《石龙历史人物录》，2012。

海上名人传编辑部：《海上名人传》，上海文明书局，1930。

《汉口租界志》编纂委员会编《汉口租界志》，武汉出版社，2003。

李峰主编《苏州通史·人物卷》（下），苏州大学出版社，2019。

任建树主编《现代上海大事记》，上海辞书出版社，1996。

上海市档案馆编《上海租界志》，上海社会科学院出版社，2001。

上海市地方志办公室、上海市历史博物馆编《民国上海市通志稿》第1册，上海古籍出版社，2013。

上海市历史博物馆编《中国的租界》，上海古籍出版社，2004。

汤志钧主编《近代上海大事记》，上海辞书出版社，1989。

天津市地方志编修委员会编著《天津通志·附志·租界》，天津社会科学院出版社，1996。

张伟等编著《上海老地图》，上海画报出版社，2001。

后 记

十年前，我从新加坡国立大学取得博士学位，给数年的留学生活画上句号，随即进入浙江大学人文学院从事博士后研究工作，开启了人生的一个新阶段。当时面临的问题，除了生活方式和心理状态的调适，更重要的是研究课题的选择。读博期间，我主要关注近代中国社会文化史，学位论文探讨的是近代上海戏曲娱乐文化的嬗变。归国以后，不想继续局限在一个研究领域内，计划开拓新的学术方向，以求略广知见，避免盲人摸象，不识大体。于是，把苦心经营数年的英文博士学位论文暂时放在一边——这一放就放到了现在——开始找寻新的研究课题。

人无远虑，必有近忧。虽然读博期间也拉拉杂杂地阅读了一些中国近代史其他领域的著述和史料，但向来缺乏前瞻思维的我并未有意识地规划毕业后的治学路向。因此，直到博士后进站，也只是有一个从事近代中外关系史相关研究的大致意向，具体选题仍未完全确定。经过大半年的摸索和徘徊，才最终决定以上海公共租界的华人参政问题作为博士后研究的题目。于是，便有了现在的这本小书。

选择将上海公共租界华人参政问题为课题，首先当然是基于对其学术价值和研究现状的理解与把握，同时有研究基础和条件方面的考量。由于此前从事近代上海史的研究，对公共租界的市政制度和社会结构都有一定了解，对华人参政问题的主要史料及其获取途径也大致了解，并且已接触和搜集了部分资料文献，自觉完成课题的难度不大。但随着研究的逐步展开和深化，我日益发现自己的想法过于乐观了。虽然新的课题与博士学位论文关注的时段和空间有相当程度的重叠，但从社会文化史到政治外交史几乎是治学方向的一个"急转弯"，研究的视角和方法几乎都要"另起炉灶"。相对于公共租

后　记

界制度的复杂性和华人参政所涉及问题的广泛性而言，我支离破碎的一点相关知识储备远远不足。而华人参政问题相关的史料体量之大，更是完全超出了自己的预想。"未觉池塘春草梦，阶前梧叶已秋声"，两年多时光在忙碌和焦虑中悄然流逝，我最终只完成了一份初步梳理上海公共租界华人参政问题演变过程的博士后出站报告，于2016年底离开杭州，来到北京进入中国社会科学院近代史研究所工作。王国维说"人生过处唯存悔"，每每回想杭州岁月，最感愧悔的是未能完成一份达到自己预期的研究报告，另一个遗憾是没有去看一眼雪中的西湖。

正式来到近代史研究所参加工作，转眼已有7年了。其间，结婚、安家、生女，人生逐步进入较为稳定的状态。研究工作方面，在继续拓宽视域、提升学力的同时，主要致力于对博士后出站报告进行大幅度的补充和修改，完成书稿，以备出版，但进度十分迟缓。一方面，考察深度和广度的推进，驱使我进一步搜集和阅读了大量相关史料和文献，在此基础上充实史事叙述，深化分析阐释。另一方面，书稿研究的时段跨越近80年，涉及的事件和人物众多，要把前人所言不详或不确的史事一一考述清楚，即便是在史料爆炸式扩充的当下也是不可能做到的，但实证乃史学研究之基石，而且我相信细节对于理解历史的独特价值，加之自己爱钻牛角尖的性格，遂将大量时间用于对事件过程和人物言行的考证，以求尽可能准确细致地重建史实。其结果，除了书稿杀青的时间一再延后，书中行文也难免有冗长拖沓、不够流畅之处，这是要向读者致歉的。

"十年磨一剑"，这句话经常被用来形容学者耗时长久、细心雕琢一部体大思精的著作。拙著从选题到完稿虽也历经近十年时间，但主要是本人的疏懒低效所致，以我目前的浅陋学识，断无可能炼出任何"利剑"。呈现在读者面前的这本小书，只能算是蹉跎十年后向自己迟交的一篇作业。在近代中国波澜壮阔的历史大河中，上海公共租界的华人参政并不在头等重要问题之列，是否值得花这么长时间和精力撰写一部专书，在修改书稿的过程中，我无数次这样自问。但因缘际会接触这一问题，了解到处于列强半殖民统治之下的华人商民反抗压迫、争取权利的种种努力、挫折和无奈，自觉应为之留存一份较为全面翔实的历史记录。进一步而言，由于华人参政问题几乎贯穿整个上海公共租界历史，而且牵涉面甚广，我也希望通过对之进行深入探究，以小见大，推微知著，增进对于近代中国半殖民地问题和中外关系的认识。至于拙著最终是否实现了这一目标，只能请读者诸君评判赐教了。

不论如何，对一个学者而言，独著的第一本书问世都可算是学术之路上一个小小的里程碑。一路走来，直接或间接予我助益的师友太多，实难在这篇简短的后记中逐一感谢。首先要感谢的是我在浙江大学从事博士后研究的合作导师，也是早先在南京大学攻读硕士学位时的导师陈红民教授。如果没有陈师，我很可能不会走上学术研究的道路。从选择专业到负笈留学再到归国求职，在这些人生和学术道路的重要节点上，老师都给予了我宝贵的指引、鼓励和扶掖。我最终选定的博士后研究课题与陈师的主要研究领域并不接近，但老师尊重我的学术兴趣，并不时督促我只争朝夕、不懈精进。我自知目前的成绩远未达到陈师的期待，唯有谨记教诲，继续奋进，以期不负师恩。博士后在站期间，浙大历史学系肖如平教授、赵晓红副教授等许多师友也经常关心和助力我的研究工作，两年多的愉快相处留下了许多美好的回忆。

入职中国社会科学院近代史研究所以来，所里浓厚的学术氛围和优越的研究条件，以及近代中外关系史研究室团结和谐的环境，都使我十分庆幸自己选择了来到这里工作。研究所不仅为我继续开展相关研究提供了课题经费，而且对拙著的出版给予了资助，我对此深怀感恩。我要特别感谢今年初刚刚荣休的张俊义研究员，他在担任研究室主任期间将从事近代中外关系史研究不久的我招入麾下，并始终如一地给予我关心、指导、支持和包容。由于他先人后己的作风和落拓坦荡的性情，中外关系史研究室总体上心齐人和，"一室春风"。遇到这样的领导是我的幸运，没能赶在他退休前将拙著呈阅，则是自己一个不小的遗憾！去年荣休的张丽研究员对上海公共租界相关问题素有深入研究，我常向她请教，收获良多，其幽默开朗的性格也使得办公室里欢声常闻，乐意融融。新近接任研究室主任的侯中军研究员一直对我关怀有加，不仅常予指引、鞭策和扶持，更为我树立了勤勉高效的治学榜样。研究室其他同人在日常相处中的关切、帮助和交流，使我既受裨益，又感温暖。此外，所里其他研究室和各部门的许多同事也不弃浅陋，予我关照和教益，有的前辈学者更是常赐南针，热心提携，在在令我获益和感动。

本书的部分章节曾以专题论文的形式在学术刊物上发表或参加学术会议，承蒙匿名审稿专家、期刊编辑、论文评议人和多位学者提出宝贵的批评意见和修改建议，书稿因之得以改进和完善。由于关注上海史，近些年与上海学界的交流相对频繁一些，其中王敏、徐涛、蒋宝麟、叶斌、江文君等同人对我帮助或鼓励尤多。在搜集研究文献资料的过程中，我得到彭晓亮、严斌林、郭淇斌、冯健伦、任天豪、应磊、谢明达（Jack Meng-Tat Chia）、杰逸（Isabella Jackson）、陶仁义、陈斌等许多海内外朋友的提示和协助，节省了不少时间和精力。学界旧雨新知的慷慨惠助，我一直心存感激，拙著付梓之际，一并深致谢忱！

本书得以较为顺利地出版，要感谢社会科学文献出版社审稿专家和编辑人员的辛勤付出。尤其是责编李期耀兄，包容我提交书稿之拖沓和反复修改的痼习，高效而专业地完成了对全书的编辑工作。当然，书中内容若存在任何不妥或疏误之处，皆由我本人负责。

最后，我要感谢我的家人。数年来，妻子为了使我可以专心修改书稿，牺牲了自己许多的科研时间，料理家务，陪伴孩子，十分不易，令我既感激又愧歉。2021年小女的诞生，给全家带来了无穷欢乐，每当我因工作或生活的压力而心烦意乱时，看到她纯真烂漫的笑脸，便顿觉生活的美好和未来之可期。我的父母都是朴实无华的农民，他们虽然不完全理解我为什么要读那么多年的书，家中为什么要堆那么多摞的书，却一直以我为傲。只是懵懂半生、踟蹰无功的我，至今依然要让他们操劳费心。小女出生后不久，母亲便放弃了较为悠闲的乡间生活，来京帮忙照料，父亲则因不习惯城市生活而独守老宅。一晃两年多过去，母亲明显苍老了许多，而就在我修改书稿的最后阶段，父亲的肺部忽然检查出问题，我随即接来北京接受治疗，他也由此稍享全家团圆、孙女绕膝之乐。在父母眼中，我可能依旧是一个不成熟的孩子，我将这本不成熟的小书献给他们，略表自己的感恩和愧疚！

"凡是过往,皆为序章。"拙著的出版,既是此前一段时期研究工作的小结,也是自己学术道路上一个新的起点。"心之所向,素履以往。"我会本着选择史学研究之路的初衷,带着家人和师友的关爱与期许,脚踏实地地向新的目标进发。

2024 年 5 月于北京房山

图书在版编目（CIP）数据

抗争与博弈：上海公共租界华人参与市政管理的权益之争：1854—1932 / 魏兵兵著. -- 北京：社会科学文献出版社，2024.5
ISBN 978 - 7 - 5228 - 3680 - 5

Ⅰ.①抗⋯ Ⅱ.①魏⋯ Ⅲ.①租界 - 地方史 - 上海 - 1854 - 1932 Ⅳ.①D829.12②K295.1

中国国家版本馆 CIP 数据核字（2024）第 101446 号

抗争与博弈：上海公共租界华人参与市政管理的权益之争（1854—1932）

著　　者 / 魏兵兵

出　版　人 / 冀祥德
责任编辑 / 李期耀
责任印制 / 王京美

出　　版 / 社会科学文献出版社·历史学分社（010）59367256
　　　　　地址：北京市北三环中路甲 29 号院华龙大厦　邮编：100029
　　　　　网址：www.ssap.com.cn
发　　行 / 社会科学文献出版社（010）59367028
印　　装 / 三河市尚艺印装有限公司

规　　格 / 开　本：787mm × 1092mm　1/16
　　　　　印　张：24　字　数：367 千字
版　　次 / 2024 年 5 月第 1 版　2024 年 5 月第 1 次印刷
书　　号 / ISBN 978 - 7 - 5228 - 3680 - 5
定　　价 / 118.00 元

读者服务电话：4008918866

版权所有 翻印必究